叢書・ウニベルシタス　846

ライプニッツ哲学序説

その原理観と演繹論の発展

ホセ・オルテガ・イ・ガセット
杉山　武 訳

法政大学出版局

本書の出版にあたってはスペイン文化省の「グラシアン基金」
より2005年度の助成を受けた.

La realización de este libro ha sido subvencionada en 2005 por el
Programa "Baltasar Gracián" del Ministerio de Cultura de España.

凡　例

本書はJosé Ortega y Gasset, *La idea de Principio en Leibniz y la evolución de la teoría deductiva*, Revista de Occidente, 1958の全訳である。原題をそのまま訳せば『ライプニッツの原理観と演繹論の発展』となるが、本訳書名は『ライプニッツ哲学序説――その原理観と演繹論の発展』とした。

訳文中の表記については、基本的に以下の基準にしたがった。

1．原文中のイタリック文体には傍点をつける。
2．原文中で《　》つきの語句・文章には〈　〉をつける。
3．原文中の大文字表記の語句には《　》をつける。
4．（　）つきの語句は同じく（　）をつける。
5．原文中の'　'つきの語句には「　」をつける。
6．訳文中において、他から区別し強調する必要のある語句には「　」をつける。
7．訳注は〔　〕つきで、本文中に挿入する。

目次

はしがき

オルテガは本書の大部分を、一九四七年の春から初夏にかけて、リスボンで執筆した。秋には脱稿し、ただちに印刷に付す予定であった。

当初の表題は『ライプニッツの原理主義とそれにまつわる諸問題』であったが、後になってイブン・ハズムの『鳩の首輪』のスペイン語版（マドリッド、一九五二）への〈序〉において、その幾章句かを引用する際にオルテガはそれを『ライプニッツの原理観と演繹論の発展』と改題し、マドリッド市定期刊行物図書館から刊行を予定していた。またライプニッツ生誕三百周年記念祝賀行事として、『博覧記録 *Acta Eruditorum*』, Leipzig, 1682–1716 掲載『試論集』のスペイン語初訳をオルテガの解説付の紹介によって祝す約束になっていた。若干の部分は一九四八年にこの目的で印刷された。オルテガはその機会に原文を部分的に修正するとともに、さらに何頁かの注を追加した。だが雑事にまぎれてこの仕事は放置され、最終稿は先延ばしにされた。その結果ライプニッツのための記念行事は結局取り止められた。

オルテガの遺稿中に、ここに刊行されるような形での本論究の生原稿が見つかった。完成はみていない。というのも本文において第二、第三章が予告されているが、それらはついに執筆されることはなかったのである。われわれは補遺として、一九四七年サン・セバスティアンで開催されたスペイン学術振興会第一九回総会記念講演で発表された『ライプニッツにおける最善観《オプティミズム》について』とともに、オルテガが中断したままにし、本論究から切り離した『ルネサンス、人文主義と対抗宗教改革』をつけ加える。
本書のもつ格別の意味——その長さ、多様なテーマとその扱い方——およびオルテガの知的軌跡の中での新しさゆえに、当該著作は著者の哲学思索において傑出した位置を占めるものとなっている。

編集者一同

ライプニッツの原理観と演繹論の発展

1　ライプニッツの原理主義

形式はともあれ、認識とは、つねにある原理をとおして、あるものを観じることである。学問においてこれは形式化され、熟慮された方式ないし手続きになる、つまり問題のデータは〈その説明となる〉ある原理に関係づけられる。哲学においてこれは徹底的に追究され、単に幾つかの原理からモノを〈説明しよう〉と努めるだけでなく、これらの原理が究極のものであること、いわば根源的意味において〈原理〉であることが要求される。かかる根源的原理、〈原初の原理〉を〈究極のもの〉と呼ぶ事実は、認識生活の常態において、われわれが純粋な経験論、つまり原理の欠如でもなく、かといって根源的原理主義の中にい、い、い身を置いてもおらず、これら原理主義を精神地平の極限にあるものとして、あたかもそれを目指しながらもまだそれに接近していないものとして眺望し、中間的領域で作動していることを示すものである。別の時には——逆に——われわれはそれを〈原初の〉原理と呼ぶ。そのようにいったり考えたりするとき、われわれは上方にむかって頭を軽く振るか、あるいはそのような仕草をしていることに気づかれたい。つまりそれは実際、それらを究極でなく原初のものと呼ぶときも、われわれはそれらを自分のほうへと引き寄せるのではなく、むしろかえってまた遠ざけているのであるが、ただ今回はそれを垂直方向に行なっているだけなのだ。事実、われわれは原理をいちばん高いところ、天空に、その中でも中天に位置づける。これは輝かしい星の民であり、神々が星と流星間に公現するわが印欧・セム族（ヘブライ）の伝統の名残りである。いつでも同じなのだが、われわれはそれを極限のところに据えてみる。するとそれらは必要性と切望として立ち現われる。それ以外の認識は、われわれが自然に元からいる場所より拡散し、漠然と一般化されている事物から形成される中間地帯と、根源的原理が隠されている究極の地平との間に縹渺と浮かんでいる。知的原理主義であり、究極論である哲学は、究極の原理が位置する最終地平まで最短距離で到達する決意でいるため、ほかの知識のように単に原理に立脚した知識であるだけでなく、正式に原理の発見への旅なのである。

以上より哲学者は、正真正銘の〈原理の人〉ということになる。それゆえ、彼らの中で、とりわけライプニッツが特別な意味において傑出しており、すぐれて〈原理の人〉として姿を現わすのは実に驚くべきことだ。

ライプニッツがそのような特別の容貌を備えた人物として立ち現われる理由には、以下のものが挙げられる。第一に、彼は厳密な意味で *sensu stricto*、つまり最高度に普遍的意味での原理を最多用した哲学者である。第二に、彼は哲学理論に最大数の新原理を導入した哲学者である。第三に、われわれは彼の著作においてたえずそうした原理が提示されているのを目撃し、もしそれを読んでいてそのいわんとするところを理解するだけで満足せず、それをいかに表現しているかに注意してみるなら、したがってその人となりを体現するその言辞を文体的に研究してみるなら、彼が文章の奥底から原理を出現させ、それを見せつけ、まるでそれを剣のように輝かせて振り回し、あたかも行商人に扮したユリシーズが櫃から刀を取り出したときに女装したアキレスがふと見せた目つきにも似た、彼自身がその無数の光沢に歓喜の眼差しを向けたときの官能のようなものが生ずるのを見逃すわけにはいかないのである。第四に、もっと先で見る予定だが、ライプニッツにとって認識とは、彼以前に仮定されていた一切のものよりはるかに重大な——かつもっとも矛盾にみちた――意味において、諸原理に依存するからである。
ライプニッツの原理を列挙してみよう。

①　諸原理の原理
②　同一性の原理
③　矛盾律
④　充足理由の原理
⑤　画一性の原理ないしアルレキン（ピエロ）の原理
⑥　不分離なものの同一性の原理ないし差別化の原理
⑦　連続の原理
⑧　最善ないし適合性の原理
⑨　平衡の原理ないし公平律（現今の数学における相似性の原理）
⑩　最小努力ないし最善形態の原理

第②、③の原理をのぞけば、残りすべては元来ライプニッツによって設けられたものではあるけれども、必ずしも哲学史においてそれらに先行するものがなかったわけではない。人間事象はおしなべて歴史的であるとき、その先史があるからだ。

以上の事実全体をさして、ライプニッツの原理主義と呼ぶことができよう。しかしこの問題が複雑化するのは、ここからである。なぜならこれらの事実全体にたいして、以下の反論を対置させなければならないからだ。第一に、ライプニッツは自分の原理を表明するに際し、総じて機知と言語上効率的な形式を見出してはいても、同一の原理にたいし種々の形式を使っており、また残余の概念においては高度にそうであるにもかかわらず、ほとんどいつもそれらの名辞が厳密でない事実は、彼の著作の研究者にはなはだ特殊な不安感を与えるのだ。その最初の——もちろんそれは非公式だが誠実な——表現はつぎのものであろう。ライプニッツは原理を玩び、それに愛着を抱いてはいても、それらを尊重していない。第二に、ライプニッツにとって認識を構成するものは思想における秩序であるにもかかわらず、彼は一度たりとも真剣に自分の諸原理を階層化し、序列化し、調整して、その全体を整合することを心がけなかった[1]。そのためそれらは理論体系の中で不安定な宙に浮遊し、その結果、原理としての原理にとって決定的事項である、その相関的位置づけが杳として明白にならないのだ。第三に、そしてこれはより本質的項目であるのだが、ライプニッツは一再となく、原理を証明する、あるいは証明を試みることが適切であり、必須であると主張しているのである。さて一般に、証明できない、また証明される必要はなく、むしろ逆にそれ自身のもとですべての証明が可能となるものを原理と理解してきた。以上すべては、ライプニッツが原理を蔑み、すべての哲学者の中でも極端に原理主義者でなかったことを意味しはしないだろうか。

これら二系列の事実は、実際のところもっとも顕著に対立する。各系列の最後の言表はそれ以外のものとは異なり、なんらかの外的性格がないだけでなく、それは学的理説、いやさらにいえば、学説中もっとも内密で、深奥のものであることに注意されたい。したがってわれわれは、原理に関するライプニッツのこの二重で変わりやすい態度に接して、躊躇させられてしまうのである。

2　原理とは何か

その抽象的概念からして〈原理〉とは、ある与件の序列において他に先行するところのものである。もしAがBに先行すれば、BはAにつづく、AはBに先行または先立つという。この序列が直線で無限でないかぎり、これら両要素について一方が他方に先行、先行、ないしその始原であり、後者は後続ないし結果であるといえる。しかしながら有限の直線の序列では、先行、始まりをもたない一要素があるはずである。それ以外のすべてはこの要素から結果する。だからそれはその序列内において根源的つまり絶対的意味で、第一の原理である。後続に先行するが、しかしそれ自身はほかに先行されている要素は、その序列内で、〈相対的諸原理〉と呼びうる。当面、〈絶対的原理〉のみが、厳格にいって、原理であると判断しうるだろう。だが注意しなければならないのは、原理の抽象的概念のためそのようには想定できないことである。というのもその特色は、〈他に先立つ〉ことであるからだ。しかるに原理を構成するものは、何かがそれに後続することであって、何かがそれに先行しないことではない。かくて原理の概念は、絶対的なものにも相対的なものにも役立つし、さらに有限の直線的タイプでない序列にとっても有効である。たとえば、最初の要素のない、無限の直線的序列や、各要素がまたつねにほかに先立ちはするが、それとは無関係に最初であり、中間であり、最終である円環的序列においても有効である。

抽象的概念からその具体的形態の一つに目を転じてみよう。たとえば、伝統的に〈論理的〉と呼ばれる秩序において、〈原理〉とは何を意味するかを考察することとする。伝統的意味において論理的秩序は、多数の真あるいは偽の命題より構成されている。話を簡略にするため、虚偽のものはのぞき、真のものだけにかぎって検討しよう。真の命題は一つの秩序ある全体を構成する。その秩序は諸命題が表示する真理の性格を根拠とする。それに基づいて、ある命題がほかの命題につづくように整序されている。ただここでは、この〈つづく〉ことも今少し具体化する。つまり、一つの命題の真理がほかの命題の真理につづくのである。前者は後者の真理の原理であり、この真理は前者の結果である。わが国語はすこぶる精妙に、今の場合〈つづく〉という動詞を再帰動詞化し、一つの命題――つまりその真理――は自らに別の命題をつづかせるようにさせる。その結果遡及的に、一つの命題でなく幾つもの命題が、あるものがほかのものから後続されるのでなく、またいずれもがそれらの先行者にも後続せず、だからお互いに独立で、先行者あるいは原理をもたないような状況に立ち至る。それらはすべてほかのものの諸原理である。つまり、それらは絶対的原理である。同一性の原理、矛盾律はそういったものである。今日では、ブロワー〔ヤン・ルイツエン・エグンベルトゥス（一八八一―一九六六）オランダの数学者、論理学者、直観主義的論理学を展開。〕の業績によって大きく疑問視されている、排中律をそれにつけ加える人もいる。

さて、以上より自然に、どうして序列には究極の要素があるのか、どうして終点があるのかという問題が生ずる。それは明白だ。すべての真の命題はその先行のものより真理としての性格を受け取り、以降も同様である。そこでもし終点がなければ、その系全体が真理性を欠く結果になる。始まりがあり、すでにその中に、その系全体を流れ、充たし、あらゆるほかの命題を真〈たらしめる〉に至る、〈真理〉の全性格が含まれていることが必要である。少なくともこれは、伝統的に論理的秩序について考えられていたことなのだ。

ひきつづいて第二の問題が生ずる。つまり、どうして一定の秩序あるいは系を始動する一つの第一要素の代わりに、論理的秩序においては少なくとも二つの座標がなければならないのかということである。この点については伝統的に論じられてこなかった。それは当然のこと、この世でごく当たり前のことと捉えられていた。だから、今それを急いで解決する必要はない[2]。

それとは反対に、上述に照らして幾組もの命題からなる論理的秩序が出現し、その一組はほかのものの原理であり、後者はその結果であることに注意しておく必要がある。各組の各命題は、それ自体が結果であるか原理である別のものとペアをなしている。あらゆる論理的命題は――最初のものをのぞけば――原理であると同時に結果でもある。このことは論理体系 *corpus* にその完璧な連続性を付与する。そこには飛躍とか中断 *hiatus* はない。ある命題が別のそれの原理であるというとき、それによって概念を変えることなくその表現を変えることができるのであって、一方は他方の真理性の基礎であり、また後者は前者に基礎を置くといえる。さらに〈原理〉とか〈基礎〉の代わりに、理由といってもよい。命題Bの真理性の原理は、理由Aである。論理的秩序は理由と結果の〈組み合わせ〉として織り込まれている。要するに、〈理由〉といわずに、ある命題の〈証明〉ともいえる[3]。こうした類語の集積は無駄なことではない、なぜなら厳密にいって、その類似性は単に部分的にすぎず、これら用語の一つ一つは同一事項の異なる側面、外観を意味するからである。若干の場合には、ある語句より別のものを使うことによってより大きな明晰さを達成することができるのだ。

ところで、論理的序列全体を概観してみさえすれば、そこで〈真理〉と呼ばれる性格には両義的価値があり、そしてそのため不明確であることが了解される。論理的〈体系〉内では、すべての命題は真である、なぜならその〈理由〉あるいは〈証明〉があるからであり、この〈理由〉〈証明〉そのものがまた別の命題である。したがって、〈真理であること〉〈結果であること〉〈証明済みであること〉は同義となる。とはいえこの系の極限では、それ自身が〈結果〉でない、〈証明済みでない〉、〈理由〉をもたないような命題――〈原初の諸命題〉――につき当たる。いったいこれはどういう意味なのか。たしかにつぎの二つのうちの一つである。要するに、これまで決められてきたのとは違う意味での真理であるか、または真理ではないことだ。もし最初のものであれば、論理的秩序の〈諸原理〉は、〈理由〉でも〈証明〉でもない真理――〈根拠〉のない、したがって理性的に考えられず、あるいは考えられない真理性をもつ、真の命題となるだろう。この新形式の〈真理である〉は、一般に〈自から真理である〉、つまりある〈理由〉からでなく、自明である *evidentes* と表現される。しかるに名辞〈真理〉には、お互いに完全に異質の二つの意味、すなわち理由としての真理と、明証としての真理の意味があることになる。これまでは明証の代わりに一般に〈直観〉[4]といわれてきた。嘘と思えるかもしれないが、人類のすべての知をずっと明証に依存させてしまっていたため、フッサール（一九〇二）が行なうまで誰もこの語句に理解可能な意味を与えようと、真剣に取り組んでこなかったことをつけ加えておこう。今この問題はわれわれにとって重要ではない。むしろずっと重要なことは、理性的に考えられ、証明され、根拠のある真理と、理性的に考えられずあるいは考えられえず、自然発生的で思慮することのない真理との、二種の対立的〈真理〉の存在が意味する、この深刻な状況を前にして警戒することである。しかしながら、これも差し当たり急を要しない。逆に急がれるのは、〈自明の *per se notae*、または明証的な〉真理としての〈原初的諸原理〉のこの説は、それらこそその一連の結果全体に真理を伝播し、それで充溢させなければならないと考えられるため、最初の原理がただそれだけで自ずと真理でなければならないという――伝統的――確信が含意されていることの指摘だ。でなければ、いったいどこからこれらの結果は、それらを真理とする資質を引き出しえたというのだろうか。

つぎに第二の可能性、つまり〈原初の諸原理〉は真理でないかもしれないという点を解決しなければならない。もちろんこれはそれらが偽りであるというのではない。ただ単にそれ自身の真理には無関心であり、虚偽である可能性はないとしても、それ自身真理である必要はないことを意味するにすぎない。だとすればそれらはいったい何なのか。この点では〈良き秩序〉いずれとも一致するところの、論理的秩序の構成法則がいかなるものかを、とくと想起されたい。そこではすべての要素はほかにつづき、ほかに先行する。これがその全本質である。そこではあるものが原理である。なぜならそれにほかのあるものがつづくからなのだ。だから原理の本質は、何かほかのものがそれに先行しないことではなくて、繰り返すが、何かがそれにつづくことなのだ。今の場合、ある〈原理〉において決定的なことは、結果を有することである――それ自体がどんなものであるかではない。したがって、それがほかのものの理由であり、それでもって別の命題を証明できることなのだ。この意味で、ある原理を構成しているものはそれ自身の真理ではなく、むしろそれが生み出す真理なのだ。それ自身で真理であるというその内在的で、〈自己中心の〉条件ではなく、自余の命題の真実を－閲する（検証する）*veri*-ficar〔本動詞は語源的にラテン語 verus（真理）＋facere（作る）の組み合わせに由来。〕、それらの中に〈真理〉の性格を喚起するその他動的、〈他者中心の〉価値である。この条件は以前私が〈相対的原理〉と呼んだものであり、たとえ原初の原理がなかったとしても、すべての原理に共通する。この事態は何ら驚くべきものではない。論理的秩序の実在的秩序への投影である因果の系において、最初の原因はないが、各々の結果はそれに先行する事実のうちにその理由を見出す。

以上から、この学説において原初の諸原理は真理である必要はなく、ただ単にそれらがそれらにたいする関心からでなくそこから結果を〈取り出す〉ために、それにつづくものの理由となるために、そこから導き出し派生しうる命題全体を証明するために採用される〈容認 admisiones〉、自由な仮定でありさえすればよいのだ。

〈原因と結果〉〈基礎とそれに基礎を置くもの〉――要するに原理と証明――といった組み合わせ、論理的秩序を構成する分節的法則から生ずる論理的原理の二つの意味を、両者とも同等の逞しさで対峙させておくために、今はこの問題を未解決のままにしておくのが適切である。この関連、繋がりによって、その両者の一方が他方より強調されることになる、いっそうありきたりの表現をすれば、肝心なのは〈証明すること〉なのか、あるいは重要なのはその原理が真理であることなのか、ということだ。

一見遠回りをしているような印象を与えかねないが、まず簡単で基本的準備を整えたうえで、原理にたいしてライプニッツの態度が見せた謎に迫ることにしよう。

3　《思考》と《存在》、すなわち双子神－相補性*

哲学とは、《存在》についてのある一つの観念である。変革する哲学は、《存在》について新たなある一つの観念をもたらす。しかし奇妙なことに、こうした場合すべての革新的哲学が――第一哲学という大革新を初めとして――まず《思考》について新たな考え方、つまりそれ以前は知られていなかった知的方法を発見したゆえに、《存在》について新たな考え方を発見するのである。だが〈方法〉という語は、今私が示唆していることには適しているとしても、それは弱々しく朦朧とした表現であって、それが表明しようとしている概念の重大さや根源性全体を充分強力に〈言表して〉いない。〈方法〉ということばによって、従来伝統的に理解されてきたような意味で、思考と呼ばれる作業にあって、哲学者はその機能を向上させるような幾つかの改変をもたらし、そうすることでその働きをより厳格にし、保証された効率を付与しようとするかのようである。私が言いたいのはそのことではない。問題はもっと決定的なことである。《思考》についての新しい観念は、たとえ部分的には以前の思考法と共通するとしても、それまでに知られていたものとは根本的に異なった思考様式の発見である。だからそれは、人間における新しい〈能力〉の発見であり、〈思考〉をそれまでに知られていたものとは相違する実在と理解することである。

* 双子神カストールとポリュデウケースは仲良しで、カストールが死ぬ運命にあったところを、ポリュデウケースがゼウスに懇願して一日交代で天上に赴くことで、自己の不死の齢を二人して分かちあったという。（訳者）

それによれば、一つの哲学は第一に、《存在》についてそれが語ることではなく、その語り口そのもの、その〈知的言語〉、要はその考え方によって、他から区別される。言語において、〈考え方〉という表現が学説に、ある思考体系の内容に言及し、それが文法上要求しているように、機能としての思考そのものの相違に言及していないのは残念なことである。

ある種の思考法と《存在》についてのある種の観念の間に見られる類似性は偶然のことではなく、不可避のものである。しかるにある哲学がその機能方法を明示するかしないかは、重要なことではない。プラトン、デカルト、ロック、カント、ヘーゲル、コント、フッサールは自分の哲学の一部を、自分の方法の、自分の新しい〈思考方法〉の提示のためにさいている。《宇宙》の問題という巨大な重石を持ち上げようとして、彼らはあらかじめ二頭筋を見せつける。しかしこのことは、そうしない人たちが彼らよりも〈方法に〉欠けるということを、彼らには自分の方法がないということを意味しない。彼らの学説を研究してみると、その方法がいかなるものであるかが容易に分かる。とはいえ、もしある哲学が自分の方法を宣言するかしないかにかかわらず、逆に一つの哲学を透かし見してみたとき、ちょうど金銀細工のようにその〈思考法〉のいかなるものであるかがはっきり見えないというのは悪い兆しである。

以上の結果として実際的勧告をするとすれば、ある哲学体系を理解するには、まずその学説から関心をそらせ、その哲学が〈思考する〉ということをいかに捉えているかを、もっと俗ないい方をすれば、その哲学においては〈何のゲームをするのか〉を調べることが必要である。

では、ライプニッツは思考を何と考えていたのか。〈ある思考法〉、一つの方法が何からなっていたかを数少ないことばで表現することは、容易なことでない。しかしライプニッツの場合、このことはほぼ可能だ。――そしてそれも偶然のことではない。事実、ライプニッツは思考を何と捉えたかという問いにたいし、即答できるのである。すなわち思考するとは、証明することである。（1節）で述べたことは、まずそれに接近する過程で、この格言に意味を与えるのに十分役立つ。ところが、その意味の全幅の理解にいっそう近づくことが避けられない。このためには、ライプニッツの生まれた時代において、哲学することがいかなることであったか、を検討してみなければならない。

4　科学との関連における哲学の三状況

近代における哲学の状況は、古代においてそれが置かれていたものとは大きく異なる。今問題にしているのは総体的相違ではない。むろんそれは古代と近代生活ではとりわけ大きい。ここで問題にしているのはただ単に、双方の状況が異なっていた、きわめて特定の一要因である。

ギリシャにおいて哲学は、厳密な思考法としての《認識》の発明者であり、それは人間にたいし、モノはそれ以外の仕方ではなく、実際あるようにあるべきであることを分からせ、その主張を押しつける。必然のあるいは必要とされる思惟を発見する。その際、自分の思考法と自分の周辺に存在するほかのものとの間の根本的な違いに瞭然と気づくのである。《実在》を前にして、どのようなほかの精神行為の形式が面前にあっただろうか。宗教、神話学、詩、オルペウスの〈神学〉といったものがあった。こうしたすべての〈学科目〉の思考は、是認できるもの、たぶん存在し、存在するように思えるものを考察することであるが、しかしそれを認めるかどうかがわれわれの自由意志によるものでないために、ひとたび理解されるや否応なしに、われわれの精神に押しつけられるような事柄、要は必然性を考えることからは成り立っていない。世界を前にしたときのすべてこれらの知的行動にたいしてこの初期の哲学が見せる蔑視は、とてもことばでいい表わせるものではない[5]。

必須の思考としての哲学は本格的《認識》であり、本格的《知》であった。正しくはそれ以外には存在せず、そしてその意図において単独で《実在》と対峙していた。こうした環境の中で、その〈思考法〉の特殊化として諸学問が結晶し始めた。これら諸学問は《存在》の諸部分、局部的テーマ、空間図形、数、天体、有機体等を引き受けたが、これら事項に関する思考法は哲学的であった。だからアリストテレスは諸学問のことを部分的に表明されたつまり特殊的知識 ── *ἐν μέρει λεγόμενα* ── と呼んだ[6]のである。今日の学者は、好むと好まざると *velis nolis*、エウクレイデス科学の〈厳密さ〉がソクラテス学派、とりわけプラトン学園において培われた〈厳密さ〉である事実を、この際決然と、受け入れなければならない。さてこれらすべての学派は、主として《倫理》を問題にする。エウクレイデス方式、幾何学流の *more geometrico* 典型的〈厳密さ〉が、《数学》でなく倫理学に源をもつのは明白な事実である。それが倫理学におけるよりも数学において、── しかも偶然でなく ── 運に恵まれていたのはまた別問題である[7]。だから諸学問は哲学的課題の専門化として生じたが、その方法はその部分的問題に適合するように変更されはしても、哲学のと同じである。

近代における哲学の状況は、諸学問との関連というこの点だけにかぎってみても、以前のものとは完全に異なっている。一六世紀から一七世紀の三分の二にかけて、天文学、力学を含めて数学は驚異的発展を遂げる。それらのテーマの拡大とともにその方法の純化が増大し、ひきつづいて偉大な物質的発見とすばらしい実在の技術的適用がなされるようになる。哲学からはほぼ独立し、さらにはそれと拮抗しつつ機能する。その結果もはや哲学が本格的《認識》、本格的《知》ではなくなり、それがほかのものと同様一つの認識、一つの知として出現することになる。哲学のテーマは、それが有する普遍性と位置から、ある優位を目指すこともできるであろう。だがその〈思考法〉は発展しておらず、その一方で数学系の科学はもともと哲学に教えられた方法に改変をほどこし、それをもって部分的ではあるが〈新しい諸思考方法〉に変えたのである。今や哲学は単独で《存在》に対峙しているわけではない。それ以外に、それなりにモノの認識に関わる状況がある。この方法はある面では伝統的哲学的方法を凌駕する模範的厳密さを備えている。これを目の当たりにした哲学は、自分はより重要なテーマをもつが方法はいっそう拙劣な、ほかの学問と同様一つの学問にすぎないと感じる。こうした状況にあって哲学は、諸学問と競うほかない。哲学は一学問であろうとする、したがってただ単に《実在的な》ものを前にして、それを黙々と眺めているだけではすまない。だから同時に、精密科学を注視しなければならない。自分のテーマである《実在》によってのみ律せられることをやめ、――程度は様々であるとしても――諸学問から方向づけや統制を学ぶことになる。よって近代哲学は二つの視線をもつ、要するに近代哲学はやぶにらみなのだ。カントの一七六三年の受賞論文『自然および道徳的神学における原理の明晰さに関する研究』の有名な次文を思い出せば、この期全般を証拠づけることができる。すなわち、〈《形而上学》の真の方法は、ニュートンが自然科学に導入し、そこできわめて豊かな結果をもたらした方法と根本的に同じである[8]〉。

この文はデカルト以来引き合いに出せる無数の文章を代表しているといえよう。そのうえ、精密科学的思考法の哲学への適用の変化が、逆にこれら科学の発展において生じている変化の関数となるプロセスを明らかにするという利点もある。これによって、間もなくライプニッツについて行なうように、一人一人の哲学者をその系のなかの一定点に位置づけることが可能になる。事実、彼ら自身がその創成に寄与していた物理学がいまだ存在しなかったため、デカルトとライプニッツが純粋数学に専念したのにたいし、カントの世代はニュートンが象徴する物理学の確固とした勝利をすでに目の当たりにしていた。だからカントは早々と純粋数学を軽蔑し、早晩科学の女王 *regina scientiarum* となろうとしていた物理学に流し目を送っていたのだ。さらに上記引用文の興味深い点は、カントがライプニッツ主義者でなくなり、どんな哲学も見つからずにいたときに、それがカントによって書かれたということである。彼が何らかの哲学を見つける心づもりがあって、この意図で認識の理想としてニュートン物理学に執着している様が髣髴とさせられる。当時カントは上記引用文の表わすところが可能かどうかについて、いかなる明晰な考えももっていなかった。そのためこの文章は、当時における哲学の〈科学的〉スノビズムを赤裸々に示すものだ。その七年後カントはかの著名なる論文『感覚的世界と悟性の形式および原理』*De mundi sensibilis atque intelligibilis forma et principiis* を発表し、そこで要請されていた哲学の物理学への適応を達成している。

しかしながら観念というものは、それを両脇からしめつけ形成する別の二観念の間に挟撃されてみなければけっして明白にならないゆえ、背後で古代の状況によって定義される哲学の近代的状況は、その萌芽であるがゆえすでにそれでありつつある未来である現在、むしろ未来の状況に対置して境界を定められなければならない。当然のことながらここでそれをするには、もっともささやかな範囲に留めなければならない。

物理学では精確さが《実在》と思えるものの認識において保持されると考えられるところから、哲学はやぶにらみをする、いってみれば精密科学、とりわけ物理学を羨望する習慣があって、今日でも依然としてそうしつづけている。かつてのように《物理学》を注視するのではあるが、今日《物理学》は、ニュートン物理学や一般に〈古典物理学〉と呼ばれるものとはずいぶん異なる〈思考法〉である。特段に大きなその進歩は《相対性理論》とは何ら関係ない。その理論は、〈古典物理学〉の最終的帰結である。もしガリレオが新科学 *nuova scienza* を創始した自分の〈思考法〉に根本的に忠実であることができていたならば、アインシュタイン物理学に到達できていただろう。ガリレオが忠実でなければならなかったその〈思考法〉は、もっとも驚嘆すべき明白な仕方で、〈すべての計測しうるものを計測し、直接計測できないものを計測できるようにする〉ことからならねばならぬはずの、その新科学の定義を言明している。だが三つの理由から、この要請に忠実であることができなかった。第一に、彼の時代における測定法は粗雑であったため、その力学の原理を改革——より具体化するという意味で——せざるをえなくしていたにちがいないような現象の組み合わせが脱落していた。第二に、ずっと精密な測定法があったとしても、それらを操作し定式化できるような数学的技術がなかった。第三に、以上の事実によってガリレオは、充分な根源主義を欠いたまま、《物理学》についての自分の定義を解釈できた。その定義とは、ある物理学的命題の全構成概念が〈測定されたあるもの〉の概念でなければならないことを意味する。ところで、ただ変化のみが測定できる（しかもこうした変化はもっぱら相互に相関的に測定できることを、ガリレオは重々承知していた）。しかし変化とは〈力〉の表現である。〈力〉とは物理学において不思議な概念ではない、それは正式に〈変化の原理〉である、だからそれは組成上測定可能なものである。かくして物理学的概念化の領域に入るや、空間と時間は幾何学的大きさではなくなり、測定された大きさになる。しかしその測定とは変化を計ることであり、結果として力学的概念が介入してくる。〈測定された空間〉と〈測定された時間〉は力を含意する。相対論的力学とはこのことからなり、——物理学の最初の観念との矛盾をなくし、したがって、古典物理学の〈思考法〉、計画をもっぱら根源的に遂行することである。

ガリレオはこの根源主義には到達しなかった。彼としては幾何学の定理はあまりにも基本的であるため、物理学にとってはただ想定するだけで充分だが、アプリオリに、そしてただ〈物理法則〉である物理的現象にとってのみ有効であると考えた。そこから彼の惰性の考えが引き出される。ガリレオの考える惰性においては、直線はそういうものとして、つまり幾何学的本体としては、物理的実在を構成する。それは魔術的に作用する〈力なき力〉である。相対論的力学は、物理的に魔術的である直線を物理的に実在的である動的曲線に還元することである(9)。

物理学、〈認識〉としての物理学における思考法の大変化は、相対性理論そのものとはまったく無縁の二つの性格を根拠にする。第一に、もうすでに半世紀以上前から急速に物理理論は統計法則の体系へと変貌してきた。これは可能性の法則――とりわけ事実の表明に極力近似した法則を意味する。しかるに今日、物理学は〈実在的《存在》〉についてではなく〈可能的《存在》〉を話題にする。〈可能的《存在》〉が明確に何を意味するかについては、目下われわれに関心ある事柄については充分明確であるとしても、まだ統一的に定義されていない事項である。つまり、〈可能的《存在》〉は〈実在的《存在》〉でない、要するに《実在》でない。しかし今日まで認識とは、その程度はともかく、《実在》がその中に現前している思惟と考えられてきた。第二に、かりにもし認識が《実在》の思惟への現前であるとするなら、思惟の目前に実在的なあるものが存在しなければならないだけでなく、思惟、つまり思考されたものが実在に似たあるものからならなければならない。類似性とは部分的同一性を意味する。思考されたものと実在的なものとの間に認識があるためになければならない類似性には多寡がありうる。アリストテレスにとってこの類似性はほぼ全面的である、なぜならモノの中で重要なこと、つまりその本質は思惟の中に入り込み、そしてその中にあってまた思惟されているかぎり、その外においてあったのと同じような状態にあるからだ。だから、〈精神あるいは魂は、ある意味で、すべてのモノである〉と言えたのだ。認識に関するアリストテレスの観念中での類似性は、〈重要なものの同一性〉にまで拡大する。ただ偶発的なものは同化されないでいた。アリストテレスが正しかったかどうかに、今われわれは関心がない。彼の認識の観念は最高の類似性としてのそれを出発点として、類似性の階層化を設定するための極限としてのみ役立つ。したがって類似性の照応により認識の概念が構成されるとすれば，それには段階づけがあることになる。ある人物の油絵の肖像画は、たとえそれが二次元で実物は三次元であったとしても、その人物に似ている。この場合の類似性は実在の一部をそっくり——その三次元を——欠いているが、それでもその絵は似ており、それはそこに描かれた人の全体が肖像画に似ているからではなく、肖像画にあるすべてが描かれた人の中にあるものの一部と同じであるので、それはそこに描かれた人に〈似ている〉のだ。もしわれわれが絵画を一連の要素（色素）と、描かれた人の全体を別の一連の要素（その可視的な諸断片）であると考えるなら、最初の系の各要素には異系の同一の要素が照応するため、これら二系間に同様の照応関係を見出す。同じ人物の線描画はこの人物の実在におけるさらに多くの部分をとり除くけれども若干のものとの同一性は保持するゆえ、対象との照応は依然として類似的である。しかし類似性の照応が存在するためには、像とモデル、考えられたものと実在的なもの相互間の同一性に最低限度があることは明らかだ。

　物理学的命題の全体を集合体 *corpus* として、それを〈物理学理論〉と呼ぶならば、現在の物理学では〈物理学理論〉を構成する命題には、実在との間に類似的照応はない、つまり〈物理学理論〉の各命題には、実在における何も照応しておらず、各物理学命題の言述内容が実在的なあるものに似ていることはいっそう少ない。いってみれば、通俗的用語では、物理学理論が述べていること、その内容は、それが語る《実在》とは何の関係もないのである。これには慄然とさせられる。しかし許容範囲内の簡略化において、実際そうなのだ。〈物理学理論〉と《実在》の間の唯一の接点は、物理理論によってわれわれが幾つかの実在的事実について予言できることである。つまりそれは実験である。それによれば現在の物理学は実在の思惟への現前であろうとはしていない、なぜなら〈物理理論〉において、思惟は《実在》との関係で類似の照応であろうとはしていないからだ。

　ヘルマン・ウェイル〔（一八八五―一九五五）ドイツ系アメリカ人の数学者。〕は物理学のこの奇妙な性格を図示しており、それは今日の物

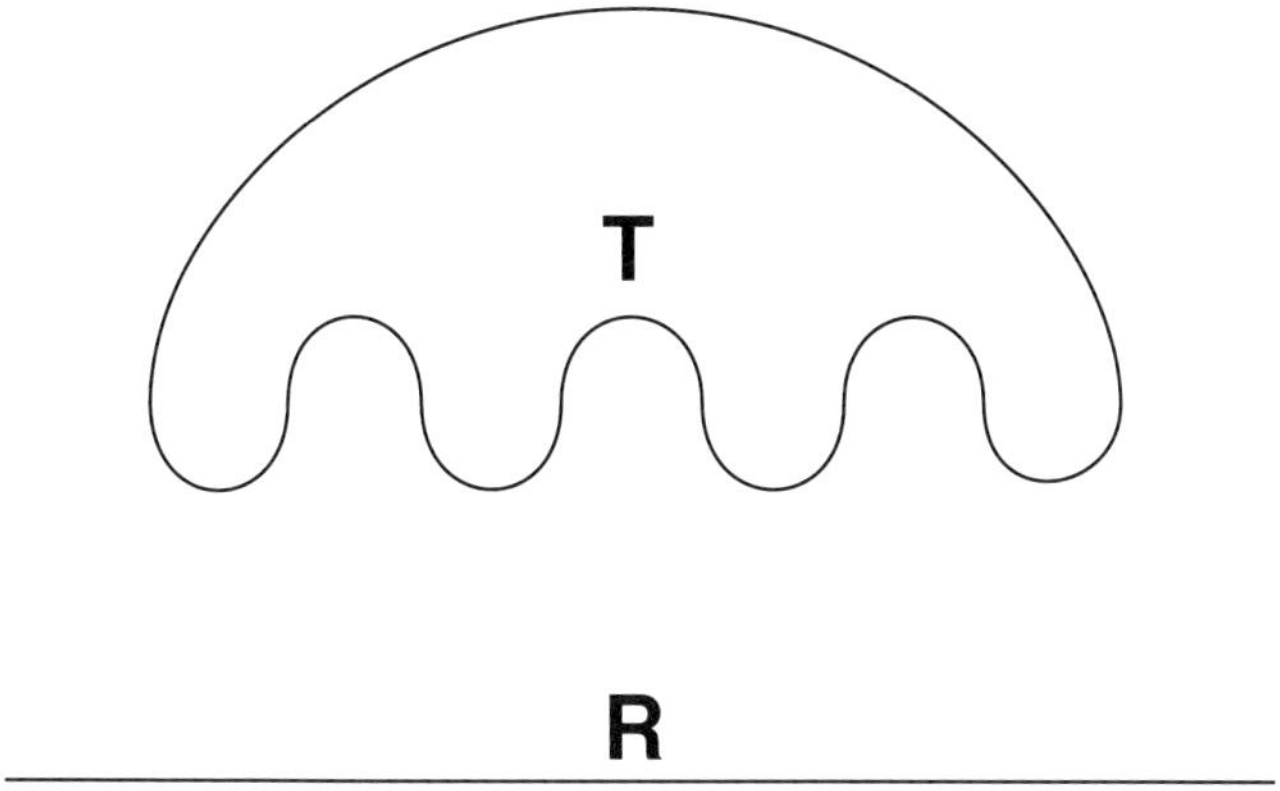

A図

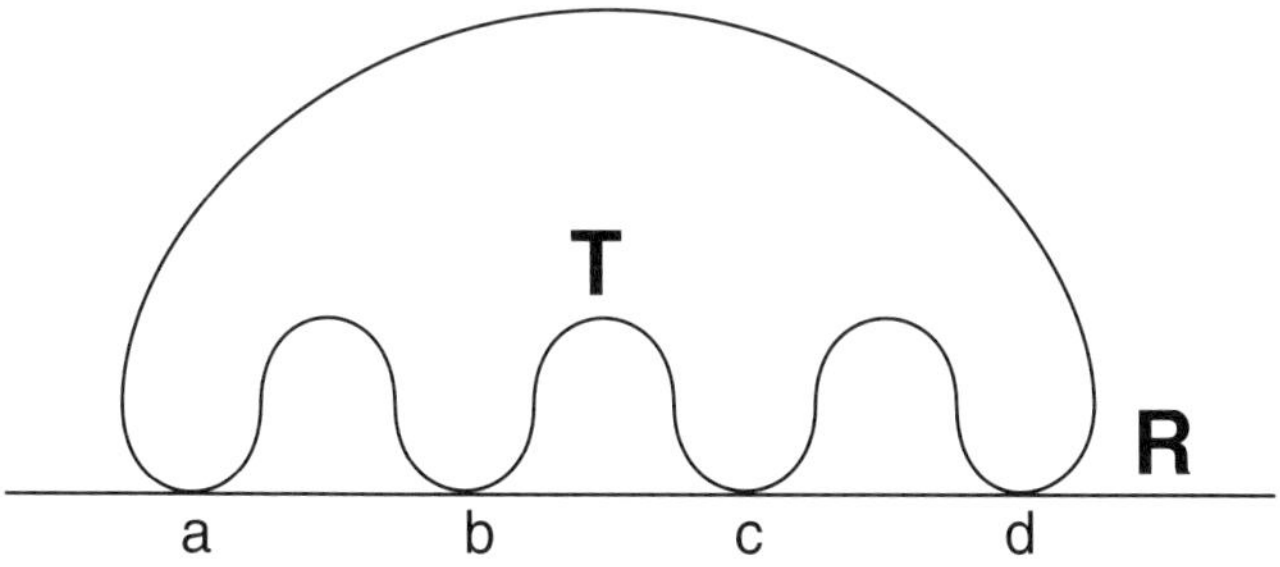

B図

理理論においてはすっかり明白になっているのだが、〈物理理論〉、物理学的命題の内部の集合体を上の図形Tで、そして《実在》を直線Rで示している。

図形Tを直線R上に置いてみると、B図のようになり、理論Tはただ各点a、b、c、dでしか実在Rと一致しない。これら諸点は実験を表わす。しかし物理理論のそのほかの内容——この図の残りの点、その区域の内側のもの——は《実在》の点とは一致しない。

いかなる類似性もない。理論の中味、あるいは内部の点と《実在》の部分との間に同一性の照応はない。《実在》の部分と比較しなければならないものは、理論の諸部分ではなく、理論全体である。その照応は類似性でなく、実験によって保証されている。この照応はいったいどんな形式のものか。〈物理理論〉が実施する思考法は、最初に自分の内部に理論を閉じ込め、その空想的領域において実在の現象とはいささかも類似していない対象物の世界——体系、秩序、あるいは系——を作り上げることから始める。このような理論内の想像上の体系は（数学全体と同様）想像上のものであることから、明晰となりうる。それによって明白な形で、空想的対象物の秩序を現実の現象と比較した結果、現実の現象が先の秩序と同形の体系あるいは連鎖に整序できるかどうかが明らかになる。この明白な比較が実験である。その結果が肯定的であれば、空想的対象物の系と現実の事物（現象）の系の間に異化的で、一対一の対応の照応が確立する。両系統の事物間にはいかなる類似性もない、だからこの照応は異化的である。唯一の類似は両系統内の順序である。

　劇場のクロークでコートを預けると番号札をくれる。この札はコートとおよそ似るところはない。しかし札の系にはコートの系が照応しているゆえ、特定の札には特定のコートが対応している。たとえばこのクローク係が生まれつきの盲目で、札にある浮彫りの数字を触覚で知っているとしよう。彼は札をよく区別できる、つまり同じことだが、それを識別できる。たとえ一度もコートというものを見たことがなくとも、彼が札をさわる毎に一連のコートを順番に動かし、その札に対応するコートを見つけるだろう。物理学者とは物質界における盲目のクローク係なのだ。彼はコートを識っているといえるだろうか。彼は《実在》を識っているといえるだろうか。今世紀の初めにはまだ物理学者は、——たとえばトムソン——物理学的方法が具体的には、現象中に漠然と出現する実在のプロセスを明白に示す力学的〈モデル〉を組み立てることからなると言っていた。現在の物理学では〈モデル〉の可能性はない。物理理論が述べることはあらゆる直観を超越しており、ただ分析的代数学的表象だけを許す。このことからさらに後代になって〈量子〉力学が完全に新しいそのテーマを前にして、〈最初からやり直さ〉なければならなくなると、いわば理論上の幼児期をへて、何度も〈モデル〉（ボーアの原子）を作り上げなければならなかったことが確認される。しかしこの時期があまりにも早く過ぎ去ったのと《相対性》の〈測定分野〉よりもなお直観しにくい理論へ移行したことで、物理学における現在の〈思考法〉に加わる圧力が何よりもよく示されている。

　これによってわれわれは、認識ということばが一次的、自然的、十全な意味で意味するものとはすっかり違ったその形態に出会う。この盲目的認識は当の物理学者たちによって、〈象徴的認識〉と呼ばれてきた、なぜなら実在のモノを知るのとは裏腹に、記号とか象徴の体系でその記号の認識を所有しているからである。

　象徴的認識がどの程度真正な知として考えられるかを充分な厳密さでもって決められるような、〈象徴的認識の理論〉はまだできていない。しかし、そのほかの利点がどのようなものであれ、認識〈モデル〉を追求しているときに、それが模範的性格を主張できないことはたちまち明らかになる。

　したがって、一方で《物理学》は《実在》について語ることを放棄し、《蓋然性》で満足しているが、他方、《実在》の思惟への現前という意味で認識になることも諦めている。

　このことによって《哲学》の状況は、それが近代において置かれていたものとの関連で、根本的に変容している。何世紀にもわたり学問の女王 *regina scientiarum* であった《物理学》は、認識としては問題含みのものになった。（よく理解されたいのだが、物理学や〈科学〉としてではない。その点ではかつてなかったくらい栄光に包まれている〉。だから、問題を提起した上掲二つの理由以外にさらに、量子力学において生じたものもつけ加えなければならない。このことはそれをより具体的にするがゆえ、またそれをいっそう深刻にもする。私が言いたいのは、〈非決定の原理〉とそれを惹起した事実についてである。この際プランク〔マックス（一八五八―一九四七）ドイツの物理学者。〕が言うように、物質には空間で場所を占める属性しか残っていないため、〈非決定の原理〉によって、今や、（ライプニッツの言では）場所 *ubietas* がなくなっている、したがってそれはあたかも物質から〈魂〉になったようであることは重要ではない。これは認識対象における新側面であって、認識方法や意味における変更ではない。重大なことには〈非決定論〉が、伝統的に認識と考えられていたものと正反対なのだ。しかしさらに決定的なことは、この物質要素の非決定性は実験者が事実を観察するとき、それを観察するのではなく、それを作り上げていることだ。さて、〈《実在》を作り上げること〉くらい、〈《実在》を認識する〉ことと相反することはありえない。(10) すべてのアプリオリ中でもっとも避けがたいのは、実在の認識との関わりでの、《実在》のそれである。《実在》Aを知ろうとするとき、われわれの認識がAの代替《実在》Bを作り上げるとするなら、つねに認識は《実在》の背後に押しやられ、それとの関係で遅れることになる。それは一匹の野うさぎを追いかけることをしないで、追いかけながらいつも新しい野うさぎを口から放り出すのを好み、けっしてそれらを捕まえようとしないグレイハウンド犬のようなものだ。

これが今日の模範的科学の有様である。

そのような状況において、《哲学》が自分を一学問と見なすことにまったく関心がないことは理解できる。(11) だからもはややぶにらみをする、羨ましげに諸学問を見ることはなくなっている。その〈思考法〉を模倣したいと願う理由などさらさらない。科学的スノビズムを克服している。さらに可能なかぎり諸学問を特徴づける理論の形式から自分を区別しようとするであろう。なぜなら哲学は、《実在》の思惟への現前としての認識でありつづけようとするほかないからである。だから古代におけるように、《実在的なもの》を避けずに、直接の方法で、ふたたび立ち向かうようになる[12]。むろんその古い〈思考法〉を根底から変革してのことである。そのためにはこの古い〈思考法〉が諸学問の発端となった、つまり最初の哲学は過度に〈科学的〉であったことを考慮しさえすればよい。その方法においてその使命、宿命にいっそう真摯に忠実であり、そこにおいて起こりうる悲劇的なものを受け入れることが必要である。本来的な意味での哲学がギリシャにおいて――プラトンやアリストテレスとともに――悲劇が栄えた時代直後につづくものとして成立したことが、どこにも記録されていないのは驚きだ[13]。哲学は諸学問にたいしてその独立の立場を取り戻すと、それがその〈思考法〉によって諸学問と異なるだけでなく、好むと好まざると、また可能であろうと不可能であろうと、それが認識である、単にそのテーマ、要するにその問題の格別に特殊的内容によってでなく、それらすべてにさえ先立つあるもの、その問題自体の性格からそうであることを、最大の明晰さでもって見ることが必要である。科学は形式上、原則として解決可能な問題を対象とするものだ。だからそれは、相対的で穏やかな問題性の問題である。問題として提起されたときには、もうすでに半分解決されているような問題である。それゆえここに、数学において解決不能の問題に直面したときに生ずる大騒動の理由がある。しかし哲学的営為が投げかける問題は無際限に問題を孕み、絶対的に問題なのである。それが解決可能であるかについては何の保証もない。科学においては、もしある問題が解決不能だとすれば、それは放棄される。科学は解決があるかぎりで存在する。解決は不可避である。科学はそれが正しい解決を達成するから科学なのだ。しかし哲学はこうした種類の営為とは似ても似つかない。哲学はその解決策の成果によってではなく、その問題の激烈さによって存在し、勧められる。ところが人は科学的問題を気分が乗っているときに提起する。他方哲学的問題は自ずと立ち現われる、つまり人間がそれを好むと好まざると、人間にたいして提起される。このことから哲学的問題は、物理的問題が《物理学》に属しているような具合には、《哲学》に属しておらず、それが従わせられる方法的手続きから独立していることになる。

今日《哲学》は、前に引用した文中でカントが使ったことばとは反対の意味でその意図を表明し、《《哲学的》方法は根本において《物理学》的方法とほぼ反対である》といわなければならない[14]。

以上のごとく、哲学が目下置かれている現在‐未来状況の概観によって、哲学について明晰な観念を与えようとしているのではなく、以前の状況と対置させるためにそれについて必要なことを厳密に述べようとしているにすぎず、そうすることで、その境界線が引かれ、輪郭が浮かび上がるからだ。なぜかといえば、もしそうしなければ、近代の状況がいまや唯一可能なもの――したがって、決定的なもの――と思われ、結果として哲学自体が置かれることになった自己の状況ではなくなり、状況的条件から遊離した決定的なあるものにも似て、それが哲学そのものと混同されるであろうからだ。人間的ないかなるものも〈諸力の場〉の外にあるのではない。事実、歴史的状況とは諸力が支配的知的傾向である〈力の場〉であるのだ[15]。

幾年か前から物理学の模範性を翳らせているもう一つの問題は、その学説内容の目まぐるしい変化であって、それは近年あまりにも急速に重大な形で進行してきた。物理理論の変幻自在さはその継続性と堅固さに影響を及ぼすどころか、むしろ、それをいっそう強固にしてきているとの漠たる印象がある。しかし何も今になって、物理的知見の動じやすいこの性格が明らかになったのではないし、この明確化は物理学者からもたらされることもありえない。まさにある学問の学説が変化しやすいものであるからその学問が〈真正〉であるというのは、伝統的真理観に反し、真理自体についての理論を根本的に *a radice* 改め、これが人間的問題であるゆえ、変化にある変化 *mobilis in mobile* である人間の条件から影響されることが理解できて初めて明らかにされうる[16]。

以上で、多様な哲学を位置づける〈歴史的位置〉の三本の系が出揃ったことになるゆえ、それらの一つに帰属させることで、各学説についてあらかじめ幾つかの基本的性格が、とりわけ幾つかの暗黙の仮定が示されることになる。なぜならばさらに各状況は静態的ではなく、それはそれで規定方向のプロセス、運動をしているからである。これはライプニッツの思想が生まれたまさに近代において、例外的明晰さで見てとれるものである。

5　おおよそ一七五〇年、物理学王国誕生

一六世紀末より一八世紀末までの哲学は、この期に圧倒的迅速さで輝かしい進歩を遂げた精密科学の中に自分の規範を求める。その軌跡のうちに明確に二つの時期が区別できる。第一期において、進歩は純粋数学で起こる。第二期に、数学は諸々の現象、諸々の〈実在〉をその純然たる定理に還元することを達成し、それは物理学へと変容した。この変容の中でその精密性の性格の意味あいは変質する、しかし純粋数学において有していた意味の継続として、その傾向は保持している。

たしかに物理学の成立は、厳密な意味で *sensu stricto* 人類史上前例のない重要な出来事である。人間にはさらに超人間的歴史があると考えている人でさえ、そのことを認めざるをえない。それは、ほとんど驚嘆すべき精妙さ――この場合は知的精妙さ――の壮観がもたらす熱意から生じる誇張ではない。物理学の創造に関わった才人たちの最高の精神が活動するのを目の当たりにして、実際われわれに明らかになる、瞠目すべき優雅さのことでもない。物理学はただのサーカスの出し物や曲芸でもない。それは人間の本質的必要性である。ここではこれが意味することを、苛立たしくはあるが簡潔に表現するしかない。つまり、こうだ。人間は、自分とは異質で、自分の条件に敵対的な要素である、この世界に存在する不適応な動物である。こうした状況にあって、その運命とはただそれだけではないが、主として人間の側でこの世界を自分の構成上の要求に、まさしく彼をして不適応にしているその要求に合わせようとする意図を意味して

いる。したがって、自分にとっては奇異で、自分のものでない、自分と一致しないこの世界を、自分の願望が叶う——人間とはこの世界において不可能な願望の体系である——、別の親和的世界、つまり自分の世界といえる世界に変えようと努力しなければならない。人間と一致する世界の観念は、幸福と呼ばれるものである。人間は不幸な存在である、だからその目標は、幸福である。そのため人間が行なうすべてのことは、人間はそれを幸福になるために行なう。ところで人間がこの世界を変えるためにもっている唯一の道具が技術であり、物理学は無限の技術の可能性である。だから、物理学は幸福の器官であり、物理学の成立は人類史上かつてない重要な事実である。それゆえそれは、根本的に危険である。世界を作り上げる能力は、それを破壊する能力と切り離せないからだ。

精密科学の〈近代的〉発展の二つの時期はある一つの事象、つまり一六八七年のニュートンの主著『自然哲学の数学的原理』*Philosophiae Naturalis Principia Mathematica* の出版によって截然と区切られる。しかし〈歴史的時代〉としてこれら二つの期間の年代上の区分は、その出版の日付とは一致しえない。その理由は簡単である。歴史的とは、まず集団的歴史的であり、集団の人間的事象は基本的に時期、時代と関連づけられなければならない。さて、知的分野の事象が個人的事象あるいは個人グループの事象から〈集団的事象〉——したがって、歴史的力——へと変容するためには、いくばくかの時間の経過を要する。集団的なものはつねに習慣であり、そして習慣が形成されるには時間がかかる。一六八七年には、ニュートンの学問は彼の個人的見解であった。たちまちほかの幾人かの人たち、〈ニュートン主義者たち〉がそれを採用し始めた。つまり一人の人間の個人的見解から、一群の人々の私的見解へと変わった。しかしある観念において決定的なことは、一個人あるいは複数人の見解から〈世論〉に、要するに集団——今の場合では、ヨーロッパ知識人の集団——において有効かつ支配的な意見への移行である。それゆえ一つの観念が〈世論〉になる、そのように考えることが習慣になるまでには、ある程度待たなければならない。すでに述べたように、集団的なものは習慣から形成されているため、創始者個人との関係では、いつも遅れている。それは創始者との関係で、いつまでも時代遅れであり古風である。お気づきのように、経験的でなくアプリオリであるこの真理に、私は歴史的実在を構成する〈遅延性の法則〉という名称を与える。だから歴史は否応なしに遅い。それが表明する真理には、純然たる経験による近似によって到達しうる。最古の時代のギリシャ人はすでにそれを知っていた。なぜなら『イリアッド』においてこの意味深長なことばがきわめて古い格言として引用されているからだ。〈神々の挽き臼は悠然と回る〉。神々とは運命であり、歴史である。

したがってこの二つの期間の分離上の日付を遅らせる必要があり、それでもニュートンの理論が歴史的効力を得るに至ったのは、例外的に早かった。このように効力を発するのが早かったのには、あまりにも歴然とした理由があり、それに言及するだけで充分である。それはヨーロッパの少数者全体――フェリペ四世の治世に生じた〈閉鎖主義〉に閉じこもっていたイベリア半島をのぞき――がただ一つの集団をなしていて、さらにあらゆる科学的成果に知覚過敏的に警戒していた時期であるからだ。

ニュートンが〈君臨し〉始める時期を詮索する手間を省いてくれる一つの資料がある。それは、一七三八年のヴォルテール著『ニュートン哲学提要』の出版である。このことは、その日付以前においてニュートン哲学が幾グループかの見解、〈権力を狙う計画〉にすぎなかったことである。しかしまた、これがヨーロッパの知的習慣へと変貌する日付をある程度正確に決定するには、数年つけ足しさえすればいいことを意味する。なぜなら、〈世間全体がヴォルテール氏よりも機知に富んでいる〉のも真実だが、〈ヴォルテール氏の機知は世間全体の機知を醸成した〉ことも、それに負けず劣らず真実であるからだ。そしてそれは、ニュートンの思想を根本的に普及させようと意図している、つまりそれを変貌させ、戦闘的でありまた批判の対象である――あるいは無視されている――見解から世論に変えようとしている、今のような場合にとりわけそうなのである。その結果、精密科学発展史上の第二期は一七五〇年ごろに始まるといえる。これはなんと偶然であることか！　そのときカントは二六歳――これは通常あらゆる思想家独特の思想が実効的になる年齢である〔この点については、主として『ガリレオをめぐって』において提示されている、オルテガ[17]の「世代論」参照。〕――であった。カントはニュートン科学を指針として、哲学的結論を引き出すことになる。

ライプニッツは第一期最後の偉人だ。だから、彼の哲学は物理学を指針としていない。それは無理であった、なぜなら彼は、ニュートンとともに物理学の創始者の一人であったからだ。彼自身はニュートンと同世代（一六四二―一七二七）に属している。彼の思想のあふれんばかりの豊かさゆえに、まるで超人的な超明晰さ、馬車で旅しながら幾つもの学問全体を創造し、絶え間なく閃く魂を目の当たりにしているかのように、今日でもわれわれに不安な印象を与えるのだが、その超体系的観念に体系的表現を付与することができなかった[18]。ライプニッツはたえずニュートンと拮抗しながら生きた。この論争はかつてこの地球上でなされたもっともすばらしい巨人論争であり、この優れた激論がいまだに学説の面においても〈人間的な〉面においても、それにふさわしい形で語られていないのは恥ずべきことだ。この最後の面もまた、とりわけ興味深い。その理由は、そこにおいてニュートンが二人のうちでいつも〈いいプレス〉を味方につけていたのにひきかえ、ライプニッツはジャーナリズムの天才、ヴォルテールを初めとして、それに恵まれていなかったことが分かるからだ。後述のように、その論争での食い違いの大部分について〈正しかった〉のはライプニッツのほうであったから、このことはいっそう耳目をそばだたせることになる[19]。そして繰り返していうと、ライプニッツはほとんど超人間的と思えるくらいまでに正しかった。ライプニッツは身震いを覚えるような明晰さで、今日超最新の純粋数学や最新の物理学を構成しているものを先取りしていた。それというのも、ライプニッツは過去の全哲学者のうちで最大数の学説が有効である哲学者であることを明らかにしておかねばならないからだ。[20] もちろん今日は今日であって、明日の話ではない。

6　これまでの道程の復習

われわれの足跡を見失わないように努めよう。われわれは出発した――ここでの一人称複数形は儀礼的用法ではない。私一個人がもったいぶっているのではなく、実質的な複数形である。つまり、読者と私。事実、私は以上の主張を出発点としているのであって、私がいて、私の文章を読んだ読者は私と対話し、差し当たり私の学説の表明と展開を受け入れた後で、自分の気に入ったことを書面や、対話や、黙想の秘密の中で返答する読者がいるからである。先述のようにまずわれわれは、ライプニッツが数々の哲学者の中でも、頭抜けて〈原理の人〉として立ち現われるところから出発した。しかしすぐに、原理を蔑んでいるように思える彼の知的学説の別側面に気づいた。この矛盾によって、それを克服する、少なくとも理解しようとする方向にわれわれは向かうことになった（1節）。そこでは、たとえそれが初歩的な明確化にすぎないとしても、原理が何であるかについての観念を形成する方向に赴いた。その結果少なくとも、論理的分野、つまり〈真理〉から形成される秩序に関するかぎり、〈原理〉という術語が、〈真理〉の概念の二つの価値、証明としての真理と明証としての真理が対応するところの、二つの異なる意味、相対的原理と絶対的原理とに分裂した。いずれの意味に与するかは、二つの思考法を表わす（2節）。だから哲学は、その〈思考法〉が異なる程度におうじて、相違する。本論究においてこの証拠はライプニッツの場合、ほかのケースに関する証明の要約によってのみ得られる。とはいえ完全な証明は、哲学史全体においてのみ得られるのである。(21)ライプニッツの〈思考法〉はいかなるものか。独断的にこう答えよう。ライプニッツにとって思考するとは、証明することである（3節）。どのようにまたどんな精密な意味で、ライプニッツは思考というものを捉えていたのか。この問いにたいする回答は、本論究全体であり、それは一歩一歩、着実になされなければならない。第一歩は、その〈思考法〉が彼の時代にもうすでにできあがっていたことを示すことである。このためには、ライプニッツ出現時の哲学の特徴を見出す必要があり、そこで中間にありライプニッツの時代である〈近代〉がはっきりと区分できるように、大きく三つの時代に分割した。そうしてみると古代と現代のものに比べて、哲学の〈近代的〉状況には、そのもっとも明白な構成要素として、精密科学によってその間に達成された模範的発展の事実がある。《哲学》はこうした諸学問の〈思考法〉を頼りにする、つまり自分を一学問と見なさなければならない（4節）。しかしながらその期に精密科学は華々しい発展を遂げただけでなく、この発展は数学において根本的改革を引き起こす、すなわち、それが物理学として確立すると、感覚的〈実在〉の世界を制覇するに至る。このことは近代を二時期に分割し、ヨーロッパ人におけるニュートン体系の勝利の境界を画すのである。第二期において哲学は、物理学に〈注目〉する。第一期ではまだ力学が充分に成立していないため、哲学は純粋数学を指針とする。ライプニッツはこの方向づけにおける偉大な形態——年代的には最後であり、理論的には極点——である（5節）。

これ以降われわれは、ライプニッツが思索活動を開始したとき、純粋数学で何が起こり、独創的数学者である彼が精密科学にどんな革新をもたらし、以上すべてが彼の哲学的〈思考法〉にいかに反映しているかを検討してみよう。

7 〈思考法〉としての数論

一五〇〇年を少し過ぎたころ、数学的創造活動が異常な活気を呈し始める。しだいにそれは、今日まで途切れることなく、高まっていく *in crescendo*。このことは、増加の過程で、上げ潮と形容しうる幾つかの時期がないことを意味するものではない。

この上昇線を示すには幾人かの名前を例示しさえすればよい。タルタリア（一五〇〇―一五五七）、カルダーノ（一五〇一―一五七六）、ピエール・ドゥ・ラ・ラメ（一五一五―一五七二）、ベネデッティ（一五三〇―一五九〇）、ヴィエト（一五四〇―一六〇三）、ステヴィン（一五四八―一六二〇）、ガリレオ（一五六四―一六四二）、ケプラー（一五七一―一六三〇）、カバリエーリ（一五九一？―一六四七）、デザルグ（一五九三―一六六二）、デカルト（一五九六―一六五〇）、フェルマー（一六〇一―一六六五）、ロベルヴァル（一六〇二―一六七二）、トリチェッリ（一六〇八―一六四七）、パスカル（一六二三―一六六二）、ホイエンス（一六二九―一六九五）、レン（一六三二―一七二三）、フック（一六三五―一七〇三）、ニュートン（一六四二―一七二七）と。

この一連の名前はさしずめ、専門科目数学の長足の進歩を意味する。しかし今ここでは、数学に関心はない。その発展の中でわれわれが重視するのは、その形式における進歩であり、しかもそれは思考法あるいは数学的方法で根本的変化を示すかぎりにおいてである。そのように捉えてみると、問題は著しく絞られてくる。ライプニッツ以前では、ただ二つの名前に、ヴィエト〔フランソワ（一五四〇―一六〇三）、フランスの数学者、代数学の父。〕とデカルトに注目しさえすればよいのだ。

もともと、偉大な専門科目の数学者であったヴィエトのもう一つの偉大な発明は、その学問の拡大における進歩ではなく、表面的には算術記号表記体系の技術的進歩である。それ以上でもそれ以下でもない。それは何でもないものである。この〈何でもないもの〉とは《代数学》と呼ばれる。

《代数学》の発明は、歴史的現実の幾つかの根本的条件を示す模範的事実であろう。そのためには幾分か詳細に、この発明がヴィエト自身やその同時代人に映っていた様相と今日からそれを眺めたときにわれわれに映るそれとを比較しさえすればいいのだ。もちろん私は、それがわれわれのテーマとは関わりないので、そうするつもりはない。ただヴィエトとその時代にとって《代数学》は事実上、より便利な記号表記の手順と問題解決にもたらすより本質的直接的結果そのものを意味するとだけ言っておこう。時代が少々下るまで、《代数学》の創造において一般的方法上の進歩としてもっとも明白に存在するものを、しかと見抜くことはなかった。つまり、《代数学》が分析、要は演繹の規則的形式を可能にし、それによって《幾何学》（数学的〈思考法〉の典型でありつづけていた）と比べてギリシャ時代から大きな遅れをとっていた《数論》は、一挙にそれを追いぬき、それを従属させるようになるのだ。

逆に今日の立場からこの事実を観察してみると、それは単純素朴に数学の近代的発展中もっとも決定的なステップに見え、ここで近代性は哲学の〈近代的状況〉と呼ぶところにおけるように、現代、今日的なものが始まる時期にも停滞せず、われわれの時代にまで達する、すなわちヴィエトからヒルベルト〔ダビット（一八六二―一九四三）二〇世紀前半を代表するドイツの形式主義数学者。〕まで、飛躍なしにつづいている。

生物学者は有機体の発展において、定向進化のケースについて話す。これはある種において当初不明確であった器官が、時間的に連続した一連の種において出現し、ためらいも逸脱もまた後退もなく発展して現われ、最終の種において完全に形成されている際に起こる現象である。この器官は直線的に進歩した――〈発展した〉――、つまり、定向進化 *ortho-genesis* した。ところで数学の発展において、ヴィエトの発明は今日までつづく定向進化的発展を開始している。そのうえ、《代数学》がその誕生時において一つの計画であったかのように、結果的には文字どおり今日それが成就した。ヴィエトにとってそれは、記号（*species*= 記号）で表わされる数字の数学――数字の論理学 *Logistica numeralis*――であったが、後に輝かしい論理学 *Logistica speciosa* になる。ヒルベルトにとって数学は、本格的に記号の学問であって、根本的に数あるいは大きさのそれではない。《歴史》はヴィエトのことばを捉え、彼は驚いたであろうが、それを文字どおり果たしたのだ。

とりもなおさずそれは、単語すなわちわれわれが〈数字〉と呼んでいる形象による数のことをいっているのだ。たとえば、一、二、三……1、2、3……である。明らかにことばも数字も数ではない。それらは単にその代表である。それをとおしてわれわれは、精神的にわれわれ自身や隣人に数を現前させる。さて、それと知りながら一つのものをほかのものの代わりに、その代表として使うときにはいつでも、後者を前者の記号あるいはシンボルに変えているのだ。あるものがほかのものの代理としてあるとき *aliquid stat pro aliquo*、そこに有意味のあるいは象徴的関係がある。この意味において、語や数字はつねに数の記号であった。しかしそれぞれの語、一、二、三……や各数字1、2、3……はただ一つの数のシンボルであるからには、数と同数の記号を必要とすることに気づいていただきたい。すべての語はそれはそれで少数の音の組み合わせからなり、すべての数字はたった一〇個――0から9――の形象からなる事実によって、語や数字の各々が唯一の全体であると、つまり289は2や8や9とは異なる形象であることを妨げるものではない。記号により意味され significados あるいは指名された designados〔significar という語は語源的には signi（signo<signum＝記号）と ficar（<facere＝する、作る）、designar は sig-no をつけて指し示すこと、そこに記号化という点で共通する。〕モノと同数の記号がある場合、その記号は名称であるといわれる。だから4は個別数の個別名称である。このことから記号とモノの間には極端な近似性が生じ、有意味化の機能は最小限に縮小され、その利便性はただ精神努力を節約することに限られ、各事物において数の実効的意図を現実化する義務が回避される。ところが5932という数字を目にする私は、各桁を現前させることも、精神的にこの数を創出する必要もない。だから数とその数字あるいは名称間の相違は、われわれの精神と対象である〈数〉との関係に微塵も影響しないし、まったくそれに変更を加えることもない。だから数字と数の間に一対一の関係があるゆえ、数字は数であって、その記号は数にたいし知的認識的営為をなすためにあるのではないといえよう。もし逆に私が x は数 b プラス数 c に等しいと言えば、状況は一変する。単独の x や b や c をいくらいじってみても、その中にどんな数も認められない。つまり、x、b、c は個別数の個別名称ではない。私はその各々を個々に考えられたすべての数の代表として、別のいい方をすれば、どの数でも代表するものとして使う。つぎからつぎへとすべての数は、そのどれにでもなりうる。かくしてライプニッツは、《代数学》を不定数の数学 *Mathematica Numerorum incertorum* と定義したのだ[22]。

代理 x とそれが表わすすべての数の間に現出する隔たりは、巨大である。b や c と同様 x は、いかなる数の名称でもない。ここでこの記号は、新しい可能性においてそうなのだ。ただ一個の形象―― x や b や c ――でわれわれは無限の数を表明することができる。だから《代数学》は数そのものと関わる代わりに（既述のように、数字＝数である）、それらの記号としてその記号とだけ関わる（《代数学》は係数、累乗、除数を表わすために二次的に数を使用するけれども、けっしてそれらは《代数学》が問題にしている数ではない）[23]。

しかしながら以上からは何も得るところはない。逆に、失うところが多い。名称あるいは数字は、われわれの眼前にある特定のまぎれもない数を現前させる。さて、x、b、cの中に数を見るようにいわれると、われわれは初め目まいを覚え、くらくらする。（子供のころの〈代数学ショック〉を想起されたい）。この目まいはいい兆候だ。それはわれわれがより高度の別世界に入り、高山病を経験し始めることを意味するからだ。

ところが上述のことは、x、b、cの中に数を見なければならないだけでなく、もっと精確なことを意味する。つまるところ、xは数bプラス数cに等しい数だということ。

これはまったく別問題である。なぜならそうなると、個別ではいろんな数の記号であるのに、方程式の中では限定された数になるからだ。xはたとえば6になる。この迂回によって何が得られたか、どうして初めは不定数xであったものが、最終的には特定数6になるのかを、再度自問してみよう。この遠回りは避けられたかもしれない。しかし6はその限定の根拠が何であり、誰によりまたいかに限定されているかが明らかにならないからには、事実として特定数でないことを理解しよう。それは視覚がもたらす形象のように、孤立した存在物であり、実際ギリシャ人にはそれが二列の点

・・・
・・・

のように映っていた、だから、彼らはそれを細長い数字と呼んでいた。孤立した数字は形象として特定されているが、数学的には特定されていない対象物である。にもかかわらずわれわれはそれを数学的に特定

されていると呼ぶ、なぜなら、いつでも数論では

$$6 = 5 + 1$$

といって、その限定をわれわれに分からせることができるからだ。5＋1は6の限定である。しかしそうなると、

$$x = 5 + 1$$

と書くのと同じだ。

だから、6がただ可能性において限定されていることから、事実上そうであるようになる、つまりそれを構成する限定が明々白々となるためには、それを方程式の中においてみなければならなかった。ところが事実 *ipso facto*、その式はただ

$$x = n + 1$$

とあるように〈どんな数〉でも代表する n で5を置き換えさえすれば、あらゆる数の限定性を表わしているのが了解できる。

もう一度自問してみよう。この表現は6よりも複雑ではないだろうか。たしかにそうだ。しかしこの式はとりわけ重要なものを提供してくれる。つまり6はある一つの数の名称にすぎないのにたいして、この式はその定義を示してくれる。あるモノを名づけることはそれを認識することではない。逆に式は数の名称と同時にその定義の役割を果たす。名称の理想である定義をとおしてそれを命名する。

a、b、c、x、zといった個々の文字はすべての数を代表しており、またそのためにそのいずれをも代表していない。〈単なる数性〉を代表しているというべきであろう。しかしそのためには、それらが相互に組み合わさることが必要だ。この組み合わせとは何であろうか。

《代数学》は数を表わす文字としての記号だけからなるのではなく、さらに関係を表わす記号や操作を表わす記号からなる。関係とは〈同等である〉〈より大きい〉〈より小さい〉といったそれである。操作とは加算、減算等である。こうした操作は結局、〈より大きい〉あるいは〈より小さい〉といった関係が存在するための条件を整えることだと要約できる。加算とはあるものをより大きくすることであり、減算とはあるものをより小さくすることである。

代数式は、ある文字の価値をほかの文字の価値と比べてそれと同等か、それより大か小かによって、定義もしくは決定することからなる。こうして各文字が表わす意味あるいは概念はほかとの関連で、同等、より大、より小の概念によって決まる。単独の文字にはいかなる価値もないし、何の意味もない。いい換えれば、ほかの文字とある種の関係をもつようになって初めて、その文字がその中で一定の価値、精確な意味を獲得するという純然たる約束を意味する。そしてこのほかの文字にも同様のことが起こる。方程式では数は相互に限定しあう、つまり相互に定義しあう。それは一つの体系、一つの小さな宇宙であり、その中では各々のモノ——文字どおり各記号——が自余のものによって限定される。

よってつぎの結論が得られる。

数字はすでにできあがった数として、われわれには明らかにされない神秘的な発生の結果として提示される。それが視野に入っている間は、どんな成り立ちか分からない実在の対象物について視覚が行なうように、眼前にそれは置かれる。われわれはそれを実践的には確実性をもつが、理論的には無責任に扱う。

《代数学》において文字は、まさにあらゆる特定の数的意味を取り除かれているから、方程式という式の一部を形成することによって、われわれの眼前において数にならなければならない。方程式は数の定義を与えてくれる。すでにできあがっている数を提示するよりも、その生成とその中味を示し、刻一刻と、数というのは同等、より大、より小という純然たる関係よりなることを、はっきりと明示的にする[24]。

数字は各数が最初自ずとあるものであり、その後さらに同等とか、より大、より小として現われるかのように、それを示す。

以上の結果から、〈思考法〉として《代数学》が表わす進歩を、以下に要約できる。

一　数は純然たる関係からなることを理解させる。

二　数はそこでその定義によって代替されており、このことは《代数学》の〈思考法〉あるいは方法を一連の定義、純然たる演繹から成り立たせている[25]。

三　一と二の結果であり、もっとも決定的事項として、数を限定 *in terminis*、要は、その定義の範囲内で解釈しなければならなくなる。そのため各ケースにおいて、その無限で混沌とし不可解な価値からそれを解き放ち、そしてそれを論理化する *logifica*。《代数学》において《数論》は、数の論理学になる傾向がある。

さて以上三つの特色は、もっとも純粋な形での今日の《数学》、少なくとも標準的と呼びうる数学を構成しているものである[26]。だからヴィエトの発明においてすでにその後のすべての《数学》があらかじめ形成されていたのだ、なぜなら彼において数学を可能にすることになる方法が機能し始めるからだ。近・現代《数学》の方法、〈思考法〉は、私に言わせれば、ヴィエトにおいてそれなりに機能している。とはいいながら反対にそれは、明らかでない。ヴィエトは自分の具体的実践、その方法がいかなるものであるかについて明晰判明な意識をもっていなかった。

方法論の意識の発展において、デカルトに至るまでいかなる新規の歩みはない。たしかに彼はまた偉大な専門科目の数学者であったにしても、たぶんこの面では同時代のほかの人が彼より勝っていたと考えられる。たとえば、フェルマー〔ピエール・ドゥ（一六〇一―一六六五）フランスの数学者、微分数論、確率論の先駆者。〕。

たしかにデカルトはただの一歩でなく、明らかに識別しうる二歩前進したのである。

8　解析幾何学

上述より、《代数学》で各数はそれ自体の定義によってわれわれに現前しており、この定義はそれがもっぱら同等、より大、より小といった関係からなることを明らかにする。しかし《代数学》はこうした関係概念をその可能な意味の全幅において用いていない、つまりそれらをそれらが数について、いってみれば量と複数性に言及する際に有する意味にのみ限定している。それとは大いに異なる意味をもちうることは、それらが広がり、大きさに言及しているときにもつ意味を想起しさえすれば明白になる。二つの大きさはそれらを重ね合わせて完全に一致すれば同等であり、はみ出すものはより大きく、はみ出さないほうはより小さい。反対に二つの量はそれらが同一の単位数をもつときは同等であり、そうならないときはどちらかがより大、あるいはより小である。こうした関係の概念は数量と広がりにおいて、《数論》と《幾何学》では背反する。広がりにおいてそれ独自の単位はない。《数論》では重ね合わせあるいは一致といったことは不可能である。このことは、かかる関係の概念が本来の意味での概念でなく、各々の場合に基本的直観——数のそれや広がりのそれを表わしていることを意味する。あるものがそれと同じものをつけ加えうる単位であり、それ以降同様になることは、論理とは何ら関係ない。それはいつでもわれわれに明白であり、われわれに現前しており、〈直観〉であるところの〈絶対的事実〉なのだ。大きさが一つづきのあるもの——したがって部分はないが、二つに分割でき、こうして得られた部分は一致することも、一方が他方を含むことも可能――であることもまた、〈絶対的事実〉であり、かつ基本的直観である。ところで《代数学》においてわれわれは、自分が見過ごしていたあるものに気づく。《代数学》は各数を関係より成立させてそれを定義するが、これら関係の定義はしていない。それはすでに仮定されたものとして、つまり数の基本的直観から得られるとしている。これと同様のことを幾何学も行なっているが、ただそこでは、それらを理解するために正式にわれわれを直観に委ねる。

その結果名称は同じであっても、関係ということ――同等、より大、より小――が《数論》と《幾何学》では相違し、〈還元しえない〉意味をもつことになる。こうした理由から両世界――数と広がりの世界――、両学問――《数論》と《幾何学》――はアリストテレスの時代に分離したのである（4節）。論理学の形式的原理をのぞけば、これら双方の学問に共通原理が一つも発見できなかったのだ。この事実によってアリストテレスは、〈類相互間の交通不能性〉の法則、知的世界を正式に、だから偶然の結果でなく、相互に還元しえない複数の学問に分割することになる、以前からあった法則設定の根拠を強化した。各学問が一つの〈基本的直観〉を出発点とするかぎり、各学問はその中に根を押さえられ、直観の農奴となり、そこに閉じ込められ、幽閉されることになる。(27)

今となれば、《代数学》でそれぞれ孤立した文字がすべての数を表わすとき、どれも表わしていなくとも、ある一つの数の可能性、あるいは私はこちらの表現を好むのだが、〈純粋の数性〉を表わすと前に述べたときの私の意図が理解されるだろう。つまり、《代数学》は数についての基本的直観を前提にするものであり、したがってそれは可能なかぎりもっとも論理的形式で構成されてはいても、《数論》なのである。

デカルトは幸いにもめぐりあった閃きによって、数と空間の直観は還元不能であるが、幾何学的関係は数的関係により表象でき、その逆も可である、したがって原則として両者を区別するものは重要でないことを見抜けたのだ。だから技術的には両世界を交流あるものとし、その境界を取り除くような共通科学を構成することは可能である。類相互間の交通不能と学問の複数性の原則は、実質的に骨抜きにされた。数と広がりの間に照応する同一性がある。これら両カテゴリーの具体的ケースにおいてこのことが可能であれば、無限の可能性の地平が開けるだろう。これがデカルトの踏みだした第一歩であった。それは《解析幾何学》と呼ばれる。

根拠あることだが、デカルトの《解析幾何学》のもつ厳密な意味が論議されている。この二つの対象分野——数と空間——がお互いに混同されたり還元されたりしない最小限の解釈を、私は示したのだ。これがわれわれのテーマにとって重要であり、それだけで充分である。

ライプニッツは格別に〈最善観者《オプティミスト》〉であり妥協的であったが、同時にデカルトと同じくらい虚栄心が強く、性格的にはずっと〈気難し〉かったけれど[28]、一般にデカルトを容赦なく扱っている。《解析幾何学》に関しては、そんな解析学は存在しない、空間を数に還元しない、むしろ数の創造において空間の諸公理から出発していることを非難している。もちろんこのことは、ライプニッツがデカルトの中に自分がインスピレーションを受けたのと同じ意図を、つまり、数学の中に《数論》の神聖ローマ帝国の確立を宣言することを想定している。とはいえ数論主義への還元がデカルトの考えであったとは思えない[29]。

そのことはデカルトが打ちだした、むしろすばらしい跳躍といえる第二歩目によって確認される。

9 〈区割り〉としての概念

《数論》とは数えることである。数えることは、その結果である数が直観的であるように、直観的操作である。すでに見たように《代数学》は直観的な数をその定義に、したがって論理的なあるものに変換することにより、それに第二の生を与える。たしかにそうした定義は、数を関係の一次概念——同等、より大、より小——に還元することよりなる。そしてこうした一次概念は直観的であり、数性の、したがって《数論》の基本的直観である。《代数学》は《数論》から独立していない、つまりそこを出発点とし最後にはそこに帰着する。というのも式は、代数学的ではなく数論的である数で満たされなければならないからだ。しかし出発点と終着点の中間で、《代数学》は私が第二の生と呼ぶもの、論理的生を数に与える。

ところが人間の頭の中では、漠然さを減らそうとするもの、つまりあるものについてそれが〈論理的〉であるということで理解しているものほど、漠然としたものはない。論理的とは、概念としての概念間に存在する純然たる関係だけに注目するような、しかし同時にこれらの概念にとって有効なものは思考されたモノについてもまた有効であると主張する〈思考法〉である。もっと先でこのことの意味全体が明らかになるであろう。今は〈しかし〉ということばの前にある前半部分だけに関心がある。私が目で見るものは論理的なあるものでなく、直観的なあるものである。それは概念ではない。だがもし私が見ているこれは馬であると言うなら、〈馬〉は概念である。どうしてなのか。それはある定義の抽出物であるからだ。

だから私が心中で〈馬〉を思い浮かべるとき、私は心中に私が考えているものの構成要素を各々区別している。こうしたことは、ただひたすら見ているだけのものには起こらない。そこにおいてはすべてが渾然一体となっている。その構成要素の一つ一つは私にたいし区々別々、つまりほかから切り離されては現われない。さらに直観において、概念‐馬の構成要素でないほかの多くの要素――種々の大きさ、種々の色、種々の祖型――は切り離されていない。その結果あるものを見たとき、私はそれがどんなふうにできているか、はっきりと厳密には分からない。逆に概念は、もっぱらその定義のみからなる。それはある機械の部品のように定義が私に提示する、あの一連の〈特色〉、構成要素である。この意味において概念はつねにそれ自身と一致するため、私は安心して操作できる。それは正確な価値をもつ貨幣であり、安心してそれに頼れる。それは視覚のように、たとえ高価値ではあってもけっしてそれにははっきりといくらの価値があるのか、したがって正確にその値打ちを当てにすることのできないような宝石ではない。概念は鋳造され、資格を与えられ、分類された思惟である。見られたものを考えられたものへと変換することは、簡単な精神的作用によって獲得される。見られたもの、もっと一般的には直観されたものにおいては、われわれの注意力は一つあるいは幾つかの要素を固定させる *fija*、つまりそれらの各々に注目する *se fija*。その後われわれの精神は直観されたものの中にある残余の全部を捨象し、残りを捨て去って、固定される要素を抽出する。したがって概念は、直観の抽出物となる。直観がうまく抽出されることもあればされないこともある、要するに直観の中にあるもっとも重要なものを抽出することは、差し当たりわれわれの関心事ではない。今われわれが関心をもつのは、概念が抽出物であることだ、なぜならそれこそ概念として有する独特のものであるからだ。ギリシャ人はあるモノの精神的抽出物を、そのロゴス *lógos*、その〈言辞〉〈それについていわれること〉と呼んだ、というのは事実、ことばとはそうした精神的抽出物を意味するからである。〈テーブル〉はお互いにきわめて異なるが最小限の同一構造、同一の抽出物をもつところの、人間にとって無数にある道具のロゴスである。

この操作を終えるとわれわれの精神は、見られたものつまり直観されたものには背を向け、もはやそのことを気遣うこともなく、その抽出物を出発点とし、もっぱらそれのみにのっとり、本論究のもっと先で話すところの〈論理学的〉原理の適用によって、その概念をそれに劣らず抽出物であるほかのものと関連づけ、それらが一致するか、矛盾するか、その一つがほかのものに含まれているかを観察し、矛盾なしに両立する二つの概念をもって新たな概念の単位を作り、以降同様に精密でまとまりある純然たる概念の系を作り上げる。この抽出物の系を論理的理論と呼び、われわれが作り上げたそれをギリシャ時代から〈論理的思考〉と呼んできたのである。

以上全般の中で私が強調したいことは、論理的思考は問題にしているテーマに充分であると思われる概念を直観から前論理的に抽出してしまうと、それらとともに自分の中に閉じこもってしまい、その陳述はもっぱらそうした概念にだけ言及し、したがってそれらは論理的理論が話題にする〈モノ〉になってしまう。もし競争で入賞し、アレキサンダー大王やエル・シッド（本名ロドリゴ・ディアス・デ・ビバル（一〇四三―一〇九九）スペイン中世の伝説的英雄騎士。その偉業を謳った武勲詩『わがシッドの歌』が一四世紀に書かれる。）や闘牛士とか荷物を背に乗せて運んだ、要するに私が無数の、しかもその大部分においてお互いに異なる直観をもった、一種の動物を名づけるのに名辞〈馬〉を使えば、その意味、（名詞のそれ）は、〈論理的思考〉とは異なる、生活におけるある種の必要性には充分な実践上の一種の理解には役立っても、理論的には不可解なものになる。それが不可解なのは、そのように使われれば、名称はそれら無数の直観を表象し、それらのいずれの内容も――すべてのものについてはなおいっそう可能性は低く――、様々な理由があるが、とりわけそれはきりがないのでその全体を網羅していないからだ。もし逆に名詞

〈馬〉を動物学によって与えられている、この動物の定義の名称として使えば、その意味は境界づけられ、それは境界づけられていない無限不定で、曖昧かつ混沌とした最初の意味の境界設定となる。アリストテレスが概念の観念を表わしていることばは、〈区切られたもの〉——ὅρος-*hóros*（ホロス）である。*hóros*（ホロス）とは風景の中で抜きん出ているもの、聳えているものであり、したがって目立ち、標識となるものである。そのラテン語の該当語は *terminus*（テルミヌス）だ。*hóros*（ホロス）と *terminus*（テルミヌス）は石の小山であり、その後畑を分離し、各地所の境界を示す境界標となる。生きるということについて鋭い感覚を備えていたギリシャ人は、すべての重要事項を神格化していたゆえ、道を識別するために十字路にもあったこうした分離用の杭を神格化した。明確な限界と正しい道の神——正しい道のことをギリシャ語では〈方法〉*método*（メトド）という——はアポロ以前の、とても古い神であるヘルメスだ。しかし不思議なことに、その神々が地下にいた古い宗教の神であるヘルメスは、同時に夢の神であり、魂を導き、死後の安らぎへとそれらを導くプシュコポンポス *psicopompo* の神〔ギリシャ神話で亡霊を黄泉に導く死出の旅路の先導者ヘルメスのこと。〕、したがって〈良き路〉の神、あるいは救済法である。それは知の神であり、欺きの神である。プラトンはしかるべきときに、真実を知る者のみが欺くことができることを、ソフィストたちに示すことになる。最初、上述の意味をもっていた積み上げられた石は意気盛んな男性のセックスに似ているところから、そこに勃起したヘルメスを彫像した。ローマ人は所有権の問題では真剣そのものだったので、この境界石を神聖なものと見なし、もっぱら一人の神に境界を守る、境界標 - *Terminus* を守ることを任せた。ジュピターは護国神で、ローマ帝国の境界を守らなければならなかったため、彼を境界のジュピター *Jupiter Terminalis* にした。それゆえ誰かをローマの領土外に追放するときには、その人を境界の外へと追い出していた *exterminaba*〔ex は外へ、terminar は上記より境界線を引くとの謂いであるゆえ、両者の合成によって境界の外に追放するとの意味になる。〕。ローマ人は *hóros*（ホロス）——アリストテレスの〈区切られたもの〉——を境界 *terminus* と訳し、スコラ哲学者はそれを継承することに同意した。われわれは論理的概念に言及する際この表現に立ち返るべきである、なぜなら〈概念〉はそれだけでは、それ以外の少なからぬことを意味するからだ(30)。

したがって名辞 *término* とはわれわれの精神によって区切られたものとしての思考である、つまり自分を境界づけ、自分の範囲を明確にする思考である。今となっては、概念とは資格を与えられ、公式化され、分類された思考であると呼んだ、私の比喩が理解されるものと信じる。名辞 *terminus* を人が頼りにしている正しさの保証に、話をするときの正確さの確実な道具にしようではないか。論理的思考は名辞と関連しており、したがって通常は明確な語句で *in terminis* 話されなければならない(31)。ライプニッツはそのことをたえず勧めており、この勧告は彼の〈思考法〉の最深部に発するものである。

10　真実性と論理性

われわれの概念の定義には第二部があった。つまり、〈しかし〉以降の部分である。それではこれからそれを検討しよう。概念とはかくかくしかじかでなければならないこと、それにとって有効なことはそれによって考えられたモノにもそうであることからなっていた。概念のこの条件は、それ自体では限界づけとしてのかぎりでの概念とは何ら関係ない。だから概念には、事実ヘルメスやそのほかの限界づける神々のすべての像が通常そうであるごとく——たとえばヤヌス神 Jano〔頭の前後に双面をもつ。〕——両面があることが明らかになる。その一面で概念は、モノについて真理を宣言しようとする。それは実在を見ている、したがって自分自身の外、思惟の外を見ているその顔である。それは外を向いた *ad extra* その顔だ。もう一面で概念は、精神内容物としての自己自身の境界づけからなる。それは思惟の内を向いた *ad intra* 顔である。前者から概念は、充分に真であり、またそうでない、充分に認識でありまたそうでない。後者によって概念は、ほぼ精密、厳密、明白、正確である、それはほぼロゴスであり、論理的操作が厳格に機能するためにほぼ論理的であり、あるいは適合している。以上の結果から、ある概念の論理性はその真実性とは別物であることになる。ダンテにおいて、《悪魔》——《誤謬の王子》——は《野生の父》につぎのように語りかける。

Forse
Tu non pensavi ch'io loico fossi.(32)

その逆、概念が真実であるためには、その前に論理的であることが必要でないかどうかは別問題だ。これはしばらく措いておこう。

　私の関心は、概念がもっぱら論理的である、つまりそれが限界づけとしてのかぎりで論理的関係を打ち立てるのに役立つだけであることを、何よりも強調することである。しかるにある思考を論理的思考、ロゴスにするものは、モノにとってのその真理もしくは有効性ではなく、その精密さ、正確さである。ある概念の真理はモノ、よってその外部のあるものとの関係から、概念にもたらされる。それは概念外の効力である。逆にその精密さ、その一義性は、概念がそれ自身で、思考として、外部のものとは一切関係なく有しているか否かするところの効力である。

　そのため真実性と論理性は概念の別々の二次元であり、一方に適するものは他方にも適することにはならない。もし前者を重視するなら、概念になった感覚的なモノの抽出物がモノにあたうかぎり類似する傾向になる。ところがモノはいつも混沌茫漠としている——要するに、不正確である——ため、論理性に優先的に関心が集まれば、概念はモノとは可能なかぎり類似しなくなるだろう。結果として、当面は対立する二つの関心が問題とされている。その対立があまりにも深刻であったために、つぎの大事件が引き起こされる。いってみれば正確であると特徴づけられる思考が初めて発見されたときに、認識——したがって哲学と諸学問——が誕生するのである。この発見をもたらしたのは、われわれを取り巻き、その間にあって人間が戸惑っているモノを、厳密かつ確実に知りたいとの切望である。だが実際には *ipso facto*、この正確な思考はまさしくそうあることによって、人間の周囲のモノにたいして有効でないという結果になる。そこで認識の努力が反転し、モノにたいして有効であるような概念を求める代わりに、正確な概念に有効なモノを必死に求めるという、途轍もない撞着が生ずる。概念に適合させられたこれらのモノは、パルメニデスによって《存在物 Ente》、プラトンによって《イデア Idea》、アリストテレスによって《形相 Forma》と呼ばれた。(33)古代・中世哲学史のほぼ全体は、概念が考えたモノを探し求める、モノについての概念の歴史である。そしてこの狂気の沙汰は、われわれが学問の歴史の対極、つまり今日へと跳躍し、アインシュタインが〈数学的命題は実在に関するかぎり有効でなく、有効であるかぎりで実在とは関係ない〉と語るのを耳にするときにも、依然としてつづいているのである(少なくとも、部分的には)(34)。

ここではそれぞれ個別に、認識する思惟の中で間断なく争い、思考を観念の永遠のドラマに化している、これら二つの相反する力を明らかにすることがきわめて重要であった。なぜなら、われわれはすべての近代的哲学形式と同様、精密科学の思考法を模範とする一つの哲学形式を研究し、精密な思考法がそのもっとも独創的な成立を遂げて以来このうえなく根本的な変化、つまりなおさら悪いことに概念の論理性への関心を極度に進め、モノからますますかけ離れた概念を創り出す変化を経験しようとしている、まさにその瞬間を記述していたからである。一見するところ、近代人は伝統的で精確な思考がモノに役立たないのであれば、それが精密になったからモノから遠ざかったのではなく、逆に充分に正確でなかった、充分に論理的でなかったからだと確信していて、これはわれわれの時代にまで及んでいる。そういう訳で当論究の現時点で、本問題が依存している諸要因を明らかにしていくために、たびたび立ち止まらなければならないことを不思議に思わないでいただきたい。

11　前デカルト的演繹論における概念

デカルト以前の伝統にしたがうならば、正確な思考法とは何からなるか。その解明には《哲学》と《数学》の歴史の中を大きく迂回しなければならないとしても、充分明白になるようにしてみよう。

多くの多種多様なモノを前にしてわれわれは――すでに述べたように――それらが示す若干の共通の構成要素に注目する。たとえば、三角形を形成している要素などである。こうしたモノの各々において三角形としてあるものに注視し、それ以外の構成要素すべてを捨象する。その結果われわれは抽出物〈三角形〉を得る。それらのモノの各々においてその一部をなしている三角形は異なる三角形でない、換言すれば、各々のモノは独自の三角形、自余のモノの三角形とは別のをもっているわけではない。すべてのモノは同一の三角形を内包している。なぜならそれらのモノの中にあったそれ以外の一切のものは捨象されてしまったゆえ、それらを区別し多様化し増大させるすべてのもの、たとえばそうしたもののあるモノはここにあり、もう一つはあちらにあり、それぞれが違う大きさであるといったことは切り捨てているからである。最後に残った抽出物〈三角形〉は、同時にまた区別なしに、ここにもありあちらにもある。それはどこにでもある、というのもそれはどこにあろうとも、いつでも同一の三角形であるからだ[35]。

多くの具体的なモノからの抽出物である三角形は、結果として唯一のモノ、たしかに抽象的な abstracta

——私としては抽出された extracta と言いたいところだが——唯一のモノになる。しかし抽象的であるからといって、モノでなくなるわけではない。その理由はそれを、ただ具体的あるいは現実的なモノから幾つかの構成要素を固定し、残りを捨象して獲得したからである。いわばそれは、実在的なあるモノの実在的部分である。モノがいろいろなところにあるように、三角形はここかあちらとかにある、だからどこにでも、すべての場所にある、ただ、特にどれか一つにたいしてとか、またすべて全体を一まとめにしたものには、まったく無関心である。たとえば黒板に描かれた図形の中にある。この図形が正真正銘の三角形でなく三角形らしきもの、だいたいにおいて三角形だなんていわないでほしい。それに着目しそれ以外を捨象すると、擬似三角形において三角形であるために余計なものを除去する作業は終了した、とわれわれは想像力の中で考える。この〈正確な〉想像は、数学において古い思考法の味方であったカントが〈純粋直観〉と呼んだものである。このことについてはもっと先で取り上げよう。しかし直観がどれほど純粋であったとしてもまたそれが《純粋無垢な直観》であったとしても、つねにそこにおいてあるモノはそうしたモノとして現前していることになるだろう。このことは、われわれが抽出物を得るために具体的なモノから多くの要素を取り除いたことを意味する、だがわれわれの側からはそれに何もつけ加えていないことは疑いない。所詮モノに由来するからには、モノなのだ。

抽出物〈三角形〉の遍在性は、不特定多数のモノの中に同時にあること、つまりそれらのモノの抽象的部分をなしていることをも意味する。それゆえそれら一つ一つについて、〈それが三角形である〉といえるのだ。抽出物のおかげで、この命題を立てることができた。もしこの命題が真ならば、一つの〈認識〉を、要はそのモノについて必要な思考を所有していることになる。ところで、はたしてこれ、

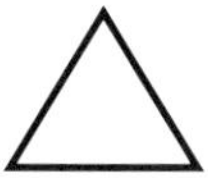

が三角形であるというのは本当だろうか。そうであるか否かは、この命題の主語としてのこの図と述部〈三角形〉の間のつながりが、疑いえない根拠、基盤、理由を有しているかどうかにかかっている。動詞〈である〉において表わされるこの連繫は、図と思惟〈三角形〉の間でなされた同定から〈なる〉。この同定は真であることを主張する。この主張が正当で資格あるものとなるには、その根拠を示す必要がある。

〈三角形〉とは多くの具体的なモノから抽出された抽象的な唯一のモノである。この操作を逆転し、多くの多種多様なモノとの関係でそれを眺めてみると、そこに新しい性格が生ずる。事実、〈多者の中の一者〉なる状況が現出する。多数の中に共通のものを求める抽象化によって抽出——したがって共通性による抽象化——されたので、それを多くのモノの各々に、またその全体、共同体、〈すべて〉に付与できることは当然である。この一者を多者に付与できる適合性は、理不尽で不可解なことばによって、一般に〈普遍性〉と称されるところのものである。この語で表わそうとした考えを最初に思いついたアリストテレスは、その考えのためにそれに相当するような特定の語彙も用いていない。その代わりに三つの異なった語彙を使っている。われわれはその考えをスコラ哲学者に負うものであって、彼らはこの形容詞の悪い意味でスコラ哲学者だったのだ[36]。唯一の抽象的なモノとその具体的な多くのモノ相互間の関係——これがわれわれの当座の関心事である——はアリストテレスによって、〈すべてに関していわれたこと〉（*tò legómenon kata pantós*）と呼ばれた。スコラ哲学者たちはそれを *dictum de omni* すべてのものについていわれること（総体の原理〉、と訳した――そして今回は正しかった。〈普遍的〉であるという適性によって、直観的抽出物は概念へと変貌する。

私はただ一つの理由すなわち原因から、つまりそれが境界づけられ、決定的で、正確な思考であるためまたそのかぎりで、概念を〈限界づけ〉と呼ぶべく主張してきた。しかし概念には別の側面ないし特色があることを明らかにした。その一つ、すなわち真実性の希求はすでに見てきた。もう一つ、その〈普遍性〉は先ほど見たばかりである。だが多くの具体的で個別化されたモノに向かいあるいはそれと対立する直観的抽出物のこの〈普遍性〉は、真実の普遍性ではない。そのためアリストテレスは、すべてのものについていわれること *dictum de omni* には満足しない。彼にとってそれは概念の普遍性から生ずる三つの意味の中のただ一つでしかないことになってくる。そこで最初のものを検討してみよう。

第一のものは、伝統的〈思考法〉にとって重大な問題を提起する。今それは認識と学問へと導く最初の操作であり、したがって残りのものすべてが依存することになる決定的地点であることに留意されたい。どうしてわれわれの命題〈△は三角形である〉が真実であるかの問題は、われわれに二つの要求をつきつける。その一つは〈普遍性〉への適性から概念の萌芽になった直観的抽出物〈三角形〉に定義を与えて、それを論理的概念、名辞に変えるという要求である。そうして初めて実際われわれは、△が三角形かどうかを決断することができるであろう。もう一つの要求は、つぎのものである。論理的概念へと変身した三角形がすでにあるとすれば、それと図△あるいはそのほかの具体的実在的なモノとの間に、論理的関係はありうるかどうかということである。別のいい方をすれば、個別のものについて何かを叙述できるかどうかだ。あるいはこの質問の意味をさらにずっと厳密にしてみると、思春期に学校で教わり、ペドロの死を必然的に伝える忌まわしい三段論法において、小命題――ペドロは人間である――が真であるときにのみ、証明は成立する。私はこの命題が真か偽かといったことを聞いているのではなく、それよりずっと基本的なこと、すなわちそれは〈論理的命題〉のクラスに属する命題かどうかを聞いているのだ。

しかしながらその前に、最初の要求に応えよう。たくさんのモノを目にして、それらに共通のものを探し、共通性による抽象化によって〈三角形〉を取り出すとき、われわれの操作があらかじめ一定の視点や関連からたくさんのモノを、つまり形象として共通にもっているものから眺めようとする決心に導かれていることに気づいていない。もしわれわれがほかの関連あるいは視点、たとえば色を選んでいたなら、〈白さ〉という共通性に到達していたであろう。さて実際に三角形であるという特性の点で多くのモノが一致することを発見する際、われわれはそれらが異なっており、自ずと別の共通性、たとえば四角形、円形とかの方向にずれてしまうので、ほかのモノを拒否していることに気づく。抽出物〈三角形〉とその一群は、抽出物〈四角形〉とその一群等々を拒否する。こうしたことは、〈三角形〉と〈白〉の間では起こらない。三角形のモノがそのうえ白であることには、差し当たり不都合はない。しかし四角形のものと三角形のものとでは、すぐさま不都合が起こる。その理由はこうした相容れぬ抽出物のすべて――三角形、四角形、円形――は、同一の関係、要するに図形によって引き起こされたからだ。まさにそれらはそれらすべてを総合し、〈図形〉という抽出物からなる一段階広い集合体において共通しているから相互に対立する。反対にそれらは色とは対立しない、なぜなら色は図形と何ら関係ないし、別の集合体に属するからである。三角形、四角形、円がある一つの種の多くのモノの一部をなすように、図形は抽出物三角形、四角形、円の一部をなす。このような抽出物は様々なレベルで現われる。というのは三角形から図形へと上昇することもできれば、同じく三角形から等辺、二等辺、不等辺へと下降することも可能だからだ。抽出物は一つの序列をなしている。その各々は直近の上位を包摂しており、その上位にも同様のことが起こるため、各抽出物はその上位のすべてを含みあるいはすべての上位はその一部をなしている反面、それ自身はその下位のいずれをも含んでいない。これで類と種の序列を設定することが可能になる。器と内容物――あるいは含意――の関係である。伝統的思考法は類と種による思考である。しかしまさにこれが新しい精密な思考法において変化するところのものであり、私の論述はことごとく、その差異を明らかにすることが目標である。

　類的抽出物は、種的抽出物の一部をなす。前者を得るには身辺の具体的なモノを見る必要はない。種がモノの中にあるのと同様、それは種の中にある。だから類は、種と同じほど直観的なモノではない。三角形が図△の中やそのほか多くのモノの中にあるように、〈図形〉はその図△の中にある。ただ一つの違いをのぞいて。つまりすでにそれは抽出物であるため、われわれの注意力が定着したもののみを含み、したがってその構成要素の数は有限であり、さらにわれわれはそれがどんなものであるのかを知っているのだ。三角形とはあらかじめ目録にのっているモノである。同じことを個別の具体的なモノについてはいえない、というのもわれわれはそれらのモノを、抽出物を作ったようには作ったのでなく、それらはわれわれには統制のきかない無数の構成要素でもって、自然に現前するからである。ゆえにわれわれは、個々のモノを定-義 de-finir、限-定する de-terminar〔finir, terminar とも「終わりにする」「区切る」の意。〕ことはできない、少なくとも共通要素による抽出によって作用し、個々のモノの差異部分を捨て去り、〈共通のモノ〉だけを採用するこの思考法においては。実際、個々のモノは無-限 in-finitas であり、限-定-不可能 in-de-*terminables*、つまり名辞に還元できない。

　抽出物を入手し、それらを類と種に序列化するこの作業全体によってわれわれが意図するのは、認識することであり、認識とはいつでもある限定されたあるものを識る、あるいは識ろうと試みることであることを銘記しよう。だから一特定例を選び、つぎのようにいってみよう。それを認識した暁には三角形なるモノについて、少なくとも部分的な認識を有するだろうと信じて、われわれは三角形なるモノを認識したく思うのである。

われわれが三角形について有しうる最初の認識は、それを定義することよりなる。だからわれわれは言うのだ。三角形とは二本が相互に交わる三本の直線で形成される図形である、と。直観的抽出物〈三角形〉をこの定義で置き換えることで、一体どんな得をするというのか。第一に、抽出物は諸部分からなる構成物であり、さらにそれは一つのまったき有機体で、その部分は分節化されており、またある種の機能を果たすゆえ、有機的であることを教えてくれる。簡単にいえば、三角形は動物や機械のようなものになる。こうしたことはいっさいわれわれの直観において自からは現われなかった。定義は直観的抽出物にたいして行なう解剖的操作の結果である。プラトンは再三定義を、料理人が肉を切り分ける技巧に比している。第二に、そうした部分や部品を個々別々にわれわれに見せてくれる。つぎの二つである。〈直線図形〉と〈二本が相互に交わる三本の直線〉[37]。第三に、そうした部分は類と種の序列においてより上位の――つまり、より単純または基本的な――直観的抽出物である。この序列でもっとも上位あるいは基本的部分は、〈直線図形〉、要は類である。われわれはこのことをよく理解できる。反対に残りの部分、〈二本が相互に交わる三本の直線〉は、われわれには秘密めいていて理解できない。ある機械の部品の多くがばらばらになっているのを見ると、それらは理解できない。まさしくその密閉性によって、それが分節であり、部品が相互につながって一つの全体を構成するためにのみ存在しているものであるということが明らかになる。この部分を最初の部分に嵌め込んでみよう。するとその意味が自動的に明らかになる。分節の結節点は〈直線〉という表現にある。今となれば、第二の部分がそのほかの直線図形から三角形を区別する役割を果たしていることが了解できる。だから、抽出物〈直線図形〉においてただ三本の直線であって二本ずつが交わるという場合のみを残して、区別を行なうことが理解できる。この区別によって、類〈直線図形〉は種〈三角形〉へと収斂する。

こうしたことすべてをわれわれは、結果としての定義についていうのである。しかし今度は、それにどのように到達したか、つまり操作として、定義とは何であるかを自問してみなければならない。

さて、しばらく具体的個別のモノのことを忘れよう。今は直観的抽出物三角形等の抽象的なモノにしか関心がない。この最後の抽出物が生じたとき、それが同水準のほかの抽出物〈四角形〉〈六角形〉〈八角形〉……〈円周〉〈サイクロイド〉〈楕円〉と同時に生ずるといった。要するにわれわれは再び多数のあるいは多様な抽象的直観的なモノを前にしているのだ。三角形が何であるかを調べようとして、新たな共通性による抽象化でもって、そうしたすべての抽出物の間に共通するものを求める。そうして抽出物〈閉じられた図形〉を形成する。しかしこれは、三角形をほかの抽出物のいずれからも区別するのには役立たない。それゆえ三角形は、そのほかのものの間にあってまったく限定されていない。そこでわれわれは、少なくともそうしたモノの多くからそれを区別しようとする。それは逆の操作であって、それによって一つの集団を一つあるいは幾つかの部分に分割する。この場合は〈閉じられた図形〉という抽出物の集団を二分する、つまり〈閉じられた直線図形〉であるものと〈閉じられた曲線図形〉であるものとに。これでわれわれは三角形の最初の限定を達成し、そして〈直線図形〉というより小さな集団の中に配置する。そうすると今では〈四角形〉〈長方形〉〈六角形〉等とのみ混同されている。そこではより近い集団、その〈つぎの類〉の中にある。ただそのほかの〈直線図形〉からそれを区別する新たな限定を探しさえすればよい。この違いを見つけるにはすべての〈直線図形〉を調べ、それらをほかのものから区別するところによってそれら一つ一つを示さなければならない。これは〈列挙〉である。この伝統的思考法においては、この列挙が完璧であると安心することはけっしてできない。それはただ実際上の安心を与えるだけだ。この留保つきで、三角形特有の差異、つまり直線が三本で、二本ずつが相互に交わることを発見するに至る。この相違を〈類〉につけ加えると、抽出物三角形が完璧に限定される。いってみれば、定義された概念、すなわち名辞になる。だから定義とは、上方にむかってはいちばん近いその共通性を探し、つづいてその集団に含まれたほかのモノからそれを分離するものを求める二重の操作である。そうすると定義されたものは部分に、とりもなおさずそれを構成していた比較的単純な要素に、その類とその違いに分離された構成物として定義される。ライプニッツはこれら単純要素を、法律用語の〈要件〉と呼んでいた。定義するとは解体することであり、これはアリストテレスの時代には分析、構成物のその単純要素への、全体のその部分への還元と呼ばれていた。定義の操作においてはいかなる論理的操作も介入しないことに注目されたい。その結果——名辞としての概念——は、すでにそれにたいして論理的操作が実行されるのにふさわしいあるものである。われわれのあらゆる分析的行為は、抽出物という直観的資料にたいしてなされてきた。あるものとほかのものを直観的に比較し、共通のものを取り上げ、その共通性においてあるモノをほかのモノから区別しているだけだ。われわれは何も証明していないし、そのいわれもない。それは単なる名目上の定義ではない。なぜならわれわれは定義されたモノを眼前にしており、われわれがしたことはその活発な部分を記述するにすぎない。誰でもそこで述べられていることをモノ〈三角形〉と比較すれば、それらが一致するかどうか分かるであろう。もう一度繰り返しておくが、論理的操作はただ概念にたいしてのみ行使できるのだ。定義とそれがすでになされていると考えられるそれ以外のものによって、概念は作り上げられた。アリストテレス－エウクレイデス的伝統にしたがえば、正確な思考法において、定義であるところの概念の形成は、直観としてある直観の部分を精確にすることでしかない。だから円錐を定義して、直角三角形が斜辺でない一辺上で回転したときに生ずる面であるといわれるときとか、あるいはここで引用するまでもないもっと近代的な定義などのように、数学的定義が〈生成的または因果的定義〉と呼ばれてきたものの外見を示して得意がる理由など少しもない。われわれが三角形にたいして行なうこの作業はちっとも論理的でない。それは純粋に直観的であり、ある面では手作業である。それはまるで、ぼけっとしていてもできる陶器製作の有様である。一握りの粘土を掴み、そこにできるだけ薄いブリキかボール紙でできた直角三角形を差し込み、それを回転させた後でそれを取り出し、その空洞に乾きやすく粘土にくっつかない半流動性物質を注入する。しばらくしてから粘土の塊をこわしてみると〈生成的定義によって定義された〉円錐が姿を現わす。その間、論理は強制的に停止されて散歩に出掛けていたわけだ。生成的定義は非生成的なそれ同様、直観されたモノにおいてわれわれが実行した操作を記述したままである。あらゆる定義は通俗的意味で、純粋に名目的と考えられるものも含めて、生成的である、というのは、ある名称の概念を生み出し、名称はほかのいずれのモノと同様モノであり、動物学が哺乳類を扱うように、名称をあつかう自然の学問の契機となるからだ。

　一般に定義の前‐論理的性格を明確に看取することはない、なぜかといえばそれが話題になるときには、ある学問または理論の概念の大部分がすでに形成され、それらを器と内容物の関係、すなわちたしかに論理的関係である含意の関係に入らせる、類と種のそれ固有の概念的序列を自動的に構成しているからである。しかしこのことは、今問題になっているのがその結果――概念――でなく、それを作り出す操作そのものであるにもかかわらず、すでにそうした定義が実行されていることを想定するのである。

　したがって定義は、その構成要素を詳述してモノの概念を生み出す。これら構成要素は、逆にまた概念であり、結局定義は究極の直観的要素を命名するだけの最後の概念に到達するまで、われわれを別の定義へと順送りにするだけだ。そういうわけで三角形の定義は図形、角、直線、線、点の定義へと向かわせる。こうした移転がもたらす直観的努力の節約は少なくない。とはいえ定義の魅力は、この経済的利点にはない。そのうえそこには移転ではなく、定義によりその達成が促されるのだが、新しい直観の要素がある。つまり、線でも直線でも三本の直線でもなく、これらが二本ずつ交わるという直観である。それは三角形の定義以前のいずれにもなかったのである。

だがわれわれが願っているのは、モノ〈三角形〉を認識することであるということを、今一度見失わないようにしよう。モノの認識としての定義は、われわれに何をもたらしてくれるのか。さしずめ直観的抽出物の中にまだなかったものではない。モノとの直観的接触に加えられるものは、諸部分への分解だけである。それはそれで何ものかであるが、しかしわれわれの認識の実質的増大でもない。それで得られるのは、〈三角形〉の二つの部分の一つ――〈相互に交わる直線の図形〉と呼ぶところの部分――を分離してみると、それによってすべての〈定理〉や〈派生的命題〉、畢竟するに線や角について示された真の命題の系全体が自動的に与えられることである。概念三角形は、類〈相互に交わる直線の図形〉の一種であり、類にとって真であるものはすべて種にとっても真実である。われわれはすでにすっかり、論理的領域の中にいる。定義によって、概念三角形が何であるか――モノ〈三角形〉が何であるかについて、古代人がどういったかは問題ではない――を有しているだけでなく、にわかに、このモノが有し、直観や当面定義も明らかにしなかった特色の系列全体が与えられる。もはやこのことは、三角形について少なからぬ認識である。それはそれよりずっと上方からもたらされる知であり、三角形はそれほど複雑でない閉じられた図形であり、それ自体が幾何学の序列でかなり高い位置にあるため、当然のことながらこの事前の知は、さほど巨大である可能性は少ない。

12　アリストテレスによる演繹論における証明

定義とは命名的、記述的操作である。その図式はこうだ。私は自分の前にあるそのものを〈三角形〉と呼び、その私の前にあるものはかくかくしかじかの部分からなる。かかる命題について証明を要求することは無意味だ。それは単なる断定である。あるものがかくかくであるというが、そうあらねばならない、とはいっていない。それは必然性を述べるものではない。それを証明することはできないし、その必要もない。ただ眼前にあるものといわれたことを対照できるだけだ。お望みならば、照合は証明することだ、といってもいい。このことは本学科目の最初の定義——点や線や面の定義——にとっても有効である。定義とは、あるモノがあるところのものの直観的認識、すでに暗々裏のうちにもっていた認識を、分析的に明白にする形式である。

しかし一度三角形を定義してしまうと、相互に交わる点を越えて二本の直線を延長すれば、内角と同じ外角が形成されるという認識に自動的に達する。このことは第一に、三角形のことではなく、その特性である。第二に、それは単なる断定ではなく、必然的真理である。だからそのもっとも典型的な価値において、〈学問的認識〉、つまり必然的認識である。

たしかにこの特性は三角形独自のものではない。それは〈相互に交わるすべての直線〉に共通である。それゆえ、それはそれ固有独自の特色ではないから、それを三角形の特性と呼ぶのは適切でない。三角形がそれを備えているのは、三角形が〈相互に交わる直線〉の集団あるいは類に属するからである。したがってそれに関しては、共通的特色である。共通的特色とは、丸い四角形というようなものである。いわばそれは特性であるよりも、〈類的性格〉とでもいえよう。しかし三角形にとって類的性格であるそのものは、類〈相互に交わる直線〉にとっては真の専有、固有の特色という結果になる、だからそれは、ほかの線――曲線とか交差しない線――にはないものである。このことは、類が絶対的意味でそうあるのではなく、単にその下位との相関においてのみそうであるが、それ自体それだけでは種であることを意味する。すべての真の特性は、固有であり種的である。だから内角の和が一八〇度というのは三角形固有の特色である。すでに見たようにその理由は、こうした概念や抽出物〈三角形〉は二つの部分よりなる構成物であり、一つは類で、もう一つは差異であることだ。類はこの差異から引き離すことができ、この差異は類から引き離すことはできない、そんなことをすれば支離滅裂になるからである。そのため概念について、その独立部分の特性は〈類的性格〉として叙述される。反対にその〈特性〉は、全体‐*ὅλον‐hólon* 的にそれに属している。

　スコラ哲学用語では〈類的性格〉の種への付与を〈普遍的〉叙述と呼ぶ。なぜなら実際それは、その類の種全般に有効であるからだ。しかし特性の種への付与――たとえば内角の和が二直角であることの三角形への付与――もまた普遍的と呼んでいる。もしそれがただ種だけに属しており、種は〈唯一のモノ〉であるなら、どうしてそうなるのか。この誤謬の原因は、種は種で〈多の中の一〉の関係にある、多数の個別の具体的なモノにも有効であるからだ。それ自体理解できない〈普遍的〉なる語の三重の曖昧さについては、私はすでに言及した。

　同一の語彙でもって完全に異なる三つの関係が表わされているのだ。一つ目は〈多の中の一〉の関係、あるいは概念の外延、二つ目は全体（類または種）と部分の関係、つまり概念の内包、要は含意、三つ目は結果と原理の関係である種独特の特性である。

先述のごとく、これでもって、混乱し曖昧であるために中世スコラ哲学のあらゆる大論争で機動力として役立った名辞〈普遍的〉に当たることばを、どうしてアリストテレスがもっていなかったのかということが明白になる。

まったく適切にもアリストテレスは、これら三つの異なる関係に個々別々の名称を与えた。第一は κατὰ παντός *katà pantós*、われわれのことばでは、普遍的叙述 predicación universal というところであろう[38]。第二は、καθ' αὑτό *kathautó*、総称的叙述 predicación general といえるだろう。なぜなら種にたいする類の関係であるから。第三は καθόλου *kathólou*、アリストテレスと同様われわれも全称的叙述 predicación católica というだろう。ラテン語の用語では各々 *de omni, per se* と *quoad integrum* とでもいえよう[39]。

アリストテレス哲学全体の中でもっとも重要にして真正な用語の一つである全称的 *kathólou* なることばは、アリストテレスのテキストにおいて[40]明確な定義があり、内角の和は二直角に等しい、という三角形について述べられている特色としてそこで引用されているにもかかわらず、一般に正しく理解されていないように思われる。普遍的叙述の問題は、主として証明に関係することに注意されたい。〈特性〉の場合、類を表わす部分だけが関与する、総称的、つまり自らによる *per se* 叙述における場合とはちがい、推論に主語の概念全体（種的）を介入させることによってそれは証明される。ところが類的特色を種に付与するこの証明は、スコラ哲学者が認めるように全称的、すなわち種自体による証明[41]ほど完璧でないだけでなく、類について以前に全称的に証明済みであると推定するというのは、類は今の場合種のもっとも真正な特色を顕現させるからだ。しかるに種的証明だけが原初のもので、全称的真理だけが真理である。したがって人々はただそれを信じるのでなく、アリストテレスを彼の用語にしたがって、字義どおりに解釈するのである。彼は、少なくともその弟子たちは原級の用語では満足することなく、たとえばより全称的証明、超全称的証明を求めて、それを比較級、最上級で用いた。

以上すべての中には、まさしく前デカルト的思考法と彼以降たえざる進歩と純化によって精密科学で勝利を収めたそれとの間の違いが潜んでいる。よってこの微妙な問題に勇を鼓して立ち向かわなければならなかったのだ。

命題〈三角形の内角の和は二直角である〉によってわれわれは認識、つまりモノに関する必要な思考の典型的範例を手にする。それは必然的真理の真の命題である。この性格は証明に由来する。それは証明済みの全称的真理である。われわれが証明あるいは立証と呼ぶところのものは、何から成り立っているのか。それをこの具体的ケースで見てみよう。言表された命題を証明するには、三角形の定義における一部分──〈相互に交わる直線〉、角というもっとも総称的な部分──を分離する。三角形を幾つかの単純な角に分解、解体する、三角形を消失させる。単純な角を前にしてみるとわれわれはすでにそれらについて多くのモノを、要は角が相互に関係するようになると角の特性を決める真の命題、すなわち定理を知っていたことが分かる。こうした関係とは、とりもなおさず同一である、一方が他方より大、一方が他方より小といったことだ。このような関係が角の操作、つまり同一視したり足したり引いたりする操作を統制している。角の複数性としての三角形は、その類にあたる〈角〉の概念との関連で、何ら新規のものではない。したがって立証とは、新しいものが古いもの、既知のものである、三角形について話すことは角について話すのと同じであること、その結果新しい命題とは以前の、すなわちより総称的なものの類語反復であることを示すことである。新しい命題は既知の命題と同一のことを述べているので、類語反復をするから真実なのだ。それを明らかにするには、三角形を角に分解する、複合物をその相対的に単純なものに、具体的なものをその抽象物に還元するだけでよい。それは単なる同定のケースである。複合物を単純なものに還元する考え方、新しいものは以前のもの、アプリオリなものと同一と見なす見方は、アプリオリに分析的思考である。この思考は直観的ではない。定義づけられた概念――つまり名辞――〈三角形〉のうちに定位しており、そこに事前の、総称的な概念〈角〉しか見出さない。ただ〈角〉は〈三角形〉に含意されていた、三角形は角を含んでいた、前者は後者に解消あるいは還元されることを認めるにすぎなかった。三角形の定義や概念の外に出る必要はなかった。複合的なものを単純なものに、具体的なものを抽象的なものに、新しいものを旧いもの、前のもの *priori* に還元することは、演繹するといわれる。証明は、概念〈三角形〉を概念〈角〉から演繹する。

しかし証明にとっては、これだけでは充分でない。前のとは大きく異なる二歩目を踏み出さなければならない。すなわち角の間の関係にまつわる定理や一般則が特定の（特種な）ケースに関係させられる、いうならば直線が二本ずつ交わる三つの角が問題になっている際の結果を見なければならない。総称的概念〈角〉やその法則においては、以後関係するようになる角の数も相互に交わることになる直線のその他の条件も限定されていないし、予見されてもいない。また角が三つであるとも直線が二本ずつ交わるとも想定されていない。以前のアプリオリな真理との関連で、たしかにこのことはまったく新しいことである。証明を完成させる第二の精神的操作は、角についての一般則を新しい条件によって限定されるケースに適用することからなる。

以前私が触れた混乱ゆえに、古い論理学は概念に二つの外延があることを充分には強調しない。その一つは、数的に区別された多くの個別の特殊性――その数的あるいは量的外延――にたいするその有効性である。もう一つは、多くの種的特殊性――その総称的外延――にたいする有効性である。後者はその本来的に論理的な外延である。かくして概念〈角〉は、無数の形や〈種〉の角に関連し、それらの間の相違にたいして無関心あるいは不決定である。類‐種の関係は非相似的、不可逆的である。種は類を内包するが、類は種でなくその不定の可能性を内包する。そのため種の中に類を認めうるが、類の中にそうしたものとして種を認識、同定できない。この思考法において、種は類との関係で新しいあるものである。その概念を獲得するには総称的概念の外に出、そこには予定されていないあるものをつけ加える必要がある。

したがって証明、立証は完全に異なる二つの精神操作、〈三角形〉――類の中の種――を〈角〉として認識もしくは同定するアプリオリに分析的思考と、種が作り出す新しい条件――三本の直線で、二本ずつ相互に交わる――をつけ足して思惟することを接合する。分析的思考は、概念間‐内の操作である。それでは第二は？　明らかにそうではない。というのは新しい条件をいかなる概念からも引き出していないからだ。それはわれわれの直観から自然に生まれたもので、直観は無限にある形の角の中から、三本の直線が二本ずつ交わる唯一のケースを想像している。この直観は三角形の概念には還元しえない新しい概念を生み出す。以前のものとは関係ない活動によって、類概念〈角〉にこの新しい類概念を接続追加する。総称的原理につけ足された新しい原理からであるかのようにそれを出発点として、今や証明は自動的にそれだけで生じる。それは角という前からあったもの *priori* と、種的条件、限定である、今生じたばかりの前からあったもの *priori* とから生まれる。この「と」*más* はわれわれの二次的思考が、アプリオリに分析的でなく、アプリオリに総合的であることを表わす。だからこそ三角形の角の和についての命題が演繹されるのだ。

しかしこの第二の演繹が、第一のものとは違う意味でそうであることは明瞭である。三角形を角によって演繹する、同定する——概念間、かつ内部の純然たる関係——のでなく、新しい概念へと結晶する新たな直観を概念、角につけ加えることからなっている。概念〈角〉と〈三角形〉の間には、一つの直観が介在する。

もし総称的概念〈角〉から、いかなる新しい直観も介入させることなしに概念〈三角形〉を演繹あるいは派生させる——つまり形成する——ことができるならば、厳密な意味で *sensu stricto* 演繹、概念間での純粋な分析的操作、したがって純粋に論理的操作をしていることになるだろう。すなわち類から種を演繹したことであろう。しかしこの思考法において、種は類から演繹できない。その代わりに、直観によって、角と新しい条件との総合によって、〈それを演繹し〉なければならなかった。内角の和が二直角に等しいことは、アプリオリな真実性によって、三角形にとって真実である、ところがこのアプリオリは、分析的、概念的もしくは論理的アプリオリとはいささかも類似しない。それは種にたいする類の分析的アプリオリに追加されあるいは総合される直観的アプリオリである。証明や立証は、結果的に思弁あるいは思考法としては、分析的思考と総合的思考からなる怪物ケンタウロスなのだ。

ここで注目すべきことだが、もし〈アプリオリに分析的思考〉なる表現と〈アプリオリに総合的思考〉なる表現とを対比させるなら、不適切な用語法を行なっていることになる。なぜなら同一の用語〈アプリオリ〉を二つの違った——一つは論理的、もう一つは直観的——意味で使っていることになり、したがってわれわれの用語法〈アプリオリな分析思考〉〈アプリオリな総合的思考〉という表現はさまざまな理由から少なからずまやかしである。〈アプリオリに分析的思考〉という表現は贅言である。すべての分析的思考は否応なくアプリオリである。だから、それらは同義語である。ゆえにそれをこの表現から抹消しよう。しかしすべての総合的思考はそうしたものであるかぎりアポステオリ *a posteori* である（直観にたいしアポステオリという意味）。にもかかわらずアプリオリな性格を受けることができるようなら、それはその総合的性格とは関係ない何らかの考慮によることになるだろう。それはまったく関係ないので、〈アプリオリに総合的〉というのは、逆説的言辞である。この無関係な考慮とは、つぎのことである。すなわち直観においてわれわれは角の直観に、三本の直線があり、それらが二本ずつ相互に交わるという決定的直観を総合あるいは追加することである。単に総合であるこの精神行為をもとに、いったん概念として形式化された新たな直観的条件と古い概念〈角〉とを総合して、新概念三角形が形成される。全体 *integrum* —— *hólon* —— 〈三角形〉、結果として得られる概念から、その特性をすでに分析的に、したがって厳格に〈アプリオリに〉演繹している。〈アプリオリに総合的思考〉という表現において、直観的であって概念的でないものは、〈総合的〉なる名辞中に、分析的ないし概念的なものは〈アプリオリ〉なる名辞中に暗黙に了解されている。だから〈総合的〉という条件とはあまりにもかけ離れているこの種の結合は、「と」という繋辞によって表現されるべきだった。〈総合的でありかつまたアプリオリである思考〉というべきだったのだ（〈そしてアプリオリであるにもかかわらず〉に代わって）。これが前デカルト幾何学の命題を証明するときに起こることを、適切に表わす名辞である[42]。

さて、証明の総合的要因のことは措いておいて、そのアプリオリな要因を根本から明らかにしてみよう。なぜならそのもっとも重要なものを、前デカルト的思考法についてのこの長い考察を引き起こすところのものをまだ取り出していないからだ。というのも偶然にアリストテレスについて触れたわけだが、われわれが定義しようとしているのは彼の方法論あるいは論理ではなく、エウクレイデスが使った実際の思考法であることを忘れるわけにはいかないからだ。それゆえ私は証明について述べた折に、三段論法のことは話さなかった。エウクレイデスが通常三段論法にしたがって行動したというのは嘘だ。それは単に三段論法が彼の『原理』において正式に現われていないからだけでなく、ひじょうに頻繁に見られるように彼の推論が三段論法には移しえないからである。エウクレイデスの精密科学の思考法は本質的に、アリストテレスからデカルトに至るまでの哲学思考法と同一である。通常アリストテレスは自分の論理的理論のための範例を同時代の数学から取り入れていたため、彼の哲学もまた近代哲学同様、その方法論を指針とすると考えうるだろう。しかし当時の哲学と数学の間の関係は、今日とはすこぶる違っていた。かなり前に指摘したように、方法上の類似性は数学がその方法の基本的なものを哲学的なそれから学んでいることによる。一度その課題——広がりとしての大きさ（分離量、数はずっと捉えにくい）——を習得すると、数学は諸点においてそれをいっそう具象化しえたし、たしかに哲学的方法にたいして自分の方法の遡及的効果を及ぼした。だがよく理解されたいのだが、それは二次的性格のものである。私には以上が、両学科目間の実際の伝統的状況であるように思える。

　三角形に関する命題の厳密にアプリオリな意味での証明は、それ以外の先行のあるいは総称的命題がもつ真理から自分の真理を（分析的思考行為によって）演繹することから成り立っていた。したがって三角形の命題の真理は、総称的命題の真理から伝達される。アプリオリな推論とは、ファネロ〔本名ジアンネ・デルラ・トレ（一五〇一―一五八五）スペインではファネロと称された。カルロス五世お抱えのイタリア出身の時計技師、種々の機械仕掛けを発案した。〕の機械仕掛けと同様、先行する一般的命題の真理が特種なあるいは後続の命題へと移って行くための水路でしかない。だからそれは受け取った真理である。論理的証明はそれ独自で、命題がもつ真理の性格を生み出さない。その真理は高いところから、聖霊の鳩のように下降する飛行によってもたらされるのだ。

　しかし先行する命題の真理にも、同様のことが起こる。われわれはいつも、先行する真理へと差し向けられる。それによってつぎの三つの可能性に直面することになる。その第一は、遡及と上昇は終わることがなく、ある一つの命題は別の命題へと差し向け、今度はそれがまた別のへと際限なくつづく。第二は、その前の命題に至ると、それが別の後続のものによって証明される結果になる。（それは循環論証であろう）。第三は、ある一定数の精神的階梯の末に、証明を必要としないが、しかし真理であるような一つあるいは幾つかの命題に到達する。

第一の可能性はわれわれの問題を何ら解決してくれない。ある命題が別のものからその真理を受け取る無限の命題の系は、けっして原初の真理には到達しない。第二は原初の真理としては、共通性による抽出に基づいた類と種からなるこの思考法においては不可能である。それは循環論法であって、それが生ずると論理的大過誤の一つ、立証における円環 *circulus in demonstrando* という欠陥を示すことになる。第三のものだけが、この思考法にたいする解決策であるように思われる。

これ以上の逡巡は避けて、伝統的論理的思考のこの解決策は、以上三つの可能性の中でもっとも非論理的であることを認めよう、というのも精確な思考の真理が証明からなるのに、結果としてそれは空想的幻想的真理であり、本来の真理は証明されえない幾つかの命題が有するもので、それらは自明 *per se notae* つまり明証的真理であるからだ。そしてそうした命題において自ずと知られるもの *per se notum* は、単にその独特の内容、それらが述べていることだけでなく、またその真理としての性格でもあることに注意されたい。となると、真理の概念は両義的となり、この両義性は明らかな矛盾である。それは不合理なことだ。さらに、以上において精確な思考、つまり学問としての思考——ἐπιστήμη（*epistéme* エピステーメー）は証明することを意味する、ところが証明としての思考は、それ自体証明とは反対の真理であり、われわれが明証化すると呼ぶところの、別の最初でありかつはるかに独自の真理を思考することから派生した、単に二次的形態にすぎないことになる。証明とは〈推論〉であり、証明するとは推論することである。そうであるならば、原初の諸命題を考える思考は推論しておらず、したがって不合理であり、少なくとも非論理的である。

お気づきのように、（2節）（3節）で始めた話を決着させる地点に到達した。それはあの個所とこの個所の間に挟まれたすべてのものは、今こそ本論究において最重要事項に取りかかることができるために不可避の準備として宣言されたということである。ライプニッツにとって思考するとは何であったのかと自問したとき、たとえそれが簡略化のためだとしても、彼にとって思考するとは証明することであった、ときっぱりと断定したものだ。以上の頁において、このことはライプニッツ独自のものではない、つまりアリストテレスに始まり彼に至るまでの哲学全体において、アリストテレス同様、学問とは証明であると何回となく繰り返されてきたと思われるかもしれない。

しかしながら、そうしたものはなかったということを、これから見ていこう。(43) そうなると、ライプニッツに関するわれわれの定式は独特の意味を帯びてくるのである。

13　エウクレイデス科学における論理的構造

すでに見てきたように全称的 *cathólica*、つまり種的証明は、その一部において分析的すなわちアプリオリである、類からの証明を前提にする。しかし類的証明はそれはまた種として証明されたことを前提にする。そうなると遡及によってわれわれはある原初の一つの証明に到達する。もちろんそれは種によるものであるが、それを証明する類それ自身はもはや証明される必要はなく、それは自ずとそれだけで真である。つまるところこのことは、学問は証明されていないもしくは証明されえないが、それにつづきそれに基づいているものよりずっと真である、というのもこれらは原始で最初の命題に生得である原初のものから出た真理しかもっていないからなのだが、一つまたは若干の原初の命題を出発点としなければならなかったことを意味する。かかる諸命題は〈原理〉と呼ばれる。それはこれが原点となるからだけでなく、そこから〈結果〉と呼ばれるほかのものがつづくからである。学問にはその学説全体のあらゆるレベルで現われるほかの多くの原理があり、したがってそれらが学問の始まりや理論体系における端緒にはほど遠いことに気づいてみると、原理のこうした二性格――始まりとなることと、それに何かがつづくこと――(44)は別個のものであることが明らかになるであろう。では、まず原初の諸原理、最高の原理 *principia maxima* を取り上げてみよう。別のこと、すなわちこの伝統的思考法において学問はほかのたくさんの原理――しかしそれらは原初のものでも最高のものでもない――を必要とし、このことがライプニッツの思考法とそれを区別するものであることを特筆大書することは、ある意味で本論究最大の論点である。

エウクレイデスの『原論』第一巻は、二種類に分かれる一連の命題から説きおこす。その一方の命題は——点や線の——定義であって、そこではそのモノについて何も断定されてはおらず、ただそれを提出、提示、明示しているにすぎない。他方の命題は、モノがいったん定義されるとそれら定義されたモノの幾つかの動きを必然的真理の性格でもって断定する命題である。エウクレイデスはそれらを χοιναι ἔννοιαι（*koinai énnoiai*）と呼んでいるが、それは〈共通の情報〉とでも訳しえよう。アリストテレスはそれらを公理 *axiomas* と呼んだ。エウクレイデスはそれに〈公準〉と呼んだ三つをつけ加えるが、それらは本テーマと関係ないので取り上げないことにする。それにつづく巻において、さらに定義が加わり、あるものにおいては新しい諸公理も現われる[45]。かの有名な平行線の〈公準〉は諸公準の中にはなく、最後の定義となっている（幾つかのテキストでは二三番、ほかのものでは二五番、つい最近まで学校の教科書として使われていたものでは三五番）。

定義や公理が錯綜するエウクレイデス〈思考法〉が表わすところを完璧な明白さで示すには、図式的表現をつうじてその論理的構造を露呈させるのがよい。そうすればエウクレイデスの意味における〈演繹論〉の形式が明白になり、その後にそれを部分ごとに、デカルトで胚胎し今日では規範となっている〈演繹論〉の形式と比較できるであろう。

如上から定義は、〈抽象的なモノ〉を提示し、点、線、直線、平面、角等のその構成上の性格を明示する。以上のモノを小文字で、たとえば点をa、線をbと表わしてみよう。さらに定義が別に示すこれらのモノの各特性を大文字で、それからこれらのモノの概念を総合するための結合を示すだけのプラスの記号とで表わしてみよう。するとエウクレイデス〈思考法〉は定義から始めれば、つぎのように定式化できる。

これらは二クラスのモノからなるとしよう。

a=A+B
b=C+D
c=E+F
etc.

以上より、こうした抽象的なモノは、定義によって構成要素に分解された直観的抽出物である。概念は、モノ自体を捉えている直観を発見するにすぎない。だからそれはモノとモノそのものから取り出されたその構成要素を見せてくれる定義を出発点とする。

つぎに公理に進もう。それらに備わる異なる論理的性格を表わすべく、したがってとりわけその特異な内容に関心を寄せることなく、幾つかを選んでみよう。

公理Ⅰ　同じモノに等しいモノは、また互いに等しい。

公理Ⅱ　また等しいモノに等しいモノが加えられれば、全体は等しい。

公理Ⅷ　また互いに重なり合うモノ、つまり正確に同じ空間を占める大きさは、互いに等しい。

公理Ⅸ　また全体は部分より大きい。

公理Ⅵ　また同じ大きさの二倍は互いに等しい。

以上の公理の表現から、以下の特色が窺える。

一　一度理解されるともうそれだけで、必然的真理として認められることを要求する命題である。だからそれらは理由や証明によってでなく、自ずから真理である。

二　それらすべての述部は諸々のモノがもつことになる関係を表わしており、それによってモノは同等、より大、より小となる。
三　公理Ⅰ、Ⅱはどんなモノにでも適用されるのにひきかえ、公理Ⅷ、Ⅸ、Ⅵでは大きさというモノだけについて述べている点で相違する。
四　（以上との関連で）公理Ⅰでは同等のモノを取り上げているが、同等性とは何かが定義されていない。逆に公理Ⅷでは、同等と理解される内容が定義されている。しかしそうなると、同等性を大きさというモノだけに限定することになり、他のどんなモノにでも有効とはいえない関係から成り立たせている。
以上の考察に、定義として出てくる有名な〈公準〉に関し最後にもう一点考察をつけ加えよう。《定義》－《公準》－《公理》は以下の如く説く。曰く、平行なつまり等距離の二直線とは、同一平面上にあり、両端において延長しても、けっして交わらない直線である。

今後明らかにされる予定の理由から〈定義－公準－公理〉と呼ぶことになるこのものは、定義が直観において明白なモノを記述するだけであるのにたいし、〈定義－公準－公理〉は何ら定義はせずただ二本の直線に起こることを、つまりこの直観において等距離であるだけでなく――これはまだ定義として役立つだろう――、そうでなければならない、と断定している点にその違いがある。だからそれは必然的真理の性格を誇示しており、この点でそれは公理に近いものである。

とはいいながらそれは、公理がそれについていつでももつことができる直観によってその真理を保証しているのに比べ、〈公準〉はいかなる直観によっても確認できない直線の動きを表明している点に、両者の違いがある。無限なものについての直観はない(46)。はっきりさせておきたいのだが、〈エウクレイデスの公準〉は――定義と公理の中間の――雑種的なもの、定理のように理性によるものでも、公理のように独自の断定に適った明証による真理でもないあるものである。結果的には奇妙なことだが、アリストテレスがこのことに気づいていなかったのは確実なようだ。だがもしそれに気づいていたなら、それは彼を大いに悩ませたことであろう。先で見るように彼の論理学や方法論には、この〈公準〉に関わる真理の種類を決定する方便はなかったのである[47]。

アリストテレス＝エウクレイデス型の演繹論は、その真理が明証的である原理を起点として命題を演繹する（＝分析的もしくは類から立証する）ことから成り立つ。アリストテレスはずっと多くの紙数を立証の研究にさいているが、この思考法はその理論的真理性の全重量を原理に負わせており、一再となく原理はその結果より、つまりこれらの結果が生み出される推論よりはるかに多く真実であることを認めている[48]。かかる真理の数量化は、われわれには奇異に映る、けだし多寡のありうる信憑性でなく、完璧で揺るぎない真理が問題であるからだ。しかしながらその数量化がなされていることは、この思考法において二種類の真理、いわば証明されたあるいは合理的なそれと明証的なそれとがあり、後者は前者の仮定、基礎となるゆえにより多く真であることを思い出せば明らかなことだ。

14　エウクレイデスにおける定義

以上によって解剖のプレパラートでも見るような明白さで、一学問──今の場合は《幾何学》──の諸原理が明らかになる。それでは、これらに関し幾何学者が行なうようにその個別の内容を詮索するためでなく、演繹論という機構あるいは有機体において原理の一般的機能を十二分に明確にする目的でさらに掘り下げてみよう。われわれはただそれだけに関心がある、というのも本論究は、ライプニッツにとって原理とは何であったかを明確にすべく、〈原理〉とは何であるかを追究しているからだ。それはアリストテレスにとってと同じであったのか、あるいは違っていたのか。これがわれわれの本質的問題である。

これまでのところ、つぎのことが了解済みである。

演繹論は二種の原理、つまりわれわれが取り上げようとするすべてのモノを構成する基本的なモノを定義するものと、それらの基本的なモノが有しうる関係を定義するそれを必要とする。かかる関係は三つに要約できる。それらのモノが同一か、一方が他方より大か、その逆、つまり一方が他方より小か、である。

定義は各々の基本的なモノの構成要素に名称を与えることからなる。これら構成要素それ自体は逆に定義されないで、それらは直観の中に見つけられなければならず、名称は直観の中でそれを探すための単なる命令的指標として機能する。基本的なモノ──点、線、直線、角──が適切に定義されていること、つまりそのモノが実効的要素に分解されているかどうかについては、何の保証もない。直観にそれらが現われるこうした構成要素が精確で明白なものであるかについても、保証されていない。だから定義はある名辞、つまり限定された精確な概念が作られたとき、それ——そうした定義としての定義——は名辞の精確さを保証せず、直観の二重に無責任な精確さにわれわれを託す。〈二重に〉と私は言ったが、それは直観もそれら構成要素が正しいかまた各構成要素が精確にいかなるものであるかについて責任を負わないからである。

一例をあげてみよう。エウクレイデスの第一定義はつぎのようにいっているようだ。〈点とは部分をもたないもの、あるいはいかなる大きさももたないものである〉。同じことについて、一つでなく二つの定義をすること自体怪しい。でも先に進もう。第二の定義はつぎのようにいっているようだ。〈線とは幅のない長さである〉。長さや幅が何であるかについては述べていない。しかしわれわれはつぎのことを推測できる、すなわち幅がないとは大きさがないこと、あるいは部分がないことである、したがって第一の定義から、点的であることだ。つまり第二の定義はずっと基本的である第一定義にわれわれを委ねる。いい換えれば、これら両定義によってわれわれはこれから扱う予定の二クラスの要素、クラス〈点〉とクラス〈線〉とに直面させられる。この第二クラスの要素は第一クラスのそれによって構成されており、結果としてそれは〈クラスの中のクラス〉ということになる。以降の定義において、この精神的プロセスは定義によって定義されない概念——同等、より大、より小——を導入するだけで進行し、公理に引きつがれる。重要なことは、すべての基本的なモノが第一のクラス、点を含意していることである。点の定義について述べることは、それ以降のこと全体に有効であろう。

それゆえ、最初の点の定義に戻ろう。点とは部分をもたないものである。もしわれわれがこの定義を、その意味を充分に定義し、そのために混乱や非限定の可能性がなく、定義されたモノが見つけられる論理的なあるものと、つまり限定された概念の表現と理解するなら、初めから *a limine* [49] それを拒否すべきである。なぜならばそれは、点を同じように部分をもたないもの、たとえば魂、神、音節、広がりのないすべてのもの、〈ないもの〉から区別することを可能にしないからだ。これが失敗であるので、点の第二の定義、いかなる大きさももたないものに頼ることになる[50]。でも状況はいっこうに変わらない。論理的形式として両定義は不可能である、しかしそれが的はずれであることからそれを名辞、論理的概念としてでなく、ただ直観的なあるものの指標と受け取るべきであることが明らかになる。両定義は広がりのあるもの、空間的なもの、連続した大きさ――あるいは好き勝手に呼べばいいのだが――を取り上げるであろうと前提しており、その前提ゆえにそれを表明していない、そしていっそう具体的にはそれは眼前にあり、それを眼にしているとの前提に立っている。さらに自分の見ているものを全体として見ており、それを部分に分けていると仮定している。そうした部分の一つによって全体を測定すると想定し、ひじょうに小さくもはや部分もなく、どのようなものよりも小さいのでいかなる部分によっても計測できないような部分を探すようにと提案する。こうしたことすべては、幾何学開始以前にそのかなりの部分を含意している。以上すべてを受け入れるとしよう。たとえそうだとしても、この定義によって点はある限定された何かにはなっていない、なぜならそれはわれわれを直観に委ね、直観において与えられたすべての点は部分と何らかの大きさをもっているからである。〈そこにあるこれ〉といおうとするときには、すでにそれはわれわれが探している点であり、〈そこにあるこれ〉は増大、増殖し、その腹から、摩訶不思議にもあの唯一の点、つまり一点の変身であるそれにもっとも似つかわしくない無数の点が出てくる。

　しかしながらこの定義の不十分さに関心があるのではない[51]。逆にエウクレイデスが自分の著作全体で点のことを取り上げているときでさえ、この定義を適用していないことに関心があるのだ。というのもすべての図形はそれを含んでおり、場合によっては二直線が交差するとか、角の頂点や平行線の等距離は点と点の間のことであるとか、円の中心や接線との接点とかのごとくに、その幾つかを明示しているからだ(52)。他方、もしエウクレイデスが自分の方法を開示し自分の理論の理論を形成していたならば、いくらかの変種はあるにしても、学問についてのアリストテレスの学説と一致していただろう。そのため彼はその著作を二三ないし二五の定義から始めている。これらの定義が〈モノ〉を定義する、つまりその構成要素を名前に書き換えるだけに留まっていることに気づけば、この矛盾する事実も理解できるのである。ところで定義された〈モノ〉が点、線、角などのようにいつもあまりにも単純であまりにも身近なものであると、実際問題としてモノを目前にしているのと定義とは同じことになり、定義が不十分であっても問題はなくなってしまう。

〈実際問題としては〉というとき、われわれは精神活動の中に奇妙な外見の概念を導入している。幾何学は純粋理論である。理論的営為において、〈実践〉とは何を意味しうるのか。まさにこういうことだ。要するに理論の理論をのぞいたすべての理論は、実践であること。幾何学者は自分がどのように行動すべきかについて省察する必要はなく、自分の理論化の論理的形式がいかなるものであるかに気づく必要なしに、自分の定理を生み出す。これは私が幾何学者として実践的に行動すると呼ぶところのもの――これが見当違いとは思えないだろう――である。理論についての反省――もしくは理論の理論――と理論の実践との間の違いによって、一つの学問を重層的に二側面から眺めることができる(53)。

これで前述の矛盾について別の説明が可能であることに気づく。しかし今はこの説明には立ち入らないで、ただそれに単なる可能性の価値だけを与えて漠然と口ごもるだけにしておこう。つまりこうだ。一度、哲学によって理論的平面が発見されてみると、ギリシャの数学者は学問を生み出したときに、知らず知らずのうちに数学が要求する方法によって行動していたのだ。この方法は部分的には哲学的なそれと一致したため、精密科学は哲学的方法の庇護と規律のもとに成立しえた。しかしそれ以外の多くの部分において、数学にそれ独自の理論的有効性を付与する実効的方法は、哲学的なそれとは異なる。たとえばこれはプラトンが『テアイテートス』においてテオドロに、彼が哲学から身を引いて数学に専心していると言わしめていることの意味である。私が示唆するところの仮定におけるこの両義性ゆえに、両思考法の奇妙な混合ないし浸透が引き起こされたことであろう。哲学者により定義され示されている哲学的思考法は、自分の方法に特有なものについて考えたことのない数学者の実質的思考法の上に殻あるいはカムフラージュのようにおおいかぶさった。この結合はデカルトまでつづき、彼は数学をアリストテレスの殻から解放したのである。数学的活動の現実においては役立たない数学の哲学的カムフラージュは、しかしながらそれにたいし本質的影響を及ぼした。つまり否定的影響——その理由はすぐ後で考察するが——、数学の普及を妨げ、それが〈モノ〉を考えている、共通性による抽象化によりそれらを類と種で考えているように装わせるという影響を及ぼしたのだ[54]。

今このことはよく理解できないかもしれないが、私はそれをあらかじめ簡単に説明せざるをえなかった、というのはあの矛盾する——主要な定義は用いないが、その明白な混乱にもかかわらずそれが明らかになるという——事実については別の逆の説明をすることも可能であることを、はっきりさせておく必要があるからだ。

すでにそれ自身で在るか、〈そこに在ろうと〉しているモノ〈点〉を定義する代わりに、xを定義すると仮定すれば、xはそれ自体ではまったく限定されていないものであるから、〈そこに在る〉いかなるモノでもない。xが何であるかはわれわれが今抽象的に、つまりわれわれの定義以前に存在する一つの実在を転記しようとするのでなく、反対にわれわれの定義によって、――いってみれば無から、*a nihilo*――それを創り出して決めるものだ。今の場合 x はもっぱらまた疑いなくわれわれがそれを証明したいこと、そのため x はわれわれの概念がそれ自体より前にあり、それを創造し、構成しようとするのであるから、純粋で何の神秘もなくそれとその概念の間に不適合のありえない概念であろう。以上に異論がなければ、x は部分がないものである、といえよう。

今や状況は一変した。その定義は何にも適合しようとしない、文字どおりあるモノを定義しようとするのではなく単なる目に見える記号 x をある純粋概念の支えにしようとしているのであってみれば、その定義は不適合であるはずがない。この定義は真であろうとしていないし――そうできるものでもない。それが取り上げ言及しているようなそれに先立つものが何もないのであれば、いったい何についての真実だというのか。もしお望みならば、それは純粋に名目的定義であるといってもよい。記号 x の代わりに、それ以外のどのような記号、a だろうが z だろうが、あるいは符号「点」を選ぼうが、何ら変わりはない。ここでこの語はモノ〈点〉ではなく、概念〈部分のないもの〉を意味する。だから以前のとは根本的に異なる意味でつぎのようにいうことができる。つまり点とは部分のないものである、と。幾何学において点について述べなければならないときはいつでも、それを部分がないかのように何かに――それが何であろうとかまわない――言及すれば、すなわちただ〈部分がある〉ことを含意するようないかなる述部もそれに与えなければ、それで充分である。ところで魂や神や〈ないもの〉が、部分がないものであっても、われわれは頓着しない、なぜなら今や魂、神等はわれわれには〈種々の点〉とちっとも変わらないからだ。

この定義は恣意的である――要するにいかなるモノであってもそのあるところのものから独立的である、だがいったんなされるとそれを前にしてわれわれは自由意志を失い、自分の理論で符号〈点〉を、実際に部分をもたない何かが問題になっているとき以外は使わないことを約束する。上記よりその定義によって定義されるものは前もって有るモノでなく、それはわれわれのその後の精神作用であることになる。

私は一瞬たりとも、エウクレイデスが点の定義にこの意味を与えたと考えていたとは思わない。そうではない。彼はまったき良心にしたがって、類と種によって〈モノ〉を定義するアリストテレス的意味で、それを定義していた。しかし彼はそういうものとしてその定義を用いていないのは事実であり、また〈点〉と呼ぶものを前にして自分が目にしている、自分が想像しているすべての点には部分があるにもかかわらず、けっしてそれらに部分を認めないという行動をとったことも同じく事実なのだ。

くだんの著書の巻頭においてモノ〈点〉を定義しているが、それはモノとしてのかぎり定義不可能で、矛盾した、したがって不可能なものである。しかしその著作の残りの部分ではあたかも自分の定義が名目的恣意的であったかのように、つまりその類のモノが有ろうとなかろうとお構いなしに振舞っている。だからそれはまるでエウクレイデスが本質的定義（＝モノについて）のカムフラージュのもとで、名目上の、精神的あるいは純論理的動きの定義だけを実行したかのように、すべては動いている。というのもこれによってわれわれはこのエピソードを以下のように締めくくるからだ。いうならば名目上の定義はいかなるモノのものでもないが、反対に真実に厳密に〈名辞〉である、したがって正確明確、よって厳格に *sensu stricto* 論理的概念（9節）をもたらす、と。

ここで以上のように予備的説明をしておく必要があった。でもそれが終了したので、これから先のことに深く関与することなく、前デカルト的演繹論の原理としてアリストテレス－エウクレイデスの公式定義が意味するところにたいして対照項として明らかにするために、それを現地平の底へと引き戻さなければならない。

15　エウクレイデスの公理における〈明証性〉

エウクレイデスの定義は真理を言表するものでなければならない、なぜならそれらは原理であり、真理の出来する源泉であるからだ。その真理は事実存在的ではない、すなわち事実存在を提示しない、それらによって定義されたモノが有るとはいっていない。しかしわれわれによって実現されるべき直観の指標そのものであってみれば――アリストテレスの考えとは反対に――当然のこと事実存在を前提としている。だが確かなことは、それらはただその組成を提示する、モノが何から成り立っているかを述べるにすぎない。

しかしながらそれらが提示するモノとその組成でもって、われわれは何もしないしその組成について幾何学的なことは何もいえない。その目的のためには別タイプの原理、つまり公理を介入させる必要がある。以前と同様にやってみよう。例としてすでに引用されたものの一つを検討するとしよう。

公理Ⅷ、曰く。〈また互いに重なり合うモノ、つまり正確に同じ空間を占める大きさは、互いに等しい〉。これはどういうことか。さしずめ以前のものと同様、これもまた定義である。唯一の違いは、以前のもののようにある〈モノ〉でなく、ある〈関係〉を定義することにある。関係はモノと異なる。第一に関係には少なくとも二つのモノと関係的契機そのものが介入するからだ。今回の場合のようにモノそのものの中にある関係が取り上げられるときには、関係はそれらと同じ物性あるいは〈実在〉の領域に属しており、したがってそれはモノではないが、モノらしきもの *cosoide* であろう。

公理Ⅷは同等の関係をもっとも決然たる形で定義している。曰く。大きさと呼ばれるモノが一致する、つまり正確に同じ空間を満たすことからなる、と。ここでは、〈大きさ〉、前もって定義されていないあるものについて、やぶから棒に話されて戸惑っているわれわれの驚きを、カッコに入れたままにして率直に表わしておこう。この公理からは、〈空間を満たす何ものか〉――したがって、広がり――が問題になっていることが理解でき、もしそれらが占める空間が同じであれば、そのときその大きさらしき何ものかは同一であるという特性を獲得するのだと宣言している。要するに同一とは〈完璧な空間的一致〉あるいは二つないしそれ以上のモノが示す空間の同一性を意味する。同一性がモノらしきあるものであることは、これで充分明らかだ。公理-定義は、それを目に見える何ものかから成り立たせようとするのである。

ところがこれを聞くと大部分の人は、秘密を知っている人が見せる妙な素振りをして、《幾何学》でいう同一性とは、近似的で目に見えるそれではなく、エウクレイデスは文字どおり二直線の一致あるいは合致は〈精確で〉あるはずであると言っていることを、大急ぎで明らかにしようとする。それにたいし私は、それに負けないくらい急いで、エウクレイデスは同一性を成り立たせているその一致を、視覚からでないとすればいったいどこから取り出すのかと問い返す次第である。しかしこのお利口さんはそれにたいしてもすっかり準備ができていて、間髪を入れず、それを外部の視覚からでなく直観という内部の視覚から取り出すと答えるのである。そうなると私にとってはそれが重要であるため、この名辞に最初の攻撃を加えざるをえなくなる。

私は以上の頁で、学的理論において行なわれる長年の用法に基づいて直観という名辞を使用してきた。ついでながら私は以前一度、このような決定的な術語にあってフッサールまで誰一人納得のいくような解明に努めてこなかったことを述べた。しかしフッサールのそれが充分であると言ったわけでもないし、直観の問題を徹底的にこれから展開してみるつもりもない。とはいえ今後はこの問題を、何回にもわたる波状攻撃の中で展開していくしかない。これがその第一弾である。

私としては上述のお利口さんに、彼によればエウクレイデスが同一性と呼ぶ〈正確な〉一致を引き出すその直観なるものは、いったい何であるのかを質したい。事実、ずっと謙虚なデカルトとライプニッツは、直観に代わって想像力について話すだけで満足していた。この両人において直観 *intuitus* は最高度に純粋に概念的知的精神行為、すなわちお利口さんがそれに与える意味の直観とはいちばんかけ離れているものを意味する。想像力は捉えうるし責任あるものであって、漠然とした実体ではない。実際それは、われわれがわれわれの幻想的世界について抱く、視覚でなく心内のヴィジョンである。視覚はそれが好むように、モノの形態をわれわれに示す。これらの形にたいしてわれわれはほとんど影響力をもたない。それらの形式を喚起したり変容させたりするには多大な努力が必要であり、しかも多くの場合それもまったく無駄である。ところが視覚はそれが消滅すると心にその〈影〉を残し、それがイメージである。イメージは視覚を再生する。だがそこからその特色の多くを取り去っている。通常それらは精彩にかけ繊細さも劣る。とはいえ逆に、ある限度内でいつでもわれわれの意のままになる。われわれはそれらを呼び起こし、その形を取り壊し、その限度内においてわれわれの好きなようにそれをくっつけて、それらを変更し、要するに変形できる。想像力は変形、変身の領野であり、それはそれで神々の特色である。想像力がもつこの可鍛性従順さは、その精彩のなさ、薄弱さによる。それは失うものによって得をするが、しかし得をするものによって損もする。イメージは弱々しく幻影的であるため扱いやすい[55]。イメージはずっと脆弱であるゆえ、疑いなく視覚よりは精密さに劣る。

幾何学者にとって想像力は、すばらしい道具である。それはいつでも頭の中に黒板をもっているようなものだ。われわれは好きなときに一本の水平の直線があって、その中間点でそれにたいしてわずかに傾斜した別の直線を挿入し、そうして右側で最小の角を作る様を想像できる。それからただそう欲しさえすれば、この直線をだんだん立てていくと、心眼によって――われわれの幻想的世界にある幻想的目で――その直線が立つにつれてできる角がしだいに大きくなり、ついにはその角が最大となる〈ある一点〉に達し、その後は反対側に下降し始め、その角は再びだんだん小さくなるのを見る。以上述べたことには、一つ不適切な表現がある。最大の角である直角をなす〈ある一点〉に直線が到達するのを目撃する、というのは嘘だ。その点は目立たないし、また〈ある一点〉でもない。われわれが目の当たりにすることを厳密に表現しようとしていえるのは、せいぜいのところ、〈一群の点〉があり、その輪郭はぼやけていて、そこを通過するとき線は直角をなすということである。〈ある点〉は実際には、たくさんの点からなる小銀河であり、それは一つの〈ほぼ‐幾何学的場〉と呼びうるものであって、その内部では現実に〈ある点〉が在ることを、われわれは正確に知っている。そのようにして知るものは不正確なそれであり、それはあくまで近似であるため、われわれはそれを正確に知っていると断言する権利があることに注目されたい[56]。たしかに直観の中できわめて明晰に見られるものは、直線が最初は一方に、つづいて他方につくる角が初めは増大し、ついで減少することである。まさにわれわれが絶対にはっきりと見ないものは、それを見るためにその形全体とその動きを想像するところのもの、つまり直角である。薄い金属板で定規を組み込んだ顕微鏡のような器具を作れば、たしかに視覚によって直線が垂直になる〈ある点〉を最高度に明確にできるようになるかもしれない。それなのに幾何学はこのような器具ではなく、先に見たような想像力から創られてきた[57]。だから《幾何学》における視覚ならびに〈心眼〉や想像力の役割は、精密さや〈正確さ〉に関係づけられない。精密な測定機器、定規やコンパスは、《幾何学》にたいし黒板の図以上の役目は果たさない。また図はそれはまたそれで幾何学的理性 *ratio geometrica* に直接役立たず、ただ想像力の役に立つだけで、最終的には想像力が直接理性に役立つものである。

しかしお利口さんはこんなことでは根をあげず、精確さの源である直観は視覚でも想像力でもなく、純粋直観であるという。この概念はカントに負うものだ。それは哲学に出てくる誇大的概念の一つであって、それらは誇大であることによってもっともすばらしい運に恵まれ、理論の王座において正統な王として居すわり、時にはそれらが譲位するのに何世紀もかかるのだ。

直観は多くの種をもつ類である。その一つは視覚であり、また別のものは想像力である。よって直観に視覚を対比させるのはよくない。しかし少なくとも〈純粋直観〉が別種の直観であると主張する。視覚と想像力が充分に同定しうる心理現象であるのにたいし、純粋直観についてはその来歴が明らかではない。それがどのような心理的次元で起こり、どんな性質のものであるのか分からないのだ。ただその名称を承知しているだけであり、それは概念であろうとするが、訳の分からないものなのでそうもいかない。すべての認識でき把握できる種類の直観は純粋ではない、要するに不明確、不正確である。その反面われわれはこのことばを純粋知性、デカルトやライプニッツの直観 *intuitus* と対立するようなものと理解する。もしかするとこの直観は本当に純粋なものであるかもしれない。あるいはカントが問題含みで本質的に超人的概念として提案し、フィヒテとシェリングがこの世にもたらし人間化した〈知的直観〉があるかもしれない。

しかしながら伝統的エウクレイデス《幾何学》においてそれは知的作用ではなく、ある様式の視覚、それがいかにはかなくともとにかく視覚としての直観なのだ。ところがそんなものはない。純粋直観なるもので、ただの直観と理解するなら、何ら議論することはない。カントにおいて〈純粋直観〉なる観念の純粋さは、直観にではなくその対象について述べているのである。空間の直観は彼の考えによれば、広がりのあるモノを——不純だが、実際に——直観するとき、われわれは空間でないすべてのものを捨象し、ただ純粋な空間だけに注目する。これがその名辞の真の意味であり、それによってそれに意味があるというわけではない。これで最初の攻撃完了[58]。

エウクレイデスと二直線の一致の視覚からなるその〈同一性〉、われわれがモノのような同一性と呼んだところのものに話を戻そう。事実それは不精確であって、ただ近似であるにすぎない。それにたいしお利口さんは、私の目の前で飛び上がった。そこでつぎの質問に立ち向かおう。エウクレイデス幾何学が到達している正確さにとって——今は〈エウクレイデス幾何学〉全般のことを話しているのではない——、その同一性が不正確であることは問題であるのか。〈正確に同じ空間を占める〉という表現において、〈正確に〉を〈おおよそ〉に代替し、その理論の残りの部分で同じことばやその概念が意味するようなことばが使われるという条件で、同様にしてみよう。すると点は、〈輪郭のぼやけた一群の点〉であり、したがって直線はネオンランプのように幾つもの点のまたたきに似たあるはっきりしない幅をもつだろう、等。これによってその幾何学の定理は真理、正確に真理でなくなるだろうか。むろんそんなことはない。さらにもしエウクレイデス幾何学が——その歴史的形態において疑いなく起こるように——われわれを直観に委ねて同一性を定義するなら、ただそれが問題にしているモノを近似と理解して初めて、その定理は正確な真理を有するだろう。そしてまたその逆も真である。もし直線ということで正確に直線と理解し、同一性ということで正確な同一性と理解するなら、そのときにはエウクレイデス《幾何学》はただの近似でしかない。現実にはどちらでも同じことなのだ、なぜならいずれの場合にも、エウクレイデス《幾何学》はそれがさしむけられるすべての用途にとって充分な有効性をもつからだ。もし宇宙論的な極大距離とか原子以下の極小とかいった何らかの用途に役立たないのであれば、それはエウクレイデス幾何学が正確かただ近似であるからでなく、それがエウクレイデス幾何学であるからだ。つまりそれは現テーマとはいささかも関係なく後ほど簡単に述べる予定の理由によるからだ。差し当ってこの問題は解決をみないが、すでにわれわれはその否定的側面をはっきり見抜いている。すなわち正確さとは測定における精密さではないし、したがって直観の役目ではない。結果として宇宙に正確なおしゃべり――ἀκριβῆ λέγειν-*akribê légein*――つまり論理以外に正確なものは存在しないようなことにならないように。そうしたときには正確さはかならずしもカフェでのおしゃべりでないにしても、会話だけのことになってしまうだろう。

16　アリストテレスと原理の〈超越的演繹〉

公理Ⅷは同一性という関係の定義を含んでいる。しかし公理の内容はそれとは違う。同一性の組成を開示するだけでなく、同一性が大きさのもつ関係上ないし関係的特性であると断定している。それはまるで、すべての大きさは何らかのほかの大きさに等しいというようなものである。強調しておくが、大きさがいかなるものであるかを公式に知らないとしても、以前の定義で表明された〈モノのクラス〉、よって線、直線、角等が大きさであることは暗々裏に了解される。ところがそれ自体では大きさをもたないが、大きさがそれから成り立っているモノである点の問題は依然として謎でありつづけている。たちまち人はこういうだろう。正確な思考とは矛盾することを考えないことであるというのに、二〇世紀もの間、正確な思考、論理的思考の典型であり、そこから残り全体が派生した模範的学問の最初の原理が、矛盾であり、学説の総体に注入されたとは、まったく驚きだ。点は線の要素である、線は面の、面は固体の。これによって無数の二律背反が生じる。まさに公理Ⅷは、まずつぎの二律背反を提起する。点には大きさがなく幾何学的に同等ではありえないために、それは点の役目は果たさず、そしてもし同等でなければ、その複合物、線や面も、つまり大きさはそうあることはできない。

問題はきわめて深刻だ。というのは公理Xをのぞいてすべての公理は、幾何学的に理解されるかぎりで、同等についてのその一次概念を含意するからだ。周知のように、公理Xはエウクレイデスのものではない。

それは後から導入され、エウクレイデス公理体系の中で異物となっている。それ以外のものは大きさについて、そのほかの関係、つまり不等、二倍、半分、要するに、より大である、より小であるといった関係の根拠になる、全体と部分の関係を定義し断定している[59]。だがすでに述べたように、これらはその特異な内容ゆえわれわれに関心があるのでなく、ただ、公理と定義間の不整合の観察からそれらが相互に衝突する様を見ていると、この明々白々たる発見、つまり公理はあるものの間の関係を定義するが、それらのものはそれらがもつことになるこうした関係をいささかも考慮しないで、すでにあらかじめ定義されていたことがきわめて顕著であることを強調しておきたいだけだ。となると〈伝統的思考法は大きさをモノとして――関係としてではなくという意味で――定義する〉という私の表現にあったきわめて精確な――主要なとは言っていない――意味が理解されるだろう。それぞれの大きさあるいは連続量は、具体的なモノに属してその中にある絶対的実在であり、よって絶対的である。大きさはそれだけでほかのものと同等であり、より大、より小であるのではない、こうした関係的特性は、ある精神がそれをほかの大きさと比較してはじめて生ずるものだ[60]。

この〈思考法〉が幅をきかしている間に、エウクレイデスを初め誰もこうした公理が定義を包摂することに気づかないというようなことはありえない。なぜならそうしたことでなく、ある意味でそれとは反対の別のものがその役割であったからだ。公理の中で彼らがもっとも注目したことは、証明を必要とせず、それ自体で明白な真理、要は原初の原理であるその条件だ。演繹論体系中でのそれらの重要性は、もちろんほかの比ではない。最初にそれら一つ一つの内容、すなわち言辞 *dictum* の具体的意味について、ついでそれらが呈する疑いのない真理、〈それ自体での真理〉の相貌が、内部的には何から構成されているかに関わる分析に、最大かつふんだんな注意が払われるのは当然のことと思えたであろう。ところが、あに図らんや、そうしたことはこれまでたった一度もなされていないのだ。最初のものは、ほとんど皆無といっていいほどであり、第二のものはごく僅か、しかし一度もその基本的問題、あの奇妙な〈それ自体での真理〉の起源にまでは迫っていない。かつてなされたその僅かなものでさえ、それはすべてアリストテレスが行なったのだが、分析論の前・後書において立証に当てられた紙数に比して、立証の原理に当てられているそれの僅少さには驚かされる。今の場合説明すべきであった問題そのもの――自明の *per se notae* 真理の存在、つまり一度理解されるともうそれだけで真理である真理――が研究者をその究明から遠ざけたかのように思える、というのもこの研究に着手することは、その証明を試みる、よって何か矛盾したもののに思えるからだ。プラトンほど天才的でも徹底的でもなかったが、アリストテレスはごまかしとは縁遠い存在であった。彼は闘牛が赤い布めがけて突進するように、問題にむかってまっしぐらにつっ込んでいったのである。それだけでなく彼にとってすべての哲学的研究はまず、勇敢に問題を探る、これから闘牛にひっぱりだされる前に行なわれる一種の牛わけにも似た、彼が〈アポレティカ aporética〉、〈質問表〉と呼ぶ手順からとりかかる。ところが原理に随伴する〈真理〉の性格の論議あるいは分析に関しては少なからず失敗し、つねに少々困惑しているように思える。なぜなら、事実、その真理の問題部分を見抜いており、たとえそれが形式的立証からならないとしても、何らかの方法でその基盤を発見する必要があるからだ。現に彼はそうするのであるけれども、いつも急いでいて、その問題の前で立ち止まるのを嫌がっているような様子である。実際のところ、アリストテレスが証明不能な原初の原理の真理を証明していないというのは嘘である。(61) 事実この証明は、各原理固有の内容でなく、その真理の一般的性格、つまり原理の条件について述べている。彼による原理の証明は愉快な早口ことばで述べることができ、さしずめこんなふうに聞こえることだろう。原理とはそれが真理だからというのでなく、真理でなければならないから、真理である必要があるから真理なのだ、と。実際に彼が何回となく使った表現はつぎのとおりである。証明されない、また証明しえない真理がなければならない。なんとなれば、さもないと学問つまり証明が不可能になるだろうからである。

こうした思考、原理がそれに依拠し、残りが原理に依拠しているのであるから、比較しようもないが、アリストテレス学説中最重要なそれに、デカルトまで――正式にはカントまで――注意がなされてこなかった事実ほど、歴史なるものがいかなるものであるかを、よりよくまた深く示唆するものは、そうざらにあるわけではない。それは〈認識の可能性の原理〉あるいは〈学問が可能でなければならないことの〉それを、〈諸原理の原理〉として、したがって認識――そしてそれをつうじてモノ――における最初の原理として定式化するに等しい(62)。

アリストテレスが一度ならずこの考えを抱いたのは疑いない。それを思いついたにもかかわらず、その前で立ち止まらず、それについて省察せず、その中で自分のものや彼の時代のものとは根本的に異なる〈思考法〉がにわかに生じたことも、それに負けず劣らず明らかなことだ。事実それは、彼の学説の完全な――少なくとも三乗したくらい――逆転を意味する。第一に、それは《存在》についての真理を《思考》にとってのみ真理であるものに依拠させるからであり(63)、第二に、認識の実質的実在性現実性がその可能性に基づいているのだが、この思考法にとっては〈行為〉が〈潜在力〉に基礎をもつのはとんでもないことであるからであり、第三に、以前原理と理解されていたものを完全に歪曲し、古い演繹法の概念を打ちこわしているからである。もし原理が学問を可能にするから、つまりそこから諸結果が派生するから〈証明〉されるというなら、諸学こそ原理を証明しているものであって、そうなるとこれは循環論法、原理の要請 *petitio principi* に陥ってしまうが、今の場合原理が本題なのである(64)。

さて、デカルトが開始しライプニッツが発展させ、それから今日に至るまで何世紀もの間になされた改革——したがって演繹論の近代的観念——は、正式にあの原理の要請を行なうことからなっている。昔、原理とは自ずと自らを押しつけるものであって、それは要請することもできないし、してもいけなかった。だからこれら二つの〈思考法〉の違いは、原理をいかに解するかにかかっている。われわれのテーマがまさにライプニッツの〈原理主義〉であるので、こうしたすべての紆余曲折に首をつっ込む必要があったのだ。

従来、認識論によれば、思考にとっての原理なるもの——（πρότερον πρὸς ἡμᾶς-*próteron pròs hemâs*）——は認識（＝実在的なるものを思考すること）の原理ではなくて、思考が実在的なもの（πρότερον τῇ φύσει-*próteron tê physei*）の原理であるものを発見しなければならなかったし、そしてそれは真の認識の原理であろう。古代人は《存在》から思考したのに比べ、デカルトを初めとする近代人は思考から、〈観念〉から思考する。だからデカルトは、一六六一年に友人のクレルセリエの手になる仏訳から私が引用する『第七の反論への注釈』においてつぎのように述べ、新しい哲学とそれとともに新しい時代を開始することになるのだ。〈格言。認識と存在の間はうまくつながっていない、それはまったくの虚偽である。なぜならあるモノの本質を認識することからくだんのモノが存在し、またあるモノを認識していると考えることから、そのモノが存在するということが導かれないことが真実だとしても、われわれがその点で間違っているということもありうる。とはいいながら認識と存在の間につながりがあるということは正しい、というのはもし存在しあるいはそれがわれわれに知られている唯一の性質なら、かくかくしかじかの性質であると考えるなら、われわれがそれを認識する、つまり実在すると認識するごとくそのモノが存在しなければ、それを認識することは不可能であるからだ〉。

17 エウクレイデスにおける〈暗黙の公理〉
——共通公理と〈固有〉公理

エウクレイデスの公理Ⅷでは明証がいかなることかよく分からないし、この明証がいったい何からなるのかはいっそうのこと理解できない。それによっていちばん明白になることは、公理でなく定義として述べているもので、同一性の定義についていっていることは本来的に定義ではなく、二つの大きさが同等の関係にあることを認識する際の直観的標識の覚知である。しかしここには、二つの大きさの一致を同等と呼ぶという、せいぜいのところ同語反復でしかない明証だけがある。かりに今、一致する二つの大きさは同等であるとつけ加えてみても、何も付加されていない、というのもそれは〈二つの一致する大きさは一致する大きさである〉に等しいからだ。公理としてあるのは、ただこの文を搾り出してみれば滲み出てくる。よって私は以前、すべての大きさは何かほかの大きさに等しいことがいいたいのだと、好意的に想定するに至ったのだ。しかし公理の意味がこういうことであるなら、それには明証性がなく、直観に由来する明証性はなおさらのことない[65]。

それが明証的でないというのは、そこに現われていない、したがってそこで明白とならないあまりにも多くのモノを含意するからである。すべての大きさにほかのものとの可能的な同等性を与えること——つまり、ほかの大きさとの可能性としての一致——は、すべての大きさにそれが現在ある場所から別のものがあるところに運ばれ、そして別のものに重ね合わされる可能性を与えることを想定するものだ。事実エウクレイデスの『原論』は、たえず移転とか移動とか重ね合わせを実行している。しかしどこにも、いかに、またなぜ、この二つの操作――なぜならそれはまさに足し算、引き算などがそうである意味における操作が問題になっているからで、ただ前掲のものはとりわけ幾何学的であるだけである――が可能であるかについての記述はない。どうしてそのことをいっていないのか。それは、すべての大きさが移動できほかのものに重ね合わせることができて、同等か不等かの結果をもたらすことがあまりにも明白なことである、と考えられているからである。だがそれでは、重ね合わせは公理である。そして事実エウクレイデスは、その著作において表明されず、そのため近代風には〈暗黙の公理〉と呼ばれる類似の幾つもの公理を使っているのだ。

　納得のいかないのは、どうしてこれらが暗黙裡に、他のものは大仰に目立たせるかということだ。ただ一つ説明がつく、つまり移動と重ね合せの可能性は、明白な公理よりもはるかに明白であるようであり、超明証性が備わっているようであると。実際われわれはそれを明白と呼ばれるものの勝れた範例と考えることができるのであって、その明白さについての結果はそれ以外の公理に応用できるのだ。

　だから公理Ⅷは、〈移動と重ね合わせの公理〉を含意し、したがってそれが主張するほど原初の原理ではないことになる。これは階位が下がることであるが、これらの暗黙あるいは含意されている公理は、即座に判断できるほど明白であるだろうか。逆にそれ自体は少なからぬものを前提しているのであって、たとえば大きさはその移動中に空間を横切るとき変形しないということ、このことはそれが固い（固さと形状の不変の新公理）を想定する。しかしまた、それが通過する空間とそれが到達する空間は、当初のものとの関係で同質であること、したがって空間の同質性の公理を想定する。

　こんな訳で相互に錯綜するこれらすべての公理は、伝統的思考法によれば、それらがこの含意の層の深いところにあればあるほどいっそう原初的で、したがって証明されておらず証明されえない原理である。それゆえポアンカレはその研究『幾何学の基礎について』において、移動と重ね合せは二次的な定理でしかなく、よって簡単きわまる証明のもので、数学全体の中でもっとも高度でもっとも純粋に論理的――すなわち、より少なく直観的――学科目、変容のグループの一つに付属するものであることを指摘した。この〈自ずからの〉超明証性と超真理は、論証の慎ましやかな結果であることになる。

以上によって、明証性としての原理の全観念の権威を貶め、それに原初の原理の階位を与えていて、証明から受け取ったのでない、固有の真理を有する性格について、疑義を抱かせるに充分である。ここでわれわれは、外見上は絶対的なこの地位とこの条件がきわめて相対的であり、したがって昨日の原理は単に今日の定理になってしまうこと、すなわち原理は理論の階梯を上下する、それは動くものであり、空中を上下する仕掛け人形のようなものであることを理解し始める。

移動と重ね合わせの可能性ゆえに、いかにしてある論理的、つまり理性と証明に基づく真理が幾世紀間も明証的と考えられていたかが明晰に看取されるからには、それはその研究のための、絶好の機会を提供するものである。明証性はこの場合、それとは正反対のもの、多量の証明の凝縮と充填剤のようなもの、要するにあまりにも基本的であるためつい最近まで人間がそれを問題にし理論化し証明することを思いつかなかった空間的関係についての明白な推論からなっている。しかしこの問題はわれわれのテーマには影響しないので、それを避け、ほとんど触れないままにしておこう。

もうそれ自体少々複雑である本論究の筋道を簡略にすべく、私は全公理の一般的条件に関わるあらゆる問題とあらゆる側面を、ただ一つの公理の分析の中に集中するべく努めてきた。しかしながらエウクレイデスの公理体系には、たとえば公理ⅧとⅠのように相互につき合わせてみないと見えてこない一点がある。

公理Ⅰは、〈同じモノに等しいモノは、また互いに等しい〉という。ご覧のように、それは同一性の関係がもつ一定の特性、つまり移転でき、一項目が共通であるときには、ある二項目から別の二項目に移転することを表わしている。この事態そのものは、われわれのテーマには関係ない。反対に、まだ同等性が定義されていないうちから、ここで〈同等〉という名辞が使われていることに気づいて緊張感を覚える。それにつづいて公理Ⅷまで、同じように同等不等についてこれらの関係をあらかじめ明らかにしないまま論が進められているのを見ると、この緊張感はいやがうえにも高まる。そしてついに、すでに検討した公理Ⅷになって、やっと同等性の定義が現われるが、これはいったいどう説明すればいいのか。

表面上それは簡単きわまる問題である。公理Ⅰは同等のモノについて述べるものであるが、しかしそれはとくに大きさ、つまり連続するあるいは広がりのある量について論じているのではない。それは大きさにも分離数あるいは量、そしてたぶん宇宙のそれ以外のどんなものについても同様に有効な公理である。[66] モノに付与される同一性の関係は、大きさのものでも幾何学的なものでもなく、もっと総称的である。公理Ⅷでは、同等性の総称的意味が広がりあるいは幾何学的な特種な意味へと収縮する。だから二種類の同一性、あらゆるモノの間の同一性と広がりをもつモノの間の同一性があるのだ。このことはまた逆に、エウクレイデス公理には二種、連続する大きさに関係するため幾何学だけに有効なそれと共通的性格をもつそれを区別しなければならないことを、明らかにしてくれる。

ここでアリストテレスからの長い引用が不可欠となる。『分析論後書』一巻でつぎのように弁じている。[67]〈論証的科学（＝演繹的定理）が用いる原理の中では、あるものはそれぞれの学問独自のものであり、ほかのものは共通である。しかしその使用は問題になっている学問が扱う類に限定されているのであってみれば、それは類推的共通性が問題にされているのだ。たとえば線や直線の定義は原理である。二つの同じモノから同じモノを取り除けば、その残りは同じであるというような命題は、共通原理である。しかしこれら共通原理の各々の適用は、問題となっている類に限定されているときには充分――ἱκανόν――*hikanón* である。なぜなら、たとえその普遍性において用いられていなくとも、ただ大きさだけに――たとえば幾何学において――あるいは数論で数だけに適用されていても、同じ価値をもつだろうからである〉。アリストテレスの当著作におけるそれに先立つ三章の文脈と幸いにも彼が引用する例、およびそのパラグラフの書きだしからさえ、これらの共通原理が公理であることを、ためらいなしに理解できる。共通原理の論理的役割[68]が具体的に表明される本引用の後半では決心がつきかね、かなり曖昧 *flou* であるので、私はこう言っているのだ。ただその部分だけに依拠すれば、共通原理は例として役立っているもののように、ある学問の公理あるいは原理になりうる、しかし問題になっている類に、つまり大きさあるいは数に限定してそれを使えば充分であると推論できそうである。だがこれは、アリストテレスが考え、Ⅶ章で明らかにしているところとはまったく違う。彼の考えでは共通原理は、幾何学でも数論でも、何ら証明するのに役立ちえない。その理由は、論理的類である名辞〈同一〉は、二つの論理的種、広がりとしての同一と数としての同一に意味が分岐するからだ。これらの論理的種は、アリストテレスが類と呼んでいるものである。したがって、それでもって証明し、共通原理を固有――ἴδιον――*ídion*〈idiota 個別〉の原理へと縮小し、両形式の原理が同価値を有しあるいは同じことをする ταὐτὸ γὰρ ποιήσει ことをこの断言の根拠とするのに充分であるといえば誤謬を犯しかねない。この最後の部分は明らかな誤りである。二つの種に分岐している同一性の概念の両義性のために、三段論法あるいは大前提としての共通原理によって構成される証明が非論理的になるだろう、というのは多くの場合、反理つまり *quaterniones terminorum* を孕んでいるだろうからである。

われわれはこの〈思考法〉全体の中での微妙な個所に差しかかっている。上述にしたがい[69]、当該思考法は感覚的なモノから出発し、それらから共通性による抽出によって各々においてほかのものと共通なものとして有るところのものより構成される概念を取り出すことからなる。このことは概念に〈多の中の一〉χατά παντός —— katà pantós の共通性による似非普遍性を付与することになる。他方概念の内容は、感覚的なモノの各々において生じたため、たしかに抽出され、またはよくいわれるように抽象的ではあっても、依然として感覚的なモノでありつづけている。これらの〈感覚的〉ないし〈感性的〉概念には再度共通性による抽象化が働き、そしてたとえば、それらのあるものは新たに共通するあるものを内包していることを発見する。古い概念間に共通するものの概念は〈類〉と、新しいこれら概念は〈種〉と呼ばれる。類であるか種であるかは、概念としての概念間の関係であり[70]、したがって論理的なそれである[71]。このことは〈類〉と〈種〉といった特色が、単に関係的であることを意味する。〈類〉は様々な種に共通するものを分離した結果として得られる。だから、各々の種を構成しているものの一部を除外することになる。種にとっては、各場合に類と考えられる概念にとって有効なすべての真理が有効であるだろう。ある一つの種に類固有のそうした真理を付与するとき、われわれは〈一般論として話している〉のであり、そしてこの作業は〈一般化〉と呼ばれる。したがって一般化とは、類固有の真理を類に付与することでなく、種にそれらを付与することである。その結果、一般化するとは種を認識することではない、なぜなら種は類において諸部分のどこかで通じ共通してはいても、ほかではそれらとは、また種相互間でも異なるからである。三角形、四角形、円は類〈線形〉で共通しているが、これら各々の全体 ὅλον —— hólon —— はその類に還元不能であり、相互間で食い違う、つまり三角形は三つの角が、四角形は四つ角があり、そして円には一つもない。種は類に不従順であり、それから逃れ、その中に予見されず、各々が何か新しいものをつけ加え、この新部分はいつも元からやり直すことである。[72] 以上より、類は種の原理であることはできない。種は類から演繹することも引き出すこともできない。アリストテレスはそれを〈類 género〉と呼ぶべきでなかった、というのはこのことばは生成 generación を類推させ、アリストテレスの類はそれが出来した共通性による抽象が不毛であるため、それも不毛であるからだ。[73]

かかる条件下で、学問、すなわち演繹論はいかなる概念を始元とするのか。それは学問の原理への問いであり、これまで述べられたことから、こうした原理は〈一般的原理〉ではありえないことが示される。各々の種はそれ自身の中に閉じ込められている、したがって自分自身の原理であるべく定められている。そのうえ、自分の内部に類を擁するので、類から〈自ずと *per se* 普遍的〉、つまり総称的述部を受け取ることができるからだ。種からはその特性のみを演繹でき、それらはそれと類を構成するほかの種には有効である。これによって認識、すなわち真の命題は、元来つねに特種的、要するに全称的 *cathólica* 真理でなければならないことが再度明白になる。このことは学問の原初の諸原理、すなわちもっとも一般的な原理について必ず起こるだろう。その一般的原理が類的でなく論理的には種的であり、さらに一般的でない、すなわち本来的に共通でない —— *χοινά* —— ことは、この思考法生来の逆説である。

ところがつぎのような困難が生じる。つまり種は、なんらかの差異がつけ加えられ組み込まれた類であるということのため、もしとある学問の原初の概念 —— 定義と公理 —— が当初から特種的でなければならないとすれば、それの類であるほかの先行するものを想定することだろう。これはこの学問が〈より一般的な〉別のものからの派生でしかなく、以後同様のことがつづくことを意味する。したがって、ただ一つの学問、ただ一つの認識集合体、一つの〈普遍学問〉しかないことになるだろう、プラトンの学説ではそれが起こっており、そしてこれはデカルト以降 —— 少なくとも目論見としては —— 起こるのである。

だがアリストテレス‐エウクレイデス思考法では、逆の現象が生じる。そこでは諸学問は、各々を内に閉じ込め、隣接するものとは遮断し、上方では〈より一般的〉と思えるような別のいかなる学問とも断絶する特種諸原理から始まる。もちろんこれは気まぐれではなく、アリストテレス的思考法にある感覚的共通主義の不可避の結果であり限界でもある。

各学問の〈原初の〉概念——ἀρχαὶ πρῶται——は、その思考が当領域——πρᾶγμα（プラグマ）——で到達した最高位の種である。各学問を自分だけに限界づけ、自己に閉じ込めるものであり、それが*pragmateia*（プラグマテェイア）と呼ばれる所以なのだ。

これでやっと、〈共通原理〉がいかなるものであるかをアリストテレスが示したあれらの表現の浮遊性、不明確さ*flou*が納得できるというものだ。かたや公理〈二つの同じモノから同じモノを取り除けば、その残りは同じである〉は連続量にも分離量にも、《幾何学》にも《数論》にも有効であるかのように見える。これら両者にたいしてそれは、真に一般的原理であろう、なぜならそこでは種に言及していないのであるから。しかしまさにそのことから、《幾何学》《数論》の原理とはなれない。そうなるとそれは不明瞭であろうから。それはそこで使われている同一性の概念が、この〈思考法〉において手に負えなくなっている、つまりいかなる感覚的直観にも対応していないし、いかなるモノの中にもそれを見出すことはできないからだ。

結果としてわれわれは、つぎの荒唐無稽な——荒唐無稽であるが、この知的スタイルとは整合する——状況にある。量に関する類的概念があり、そしてアリストテレスはそれを『形而上学』[74]V巻で定義している。だがその概念はそれ自体では機能不全だ。《幾何学》は概念〈大きさ〉——μέγεθος——*mégethos*、すなわち連続量から、よって論理的にいえば、種から出発する。ではどうして種だけが、真の命題を達成するのに長じているのか。なぜならそれは、感覚的なモノの中に共通性による抽象化が見出すことができるこの整序において究極の共通のものであるからだ。純粋で類的な量は最初から感覚を逃れる、純粋な量とはもはや〈モノ〉でない。同じことはまた数についてもいえるのだが、それは数は自ずとその形態のいずれにおいても大きさに適用されることを欲しているようなので、アリストテレスはそれでずいぶん苦労したのである。一点はすでに一単位、二点は直線、等々のようである。われわれはこの〈思考法〉の、かなり闇に包まれいっこうに明澄でない決定的な場所に立っている。

つまりそれは、〈大きさ〉や〈数〉といった特種な、全称的概念から、二主要学問の原初の原理を作ったということだ。事実、それらはその各々においてもっとも一般的な種であるというので、アリストテレスはそれらが抜群に〈類〉であると呼ぶことになる(75)。

ここでどれほどこの間の事情が明白でないかということは、量の概念一般 *in genere* にたいして見せるスワレス〔フランシスコ(一五四八―一六一七)イエズス会士、スペイン神学者、スコラ哲学の再基礎づけ、体系化を計る。〕の態度から推しはかることができる。スワレスはそれを受入れはしないが、その定義を定義とは取らないで、むしろ〈その叙述によって「量」というこの名詞が何を、また同様に独自にかつその本質からどんな量を意味するかがよりよく説明される per illam descriptionem magis explicat quid hoc nomen 'quantum' significat, quam quid *proprie* et secundum suam essentiam quantitas sit.〉(*Disp.* XL, Sectio. I. 5.) ならば、アリストテレスの定義が有しうるいい意味をできるかぎり擁護している。しかしそれをする前に、疑義がないようにとスワレスは量の類的概念を取り上げることを敢然と拒否し(76)、まるで肩の荷を降ろす人のように、単に名目的定義を問題にしているのでない『カテゴリー論』において、アリストテレスもまたそれを雲隠れさせ、たえずそれを連続と分離に分けた *statim illam divisit in continuam et descretam.* ことを明らかにしている。

以上の結果より、ある学問の〈原初の〉諸概念——したがって定義と公理——は、厳密にいって論理的怪物である。各々は同時にその類でありかつまたその種である、というのも真の類は独自の生をもたず、現実に類はすべての種に参画していることを口実に、種の中に詰め込まれているからだ。そうして類を背負った概念は、自分の養分となる類というこぶをつけているらくだのように猫背になっている。このことは公理で明瞭に看取できる。

エウクレイデスが誇示する（差し当たり彼の〈暗黙の公理〉は措いておこう）一連の公理には二種類あることを見てきた。今ではその違いが完璧に了解できる。一部はたしかに、少なくとも《幾何学》と《数論》に共通であり、残りはもっぱら、とりわけ幾何学的である。しかしこの二重性はエウクレイデスにおける理論の緻密さの欠如を示す、なぜなら真実は共通の、つまり本来的に類的な公理は種的な公理がそれらと融合して初めて機能するからである。その実質的論理的有効性を思い描くには、両者が押しつぶされ相互浸透しあって一つの統一的生地になっている様を想像しなければならない。そうしてのみそれらは効果的、自足的 ἱχανοί (*hikanoí*) なのである。それを分離した形の形成は、ほかの多くの事柄同様、エウクレイデスにあって〈理論上の〉格別の不注意と哲学への格別の無関心さを示す不適切さとなっていても、この不注意と無関心さは数学的実践の大きな意味とは完全につりあっている。

とはいえ、この事態はその外見に映るほど些細なことではない、だから私はアリストテレスの表現が不正確 *flou* であることを強調せざるをえなかった。というのもそれは彼の学説そのものにとって危険であるからだ。もし共通ないし類的原理がある学問においてそのようなものとして作用するとすれば、それ以外の思考形式にたいして〈立証的思考〉——ἀροδειχτιχός λόγος——としてのかぎりで、学問の識別的性格そのものが失われていたことだろう。そしてこの区別はアリストテレス最大の発見である。実際、かりに共通原理それだけを――ほかの種的公理による収斂なしに――用いれば、思考はもはや論理的（＝科学的）ではなくなり、類推的（＝弁論術的）になり、また共通原理は原理でなくなり、〈通念〉つまり τοπος（論点 *topos*）へと変貌する。厳密な rigrosa 学問から逸脱し、曖昧な vagorosa 話題へと移行する。まさしくこうなのだ[77]。だからそれは些事ではなかった。アリストテレスは本引用の最初の部分でそのことを明らかにしている。

定義、公理、推論は類（＝私の解釈では原初の種）の閉鎖的領域内で作用しなければならない。ただそうあって初めて学問的なのだ。そのため原理の要請と反理とともに、アリストテレス－スコラ哲学論理における三番目の大罪は、別の類への移行 *μετάβασις εἰς ἄλλο γένος*（*metábasis eis állo génos*）である。

したがって前デカルト的思考法は、モノ主義、共通主義、感覚的、そして〈個別的〉idiota[78]であるという特徴をもつ。だからその原理は手に負えない直観的－感覚的直観の明証とならざるをえない。ゆえにそれらは〈一般的〉となることすらできず、似非－類の僅かな領域に割り当てられていて、そこを越えて他領域へと広がることも、上位の一般性共通性に上昇することもできない[79]。そのため結局その原理は、けっして本来的に〈原初のもの〉と呼ぶことはできない。けだしこれらで始まる学科目全体においてたえず新しい原理――種の定義――が出現し、それらは前のものと同等に原理であり原初のものである。ところで以前にいっておく時間がなかったのだが、アリストテレスの生粋の正統においては、いわゆるエウクレイデスの原理なるものは理論にとって充分でなく、その内部ではまったく隔絶した部分があり、面は線にたいし、固体は面にたいし独自の原理を必要とする、等々、つまり《幾何学》はそれはそれで三つの学科目 *pragmateia* へと分解する。

結局これは、証明を頑強に主張し、その三段論法を誇りにしている〈思考法〉であるけれども、現実には各学問は証明とさして劣らぬくらいの数の原理からなっているということなのだ。〈原理〉は〈思考するとは明証すること〉を意味するゆえ、ライプニッツの方法というのが〈思考するとは証明する〉ものとして正しく特徴づけられるとすれば、どうして私がそれをライプニッツの方法と対置したかが、今や明らかになるのだ[80]。

豊富さによって王子たち principes 同様、原理 principios の権威も貶めている。ライプニッツが扱い導入した原理は、われわれには数が多いと思われた。あまり多数なので、あえて私は彼を〈原理主義者〉と呼んだのだった。ところが、前デカルト的理論に比すれば、彼の原理全体は影が薄い。でもライプニッツをそのように命名したことは不手際ではない、というのも彼は原理を演繹理論の要素として、ずっとよく洗練され高貴なものと理解していたからだ。アリストテレス哲学はどんなモノでも、つまりどんなモノについてであれその単なる経験的定義を原理——ἀρχή または πρῶτον——と呼んだのであってみればだ。

『分析論前書』は三段論法の理論を開示している。実にこの理論は人間が作り上げた最初の模範的演繹理論である。それはまったくの驚異で、二四世紀間ほとんど修正する必要はなかったのだ。しかしそのためにこそそれは、人間の精神が同じくらい長い間陥っていた幻覚の原因でもある。そのテーマが三段論法形式——したがって形式演繹論——である理論の完璧性を、諸学への、要するに個別学科的テーマについて演繹論を作り上げる試みへの適用と混同してきたのである。そうなると状況は激変した。すなわち学問とは単に三段論法と証明であるだけでなく、そのはるか以前において、すでに見たように三段論法を可能にする原理の獲得である。三段論法の形式理論では三段論法は空転する——それは本来的に作用しない方法である——、なぜならその中で重要なのはその機能の純粋形式であって、その具体的で充実した機能ではないからだ。その前提であり結論である実質的概念や判断に代わって《代数学》におけるように、それらは記号に置き換えられている――SはPである、すべてのSはPである、幾つかのSはPでない、等々。三段論法は実際のところ概念の《代数学》である。それは最初の《代数学》であった。その中で三段論法が厳格に機能すべく、それらの概念がSやPの代替をするために備えていなければならないであろう条件が定められる。だがそうした条件を満たす充実した概念は、どのように得られるのであろうか。

この目的のもとに『分析論前書』の内容をなす《論理学》は、三段論法の原理である概念にいかに到達すべきかを教えるような方法論でもって補われなければならない。アリストテレスはこれを『分析論後書』で行なっている。両著作一体となって学問の理論を提供しているわけだ[81]。しかしこの後書は原理の演繹論でなく――その幾つかの断片ではそうであろうが――、またいかなる意味でも前書の水準には及ばない。このことはそれが驚異的でないことを意味するものでない。アリストテレスにおいては、その誤謬や不足ですら内部にきらりと輝くものを秘めている。

だがここでは、これまで何回となく指摘してきたように、アリストテレス哲学を提示することでなく、彼からデカルトに至る世代において、哲学者や学者にとって共通の財と考えうるものだけを彼から引き出すことが問題である。アリストテレスの論理と方法論――彼の哲学ではない、それについて一言も触れていない――はただちに学界において一般に用いられるものになったことに注目されたい。それは西洋で成立した最初の知的な *koinón*、つまり共通語 *lingua franca* である。

18　アリストテレス的思考法における感覚主義

以上の説明がなされてみれば、原理としての概念がいかにして獲得されるかという問題に、アリストテレスがわずか一頁たらずの紙数しかさいていないことに唖然として、眉をへの字型につり上げても至極もっともというものだ。しかし彼にとって認識においてもっとも重要な精神行為は、概念化を想定する学問や証明よりも、とりもなおさず概念化そのものなのである。結局それは、類《たぐい》なく真実で強力な知であるのだ。

問題にされているのは、必然的に真である命題を生み出だしうる唯一、正確な思惟である。そしてここでそれは想像しうるかぎり先鋭化され、10節で概念中に区別した二次元、要はその真実性とその論理性とは衝突することになる。最初のものによってモノの存在の概念としての価値をもち、第二のものによって正確で、すでに述べたように名辞でなければならないことになる。

アリストテレス時代に思考の〈幼少期〉は成熟期に到達し、事実上の認識、すなわちモノが現にあるところのものについての思考となりうるようになっていた。それ以前とはいえないが、ちょうどそのころ、諸学問が形成されるのだ。この成熟期は、ギリシャではかなくも一日の命しかない花のようなものであった、というのも政治が同じ日の午後にはもう混乱状態、つまり真に政治的になっていて（政治が真に政治になると混乱状態は政治の構成要素である）破壊力へと変貌していった、もっと正確にいえば、政治にはただ一つのモノ――ここではそれが何かということはいわない――を救済するというその本質によって、そのほかのモノすべてを破壊するものに変じていたからだ。人類が存在して以来つねにそうであった。ギリシャ世界の変動は、ギリシャ思想が真実形成されようとしていたまさにそのときにその成熟を踏みにじってしまった。それまでのことはただの準備、教育、序曲と舞踊 *Vorspiel und Tanz* でしかなかった。政治変動の――当面は目立たないが長期的にはもっとも忌まわしい――結果の中には、書籍の散逸を引き起こした事実がある。これはアリストテレスの死亡時にギリシャで起こったように、最近ヨーロッパで起こったばかりだ。彼の専門科目的著作(82)の保存はまったくの偶然に負うところの伝統であり、その偶然性によってまさに消失しようとしていた寸前に、西洋で存在した最初であり同時にかつて存在したもっとも〈エレガントな〉〈独裁官〉、プブリオ・コルネリオ・スラ〔前八七年にアテナイに入ったローマの独裁官はルキウス・コルネリウス・スラであって、プブリオ・コルネリオ・スラなる人物は見当たらない。〕がアテナイに到着することになる。彼はそれらを我が物とし、ローマへもち帰る。反対に彼の三人の弟子、人の噂ではまたアリストテレスも〈ことばの名手〉と呼び、そう名づけたといわれているテオフラストス、ディカイアルコス、アリストクセノスのとか、テオプラストスの弟子ストラトンの著作は失われた。これらの人物のいずれも天才ではなかった。しかしそのためにこそギリシャ思想成熟期のもっとも純粋な代表者と考えられるべきだと思う。その時代がすでに〈政治〉の時代であったことは、テオプラストスやディカイアルコスの間に師弟愛はあったものの、知識人が公的生活に介入すべきか否かについてなされた絶え間ない論争を思い出せば分かることだ。たぶんこのテーマは、人間事象が順調に運んでいないあらゆる〈混乱期〉にもっとも特徴的なことである。

　以上すべては、まさしくアリストテレスによってギリシャ思想が成熟期に達し、自己を有能と感じ、そのために周囲のモノがはたして何かということを執拗に知りたがることを示唆する徴候のようである。アリストテレスは学究者であったし、学究者としてのかぎりで哲学者であった(83)。彼によるプラトン主義の改革は、〈眼前にあり〉、四囲でわれわれを取り巻いている具体的なモノの認識が急務であると宣言することにあった。

プラトンが自分のそばにあるモノを知りたいと思い立って最初にすることは、そのモノとは逆方向に走り出し、それから無限に離れ、天体の彼方にまで行き、〈宇宙外の場所〉からその帰途において、ほとんど意味のないこの世のモノについて、それがいったいどんな意味をもちうるかを考えてみることである。このプラトンの近づくための遁走は、かつて理論分野において地上でなされた、比類ないほど機知にとんだ着想であると私は考える。ここで哲学史や認識観の歴史を概観するつもりはないが、このプラトンの発想はあまりにも重要であるので、以下の節において場合によってはそれに言及せざるをえないであろう。なぜならそれは疑いえないことだが、〈近代〉科学が現在進行中のプラトン主義であるからだ。知的活動にたずさわるすべての者にとって、ときにはこのプラトンの思いつきの意味することとそこに含まれる奇抜さを想起し明らかにすることは、精神衛生上格別に好ましいことであると考える(84)。

プラトンの方法はすべての偉大な哲学が必然的にそうであるように、根本的に逆説的である。アリストテレスとその時代は常識や世論と一致するが、それとは反対の方法を採用した。つまり、モノの真理はそれらにかぎりなく近いところにあり、精神と実在との最大限の近接は感覚であると考える。感覚はアリストテレス学説やそれにつづく時代の基本的認識能力である。だからこの思考法を感覚主義と呼ばざるをえない。私の考えでは、αἴσθησις（アイスセシス）を感覚と訳すと、精神とモノのこの最初の接触のもつアリストテレス的意味をいささか歪めるのはたしかだ。現在の心理学用語がそこに立ちはだかっている。アリストテレスにとって〈感覚〉の概念は現在のものよりずっと幅広く、今日使われる一群の用語全体の同義語と考えるべきだ。感覚は色や音の感覚であるが、それはまた個別のモノの知覚もそうであり、運動と休止、形姿と大きさ、数と単位の表象もそうである[85]。さらにまた、黒板の前で、〈そこにあるこれは三角形だ〉というときの精神作用も感覚なのだ。このことは、われわれが一つの四角形と一つの三角形を区別するのも、感覚のなせるわざであることになる。現に『分析論後書』の最後の頁においていかにして原理を識るかを示すところで、感覚を識別、区別、判断能力と考えることから出発している[86]。結局アリストテレスは最終的に、感覚は認識である――γνῶσίς τις――*gnôsis tis*[87]と判断するに至る。認識論だけを問題にするかぎりaísthesisなる語を〈感覚的感性的直観〉と訳すのがもっとも正しいと思われる。今こそこのことを生き生きとしたものとして捉える必要がある。われわれは精神現象をまるで無生物であるかのように扱った前世紀のばかげた心理学はすでに卒業したのだ。アリストテレスにおいてはすべてを文字どおりに解釈すべきである。感覚は〈そこにある何か〉ではなく、それを感じること、この色、この音をわが身に引き受けることであり、あるいは逆にいえば、色は私を色づけ、音は私に鳴っているのだ。〈感覚的直観〉は最初の〈引き受ける〉、つまり理解、認識することである。そのため私はそれを認知 *noética* 能力と呼んだのだ。さらに私はそれが基本的能力であるとつけ加えたけれど、これは少々物議をかもすかもしれず、ここではただその要約を表明する余裕しかないが、事は単純明解であるようだ。私の考えは以下のごとし。悟性が考えうるもっとも〈純粋な〉理解しうるもの――νοητόν――*neotón* は、われわれが感覚の中ですでに引き受けており、それだけでは何でもない、あるものなのだ。

　アリストテレスは認識の相反する二形式として感覚を、とりわけ定義という明白な形における概念と解されたロゴスに対置している。だが真実のところ、自分の《心理学》では下位のものとして提示する精神作用――〈感じること〉――とずっと上位と考えられるもの――原理を思考すること――の間に驚くほど明白な連続性を設けているのである。前者はすべての動物に共通であり、後者は人間の属性であろう。[88] しかし他方、避けがたいことだが、思考はけっしてイメージなくして思考できない、そして反対にイメージは感覚の沈殿物でしかないということを規定するようにと、何回となく主張している。嘘と思えるかも知れないが、イメージとロゴスの間の関係が要求している注意力をもって、その関係の必然性が公的性格をもつものであるということが、かつて一度も研究されてこなかったのだ。イメージはロゴスにおいてどんな精確な役割をもち、そこにおいてそれ以外の精神活動はどんな働きをしているのだろうか。

微塵の疑いもないようだ。感覚において〈われわれは引き受け〉〈われわれは気づき〉、つまりある個別の感覚的なモノを理解するのである。その一部はイメージ（記憶ないし自由な幻想）の中に保存される。想像力あるいは記憶の中で——今の場合どちらでも同じことだ——精神は幾つかの構成要素を固定し、それ以外は捨象する。それはわれわれの注意力の結果である。アリストテレスは〈注意力〉が存在することは認めないが、しかしこの際それは重要ではない。多くの感覚やイメージにおいてかかる固定や抽出が終了すると、それらに共通するものとして現われる構成要素ABCDの同一性に気づく。この気づきは、構成要素の感覚的性格を毫も変更するものではない。それが共通のものとして現われることはわれわれがそれにつけ加える関係的性格であるが、それらに何かをつけ足したり、そこから省いたりしているわけではない。今やわれわれは最初の普遍概念を前にしている。しかしながら、普遍概念と類の〈役割〉を果たすからといって、ABCDはそれが元来あったもの、すなわちモノの感覚的特性でなくなることはない。共通なものと相違するものを発見するための比較操作は、〈引き受けたり〉、理解したりすることの新形式ではないし、より知的な操作でもない。ある意味でそれは機械的であって、われわれの注意力——それ自身もまたそれだけで知的であるわけではない——をある感覚から別のものへともたらす移転の作業である。

比較し、〈一般化し〉て理解されたことは、依然として感覚による理解でありつづけており、普遍概念をもたらすこうしたすべての操作はそれ自体くだらないもので、もっぱら感覚に依存しており、感覚はこれまでのところ唯一の知的・識別的活動である。

この全プロセスにおける一大危機は、普遍概念と類――したがって、ロゴス――の役割を代表または執行することを引き‐受けた *en-cargado* 感覚的抽出物 ABCD が、感覚をつうじて接触した個物と再度照合され、それがそのモノの《存在》*Ser de la cosa* を明示、顕示するものとして立ち現われる瞬間に起こるようだ。そのときそれは《本質》のロゴス――λόγος τῆς οὐσίας――*lógos tês ousías* になる。何という〈手品〉、何という〈変身的代替〉がなされたことか、それによってモノは――感覚において私の前の〈そこにあるもの〉――は存在物に、《存在》を有するあるものに、私がそれにある特別の事実存在と特別の組成を付与するところのあるものへと変わってしまったのである。本論究では、学説でなく様々な〈思考法〉を定義するつもりであり、すべての存在論的問題を厳しく避けてきた。しかしそうした思考法というものは、《存在》についての思考法であることを忘れてはならない。これによってわれわれは《存在論》という厄介な問題に首をつっこまなければならないだろうか。当面そういうことはないと思う。本問題に関しては、以下のことで充分である。つまり人間は自分を取り巻く感覚的なモノとのつき合いの中で、ガレー船の漕役刑囚のようにそれに鎖で繋がれている。この点では、動物や石と大差はない。だが〈両手をオールにかけている〉漕役刑囚は席に繋がれている間も、ガレー船から解放され、とあるお姫さまの腕の中とか幼年時代を過ごした遠い故郷で憩っていると想像することができるのだ。ガレー船から解放されていると想像する能力、したがってこの想像上の自由は、感覚的事物や自分が縛られている〈そこにあるもの〉に比べて、それ自体 *ipso facto* 実質的な想像する自由を意味するものだ。感覚はその思い出であるイメージ、つまり記憶力のあるイメージへと沈殿する。しかし材料として考えられたこうしたすぐれた記憶力のあるイメージでもって人間は、〈独創的な〉、新しい、このことばの誇張的意味で幻想的なイメージを創り上げることができる。幻想のおかげで――これは〈解放された感覚〉そのものからなることをはっきりさせておくが――人間は、自分が絡めとられている感覚的事物の編目から自由に、幻想的なモノの世界、別言すれば幻想的世界に組織された一つの幻想の建物を創り上げることができる。そうした一つの世界を創造できると私は言ったが、それは正確ではない。無数のそうした、すなわち幻想的な世界を創造することができるのだ。人間を捕捉している感覚的なモノは、一つの世界を構成しているのではない。厳密にはそれはモノでなく、相互に組み合わさり実用的展望を形成している幾つもの〈生の事項〉である。われわれがそれらをその展望から解放し、それに存在を、すなわちそれ独自のものでわれわれには関係ない組成を与えてやると、それらはモノへと変貌する。しかしそうなると、それらはある一つの世界の中に存在しつつあるものとして現前する。それらはこれ、それ、あれといったふうに、無限に孤立して、今一つ、ついで前のものとは充分に連係しない別のといった形で際限なくつづくのではなく、それらがすでに純然たる幻想であり大いなる幻影である一つの世界を形成する。世界はそのようなものとしては、幻想的なあるものである。私の言いたいのは、もし幻想がなければそれもない、新たな一つのモノとしてそれは与えられていないし、与えられえないということだ。むしろ諸々のモノはどこかの世界においてわれわれに〈与えられる〉。かりに動物には世界がないとするなら、それはよくいわれるようにそれらが理性を欠いているとか非理性的であるからではなく、充分な幻想を欠いているからであろう。だが幻想は、〈我が家の狂人〉、人間の不合理的能力との評判をとっている。物事をとことんつきつめてみると、最後には人間の積極的不合理性または幻影主義が、いわゆる〈合理性〉よりもそれをよりよく定義するものになるというのは興味深いことだ。そしてそれは合理性が不合理性を前提にする、すなわち理性は数多ある幻想の作用方式のうちの一つでしかない結果になるからなのだ(89)。とはいいながらも、この問題の結論は出さないでおこう。急を要するのは、あれらの想像的世界がモノと関連させられうるし、また逆にモノがそうした世界の一つ一つと関連づけられうることに気づくことである。この関係は解釈と呼ばれる。以上よりつぎのようにいえる。人間は自分が宿命的に（＝自由にではなく）その間に挟まれている諸々のモノを、好きなように解釈する自由をもつと。

さきほど人間は〈独創的〉イメージを形成できるといったが、それはちょうど感覚が記憶に残したそのままでないすべてのイメージという意味に理解されたい。一つのイメージにおいて幾つかの構成要素ABCDだけに着目することは、それだけですでに独創的イメージを形成することである。ここで独創性とは、幾つかの部分を捨て、ほかのものだけを採るということに要約される、それは抽象的で抽出されたイメージである。そしてそれはケンタウロスより独創性が劣るのでなく、ただ別方向であり、それほど幻想的でないというだけのことだ。

〈そこのモノ〉、この静かな流れの川を、一つの神と解釈しうる。それによってわれわれはその川を神々の想像の世界または神的世界に関係づけ、そしてわれわれが行なったことは神格化することである。われわれはそれらのモノが神々であるかぎりでそれらについて語る（*lógos, légein*）、——神－格化する *teo-logizamos* あるいは神－話化する *mito-logizamos*。それは一つの解釈である。同じくわれわれはいろいろなモノを、その各々がそれ自体と同一であり、ほかのものと矛盾せず、そのことによって自分の同一性を失うことなく、それらと様々な関係を築くといった特色のある想像的要素でできた世界に関連づけることができる。その世界の要素として——したがってそうした性格をもって——のかぎりで解釈された〈そこのモノ〉を存在物 *ente* であるといい、そしてそれらの各々において同一等々として現われるものを、その存在物の存在 *ser de ese ente* と呼ぶ。偶然にもそれら存在物のそうした特色は、ロゴスないし概念と呼ばれる感覚的抽出物の特色と一致する。このため存在物について語ること、すなわち存在‐論 *onto-logía* —— 哲学、学問 —— は、論理的語りであることになる。神話のロゴスは、〈厳密には〉ロゴスではない、なぜならそれは論理的、つまり正確な語りではなく、神話は〈話したい欲求〉であるからだ、とはいえたしかにそれは、すばらしい〈話したい欲求〉であって、それがあまりにも激しいため驚異的なことについてそのようなものとして、もっぱら〈話したい欲求〉である(90)。われわれの当座のテーマにとってはこれで充分だ。

上述から、感覚的抽出物 ABCD があるモノの存在のロゴス、一次概念、概念、定義、原理に変化することは、それにふりかかる新機能、役割あるいは職務であるけれども、いっこうにその内容を変更せず、慎ましやかな感性的感覚と想像力の中でわれわれが固定し抽象し抽出したときにあったものと異ならないことが窺える。そうすると、感覚‐想像力、注意‐不注意、比較といったこれら三つの精神活動だけの関与によって、概念と原理に到達するのである。しかしすでに述べたように、これら三要素の中で注意と比較はほとんど機械的であり、一次的に知的ではない、というのもそれらは感覚において理解されたものに働きかけるだけであるからだ。となると唯一の原初的に知的な活動、唯一の〈引き受け〉あるいは〈気づき〉は、感覚とくに想像力の形で解放されたそれである(91)。アリストテレスは、理解しうるもの —— νοητὸν —— *noetón* を引き受ける、それに気づく、接触するないしは〈触れる〉 —— θιγγάνειν —— *thingánein* —— ことを受けもつ最高の精神能力を定めている、つまりそれは理性、知性 νοῦς（noûs）である。〈知性は理解しうるものに触れるとそれと一体化し、そしてそれを理解する〉 —— νοητὸς γὰρ γίγνεται θιγγάνων χαὶ νοῶν ὥστ ταὐτὸν νοῦς χαὶ νοητόν(92)。だがかの有名な *noetón* すなわち理解しうるものは、あの原始的感覚的抽出物、想像力からなるだけである。その結果知性は、感性がまだ理解していないような新しいものは何も理解しないということになる。そのため感覚こそ精神とモノとの最初の接触であるといったのだ。ところが今それはまた最後のものであり、よって唯一のものである結果となる。だからアリストテレスは知性と知られうるものとの関係に触れて、われわれが感覚のために用いたのと同じ比喩、接触を使わざるをえなかった。今やわれわれは、知性はイメージなしに理解できない、思考できないと飽きることなく繰り返しているアリストテレスの思想には、模範的一貫性があることを了解するのである(93)。

アリストテレスが『霊魂論』三巻において、受動的能動的知性または作用因に関する彼の概念の定義を、わずか数パラグラフで手っ取り早く済ませており、またこれらのパラグラフが今日に至るも理解不能であることは周知の事実である。『霊魂論』の論述のテキストは、これまでもっとも過酷な運命に翻弄されてきたものの一つである。しかしそれに加えて、アリストテレスは自然科学である彼の心理学と、彼の神学や倫理学とを整合させようとしたために、そこで躓いたのではと疑わせるにはそれなりの理由がある。もちろん上記の学問間に整合性を願うことは気まぐれでなく、むしろ反対に哲学者の明確化の義務、体系上の責任のすぐれた感覚に根ざしている。哲学者にとって体系は、義務である。体系の代わりに〈一貫性〉といってもいい。自然の理法と神の間に連続性を確立することが必要である。人間は下方では動物たちと連続しており、動物たちは植物たちと、植物たちは鉱物と。上方への連続性が欠けていた、また同時に神的なあるものである自然的人間には何かが足りなかった。アリストテレスは――ギリシャの知識人として有していたほかのたくさんの動機は措いておくが――思考を神格化する必要があり、このことは彼の心理学とその認識論の仮定では困難であるゆえ、手荒い解決策に訴え、それ以外の条件では想定されておらず、すんでのことでアリストテレス哲学を有神論にしてしまうところであった一つの力――創造的な知 *noûs poietikós* ―― を急遽慌ただしく、しかも〈外部から〉人間に押し込んでしまったのだ。しかし真実のところ *noûs* すなわち《知性》には、感覚がすでに備えていたもの以外には何ら神的なものはない。作用因知性を光と描写するアリストテレスの比喩は、とても比喩とはいえない。なぜならそれは概念の意味を明白にする力を意味するからだ。つまり――あたかも光が自然の色を明示するがごとく――われわれは概念に気づく、理解しなければならないことを理解することを意味するからだ。だが現実にはすでに概念の内包は感覚ないし感覚的直観の中で明白になっており、もしそこでそうなっていなければ、いかなるほかの精神的可能性の中においてもそうあることはできないであろう。よって光が、比喩的なそれでなく、本当の光が光の感覚であり、われわれの眼前に諸々のモノの大展望を現実にくり広げて見せてくれる輝かしい光であるかぎり、それはぜったいに比喩ではない。日中の光に気づくことは、この〈思考法〉におけるもっとも知的な操作なのだ(94)。

以上すべてをかように理解してこなかったことは、まるで抽象が抽象されたものに具体的なものの中にあったときに有していたのとは異なる新しい性質を付与できる魔術的――あるいは少なくとも錬金術的――操作であるかのように、抽象的なものがつねに引き起こしてきたある奇妙な妄信に発するのである。抽象するとは銅という具体的なものを金という抽象的なものに変えることなのだろう。ところがすでに9節で見たように、そんなものはありはしない。抽象的なものにたいするこの妄信は、偽りの共通性による普遍概念という普遍的なものの妄信によってさらに複雑化する。双方の妄信は、西洋のそれ以外すべてのもの同様、妄信の大河ミシシッピーであったプラトンに源をもつということはいい添えるまでもない。妄信によっては何ら得るところなく、すべてはただ紛糾するばかりである。人間と動物を区別するのに、その違いを抽象化一般化能力に基礎づけることは正しい方法ではないからだ。いうまでもないことだが、もしこれが本当だとすれば、人間と動物は分離されてしまい、そのことは分離せずに区別することを勧めている一貫性の方法論上の規範に反することになる。これがアリストテレスにおける習わしであり、ライプニッツにおいてはずっと意識的な度合でそうである。

知性または理性に関するアリストテレスの定式が不透明であることから、原文と一致させようとするかぎりいずれも満足できるものではなく、相互に食い違う無数の解釈を引き起こしてきた。私が示したのは、周知のように、この点で相互に大きく矛盾しているすべてのアリストテレスの原文に背後で *a tergo* 基づいており、その意味でそれの一解釈としての意味をもちうる。しかし私の解釈はこの点については、アリストテレスが自分では考ええたと信じていたことに準拠せずにますます自由があるけれども、アリストテレスの仮定があらゆる厳格さでもって最後まで考え抜かれたなら、その理論形式がいかなるものであるかを示そうとする批判を含むものだ。アリストテレスにとっては気休めとなり彼の批判者であるわれわれにとっては不利となるにしても、われわれは何世紀にもわたって《哲学》でなされた抽象に関するもっとも重要かつ決定的な研究の幾つかを活用できたということを付言しておこう(95)。

さらに私の表明にはすばらしい後ろ盾がある。トマス・アクィナスに着想を得させたテミスティオス——四世紀の批評家——の論旨と一部一致する。トマス・アクィナスの考えによれば、受動的判断力はそのもっとも本来的で扱いやすい意味で、想像力と同一のモノといえるだろう。しかしアリストテレスにおける想像力は、物質的に感覚とは、われわれの問題には影響しない一つの理由によってしか差はない、つまり、感覚は精神外の既存の対象を要求するが、想像力はそうではない。その違いは多くの目的にとって、そのうちの若干をアリストテレスは見落としているのだが、それはしかしながらきわめて重要で豊かである悟性作用を説明する目的にはまさに無益無害であるのだ。サント・トマスは極端な感覚主義にかくまで近い考えを抱きえたのであるからには、とても〈神秘的〉思想家とは呼べないであろう。

アリストテレスにつづく二世代の弟子たちが師の理説をそういうふうに急速に理解し、個人的傾向や才能を圧倒するその内在の強制力が宿命的にこのような結果を押しつけるかのように、ついには極端に達した事実によって、私の解釈は最大限裏づけられるのだ。これら初期のアリストテレス学派においてアリストテレス哲学の学風が明白になり、アリストテレスは現に何よりもまずそうであったのだが、学者として根本的に自然主義的世俗的思想家であったことが白日の下にさらけだされる[96]。このような人間がカトリック教の公式哲学者になったことは、世界史におけるもっとも奇妙で錯綜した事実の一つである。こういったからといって、彼のあふれんばかりに豊かで鍛錬された天分がいささかも減ずるものではない[97]。

19　原理をめぐってアリストテレスに起こったことについての試論

さて原理がいかにして獲得されるかについての説明にアリストテレスがせいぜいまた全部で一頁しかさいていないという事実を前にして、われわれが眉をへの字につり上げ、唖然とさせられた一一六頁に立ち戻ってみよう(98)。

しかじかの著者もしくはしかじかの学派が——あるいは絶対的に過去が——避けて通れない仕事を果たしてこなかったことを、たびたび私が強調するからといって変に思わないでいただきたい。私がグリュイエルチーズに穴しか見ていないと愚痴るのは、まったく時間のロスである。欠陥に注意することは、性格とか性向の問題ではない。それはまさに宇宙の認識においてなされなければならず、本論究の三章〔オルテガは二、三章の執筆を構想していたが、結果的には本書である「一章」しか完成しえなかった。〕で定義に努めるつもりでいる大きな新しい課題の一特例である(99)。

当該〈思考法〉において原理が有する重要性を考慮されたい。一つのプラグマテイア（学科目）のほぼ半分はそれから成り立っている、なぜならこの方法は何度となく新しい原理に摑まらなければならないからだ。そこでは演繹は息がつづかない。さらに原理は証明済みのものよりも上質の知であり、証明済みのものの真理はその真理に依存する。だから原理を研究するためにまさしく基礎的学問である真の学問を創り上げたにもかかわらず、その獲得の手続きにおけるアリストテレスの態度を見て驚きを繰り返し表明することは、とりたてて異常なこととは思えない。

最初に公理、つまり〈共通〉原理と呼ばれるものを取り上げてみよう。その数はきわめて少ないため、何百にものぼる政治制度を収集したように、彼自身が明らかにしているが、あるいは比較をずっと厳格にするために〈論点 *tópos* を集めるのに大いに努力した〉ように、それらを集めることができた。彼はその一つ一つを検討し、相互にどんな関係にあるか、整合しているか序列化しているかを調べるべきだった[100]。とりわけ精神においてどのようにして生じ、明証と呼ばれるそれらが備えているあの奇妙な――あまりにも突発的で目もくらむような――真実が何からなるのかということに、もっと時間をさくべきであった。ところがアリストテレスはこうしたことを一切していない。むしろすでに見てきたように、公理が問題になっているときには、それらを類的形式から種的形式というふうに、縦方向に変動したり上下したりするままにしておいた。もう少し先で述べる予定のことを考慮しつつ、この変動から私はそれらをデカルトの宙吊り人形、いたずら人形と呼んだ。ところで、たとえこの問題に関して何千枚も刻苦精励して論述しようと、この〈思考法〉が支配的であるかぎり、この問題は一歩すら前進しないであろう。これは典型的に《スコラ哲学》の組成にある不毛性の見本なのだ。

しかしアリストテレスでは正当化しえないとはいえ、何かと説明のつくものである。定義としての原理に払われる注意を公理に向けられる最低のそれと比較されたい――つねにその注意が不十分であるという範囲においての話だが。とりわけそれは、アリストテレスが定義と彼が発明したばかりですこぶるご自慢の分析的三段論法なる手段におけるその作用について、独自の考えをもっていたことに由来する。逆に、その意味を〈類〉(＝われわれにとっての種)に限定すべきであるとのあやふやな確信でなければ、公理についてはいかなる独自の概念ももっていない。公理といったような重要事項についてかような貧弱な考えしかなかったことは、逆にそれはアリストテレスが自分の論理学を打ち立てる前に、したがって分析的証明としての自分の学問（知－*epistéme*（エピステーメー））の観念をもつ以前に、それらに出会ったことに起因する。[101] なぜならアリストテレスは《悪魔 Diablo》同様、論理的である以前に弁証学的 dialéctico であったからだ。弁証学――『トピカ』『詭弁論駁論』『弁論術』の最初の形式[102]――は、いまだアカデメイア的であったアリストテレスの思考理論、つまり推論にあった当初の相貌である。それは彼の原・《論理学》proto-Lógica であるといえよう。彼はそこで〈共通の情報もしくは容認〉、公理と出くわすのである。

　われわれはここで、アリストテレス《弁証学》と学問あるいは必当然的なそれ、特に《論理学》との間の違いの詳述に立ち入ることはできない。それは内容があまりにも豊富かつ微妙であるため、今ここでそれを取り上げるわけにはいかないのだ。《弁証学》は学問の手法でないというだけで充分である。学問は不可避的に、二足す二は四であると考えること――そしてただ機械的に反復するだけでなく――は、もっぱらひとりだけになってみてなしうる作業であるという単純な理由から、孤独における人間の作業である。[103] 《弁証学》は他人との議論や対話の技法である、それはまったくの会話であり、社会化された思考である。そこで推論は純粋の真理であろうとするのでなく、ただそこからある形式上の構造だけを得ようとする。この議論する推論もまた諸原理から出発する。しかしこれら原理は必然的に真理でなければならないことはない。人々にそう思えれば、つまり集団で支配的なしたがって有効的意見 ἔνδοξοι-*éndoxoi*、要するに〈世論〉であればよいのだ。[104] それが支配的である集団は〈世間全体〉でもありうるし、賢者の集団であってもよい。後者の場合には識者の〈世論〉でも、彼らの集団で支配しそこで〈権威〉と呼ばれ社会的役割を担っている卓抜した賢者のそれでもよい。

　ギリシャ各地の植民地で萌芽した学問は、アテナイで確立する。それは〈都市〉の産物である。そしてアテナイといえば、《アゴラ》、ギムナジウム、シンポジウムすなわち饗宴であり、それらは果てることのない会話の場所と機会を提供する。[105] だから学問はアテナイで書籍形式よりも、むしろ孤独ではなくそれを生み出すことのできる討論形式にならざるをえなかった、つまり外観としては表明方法として〈都市〉に適した形、学問にもっとも不適切な形を採用した。最初の専門的名称、プラトンにおいて〈思考法〉と同時に討論・論争を意味する《弁証学》に秘められている不明確さはここから生ずるのだ。『トピカ』執筆時のアリストテレスは、まだこのプラトン的状況にあった。このことは彼独自の、つまり親‐もしくは反‐プラトン的理説の大部分をまだもっていなかったことではない。しかし依然としてプラトン主義は、彼の思想がその上で発展し際立っていくことになる基底をなしている。

プラトンはすべての知を巻き込む唯一の知――《哲学》――を信じており、死に至るまでその知が談笑のうちに共同で作られると信じていた。彼が対話編を書いたのは文学上の偶然ではなく、また学問を根っからのおしゃべりで書物の敵であったソクラテスの人物像のうちに投影し客観化しようとする熱意だけによるものでもない。プラトンはその死まで、学問とは一つの社会的機能であり、その育成を担う特別の集団的機関――ローマ人が *socialitas* つまり協会と呼ぶであろうようなもの――を必要とするが、さらに〈都市〉全体が参加する集団的創造であると考えた。かかる理由から彼は学校を創設し、以降その消滅までアテナイの哲学は学校という社会的形象としてのこのような生き方、あり方を維持することになる。[106]

しかしアリストテレスは周辺部へラデの生まれのよそ者であり、〈都市〉という偉大な事実についてはなおさらのこと識らなかった。だから彼はプラトンと対照的に、学問は孤独の営みであるという大いなる真実を発見する精神的準備ができていた。プラトン本人はときとして、ある種の知的操作は〈人間が自分ひとりだけになって〉実行しなければならないことを認めざるをえなかった。その孤独からそしてその中で学究者は、すでに亡くなりまた同じように孤独なそのほかの学究者とつきあうのである。アリストテレスのすべての大著は、その理説によって彼に問題を提起するそれ以外の〈昔の〉あるいは遠方の哲学者と彼との対話で始まる。アリストテレスは各学説の長短を彼らと議論する。これがアポレティカ *aporética* と呼ばれるもの、つまりアリストテレスによればあらゆる哲学書が最初にもってくる形式である。それは学問が成立するための、したがって成立する以前に準備する発進点である。だからアポレティカは、人間がひとりで孤独の中で行なう孤独者間での一種の論争である。あたかもそれは社会を孤独のうちに、個人のうちに取り込むようなものだ。学究者は自分の学科目にとって真の原理を見つけ決定する目的で、支配的な――直接のあるいは〈権威〉の――見解を出発点とする。この最初の不可避の営みにおいて学問は《弁証学》であり、だから『トピカ』において学問は類〈対話〉中のもう一つの種のように現われている。いったん学究者が自分の学科目の諸原理を発見すると、社会的地平を離れ、自余のものに注意したり耳を傾けたりすることやめ、以降は根本的孤独の中を飛翔する。

　アリストテレスの《弁証学》を歴史的実在として概観してみれば、マケドニアの孤独なよそ者が自分の中にアテナイの実体でありそれに自分を適応させようとしている社会性を受け入れる擬似的変身を表わしているだろう。そのため二つの事が起こっている。他のものの受け入れと自分自身のそれへの適応。しかしアリストテレスはあり余る独創的才能に恵まれていたゆえ、それだけでは終わらなかった。いちばんありそうなことは、最初の瞬間から、プラトン主義を受け入れるにつれて、自分をそれに適応させると同時にまた対立させていったことだ。『分析論』では、もはやあらゆる人間事象を構成する連続の法則が強制するやむをえない程度においてしか、受け入れは見られない。それは最高度に独自の創造物であり、そこでアリストテレスはまるで蛹が脱皮するように彼の借り物である仮面――《弁証学》――を脱ぎ捨てるのだ。(107)

でもこれは大錯誤の元凶であったのであり、その影響はデカルトまでつづいている。起こったことはもう仕方ない。所詮いかにそれを新しい視点からやり直すかだ。さらに『トピカ』の《弁証学》は誤りでなく、実に様々なものを混同することにもっぱら由来する不備であった。正しいしたがって理性的であるが、真実のでなくもっともらしい思考を研究していたのだ。その思考は真のものではない、というのも絶対的にそうでないからか（このことはそれが虚偽のものであるのではなく、ただ問題含みであることを意味する）、あるいはただ蓋然的だけでしかないか、または現に形成されつつあるかぎりにおいてのみ真実の思考である、したがっていまだ真実でない真実の思考であるからだ[108]。

《弁証学》のこの最後の作業は格別の重要性をもつ。単刀直入にいって、原理を発見するための方法を提供することにある。かくまでに高度の操作がほかのものに混じって出てくることは途方もないことであって、われわれはそれをギリシャ人、少なくともアテナイ人の何らかの特長ないし〈秘密〉に帰することを躊躇すべきではない。単独で一人の人間のものでなくきわめてしばしば民族に生ずる行動はわれわれに突飛に——つまり不可解に——思え、それは基本的にその民族の中で作用している根本的仮定であり、そこの人々の生きる基盤をなす根源的先概念であり、そのため彼らにとってこの世で至極当然で明白なことであると考えるべきだ。ある民族の魂は、ほかのものにとっては〈不可解な〉そうしたモノからなっている。そうしたモノの塊が具体的には——というのも正確なリストにまとめあげることができるから——、ギリシャ的なもの、ローマ的なもの、スペイン的なもの、カスティリア〔スペイン中央部、政治文化的中心。〕的なもの、ビスカヤ〔スペイン北部海岸地方。〕的なもの等々を構成しているのだ。

以上の理由から、それ自体すばらしい著作である『トピカ』は、いかにして公理的原理が獲得されるか、またそのいかなる個所においても——私の覚えているかぎりで——認識におけるその役割を定義のそれと区別していない問題をアリストテレスが根本から一度も考えていないことの、おそらく原因となっているのであろう。彼は共通であるかぎりにおいての公理と定義を対置するだけで満足している。しかしすでに見たように、まさに彼にとっても公理は共通ではなく、定義によって区切られている〈類〉へと凝集しなければならないのだ。

私の仮定によれば、アリストテレスは自分の〈通念〉を収集していたときに公理との最初の鮮烈で溌剌たる出会いをもち、それらが *éndoxoi*、つまり〈支配的意見〉と混同されてしまった。そのため〈公理〉ということばはこの著作ではごくまれにしか現われず、しかもそれは最終部分においてだけなのだ。『後書』X、XI章においてアリストテレスは、〈類似のもののトポスこと論点〉と〈付加のトポスこと論点〉を提示している。そこではより大、より小について語っているが、しかしそれは量でなく質との関連においてである。したがって同一性ではなく、より一般的に類似性について語られている。だが現実にはそこに、この質の外見を装っている幾つものエウクレイデスの公理が認められるのである。その表現はいたって総称的であるので、これらの〈個所〉[109]はそこからエウクレイデスの公理を演繹するのに役立ちそうである。しかし『トピカ』の本文ではそうしたことはちっとも見透かされずまた見られない。ずっと後期の別の著作において初めてわれわれは、原理の追究が感覚に支えられた弁証学的思考作業であることが——それも明白に言明されているわけではないが——分かるのである。このことはきわめて重大であるけれども、だからといって、アリストテレスがそれを特別に考察したわけではない。

精密思考の原理が弁証学的思考のような不正確な思考に由来するとは深刻なことである。弁証学は帰納、つまり経験と類推の領野である。アリストテレスにとって類推は二級の思考、真のものの代替物 *Ersatz* である。それは《存在》についての真理をわれわれに与えるのでなく、ただ〈〜のような——そのようなもの――《存在》しか与えないことに注意されたい。またそれは隠喩的思考にきわめて近いのだが、ただそれだけのことである。このことをここで強調しておかなければならない、なぜなら近々われわれはデカルトにとって類推的思考がいかにして真に論理的で正確な思考であるかを検討する予定であるからだ。これ以上の大混乱どんでん返しはない。近代は伝統的（アリストテレス－スコラ的）〈思考法〉を上下転倒させてしまった。そうすることで物事を正しい位置にもどしたと思った、というのも、近代人の判断ではアリストテレス－スコラ哲学者は逆立ちして考えていたからである。彼らは形式論理学以外に真に演繹的である演繹論を構築することができなかったため、正確な思考ができなかったのだ。これは彼らが経験論者、感覚主義者であったからだ。そのため彼らは頭でなく足で考えていた、つまり彼らが頭と呼んでいたものは、経験論者であるため足であったのである。今日ではデカルト－ライプニッツ－カントといった思想家の系譜が感覚主義経験論にたいする熾烈な闘いであったということが、あまりにも等閑に付されている。

経験 *empeiria*――ἐμπειρία――はラテン語同様ギリシャ語において、その語根 *per* によって生きていることばだ。植物と同じく語彙はその語根 raíz〔語根、植物の根の両者を表わす。〕によって生かされている。ゲルマン系言語においても同様、*fahr* の形で *per* は存在する。だから経験(110)は〈Er-*fahrung*〉といわれる。この語根はとても奇妙な〈語域〉とそれに対応する〈実践分野〉に属する。アルメニア語、サンスクリット語にも存在する。だからこれはきわめて古い時代の活気を表わす非常に古い印欧語のことばである。言語学－音声学の超克しがたい厳格さの持ち主であったメイエ〔アントワーヌ（一八六六―一九三六）フランスの言語学者。〕とエルヌは語源にはさして敏感ではなかった。語源には音声学の知識とともに意味論的感覚が要求され、後者はすべての才能同様、人はそれに恵まれるか恵まれないかの哲学的才である。厳格な語源学的方法は、相互に完全に異なるが、事実を平行的二系列に分類してくれるような二視点の共同作業である。その一つは何千年間も語根を形成してきた音素の系であり、それは音声学的系である。もう一方はそうした音素が表わしてきた生の状況、つまり意味の系であり、それは意味論的系である。これは決定的なことだ。とはいえ音声学的系は、この方法において不可欠の役割を有する。音声学的規則にあるほぼ物理的法則の性格は、その意味論的推論を――その外部から――制御できるようにしてくれる厳密な道具、その保証である。

エルヌ－メイエは（～の経験を有する）、そこから〈～に器用な〉の意味の単語 *peritus* にある語根、*per* を取り上げている[111]。それはエキスパートの意であり、またしばしば〈試練をへた〉、〈試験済み、人生諸般に痛めつけられた〉という受動的意味にもなる。いちばん近いグループは――さらにつけ加えているが――〈試験、試み〉を意味し、そのゲルマン語相当語が *fara*、〈guetter 見張り、danger 危険な行為〉である πεῖρα（*peîra*）近辺のギリシャ語である。実際、直前で *per* が再度現われ、最初に〈試み、試験〉、それから〈危険〉を意味する *periculum* を取り上げている。それはスペイン語の〈peligro（危険）〉である。〈経験、試験、試み〉の意味は、総称的抽象的であることに注目されたい。〈Guetter 見張り〉や〈危険 peligro〉はずっと具体的である。これはしばしばあるように、この最後の意味が、より古くあるいは原初のものであることを示している。

事実、*peîro*――πείρω――はエルヌ－メイエが語 *portus* 港や門を取り上げるときに再出する[112]。*Portus* と πόρος（*póros*）は山中を歩いているときに見つかる〈出口〉を意味する。たぶん〈陸地を歩いて〉いて発見する出口の意味のほうが海事関係のものより古いだろう。ここでは岩礁の中の通路と入り江の中の入口を意味する、だから *puerto* と呼ばれる。Puerto-*portus* つまり出口へと導く道は、*opportunus* 好機である。しかし *portus* をめぐる様々な語彙や意味のこの新しい層によって、経験、証明、試みといった抽象的で漠とした観念とはずいぶんかけ離れた考えに到達した。他方われわれはそこに意味論上のつながりを見出す。意味論上の理由（私が〈歴史的理性〉と名づけるところのものの厳密な典型である）は、デカルトとライプニッツによれば、あらゆる理由同様、*periculum* についてのその抽象の塊と具体的劇的な生々しさとの間の〈つながり chaîne〉である。新しい観念はその連鎖全体を明らかにしてくれるのだが、*per* においては、道もなかった、というよりもあらゆる旅が多少とも未知で危険なものであった時代に、もともと旅し世界を歩き回ることが問題にされていた。それは未知の地を事前の案内書 ὁδός（*hodós*）や方法や μέθοδος（*métodos*、ガイド）もなしに旅することであった。

意味論学者は、ある語彙について最古の究明できる意味はだからといって、事実上最古のもの、要は〈相対的に〉〈原初の〉ものでないことをとくと承知している。しかしその〈原初の〉意味が潜在的に持続し、突如もっとも今日的なものも含めて、その語のいちばん最近の形で理解されうることに注意を払わない。つまり、これらの形態が拠り所にしている語根は、いつでも逞しく蘇生しうる。たしかにそれは逆説的であるが、疑う余地のない事実、すなわち一つの語彙はすべての既知のものの中で最古の、今日まで変遷が知られているものよりさらに原初的、したがっていっそう古い意味をもちうるのだ。

ここでその一例をお話しするが、それは同時に認識論において格別重要なこの〈語域〉全体の語源がどのようにして私に明白になったかを語るのにも役立つのである。

周知のように道化役者であると同時に真の天才でもあるすばらしい医者のパラケルスス〔テオフラトゥス・ボンバストゥス・フォン・ホヘンハイム（一四九三—一五四一）スイスの錬金術師、医師。〕を私は読んでいた。彼の考え、——そこで知的ルネサンス[113]が頂点に達するこうした人物にとりわけ特徴的である、したがって一六世紀初頭のこうした人物、素材はまだ中世的であるがそこには近代的熱望が醸成されている両義的精神にきわめて独特の——その考えは、私に言わせれば、知を経験、*Erfahrung* に基礎づける必要があるということだ。しかしそれを読み進むにつれ、パラケルススはこのことばを当時の言語では有効——今日有するそれとさほど異ならない——ではなく、彼がその中で再生しているのを見つけた意味、すなわち *er-fahren* とは旅する、〈*land fahren*〉ならあちこち歩き回る、知を旅しながら、実際に事物をそれがある場所で、自分の目で見に行って基礎づけなければならない、という意味で使っているのに気づいた。自然とはそこを〈巡礼し放浪して〉読み解く必要のある〈写本〉なのだ（*peregrinisch und mit landtreichen umkeren*）。*Fahren* は普通ドイツ語において〈旅行する〉、とりわけ徒歩旅行という以前の別のものを想起させるところの、乗り物で旅行するという今日的意味をもつ。現にパラケルススは〈思考法〉、方法 *méthodos* を用いるという熟慮した意図でもって旅路——en *hodó*——につき、観察するために旅に専念した。旅中〈危険〉に会うと同時に、そこから抜け出す、〈portus 港〉や〈euporías 解決〉を見つけなければならない。旅では様々なことが見聞される。だからアラビア人は旅行書のことを〈旅と観察の書〉と呼ぶ。したがって経験論また経験は方法としての実際の〈歩き観察する〉、実地に歩いて思惟することであり、それは近代人によればスコラ哲学者が行なっていたことである。

　エルヌ－メイエは *per* が〈横切る〉、ギリシャ語の πείρω（*peíro*）、サンスクリット語の *píparti*（〈通させる、救う〉）や *paráyati*（〈横切らせる〉）であることを認めている。他方、*portus* から *transportar*（運ぶ）が得られる。となると、*per* の中に〈旅行するという意味での歩く〉、未知のもしくは見なれぬ土地を歩くことの発見という決定的前進が足りないだけである。これは音素や意味素の全星座を秩序づける〈原初の〉躍動である。ギリシャ語とサンスクリット語においてももはや保たれていなかったにもかかわらず、数千年後の一六世紀にパラケルススにおいて蘇生する。これら二言語は〈旅すること〉の躍動から、ただもっとも鋭くあるいは劇的な要素だけを、〈横切る〉、困難な——通過するのが難しいか見つけるのが困難な――場所を通る、要するに〈峠を越える〉だけを保持していることに注意されたい。最初ある現実全体――ここでは〈徒歩旅行〉――を指していた意味が、その目立った幾つかの要素のあるものだけに集約されるのは普通のことである。

だからラテン語の音素 *per* と *por*、ギリシャ語の περ と πειρ はこの人間的現実、偶然の目標を捨ててその実行――したがってある特定の遠い場所に移動すること――を超越したものとしての〈旅行〉を表わし、現に旅行中である、〈世界を歩き回っている〉かぎりでの旅行という意味の印欧語の単語に由来することが窺えるように思える。そうなると〈旅行すること〉の内実は、その間にわれわれに生起することになる、つまりそれは、もっぱら珍しいものを見つけ危険なことを経験する――〈prouver et éprouver 証明することと体験する〉――ことになる。旅行の観念から（どこへ）*ad quem*（ローマへの旅）というその終点を取り去ると、その観念はさまよう *errare* とか放浪する *vagare* と区別できなくなる。これらの語根はしばしば *per* の代替をしてきた。だから〈*perro* はローマ帝国時代に *peragro*, *percurro* にとって代わる〉[114]。接頭辞と前置詞 *per* はまさしくかつての語根 *per* ではないかと推測できないだろうか。Vagar – 彷徨するは、今日同様そのいちばん古い既知の意味では、前もって考えられた目標なしにあちこち歩き回ることである。結局ゲルマン語の *fara* は〈見張る、guetter〉同様、イタリア語の浅瀬 *guado* やスペイン語の浅瀬 *vado* に該当する *gué* に近いことになる。しかしこれらは旅行者が通らなければならない〈通路〉*portus* もしくは *póros* でしかない。*Vadus* もまたゲルマン語の *wat* の中にある[115]。

右の言語学的エピソードは、経験論とそうしたことばに与えられる認識論的定義のすべてよりもはるかに具体的で生き生きとし、哲学的にいっそう重要な経験というものの理解を提供してくれる。しかしそれによってわれわれが得たものは、次章でスコラ哲学にたいしその感覚的経験主義、足で考えることを非難する近代的〈思考法〉に接してみて初めて明らかになる。

しかしそれでもすでに今から大いにわれわれの役に立つことだろう。

近代的方法においては、モノの定義は認識プロセスの最後に到達するものである。ところがアリストテレスやスコラ哲学者においてそれは、出発点である。近代人にとってはスコラ哲学者の頭は足にあると思えても不思議ではない。《スコラ哲学》にとって定義は公理同様、原理である。アリストテレスもスコラ哲学も、一度として公理の役割を定義のそれと区別することはできなかった。その言語上の外見そのものの明白な違いにもかかわらず、彼らにとって原理としては混同されてしまうのである。

定義は、三段論法、推論にとって原理である。だからそれは純粋に論理的操作である演繹のための原理である。だがそれ自身——定義——は論理的手段によっては獲得されない。それはわれわれにモノの〈本質〉、つまりモノの中でそれについて不変または永遠の真理でもって命題を表明できるところのものを授けようとする。われわれの面前でたえず変化変容してやまないモノのその永遠の〈本質的〉基底を、いかに発見し探知できるだろうか。これは認識論全体の核心である。学問そのものである演繹論は、それに依存している。だからこの点におけるアリストテレス哲学の不十分さは最大である。

定義は帰納によって得られる。それはどういうことか。つまり感覚が明示する個々のモノを観察し、その行動にいかなる規則性が見出せるかを観察することである。たとえば、この場合、そして別の場合、さらに別の場合に二つの性格あるいは構成要素がある一つのモノにおいて同時に起こり、話すことがしばしば二足歩行に結びついて現われるかどうかを注視するのである。(116) 観察された諸々のモノの各々について、実際それがこれら二つの仕草を見せるから、それはおしゃべりの二足歩行であることが疑いえないといいうる、それは幾つものケースの観察結果、経験である、ここまでは推論といえるものは何らないが、帰納的認識の最初の行動はそうしたことから成り立っている。動物でも同じ経験をする。しかしわれわれは経験に鑑みて、真正な推論を実行し、観察したケースにおいて二足歩行がおしゃべりと同時に現出するなら、いまだ観察されていない《ケース》においても同様のことが起こるだろうというわけだ。それは類推的、顕著に弁証学的推論である。その結果は総体の原理 *dictum de omni* である。つまりおしゃべりなものはすべて二足歩行であるということ。これはLでもって表わすことにする一つのクラス〈おしゃべり〉に属するすべてのモノについて述べている普遍的命題である。

そこに到達するにあたって少数のケースからすべてのケースを類推した、これは先取りである、というのもすべてのケースを観察していないしまたけっしてそうすることもできないだろうからである。だから幾つかのモノを観察した後で *a posteriori*、個々のモノを認識させてくれる経験を超越してしまったのだ。その結果、個々のモノに先立ってアプリオリに、すべてのLはB（二足歩行）であろうという。Lのケースの中で未観察のものを指数 i で、観察済みを指数 o で表わすとしよう。われわれが行なう精神作用はつぎのようなものである。もしすべての L^o がBであるならば、L^i はBであるだろうか。これはつぎの問題含みの命題の論理的形式となる。

$$\frac{L^o}{B} = \frac{L^i}{XB}$$

Bの隣からXを消す、つまり L^i はまたBである、（これは経験済みを基礎にした先取りである）と断定するには、何らかの理由、したがって何らかの新しい原理が必要である。帰納的推論それだけでは進捗はなく、帰納としては結論しえない。何らかの帰納的でない別の原理によって完結される必要がある。でなければ、われわれの幼少時に耳にしたことの繰り返しになる。〈一回犬を殺したために、ぼくは犬殺し呼ばわりされてきたんだ〉と。一回でも千回でも同じである。無限であろうとする全体への距離は同じだ。L^{o}がBであるとの理由は明らかである、つまり経験である。経験はすべてのL^{o}がBに伴なっていることを示している。このすべて（観察済みのケース）は正しく、その意味と一致する。そのようなすべてであるところのそれらは数えることができる。しかし《すべて》のL^{i}は数えることも統制することもできない《すべて》である。それは諸事実からなっていない。それは数的でなく必然的性格をもつあるものを表わしている。L^{i}がBになる理由は、必然的でなければならない。だが実際のところ、定義は原理であるため、定義自身が原理に基礎を置くわけにはいかない。そこから大きなごまかしが結果する。定義はそれが本来的にそうであるかぎり、すなわち〈単純な実在〉が存在するものと仮定して、それとは関係していないかぎりで恣意的である。

　経験、したがって帰納は、しばしばモノがある方法で振る舞い、習慣的にそうであることを明らかにするにすぎない。〈モノの習性〉を知ることで満足する、実践的生の若干の粗雑な必要性にとっては、これで足りる。しかし経験を常軌から逸脱させ、LはB――したがってすべてのLはBである――と厳格に断定すれば、帰納を脱線させ、われわれの思考は誇大的に作動し、本質の概念または定義は認識であるどころか、〈風俗小説〉でしかなくなる。

　このような場合に対処法がなくて困窮した、われらが親愛なるスワレスは、アリストテレス同様脆弱な基盤の定義の上に雨が降り地が固まるかどうかを見ようと、聖イシドロの遺骸を通りへ引き出す。聖イシドロの遺骸とは、今の場合自然の光 *lumen naturale*、つまり知性 *noûs* である。帰納は諸々のモノの混乱を静め、LとBの二つの属性からなる必然的統一の〈知的ヴィジョン〉を提供するのに役立つだけであろう。

この〈思考法〉はこの〈知的ヴィジョン〉、突発的〈思惟作用〉、自然の光が何からなるのかを説明もしないし、またそのための手段ももたない。これは認識の睡眠的力 *virtus dormitiva* である。同様にしてスワレスは、公理の基礎を説明する(117)。

一つの類推的推論へと肥大した経験的帰納は、原理を達成するための方法であろう。しかし類推的推論は成就せず、真の基礎づけは達せられることなく、何とか状況を繕ろうとして機械仕掛けの神 *deus ex machina* であるかのように、自然の光 *lumen naturale* すなわち《知性》を取り出すのである。もっとも重要な知的操作である原理の究明においてあまりにも粗雑でありながら、正確で演繹的であることを建前とする〈思考法〉には、結局原理の感覚がなく、まさに多すぎる原理を動員するため、かえって原理からそうしたものとしての価値を奪い、たいしたものではないと考えるようになる。

その理由は帰納を——ポアンカレ以来現代数学において完結的であるように——完結させるはずの類推の働きが虚構的、幻想的、恣意的であるために、もっとも純粋な経験論は原理の全源泉によって孤立してしまうからなのだ。スコラ的概念に滑稽なところがあったのは、ここにその原因がある。なぜならそれは慎ましやかな実験観察の単なる結果であり、そうしたものとしてそれはすばらしく結構である、というのは、たとえ〈原理〉になることも演繹論の役に立たなくとも、新たな観察によっていつでも変革しうるからである。ところが類推は自然の光のふいごをたずさえて到来し、概念を膨らませ、絶対的概念、総体および皆無の原理 *dicta de omni et nullo* へと変貌させ、感覚と観察に起源する哀れな一次概念は、それ自身のせいでなく膨張のために〈原理〉へとなり変わり、田舎のお祭りで子供たちを喜ばせるために作られる風船材料の薄紙でできたああした粗雑な人間や動物の形をした凧のように軽々と空中へと舞い上がらなければならなくなるのである。そこから人間は理性的動物であるといったような、無毛の二足歩行のそれに劣らぬくらい不適切であるが、ずっと気味悪い定義が生ずるわけだ。

一九世紀後半において、当時のヨーロッパで支配的であったすべてのオメ氏〔フローベル『ボヴァリー夫人』（一八五七）の作中人物で、自然主義信奉者の象徴。〕――、いまだにわれわれはその少なからぬ生き残りに悩まされているが――は、ルネサンス末期に始まった近代科学を彼らがアリストテレス－スコラ的〈似非科学〉と呼ぶところのものに対置し、この似非科学の欠陥をピックウィック氏〔チャールズ・ディケンズ（一八一二―七〇）作の独創的な諧謔小説『ピックウィック・ペーパーズ』の主人公。〕のように自然を観察しないことのせいにする。この非難はまったくばかげている。実際にはそれとは全然逆のことが起こっていて、スコラ哲学者こそガリレオが観察にのっとっていないと非難したことを明らかにするには、ガリレオ本人の著作を読めば足りたのだ。ガリレオの新科学 *nuova scienza* は《物理学》へと発展することになるが、それは観察に特色があるのではなくまったく逆のこと、まさに、すぐに明らかになるが、観察しないことを特色とするのである。観察していたのは、経験論者は、ほかの人たちである。種々の時代と状況を考慮すれば、アリストテレスが人間とその社会および詩的創作を含め全自然のより多くのものを観察した人であるといってもちっとも過言ではない。それはダーウインを凌ぎ、ヴィルショウ〔ロドルフォ（一八二一―一九〇二）ドイツの医者、政治家で、細胞病理学創始者。〕を凌ぎ、パスチュールを凌ぐ。しかしスコラ哲学者もまた、誰それということなく、つねに、一四世紀以来、通常的に頻繁に、少なからず観察した。ただイベリア半島のスコラ哲学者――サラマンカ〔一二一八年創立のスペイン最古のサラマンカ大学のある、歴史的文化的都市。〕、コインブラ〔ポルトガル中部にある、一四世紀からの大学町。〕あるいはアルカラ・デ・エナレス〔スペイン・マドリッド州の都市、マドリッド大学前身に当る、一五世紀創設の大学がある。〕の――スコラ哲学者だけは観察を気にかけなかった。なぜなら彼らは時期はずれ、時代遅れのスコラ哲学者、スコラ哲学者のそのまたスコラ哲学者であるが、このことは最大の弱点ではない。それは《神学》にしろ《哲学》にしろ、彼らのうちにとても高潔で優れた才能に恵まれた人物が相当いなかったことを意味はしないのである。人は自分が生まれ落ちた空間－時間的宿命の責任を負うものでない。

フォンセカ〔クリストバル・デ（一五五〇―一六二一）スペインの神学者、作家、主著『神の愛の理論』。〕トレド〔フアン・バウティスタ・デ（一五一五―一五六七）スペインの建築家、ミケランジェロの弟子、エル・エスコリアル修道院の建設指揮。〕、スワレス、フアン・デ・サント・トマス〔（一五八九―一六四七）ポルトガルの哲学者、神学者。〕――何人かを例示するとすれば――といった才人は、もし彼らがほかの分野で活躍していたならば、きっとスペインは近代哲学や科学の創造性豊かな民族でもありえたであろう。数人――ケプラー、ガリレオ、フェルマー、デカルト――をのぞけば、スペイン以外で上記の人物ほど思索の才にたけた人たちが存在していたかどうかは疑わしい。だからここで問題にしているのは、まったくその反対で、彼らの秀でた才能を認めるのを断じて惜しむものではないのである。

事実、問題は完全にその反対である。つまり熱烈にその運命に同情し、よって……それを嘆くことである。

近代哲学全般において――それ以上に近代科学（物理‐数学）を創り上げた精確な〈思考法〉全般において――、アリストテレス‐スコラ哲学理説が担っているほど重要な役割が経験に与えられたことはない。さらにあらゆる真実をもってこの宣告を誇張することもできる。すなわちデカルトとライプニッツ――近代哲学における最高の地位にあり、同時に数学と物理学の偉大な創始者であった二人の人物を引用するなら――において経験は、彼らが扱う唯一の漠とした概念である。それをどう扱えばいいのか、また正確な知の構成の中でどのような明確な役割を与えればいいのかよく分からないでいる。

したがって伝統的方法における欠点は、逆に経験に与えられている過剰かつ不適切な重要性である。この過剰のためにわれわれは経験論に低い評価を下さざるをえない。なぜなら演繹論は原理を必要としていて、それを経験から得ようとしているからだ。まったく無茶な話だ。そもそも経験は反‐原理であるからだ。もし何人かの実証主義者――コントではない――が試みたように、経験一般を認識の唯一の原理にしたいというなら、それは経験によってではなく、アプリオリななんらかの理由のためであろう。

以上によってこの〈思考法〉が有し、近代人がそれをずいぶん手厳しく攻撃するきっかけとなった〈原理〉についての茫漠たる観念が明らかになる。近代人によれば、それはそもそもの初めから、存在の原理 *principium essendi* を認識の原理 *principium cognoscendi* と混同している。実際アリストテレスは、〈われわれにとっての原初〉と〈実在における原初〉を峻別している。認識における原理は存在における原理でなければならない、と明言するだけの立派な根拠が彼にはあった。これにたいし近代人——デカルト、ライプニッツ、カント——はまったくそのとおりだというだろう。しかしながらこのことによってわれわれはあらかじめわれわれ自身を納得させ、そのうえで〈われわれにとって原初の〉ものがあるからには、それが暫定的で、最終的に真の秩序は〈存在における原初〉のもので始まるものと考えたとしても、それによって生ずる秩序をわれわれが発展させ分析することを拒否するよりも、むしろ提起することになるのだ。いったんあのすばらしい区別がなされると、その本体に迫り、その区別がどうしてあるのかまたそれが何からなっているのかを問うことなく、そのまま放置するのはよくない。彼らによれば、アリストテレスは二重の展望、一つは思考の秩序をそのような思考あるいは主観性として発展させるもの、世界を単に観念の秩序と結合 *ordo et connexio idearum* と見るときに窺える形象であり、その極点において世界はモノの秩序と結合 *ordo et connexio rerum* として映る別の展望の必要性が現出する哲学を打ち立てなければならなかった[118]。アリストテレスが気づきはしたが根本的に未完のまま放置したこの仕事こそ、近代哲学者が果たさなければならなかったものである。それを完遂しなかったためにアリストテレスは、〈原理〉が何であるかについて明白な概念を一度も抱かなかった。それを命名するにあたって用いる名辞の両義性はそのことを明らかにしている。原理は ἀρχή（*arkhé*）と πρῶτον（*prôton*）である。アルケ *Arkhé* とはそれによって実在のプロセスが開始した〈最古のもの〉、すなわち起源である。それはきっとすでにイオニアの〈生理学者たち〉が用いた用語であり、自然現象の発生を探究するときに現われる。つまり前哲学——《系譜学》《宇宙進化論》——的思考法、いうなれば正式の《考古‐学》*Arkheo-logía* である神話の遺産なのだ。アルケは〈われわれにとって究極の〉もの、もっともかけ離れあるいは遠いものである。プロトン *Prôton* は元来〈われわれにとって原初の〉もの、遠くのものに向かうための出発点となる至近のものである。〈すべてのアルケ *arkhai* に共通するものは、原初のものであること〉[119]（順序においてと了解されたい）であってみれば、〈原理〉についてこのような共通性による類的抽象的評価に留まるべきでない。ここで〈べき〉と言ったのは、私の好みからではない。それはすでに見てきたように、特種的、独自の（*idion*）ものだけを〈実在的〉、つまり具体的と考えなければならなかったアリストテレス学説から押しつけられる命令である。別のいい方をすれば、ただ単にある序列において一番であるので原理であるような数々のモノや、あるものの中で傑出しもっとも本来的意味で原理であるような一つを決定しなければならないのだ。要するに絶対的に原初であるという性格を付与するために二つの秩序のうちで一つ——観念のそれか実在のそれか——を決定しなければならない。絶対的に原初である範疇における原理であるものは、とりわけ本来の意味での〈原理〉であろう。ところが、認識に際して選択はわれわれの意志の自由にならない。というのは、たしかに認識は主観的な営為、われわれの行為でしかないけれども、認識はそこで客観的秩序、存在の秩序が表明される秩序であるからだ[120]。だから認識者にとっては観念の秩序 *ordo idearum* が〈絶対的〉秩序である。絶対とはそれが唯一のもの、もっとも重要あるいは決定的であるというのでなく、この形容詞はもっぱら原理の一次概念に関わっている。何がもっとも〈絶対的に原理〉または〈絶対原理〉と考えられるかを決めるのが問題であって、そのことは〈絶対的に原理〉であるものが単純に *simpliciter*

《絶対的なもの》、たとえば実在的なものにおける絶対的なもの、もしくは絶対的実在でなければならないことを前もって決定するものではない。

原理特有の概念は、認識の領域における原理でなければならない。そこでもつ意味から存在の領域における意味が生ずる。原理の一次概念に関して、モノの秩序にたいし観念の秩序の絶対的先行を断定したとしても、それはいかなる観念論を意味するものでない。だからデカルトはこの視点を主張したけれども、観念論者というわけではない。しかしそのように主張しながらも、デカルトほど観念論者でない、つまりちっとも観念論者でないことも可能なのだ。

先に引用したアリストテレスのことばは重々しい個所である。『形而上学』Ⅴ巻のⅠ章を読まれれば、それに先行する列挙的帰納の結果を要約し、取り出しているのが分かるだろう。それはアリストテレスにおいて定義に凝縮する精神活動の自然な終着である。だからまさにそれは、原理の定義そのものである。すでに見てきたように、それが原理について固有のものではなく共通のものを述べているため、アリストテレス的には不適切である。しかし抽象的（類的共通的）定義として捉えてもうまくいかない。〈原理全体に共通の性格は、そこから存在、生成、類化または認識が派生する原初のものである〉という。読者よ、己に誠実になってみて、この定義において原理のもっとも決定的なものとして精神のうちに思い浮かぶものは何かと自問されたい。それは疑いなく、最重要性 *primordialidad* の契機であると思う。事実、本定義中の第二の契機、そこからほかのモノが出来する元のものが存在することも否定できない。ところが原理を取り上げる際にアリストテレスがもっともひんぱんに用いる表現は、名詞でも形容詞でもなく、単なる統辞的語句、副詞句 ὅθεν（*hóthen*）〈〜から〉である。原理とは〈〜の元となるところのもの〉である。だがこの小辞は最重要性の観念に露ほどにも言及しておらず、逆に後次性、結果の観念を表わす。〈それにYがつづくところのあるものX〉を表わす。これはすばらしい代数学的表現、一つの函数である。函数とはアリストテレス論理学の中でその場がない一つの〈モノ〉である。しかしこうした極端なことは措いておこう。最重要性に比べて、〈〜に由来する〉は従属、結果、後次性の契機を、つまりそれによれば、原理とは最初のあるものではなく、単にそれに別のものが後続する、別のものがそこにつづくことにすぎない。

本論考冒頭において、お互いに離れられないが相異なる原理のこうした二側面は検討済みである。誰も他方を考慮せずして[121]一方を考えることはできないにしても、それは決定的重要性をもつものであって、関心はどちらか一方の契機に傾き、極端な場合にそこで思考者は二組に、すなわち原理が〈原初のもの〉であることにより多く注視するグループと、原理は〈ほかのモノがそれにつづくところのもの〉であることを強調するグループとに分かれるのだ。となると私の以前の断定は、明白具体的で豊かな意味を帯びてくる。なぜならアリストテレスは原理を小辞〈〜が由来する〉ところによって命名しているが、本当のところはいつもその最重要性の面でもってそれを見ているからだ。このことは長く尾を引くのである。

それを理解するために、ライプニッツのケースでありその後の説明が省略でき、特に時間のロスには全然ならないところから、反対の場合を想定してみよう。原理の枢要なものがそれに結果がつづき取り出されると考える人は、かかる原理として実際に多くのほかの真理がそこから導出される概念や命題を求めるようになるだろう。もし可能ならば、そこからある一学問のあらゆる真理が引き出されるように、さらに最少の原理から全学問の全真理が引き出されるように、したがって多くの学問でなくただ一つ、〈普遍科学 Science universelle〉、つまり〈普遍数学 Mathesis universalis〉が存在することを願うだろう。この傾向においては、原理があたうかぎり一般的であるという条件が付随する。そのような原理は生まれつき *a na-*

tivitate 体系的で、全体が一体系をなす原理である。独自の、すなわち〈個々の、idiotas〉諸原理が有ることは認められないだろう。なぜならそうなると諸々のモノの数と同数の原理があり、認識は実在的なものの複製になるであろうし、それは結果として無益で無意味なものになるであろうからだ。[122]だが——アリストテレスが完璧に正しかったように——共通のものの一般性だけを表明する原理にたいして固有の原理を要求するとき、この別の傾向は共通性によらない一般化の発見に導くといえるだろう。だから逆説的に、原理において〈原初のもの〉である契機にさほど配慮しない人は、原理として絶対的な意味で原初のものだけを認めることになる。その場合アリストテレスやスコラ哲学者のように、原理の不十分な一次概念を露呈させ複数受胎的な余計な表現によって、歩兵隊の原理と砲兵隊の原初の原理を区別するのに助けを求める必要はなくなる。結局オッカムの剃刀〔必要なしに多くのものを定立しないことをいう。〕の謂いにもかかわらず、伝統——アリストテレス‐スコラ的なそれ——から科学において原理がまるで茸のような繁茂増殖するのに面食らって、諸原理の証明を試みる必要があるという原理が設けられることになる。もちろんそれはこうした諸原理が自明の真理 *per se notae* の意味でのそれではなくなるためである。まさしくこれこそライプニッツの主張するところである。

　原理の概念において後継の契機を優先選択するこの単純な傾向に優先してわれわれが行なった〈原理〉の役割に関するこうした決定は、そのいちいちが細部において、ライプニッツの原理主義を構成することになる、《哲学》史における新しく特長的姿勢なのだ。

　もし読者がもう相当前から混乱し、どうして私がこんなにも種々雑多なテーマの間をひきずりまわしているのかが理解できないのであれば、本考察の主題について実質的で完璧な理解を達成するには以上すべてが不可避であったことを、今こそ認めてくださるように願うばかりである。上述でそれが達成されたわけではないが、それを達成するための手がかり、ステップに到達したといえる。

モノをその究極にまで追いつめ、つまり厳格で端的な表現によって、以上の論述全体を考慮し、モノ主義、共通性による感覚的かつ〈個別的 idiota〉思考は、原理なるものについて明白な観念をもつことができず、よって形式論理学、さらに明確にいえば三段論法の輝かしい成立をのぞけば、真の演繹論を構成しえないと定式化することで、伝統的〈思考法〉とアリストテレス－スコラ学説における演繹論の意味を忍耐強く分析してきたこの長旅全体に終止符を打たなければならないであろう。ただそれだけならできるかもしれない。だがそれでは、すべての読者が容易に理解できないであろう。逆に、この危機の定式化をそれと対蹠的な〈近代的〉〈思考法〉を検討するときまで先送りすれば、自ずとそれに到達することだろう。

ここで私はただ原理としての原理、とりわけ原理の中でもいちばん特長あるもの、公理が問題とされているときに、どうしてアリストテレスがいつもあれほど躊躇し愚鈍なのかを指摘しておきたい。

すでに見てきたようにアリストテレスは『トピカ』の準備中にあってその〈論理学〉の最初の形式である《弁証学》を構想していた折しも、公理について最初の決定的で生き生きとした経験――もっとも力強いそれ――をしたのだ。そこでは弁証学的思考と科学的思考が混在している。比較考量 consideración は両者を等しく包み込みつつその上方で作用している。したがって、純然たる弁証学としての《弁証学》における――つまりその比較考量のレベルにおいて――〈原理〉は、差別なく真のものあるいは単に称賛すべきものということになる。そのためそれらを正式に原理でなく、定着し受け入れられた〈支配的意見〉とだけ呼んでいる。原理の有効性は、真の科学的原理がそうであるように、ここでは内密のものではなく、社会的事実である。よって公理は共通の意見、一般的論点としてのみ現われるのだ。それは原理を取り上げるのにふさわしい始め方ではない。人は最初、公共の広場、集団の中に〈有る〉が、その特別の内容から尊重したり興味を抱いたりすることのない外部事実として、それらを考慮し始める。それは市場の偶像、イドラ・フォリである。私の考えでは、アリストテレスはけっしてこの青年時代の冒険を超克しなかったようであり、だから二つの例外をのぞいてつねにその言辞 *dictum* の核心をつくことなく、あれこれの公理を例示し、それを外から捉えて話を進めているのである。スコラ哲学者がこのチック病を受け継いでいるのは奇妙なことである。

この冒険以前にアリストテレスにはずっと重大で深遠な冒険、すなわちプラトン主義の受け入れがあり、その中でもっとも厳格な思索にもまれたと人はいうであろう。ではどうしてそこで彼は原理の純粋な顕現を試したり経験したりしなかったのだろう。というのも……そこにあるのだから。プラトンの思想ははなはだ厳格であり、そのうえ最高度の断言において原理、もっとも絶対的意味でそうであるようなきわめて一般的原理の要求を伴なっている。プラトンは唯一の学問を諸学問に分割しない。彼にとって学問は一つであり、総合的である。プラトンは先駆的に *avant la lettre* デカルト主義者、ライプニッツ主義者である。了解。しかし実際には……どういえばいいのだろう。現実にプラトンは、けっして正しい意味で明確な輪郭の部分からなる全体にまとまり凝縮した学説を形成するには至らなかった。プラトン哲学はどちらかといえば単なる一つの目論見でしかない。(123) たしかにこれはすばらしく独創的で内容豊かであったため、究極的には今日に至るまで西洋全体がその根源の一つにおいてキリスト教も含め、それから養分を摂取してきた。しかしこれによってプラトン主義が本来的に学説でなく、むしろ学説のマグマであることを否定するものではない。このことはそれがきわめて一般的原理へといちばん直接的に押し進む知的傾向であるにもかかわらず、プラトンではそのような性格のものは一つも現われていないという逆説的事実を説明してくれる。信じがたいことだが、プラトンには原理である命題を指し示す名辞がないのである。もちろん、その作用をその結果から看取していたけれども、それについて明晰判明な一次概念をもつに至らなかった。繰り返すと、外見上このことは信じられないことのように思えるので、たとえ駆け足ででもそれに一瞥を与えるだけのことはある。

プラトンは彼自身のことを語るにふさわしい人物に出会うという運に恵まれなかったため、彼の人となりや著作に関して書かれた山なす書籍にもかかわらず、彼はほとんど手つかずで未知の実在である。その解明に役立つような幾つかの簡単な観察すらなされていない。その一つは、私はここでそれを表明するだけで展開はしないが、つぎのものである。プラトンは思想家および作家として擬古主義と未来主義の驚くべき混交である。逆にアリストテレスは、ギリシャの生の年代記において〈近代性〉を代表するようである。古風な思想家の特色の一つは〈術語〉で話さない、またそれらを作らないことである。その語法は、専門用語でなく通俗語からなる。そのため、通常、〈専門用語〉の結晶化した性格を見せることになるようなプラトンの概念は数えるほどしかない。〈弁証学〉をのぞいて、厳格には一つもない、とあえて私は言いたい。そこからプラトン思想理解上の困難が生ずる。もちろんのこと専門用語は、冷笑的、〈近代的〉、典型的実践主義である。

アリストテレスにおいて〈原理〉にあたる語 ἀρχή (*arkhé*) を、プラトンは数えられないくらい頻繁に用いている。しかしプラトンではけっしてそれは正式な用語法としての価値をもつものではない。それをあたかもアテナイ人がアゴラや日常のやりとりの中で使ったのとまったく同様に使っている。それは始まり、導入、開始、最初のもの、基盤、古いもの、行政官等である。それは生きた共通の言語の正しいことばであるので、無数の意味論的反映がある。逆に純粋にまた厳格に、〈原理〉を意味したことは一度もない。すぐ後でこのことのもっとも鋭利な証明をお目にかけるつもりである。

Arkhé──原理──はアリストテレスにおいて、爾後の学問全体におけると同様、推論の出発となるところの命題である。ところでそれはプラトンでは、ὑπόθεσις（*hipótesis*）仮定、〈われわれが出発点とする暫定的な容認〉と呼ばれる。一般にわれわれが出発点とする仮定は、あまりにも狭隘で問題含みである。そこでわれわれはより広範でいっそう確固とし──ἀσφαλής（*asphalés*）──問題が少ない仮定を探しつづけ、最後には推論の出発点として〈充分役立つ〉ἱκανόν（*hikanón*）ことが明らかになるものに到達する。彼にとってそれはわれわれが相対的原理と呼ぶものであり、プラトンが主要な役割を一般的に表わすのに用いる唯一の〈名辞〉である。実に不思議だ！　充分というのは、驚いたことに《分析論者》がもたらす公理の提示において見られるのと同じことばなのだ。本当に不思議だ。充分なというのは、ライプニッツがもっとも誇示的に原理である原理を形容した形容詞である、というのも諸原理がなければならないことの必要性──充足理由の原理の要求からなるからだ。それは冗長であるため、[124]多くの場合使われない形容詞である。原理はまさに〈充足的なもの〉である。とりわけ彼の理論においては。

私が肝心なこと、プラトンが単に充分であるものをずっと凌ぐ、それは ἀρχὴ ἀνυπόθετος（『国家』VI. 500）──*arkhé anhypóthetos*、超仮定もしくは非・仮定的原理であるゆえ、超充足的なあるものについて語っていることを忘れていることに人は注意するであろう。これこそ原理の一次概念についてなしうるもっとも正式な表現ではないだろうか。いや、違う。たしかにそれは原理なる〈モノ〉を指示する名称に違いないが、*arkhé* なる語はそこで正式に原理を意味しない。まさしくこの表現はそのもっとも強力な反証である。もし *arché* が原理を意味するならば、形容詞──〈非・仮定的〉は余計だ。この形容詞が *arkhé* についていること自体、プラトンにとって普通のアルケ *arkhaí*〔複数形〕は仮定的であり、したがって本来的に原理でなかったことを意味する。するとこの表現において正式の用語に近いものは *arkhé* でなく、まさに〈非・仮定的〉であって、それはたぶん慎重を期していえば、〈基本的なもの〉であることを意味する。ところでこの語は、プラトンでは二回しかお目にかかれない。その二回というのは、『国家』Ⅵ, 510 bと511 bにおいてである。実際の話このことばは原理の正式の一次概念を表わすのにもっとも近いものでありながら、プラトンの全作品においてたった二回しか現われていないことは、プラトンが認識の機構においてわれわれが〈原理〉と呼ぶところのものに該当する例外的役割について、明晰判明な観念をもつに至らなかったという信じがたい事実を充分に示して余りある。

その理由は超仮定的原理 *anhypóthetos* の実効的意味につけ加えられるものがさらにあるからだ。厳密にいってこれは究極の基盤であり、もはやその背後に自己の支えとするためのいかなるものももたず、逆にそれが自余のものすべてを支え基礎づける。しかしこれを、第一に一連の思考——したがって観念の秩序 *ordo idearum* ——にではなく、実在の秩序に言及していると解されたい。超仮定的原理 *arkhé anhypóthetos* はそこからそれ以外のものが由来し、その存在を獲得するところの実在である。だから第二に、演繹論において認識の原理として役立つ。とはいいながらアリストテレスとプラトンの間の根本的相違はここで極度に顕在化する、それはこの超仮定的原理 *arkhé anhypóthetos* を認識の原理と考えるとしても、それが明証的、すなわち自明の真理であるからそうであるのではなく、反対にそこからほかのすべての認識を引き出すことができるあるいはそれにつづくからなのだ。プラトンにおいては少なくとも表明された形では、明証的と主張するので真理であるものは絶無だ。だからこの原理はその真理性に関しては、そのほか一切の真の命題と異なるところはない。よってそれは、アリストテレスにとっての正式の意味での原理ではない。[125]となるとアリストテレスはプラトンから、彼の考えでは原理とは何かについて学ぶことはできなかったのだ。

原理は思考が定式化形式化し、その分節が明白となり、その構造が見えて初めて、その真の形姿を現わす。プラトン学説はこのような条件の一つも満たすに至らなかった。だから通常考えられるのとは裏腹に、彼によるプラトン哲学の習得は若きアリストテレスを真の原理、一般的体系的原理の大きな経験に直面させるどころか、そうした原理には鈍感になるように習慣づけた。さらに驚くべきことは、彼が原理と呼んでいたもの（たとえば、定義）に結局は与えることになる重要性をそれらに付与していることである。だから私の考えでは、アリストテレスは『トピカ』以降の大発見、分析的必然的三段論法の発見をきっかけに、自分の判断で、またもっと後になって〈原理もどきのもの〉――彼でなくスコラ哲学者が〈明証的〉と呼んだ原理、証明不能との口実で、唐突で[126]無責任な真理を有する原理――を発見したのだ。この三段論法は、前提という二頭の牛に繋がれなければ動かない牛車である。こうした三段論法の前提は、アリストテレスにとって原理である。彼の存在論的思考法を考慮するなら、かかる論理的原理はそれが以前すでに実在の原理であったからそうなのである。

既述のように、アリストテレスは二つの例外をのぞき、原理だけを分離して〈*singulatim*〉取り上げたことはない。彼の〈思考法〉のこの素描を、これらの例外に一瞥を与えずして終えることはできない。

『形而上学』Ⅳ（Γ）巻で、アリストテレスが自分の原理の扱い方において心安らかでなかったことはすでに確認済みである。そこでは原理はただ諸学の基礎としてしか存在しておらず、誰もそれについて認識論的省察をすることには意を用いなかった。この誰もとは、とりわけアリストテレスのことである。学者にとってそれらを明らかにするいわれはなかった。それは自らを問題にすることになるだろうからであり、幾何学者にとっては《幾何学》の原理は問題のないものである。一つの実在――諸原理――が〈そこに有って〉、俎上にのせられるのを待っていたが、それについてはいかなる学科目*pragmateía*、つまり学問もなかった。アリストテレスにとっては複数の学科目だけが存在するが、彼はさらにもう一つを作り出したばかりで、それは学問としては多の中の一であるが、その対象のまさしく一般性という特色をもつ。ほかのものが《実在的なるもの》の種々の形態に注目するのにたいし、これは実在的であるかぎりで《実在的なるもの》を、その個々の形態を――原則として――取り去って、精査する。[127] いかなるモノもそれが《実在》または《存在物》に変容しないかぎり、観照されず、〈理論化〉――要するにそれがわれわれに提供し、提供しうる便益を取り去ってそれ自体によって注視――されることができないので、その特色、その独特の本体の全理解は、その抽象的な存在－《存在物》ser-Ente においてそれがいかなるものであるかということの予備的理解を前提にしている。あるいは同じことだが、《存在物》の学問――ただそれだけ――は最初のものでなければならない。最初のものであるからには、ある独特の意味で最初のものと呼びうるようなすべてのモノの理論的取り扱いは、自分の管轄であろうといった様相を示す。こうしたモノの中に〈諸学の原理〉がある。だからアリストテレスは、かつて一度もこれらの原理を真剣に取り上げてこなかったことに良心の呵責を覚える。認識の原理が問題となるいつもと同様、とりたてて機能的な理由もなく、そのうえ今は急ぎ足でアリストテレスは、《存在物》について誕生したばかりの彼の学問が原理を扱うべきものであると決定する。この作業を厳かに発表し、われわれはそれに傾聴する。正しい決断である。ついにアリストテレスは、諸学の原理を俎上にのぼせることになる。しかしまたしても彼は例示するだけに留まる。第一哲学は諸学の原理の学であると宣言してしまうと、もうそれについて直接的かつ重要で新しいことは一言も発言しない。

　それにひきかえ、すべての学問の原理でもあるようだが、まさにその一般性によってアリストテレス時代の数学者が表明しなかった二つの原理を、たった二つだけであるが――矛盾律と排中律――を根本的に

――相対的に――取り上げている。しかしそれがまるで独自で進むかのように置き去りにしている。反対にプラトンから教育を受けまたは影響を受けた初期の数学者の前世代は、これら二つの原理、少なくとも最初に矛盾律を表明する。『形而上学』Ⅳ巻、三章でアリストテレスはこの二原理を、数学の公理にたいしてしたのと同様に曲芸的に扱い、まるでバネであるかのように上下逆様にして揺り動かし、それらを浮きであるかのごとく扱っている。一方では――ここでは『分析論』におけるよりずっと形式的に――共通原理つまり公理はあらゆる《存在物》に有効であると言明しているが[128]、その直後に各学問が関わる〈類〉にもっぱら限定してのみ使われることを明らかにしている。それによって、諸学問には原理について考察する手段がないしそうすることができないと言明したばかりだというのに、もうそれらにその扱いを再度、事実上、転嫁している有様だ。

　さて、矛盾律と排中律の二原理はあらゆる存在に関してきわめて一般的であるが、まさにそのために《存在物》としてのかぎりでの《存在物》に関して固有、特種、全称的である。つまりそれらは《形而上学》や《存在論》特有の公理である[129]。だからここでアリストテレスは物体に向かい、その言辞 *dictum* を検討（?）し、その真理が呈する様相を問題にするほかない。その真理なくして存在論者は一歩も前進できず、存在論者とはつねに過度に存在論者であるため、アリストテレスのところにやって来てその前に立ちはだかり、彼に反対し、そのようにしてかかる原理の真理を簡単に認めない人たちがいる。そうした人たちの中に一人の男、紳士が、われらが銀河系においてかつて存在した紳士方の中でも最高度に紳士的である一人、王族の末裔で彼自身も王であった人、深遠なるエフェソスのヘラクレイトスがいた。アリストテレスはその名前だけには触れている。しかし細心の注意からその意見を彼に帰さないで、そのようにヘラクレイトスを解釈する責任をほかの人に押しつけている。

『形而上学』Ⅳ巻、三、四、七、八章については一冊の書物を書かなければならないだろう、なぜならこれらの章は哲学の枢要であって、その二つの公理的原理を取り上げているからだ。この詳細な注解の作業が完遂されなかったとは考えられないことと思うが、そうではないだろうか。だがそれは事実なのだ。しかもこの事実にはそれに劣らず考えられないもう一つのものが含まれている。今日までアリストテレスの〈存在論ないし形而上学理論〉は実用的に、すなわち学科目 *pragmateía* としてのかぎりでそれを研究し、その理論的解剖を示し、その学問の構造が分かるようには研究されていないのだ。もしそれがなされていたならば、アリストテレスはそれを欲しはしなかったしまた気づきもしなかったにしても、事の当然の流れから、その学説を公理体系 *axiomática*、つまり定義と公理の体系から始めているのが窺えたことだろう。存在物としての *qua*《存在物》の概念の提示は、一つの〈定義〉である。矛盾律と排中律は双方とも明白な公理である。アリストテレスはどうしてそれらについて論じなければならないのかよく分かっていない。それらが一次的なあるものであるから、第一位の学問がそれを扱わなければならないという上記の理由は、無関係であり理解し難い。しかしなぜそれらについてまさに三章で取り上げているのだろうか。前章は対立するものの話で終わっている。対立はそれで哲学が始まり、もう一世紀半前から一時も中断しなかった最高の論争を提起している。ピタゴラス派の前・哲学者たち、エンペドクレスなどが試みていたように、実在的なものは究極的に対立性からは成り立ちえない。パルメニデスは言う。《実在的なもの》は《一》でなければならない。ヘラクレイトス、プロタゴラス、デモクリストス、プラトン、アリストテレスは言う。となると、《複数的なもの》が説明できない。《実在的なもの》は一であり多であり、同一であり反対でなければならない。この最後のことは二章の終わりあたりのところでアリストテレスが述べていることである。このような仮説は明確でなければ支持できるものではない。あるものを明確化する、正確にしなければならなくなるや、公理が出現する。どんな意味で《実在的なもの》が一でなければならないのか、しかしながらどんな意味でそれが多となり反対となりうるのかを厳密化しなければならない。まさにほかの場所でなく、角を曲がったすぐそこのところでアリストテレスが二つの大きな原理を問題にせざるをえなかったかの理由がここにある。しかしこれはその場の説明である。根源的理由は別だ。すなわち公理体系から説き起こさなければ、演繹論は不可能なのだ。好むと好まざるとにかかわらず veils nolis、アリストテレスは最終的になぜかと気づかないまま、《存在物》の公理体系を構築するしかほかなかったのだ。(130)

だから彼は当初からあるもの全体に関係する形で矛盾律を表明している。一見、《存在物》は、同時にまた同じ意味で、存在しまた存在しない、あるものでありまたそうでないことはありえないことを問題にしているようである。この定式化によれば、この原理の一次的真理は《実在》そのものに由来することになるだろう。アリストテレスはそのことを述べてはいない、でも〈そうしている〉。いい換えれば彼は〈そうもしておらず〉、彼の思慮と覚知の下で、彼の中であの予備的根源的確信が〈実行されている〉、つまり、1.《実在的》とはそういうことである――でなければ、どのようであるのか――。2. それは一次的真理で、ほかのもの一切の基礎と前提である。

われわれが意識的に行なわないところの行為は、われわれが属している人々によって、共同体あるいは民衆によってわれわれの内部でなされる。人々とは〈無人称的になされる〉ところのすべてのものを、匿名の操作のことごとくを行なうところの人である。アリストテレスが実在的意味ないし存在論におけるその原理が真か否か、また、なぜ、あるいは少なくとも、いかにしてそうなのかという問題ですら、自分にたいして提起していないことにより、それが〈国民の魂〉、今の場合はギリシャ世界を構成するああした〈理解不能な〉秘密の一つとして問題にされているのが明らかになる。わが民族はあらゆる西洋の運命をつうじてギリシャ民族を継承しているため、たしかに原初的ではなく遺産の形ではあるが、それはまたわが〈集団の魂〉の〈理解できない〉秘密であった。

原理を定式化する前に――1005 b 14以降――アリストテレスはすでにその真理の証明を先取りして、つぎのように語っている。〈あらゆるものの中でもっとも確たる原理は、それに関して誤謬を犯すことが不可能なそれであろう。それはいちばんよく知られていて、必然的で、非仮定的なものでなければならないだろう。ところでいずれの存在物でも理解するためには受け入れる必要のある原理――（ἀναγκαῖον ἔχειν *anankaîon ékhein*）――は仮定的ではない。そしてどのような存在物でも認識するために認識する必要のあるものは、すでにあらかじめ認識されたものと考えられる必要がある〉。矛盾律はこれらの条件を満たしており、したがって *ergo*……

格別にすばらしいこの論述では、すべてが驚くべき内容である。第一に、すべての証明あるいは認識の原理そのものが証明されること。第二に、そのほかすべてを証明する＝認識する必要があることを示して、証明がなされること。第三に、この〈証明〉によって、それが必要以上に真理であり、すべての中で最高の真理であることがまさしく証明されること。第四に、それを証明するとき、その具体的言辞 *dictum* が真理であるかどうかでなく、認識が存在するためにはそうである必要があることを証明しようとしている。第五に、だとすれば、それは現にあるものとして提示されたもの――《存在》の原理――としてではなく、認識の原理として証明済みであろうこと。したがって、《存在》にとって真理だから認識にとって真理であるのではなく、逆に認識の原理 *principium cognoscendi* として証明されている存在の原理 *principium essendi* であるから、そうなのだ。しかしアリストテレスにとってこれは、すでにその前に存在の原理として真理でなければ、認識の原理となることはいずれにも劣らずできない。第六に、大きな問題を含むものである認識が存在することに、あらゆる証明は依存する。[131]

もう一つだけ細かいことをつけ加えよう。その〈証明〉の最初のところは、プラトンが擁護していた仮説の方法にとっては、一つの難点になるものだ。だからそこにはプラトンが思いつき、ちっともアリストテレス的でなく、アリストテレスもそれをこのとき一回しか使うことのなかった準‐術語といえる超仮定的原理 *anhypóthetos* が出現する。それは一回切りしか使われない語彙 *hápax* である。最高の人知の一人であるアリストテレスはさほど親切でなかったにちがいない。彼は〈理論家〉であり、しばしばお目にかかるように〈理論家〉というのは冷淡で意地悪な生き物である。この両方の理由から血なまぐさい革命のことごとくに驚くべき数の数学者が介入してきている。アリストテレスはプラトンのそばで二〇年過ごし、後の二〇年をプラトンの思い出を苛みながら暮らしたのだ。

アリストテレスにとって証明するとはずっと違ったことであるので、ここに引用された文章においてアリストテレスが矛盾律を証明していないといっても仕方がない。これまでのところでわれわれは、事実アリストテレスが証明と考えていたものを見てきた。しかしここでは、アリストテレスは自分のそうした記述が自分自身証明と呼んでいたものであると考えていたかどうかだけでなく、アリストテレスは好き勝手に考えればいいのだが、その記述が証明であるかどうかも問題となっているのだ。それがそうであることには、寸毫の疑いもない。

〈読書〉と命名するところの作業は、その著者がわれわれに言いたかったであろうことを理解すれば完結するものではない。この点に関しては、著者がそんなことは言うつもりではなかったのに言ってしまったことを理解し、さらに、そして最後に、好むと好まざると、その作品とその全文でもって行なったことを理解する必要がある。なぜなら一冊の本、その一頁、一文は——意志的であれ非意志的であれ——行為である。これが書き物の真の実在であり、著者がもっていたその考えがそうなのではない。われわれは〈文献学的心理主義〉と呼びうるものとは決然と手を切る必要がある。

　それらの文章からわれわれが受け取るものは、アリストテレスによって熟慮された形でそのようなものとして考えられた証明を表明したとしても、それよりもずっと重要であり興味深いものである。それらはその意志に逆らって——さらには、〈それに気づかない〉無意志という最高の形式において——アリストテレスが原理を証明するほかなかったことを明らかにしている。立証の大前提は原理の定義である、つまり絶対的原理は、通常の必当然的証明では証明不能で、仮定的ではなく必然的で、真の命題である。小前提はこうである。その真理がほかのいずれの真理もが存在するために必要である一つの命題——非矛盾のそれがある。結論はこんなふうに聞こえるようだ。よってその命題は絶対的原理である、これは三段論法である。アリストテレス的意味で通常の必当然的三段論法でないからといって、その三段論法的条件は露ほどにも減じるものでない。

　しかし一人の思想家が自分で気づかないことをした、つまり彼はそれをしたと思っていなかったことに注意するだけでは充分でなく、その後彼が行なったことがいかにその思考に反映されているかを示すことが必要である。気づかずに何かをしてしまったことは、まるで麻酔をかけられた状態でなされたことを意味するものではないからだ。そのような行為はアリストテレスには理解できないことだったので、彼は矛盾律を証明したことに気づいていない。彼の考えでは、原理は証明できないものである。そのうえ、彼が実行した証明は、彼が証明として普段から考えていたものではない。しかしそれに近い何かを成し遂げたことに完全に気づいていた、だからその数行後で——1006 a 4——こう語るのである。〈われわれは、存在物があり、そしてまさしくないということは、不可能であるということを推測したばかりであり——

νῦν εἰλήφαμεν（*nyn eilêphamen*）——、そしてこれによって——διὰ τοῦτο（*dia toûto*）それがすべての中でもっとも確実な——βεβαιοτάτη（*bebaiotátê*）原理であることを示した——ἐδείξαμεν（*edeíxamen*）〉。これはアリストテレスが自分の行なったばかりのことを自ら表象していた方法である。[132]

ここで使われている語彙に注目してみるのは興味深い。この文はまるで英語で書かれているかのようである。英語はいうしか仕方ないけれどもいいたくないことをいわないための言語、すぐれて迂遠的言語である。よく見ていただきたい。〈われわれは認識したばかりであり、証明したのではないし、われわれが納得したあるいはわれわれの確信を証明したことなどちっともなく〉とはいっておらず、〈推測する〉すなわち〈真理と見なす〉〈あるものがそうであることを引き受ける〉といっているが、しかしそういうとき、他方それが確固たる実効的権利であることを諦めないで、権利でなく事実を表明している人がするようにしている。これは典型的な英語的性格である。[133]同じことは別の危険な個所でも起こる。矛盾律で表明された言辞 *dictum* の真理をいったん〈容認〉すると、その後アリストテレスは自分がそれをどうしたと考えるのか。ただの〈推定においてだけでなく〉、〈実際に〉それが真実であることを立証するのだろうか。とんでもない。〈その推定をつうじてそれがもっとも確実な真実であることを示した〉というだろう。だからアリストテレスは〈証明もどき〉のあるものをしていたことに気づくのである。アリストテレスの機能中の語彙では δεῖξις（*deîxis*）示すこと、〈見せること〉と ἀπόδειξις（*apódeixis*）立証する、証明するが区別されている。しかし話したり書いたりするときに実践あるいは執行された違いは、私の知るかぎりけっしてアリストテレスによって彼の *apódeixis* の定義と対比できるような *deîxis* の定義に定式化されていない。このことは *deîxis* が彼の言述において流動的で無責任な語彙であり、*apódeixis* のように名辞ではないことを示している。『分析論前書』においてそれは、不完全な——私があの文章から取り出したそれと同じように[134]――三段論法に由来する証明とこれから先で示す予定の証明同様、不条理に *ad absurdum* 間接的証明とを命名するのに用いられる。となると *deîxis* は証明を意味し、アリストテレスはそうは望まなかったのだが、不完全でも直接的証明によって矛盾律を〈証明した〉ことを認めると宣言する。*deîxis* は完全とはいえないが証明にはちがいない証明なのだ。それはまた仮言的で取り外しでき、回避したりされたりできる証明であるが、証明であることには変わりない。それは証明に比べれば単なる提示にすぎない、歩兵にたいする重器兵のようなものである。*deîxis* ということばがこのように宙ぶらりんで動揺変動するにもかかわらず、そこから明確化できるのは、何かを〈示す、はっきりさせる〉〈明白にする〉〈納得させる〉という考えを意味することである。だから『弁論術』*Retórica* において、身ぶり――表情、腕、胴体の動き――でもって気分、悲しみ、驚愕、喜びといったその事態におうじたものを示すことからなる〈立証、提示〉――弁論術においては真の証明はない――について語られているのである。純然たる展示であるからには、それはアリストテレスが ἡ ἐχ τῶν σημείων δεῖξις と呼ぶもの、合図による表示、提示からなる表示である。

並大抵でない重要性をもつこのアリストテレスの文章の生ける血からわれわれにとって可能なかぎりのものを引き出そうとすれば、解釈学の顕微鏡を使う必要があった。これでもってアリストテレスが自分の行なったばかりのことを眺めている思索が、明暗定かならぬ日暮れ時のような状態にあることが明らかになったであろう[135]。

この矛盾律の直接の提示もしくは〈準-証明〉には、よく知られ理論的でなく論争的な、〈他方に対抗した証明〉として提示される、迂回的、反駁的、反論的証明がつづく。しかし真実のところは、最初の証明、つまり私が〈超越論的演繹〉と呼んだ証明の単なる発展にすぎない。この発展とは、もし原理が認められなければ、ことばは一定でなく無限の意味をもつことになるのを示すことにある。〈かりにことばに一つの、つまり唯一の意味がないなら〉、それは単純にすべてを意味しうることから、〈意味がなく〉、したがって会話は不可能であろう。〈新たな〈超越論的演繹〉〉。みんなは本当のことをいっているだろうが、またみんなは間違ったことをいっているだろう。すると真実と誤謬も区別がなくなる、真理に多寡がなくなる。

それ以外はアリストテレスの学説にのみ関わり、そしてそれらはそれに馴染みのない人にとって関心のない証明である。意味が単一であるためには矛盾律が真であることが必要であり、逆にこれは〈本体〉が可能であるために必要である。そうでなければすべては偶発となる。それはいいぞ！ *A la bonne heure.* どうしてそうでないというのか。自然科学——物理学、生物学——は偶発事を偶発事としてしか扱わないのだ。

この見事なアリストテレスの論証にたいしていうべきであったことは、現今の精密科学における公理的〈思考法〉を簡単に提示してみて初めて読者に明白になりうる。だが今すぐ簡単な徴候と何らかの指針を与えるために、ここでつぎのことをいっておこう。実際ことばが一つの意味をもたなかったら、お互いに理解し会話することは不可能である。ところで厳密には、現実に起こっていることはいかなることばもそれ自体では一つの意味をもたず、むしろその意味は流動的であって、会話をしている人たちの間でたえず変化し、また一人一人の人間の中でも刻一刻と変化していることだ。これは厳格にいえば、人はお互いに理解しえないことになる。ではどう折り合いをつければいいのか。矛盾律は現に有る意味には有効ではない。それは現になく、単にわれわれが理想的意味もしくは意味の理想として要請する不変の意味にのみ有効である。この要請はそれを視野に入れることで不変に近づくことになる、ある種の意味を構築できるような、意味することの一定条件中で明確化される。こうした条件の体系は〈正確さ〉もしくは〈厳密な話し方〉を構成する。しかしそうした条件の一つは、〈厳密に話すこと〉もまたすべてのほかの話すことよりずっと近似であろうが、近似として理解すべきであることを意味している。以上に照らしてみると、伝統的論理や過去の哲学のほぼ大部分は逆転してしまう。それらは《実在》を考えるという意図の下に提示されるが、結果的にはそうではなく、実際にやっていることはある《実在》を作り上げる、したがって今日幾次元もの空間が創られるように、定義や公理によって観念的な何かを生み出すことである。その思考はユートピア的であって、認識の代わりに理想化する、望ましきもの *desiderata* を創り出すことである。そう捉えるとそれらはメタ幾何学のように統一性がある。だがそうなると、その表明を公理的方式に直さなければならない。そこでアリストテレスの形而上学的著作という今の場合、書き出しはつぎのようであるべきだろう。つまり、同時にまた同じ意味で、矛盾する命題を引き起こさないものを《存在物》と呼ぶ。ここで矛盾律は、あらゆる何らかのものに有効で明白な真理ではなく、あるものの動きを正確に決定する恣意的公理である。そこで正確であるのは、恣意的産物としてのものである。もちろん公理により生み出された存在物は、それ自体では《実在》の代表であることは諦めている。ありうることは、その後何らかの近似性をもって公理的《存在物》[136]の方式の動きを示す幾つかの実在的なあるものを見出すことである。

以上すべてよりもわれわれにとってさらに大きな関心事は、それを他の原初の原理同様に認めるようにと願う、突発的真理の形式が何からなるのかという一切の徴候がどこにも見当たらないことに注意することだ。スコラ哲学者が、公理は〈その名辞が知られているところのそのものによってのみ solum per hoc quod eorum termini innotescunt〉[137] 認識されると表現するであろうところは暗黙に了解できるとしても、自から *per se*、自明に ***per se notum*** 識られたものを認識する方法が、何からなりどんな雰囲気をもつかについて少しも明らかにされていない。この定式は再度われわれに睡眠的力 *virtus dormitiva* を注入しようとするため催眠的である。名辞がわれわれに認識されあるいは明白になる――識られる――と、これらの語がその内部から原理の真理を湧き出させるため、原理を認識するというのは、原理の要請 *petitio principii* の任務につけ加えて、より大きい透明性がふさわしいような場所に魔術的不透明さをかぶせることになる。しかしライプニッツがこの定式に何らかのよい意味を与えようと努力するときに彼自身において何か類似したものを見つけるまで、この問題を全面的に取り上げるのを見合わせよう。ライプニッツは〈名辞の単なる理解〉から生ずる真理の観念を基礎づけようと努力したので、そこでは議論が実りあるものとなるだろう。だがスコラ哲学者はただそれを述べ、それを〈明証〉と呼ぶだけで満足してしまった。アリストテレスにおいてはそれに該当する用語は存在しない。どうやら彼の弟子のテオフラストスがἐνάργης(138)――目につく、明白、明瞭に――という語彙に専門的価値を与え、それを創った人であるようだ。キケロは見事にそれを *perspicuitas* 明瞭な、と訳している。何世紀も何世紀もの間――いまだにわれわれの時代においても――すでに私が述べたように、誰ひとりこの明証というものを少しでも明らかにする労を取ることなく、明証的真理を信じている。この理論の世界においてすべての中でもっとも決定的な点に関して人間がそのように行動してきたことは、あらゆる理論やあらゆる知性とはすっかり異なる別の何かがその背後に潜んでいることを示唆するものだ。

　事実われわれは、矛盾律が定式化されるや否やアリストテレスが示した最初の反応がいかなるものであったかを、最後に回してきた。それは驚くべきものである。なぜかといえばそれは、原理の意味を分析したり、称揚したり、あらゆる側面から眺めたり、それについてたとえ二次的教育的ですらあるような問題を提起するものでもないからである。またそれはその後するように、〈それを提示したり〉、立証したりするものでもない。そうではなくて最初にすることは、それを発表するや否や、それに背を向け、実在的であれ想像上のものであれ、大胆にもその原理を問題にする、それをかき回すか、単純にそれを受けつけないかする、苛立たしい幾つかの存在にたいし、ほとんど狂乱的といえるほどに神経質になることである。アリストテレスは、ごくたまにしか起こらないことであるが、節度を失う、なぜならすでに述べたように彼は冷血漢であるから。なんだって。ヘラクレイトスはそうしたと推測されるのだが、実在的なものは存在すると同時に存在しない、かくかくしかじかであると同時にそうでないことが可能であるということを信じたなんて。ヘラクレイトスならそんなことを言いかねない、――アリストテレスは返事する――しかしあるモノを信じるためにはそのモノのことを誰かが口にする（それを信念でもって信じて思惟する）だけでは充分ではない。つまりこれは、アリストテレスが彼の考えでヘラクレイトスは間違っていたと宣言するだけでなく、自分で考えてもいないことを口にしている、要は嘘をついていると非難していることになる。そしてその原理を疑うか、それを明らかにするようにと要求するほかの人たちを、〈無教養な人たち〉（*apaídeusía*）[139]と呼ぶ始末である。もしそれを認めないなら、彼らは話すことすらできず、バカ、トンマ－*phytón*－だといっている。これは実に、アリストテレスが後ほど採用することになる英語的な迂遠的粘着的仮言語法 *subjuntivismo* とかけ離れていることとか。というのは、注意されたいのだが、これまで原理の内容について一言も話されておらず、ただそれを表明しているだけにすぎないからだ。そしてもうそれだけで立腹しているのである。

それは〈明証〉のもつ不都合である。あるものが人――人、偉大なる画家ソラーナが私という代わりにいつも言っていたように――にとって明証である、したがってそれはそれがどうしてか、またいかにしてかを知らずして、人にとって真実であり、疑いない。われわれはわれわれのうちにこのことを、われわれがそれから解放されることのない絶対的で容赦ない事実として見出す。それはわれわれの一部をなしており、厳密にはわれわれ自身のようなものである。各人がそれであるところの自分自身、私または人格は、彼にとって絶対的で容赦なく譲渡不能で追放もできない事実の性格をもつ。人は自分を捨てることはできない。われわれの自我はわれわれの取り返しえない宿命である。しかしここで他者、隣人がわれわれにとって〈明証的な〉もの、自分自身のようなものであるそれを否定すると、われわれはわれわれにとっては〈明証的な〉原理の否定をわれわれ自身の否定のように捉える。われわれは自分自身が〈滅却された〉と感じるのだ。このことはわれわれの内部で、誰かが足下の土を取り去り、われわれを無限の虚空と恐ろしい《無》の恐怖に陥れるのを見るかのように、嫌悪と戦慄の感情的放電を引き起こす。もし〈明証〉が原理に備わる理解可能で知的な特性であるならば、われわれはそんなふうに立腹せず、〈われわれが信じているものを信じない〉隣人にたいして恐怖も怒りも覚えず、彼のことを嘲笑し、数多の鋭い理由でもってその間違った信念を打ち壊すのを楽しむことだろう。しかしアリストテレスの反応は、類似のケースにおけるほかのどのような人のそれとも同じく、知的認識的側面とは何ら関係なく、ただ感情的で怒り狂ったことだ。この事実はかぎりなく矛盾している、というのもまさしく認識の一大原理が問題になっているというのに、最少の留保付けとそれにたいする反対のために、人々は理論化することからたちまち自分の別の極、つまり熱情と怒りに移行してしまうからだ。

かくも逆説的なる事実は、《歴史》ではよく見うけられる。この原理に何か難癖をつけたり否定したりする人は誰でも、この問題について彼とじっくり議論する用意のある学者の誰彼でなく、彼が反乱者、謀反者、〈民衆の敵〉、放火犯、無神論者であるかのように、彼に反対し、彼を指差し、怒りと同時に秘密の恐怖にかられて群がる群衆と対決することになる。つまりこの反応は社会的なものであり、たとえそれが一個人の中で生じていてもその人の〈集団的〉根底で起きている。そのためそれは宗教的抗議、狂信的熱狂の特色を表わすことになる。宗教にはそれが〈街の宗教〉、個人的でなく集団的信仰となる側面がある。

もっともすぐれた哲学的作品である彼の著作のこの瞬間において、アリストテレスは哲学的に行動していない。哲学者は怒ってはいけないのだ、なぜならそのときには宇宙の秩序は変化し、すべてが支離滅裂になるだろうから。寂寥としたニューメキシコに住み、人類学者が〈プエブロ〉族と呼ぶ種族の全体に属する一民族がいる。スニ族である。その文明全体は優しさと静穏の原則に基づいている。ルース・ベネディクト女史は彼らの生活を調査し、〈スニ〉文化において宇宙の秩序は彼らの神官が自分たちの精神的義務を厳格に遂行するか否かにかかっており、スニ族の神官の最重要かつ最大の精神的義務は立腹しないことであることを教えてくれる。もし立腹すれば、世界の調和が軋むのである。そして著者は、少なくとも私が心揺さぶられた逸話を紹介している。曰く。〈ある夏、私の知人の家族が一軒の家屋を私の使用のために提供してくれたのだが、種々の混み入った事情から、別の家族がこの住居を使用する権利を主張していた。この怨恨が頂点に達したとき、この家の女主人クアチアとその夫レオはちょうど私と一緒に居間にいたのだが、そのとき見知らぬ男が牧場のぼうぼうと生えた雑草を刈り始めた。牧場の草刈りは住宅の所有者の特権であるので、この男は自分の意図を公に顕示する機に乗じて、この家を自由に使う権利を喚起しているのであった。彼はこの家に入ることもなく、中にいたクアチアとレオを威嚇することもなかった。ただ悠然と草刈をしていた。家の中でレオは壁の近くにいて、一枚のたばこの葉を静かに噛んでいた。逆にクアチアは顔を赤らめていた。「なんて侮辱だこと」と、彼女は私に言った。「外にいる男はレオが今年は神官の役に当っていて、怒れないことを知っているのよ。彼は村中にむかってうちの牧場を掃除することで恥をかかせているのだわ」。とうとうこの闖入者は刈り取った草を片づけ、きれいになった牧場を誇らしげに見やりながら、自分の家に帰って行った。彼らの間では一語も交わされなかった〉。

　哲学者としてのかぎりでアリストテレスが、立腹したのはよくない。しかし彼の突然の立腹はその人間的基盤を露にしており、彼の中の人間的なものはプラトンにおけるより、〈集団的人間の〉ものがずっと多くつまっていることが明らかになる。要するに、アリストテレスはとても〈田舎者〉であったのだ。このテーマは本論究の三章のためにとっておこう。それは矛盾律を支えとするアリストテレスの最初の論拠が論理的でも弁証学的でもなく、攻撃つまり人間対人間の *hominis ad hominen* 論拠であるということだ。アリストテレスはこの原理を個人的問題と捉えた。それは真理をその〈明証性〉に根拠づけることの、不可避の結果である。さらにこの逸脱がまさしく形而上学的著作において見出されても不思議に思わないでいただきたい。《哲学》の名著——私はすでにアリストテレスの『形而上学』はたぶん最高のものであると言ってあるが——と《哲学入門書》の違いは、前者においてはこうしたことが起こることである。《哲学入門書》においては個人的問題は存在しない、さらに問題そのものが存在しないことも真実である。

　アリストテレスは、彼の明証的矛盾律の〈明証性〉がきわめて問題含みで多分に実体に欠けるというので立腹する。それによって《実在的なもの》つまり《存在物》が何であるかを究明できるかどうかを検討する存在論を、存在物は存在すると同時に存在しない、かくかくしかじかであると同時にそうでないことはできないと断じて始めることは、理論的観点からして恣意的である。なぜならわれわれはまだ、思惟によってそこに到達できるかどうかすら知らないからだ。〈明証性〉は、最善の場合ですら主観的熱情である。矛盾律はわれわれの陳述にとっては真実にちがいなかったが、そのことは《実在的なもの》にとって有効であるかについて何ら保証しない。実在的なものには、われわれがそれについていかに考えるかが重要なのだ。スワレスはそのことを言い当てて妙である。いかなるものの本質もそれが知られるための適性

からはならない *Nullius rei essentia consistit in aptitudine ut cognoscatur*[140]。せいぜいのところ、《実在的なもの》は理解不能であることからなる。少なくともこれまで人間にたいしてはそのように振る舞ってきた。

だとすれば矛盾律についてあらゆるものの初原の原理として、陽気に、あまりにも曖昧模糊とした形で語るのはよくない。まず急務としてなすべきことは、各々異なる意味でそれが関わる対象物の種類にしたがって、その統一的定式を多くの矛盾律に分散させることであろう。《実在的なもの》の構造が知的なものの構造（概念）と一致するとはかぎらない。プラトンは大衆が考えるのとは裏腹に、正反対のことが起こるとわざわざ推測し、それによって前ソクラテス哲学者の教えを受けて《哲学》を創始した。アリストテレスのようにただ単に大衆人のそれである逆の考えから出発することは、アリストテレスがいかに時代遅れで古く、いまだ神話に霊感を得た〈世論〉に左右される〈田舎人〉であるかを見せつけるものだ。彼は〈アテナイ人〉ではなかった。そしてアテナイに比べればもっとも〈近代的〉人間になるはずのこの人物は、ぬぐいがたい〈原始的〉基盤を備えている。その考えの根底において、プラトンやそのほかのアッティカの人物との比較でアリストテレスが見せる遅れについては、もっと先で少し述べよう。

とはいえ、《実在的なもの》の中においてさえ、自然的実在の構造と〈形而上的〉実在のそれを区別しなければならない。そして自然的実在の内部では、モノの構造と人間的なもののそれとを区別する必要がある。さらに人間的なものの中では、個人的な生の組成と社会のそれ等を区別しなければならない。

だが、知的なものの中でもまた、単なる論理的〈観念〉としての概念 concepto と一次的概念 noción であろうとする、つまりモノがどうあるかを述べようとする概念とを区別しなければならないであろう。この違いは甚大である。前者によって〈真偽〉の価値とは関係ない論理、単なる〈《結果》の《論理》〉へと導かれるのにたいし、後者では《真理》の《論理》を創り上げざるをえなくなる。

われわれとしてはまだしばらく様々な差異の目録作成をしつづけることができ、その各々は異なる〈宇宙〉を命名するのである。矛盾律はその一つ一つにおいて異なる意味をもち、それらの幾つかにおいては有効でない。しかしここで私は本格的にこの問題に取り組むつもりはないが、ただアリストテレスにおいて彼の主張する〈明証性〉が示すところの単純さとそれを比較する目的で諸問題の巨大さを強調したいと思うのだ。救急医療的に、《存在物》は同時につまり一緒に存在しかつ存在しないことはありえない、というだけでは充分でない。それにはすべての存在物が時間的であるというわけではないことに注意しさえすれば足りる。しかしとりわけ、この命題において作用している《存在物 Ente》でなく存在 *ser* には、サント・トマスがすでに区別した三つの曖昧性――本質存在 *esse essentiae*、事実存在的存在 *esse existentiae*、繋辞的存在 *esse copulativum*――[141]があるだけでなく、それ以外に実にたくさんの別の意味があることに気づけばいいのだ。事実存在的存在 *esse* existencial はさらに物理的、形而上的、数学的、論理的、認識的、想像的、詩的、歴史的事実存在に細分される。〈事実存在〉形態の巨大な豊かさ全体は、ここに爆発するのだ[142]。

　以上いずこにおいても矛盾律の真偽については論じられていない。そこではすでに見てきたように、アリストテレスが原初の原理つまり公理全般について論じる際には、この決定的問題について彼がいかに考えていたかについて明確な観念を伝えるにしては、その表現はあまりにも皮相的であるという単純な事実に注目する必要があった。矛盾律と対峙して初めて[143]、彼にとって原初の原理がいかなるものであったかをその行動から推測する手掛りが得られる。われわれの関心事はつぎのものである。すなわち矛盾律の真偽ではなく、もっぱらアリストテレス的思考にとって、それがいかにして真理であるかということなのだ。もしわれわれがいずれにしても件の原理が内包している問題ある数々の側面に言及していなければ、このいかにしては明確にならなかった。さらに重大な側面は、ライプニッツにおいて同じ原理と再会するときまであずけておこう。

上記分析の結果、原初の諸原理に直面したアリストテレスにおいて、二つの態度があることが明らかになった。一方で彼は、その真理が証明に由来するところの自余の命題のものとは異なる、独自の *sui generis* 真理をもつ命題を原理と称す。原理である命題は独自の、つまり独立の真理をもつ。それは自身に先行する真理を必要としないしまた存在しえない。それゆえ原理は、真実の、孤立した、独立の命題である。その真理は、それ自身からたえず湧き出し、われわれにのしかかり、われわれに入り込み、われわれを虜にする。この性格がその〈明証性〉である。

ところが他方、原理とはほかの命題が〈そこから〉派生する命題である。孤立した命題はそれがいかに真実のものであろうとも、原理ではない。そうあるためにはそこに基礎を置く一連の真理が始動しなければならない。原理とは立証の原理であり[144]、したがってその結果である諸命題とは不分離である。これらの結果は原理を必要とし、原理はそれらの結果が構成されるために不可欠である。ある命題を原理たらしめるこの〈〜のために必要〉という性格は、明証性の性格とは無関係なのだ。

もしこの側面だけを切り離して取り上げ、原理である命題に真理の価値を仮定するならば、ここでは真理は明証性とはずいぶん異なり、アリストテレス的意味での証明とも異なるものを意味するということになる、なぜなら〈真理〉とは出発点としてそこからまとまりある一連のほかの命題が引き出されるところの想定 asumpción を意味するだろうからだ。

アリストテレスにおいてはこれら両面が、不分離に、相互に反映して現われ、その一方を観察すると他方がそこに映し出されているのである。

本論究の終わりになれば、どうしてそうならなければならないかが、原理の明証的性格を極限にまで推し進めているアリストテレス的思考のような思考法においてさえ、自余の真理の、要するに理論体系の〈可能性の条件〉としてそれを基礎づける必要性が感じられるかが明白になることだろう。明証的命題としての原理という公式の学説の背後に、すでにここにおいて非公式に、一群の真理を引き出すのに行なう必要のある単なる想定としての原理という反対の学説が垣間見えるのだ。

　われわれはいかにしてこの原理が、現実、具体的に、アリストテレスによって実践され、またその厳密な意味がいかなるものであり、彼に帰される〈明証的〉真理の特別の性格がいかに彼の精神に投影されていたかを究明できればと願うものだ。

　第一の点に関しては、その言明が見せる無制限の一般性の様相によって眩まされてはならない。ただ端的に、有るもの一切はこの原理に従わされていることを意味するのだろうか。それを否定するヘラクレイトス派の人々への反論において、つぎのように論じている。〈そのように考える人たちにたいしては、彼らが感覚的なモノだけに、中でも最小限のものに注目しており、そして全宇宙がそのように動くと裁断しているのだ、とさらに反論しなければならない。ところがわれわれを取り囲む感覚的なものの場だけが、腐敗と生成を経験する。だがそれは全体の中の微々たる部分であり、感性界のために天界を罰するより、そのために感性界を赦免するほうがずっと正しいだろう〉。このことはその組成が矛盾的なモノ――感性的、地上的なもの――が有ることを示している。これによって当原理の有効性の範囲は限定され、同時にそのようなものとしての原理の性格は変更されているように思える、というのもそれはおおよそつぎのことを意味するだろうからだ。〈もし存在 ser ということで《存在物》としての存在 *ser Ente* と解するならば、有る hay ものすべてが存在 *es* するわけではない。存在物とは矛盾する属性 atribuciones を認めないものである〉。かく解すれば、原理は要求、要請のニュアンスを帯び、存在するもの lo que *es* の組成に対立する〈有るもの lo que hay〉の組成の問題を置きざりにする。この公準の様相はほとんどすべてのライプニッツの原理において、ずっと顕著に窺えるものである。

　アリストテレスが矛盾律をこのような二重の様相で、《実在》の表現と同時にまた観念的要求として捉えていたとの推定は、何にもまして本当らしい。ギリシャ人の精神スタイルのことごとくは結局そこに行き着くのだが、しかしきわめて具体的に〈哲学〉と呼んだ事実自体は、そもそもの始まりからそれを内に秘めていた。神々について話した人たちやイオニアの博物学者のように物体 *physis* について話した人たちにたいし、《存在物》のことを話題にし始める最初の人物であるパルメニデスがその始祖である。人間はつねに外見、幻、誤謬の背後に、真の《実在》を探し求めてきた。その探索を再度始めるや否や、パルメニデスは何ら新しいことをしなかった。新規なことは、真正な《実在》として見出したと思ったもの、つまり《存在物》Ente であった。パルメニデスは《存在物》を、本来の意味で真実に存在するものと理解した。しかしこのことはそれだけでは、われわれに何の光明ももたらさない。神話学者やオルペウスの神学者にとっては、神々もまた存在するものである。イオニアの博物学者にとっては、水や不特定物質、あるいは火は、様々なモノの数多の相貌で本来的に存在するものである。こうしたすべての見解にたいしパルメニデスは、たしかにとりわけ激しい調子でこう締めくくる。そうしたもののいずれもが本来的でなく非本来的にしか存在しないと判ずる。もし本来的に存在するものを求めるなら、それは〈存在する〉ことの意味と正確に一致するあるものにおいてのみ見出される。ところでこの意味は、公然とあるいは暗々裏に、〈存在しないこと〉を意味するようなすべてを自己から排除する。存在するものだけが存在し、存在しないものについては存在しないといえるだけだ。かくしてわれわれは正確に話したし、考えたことになるだろう。これがパルメニデスの実質的な革新である。つまり、たとえ可能的であり、説得的であり、賛同しえ、あるいは暗示に富んだものであっても、正確でない無数の考え方にたいして、一つの正確な思考法があることの発見である。この正確な思考とは、思惟がモノに背をむけ、自分だけを、いわばことばが表現する意味や観念あるいは概念を拠り所にすることから成り立つ。概念つまりロゴス——考えられたもの、考えられたとおりのもの——は明確で、唯一の組成をもつ、要するに〈存在〉は存在であり、〈非存在〉は混ざらず、存在でしかないということだ。このことは結果的に、概念間の関係は厳密、厳格であり、そのためそのほかの思考法のいずれもがもたない必然性の性格でもって精神にのしかかってくる。この正確な思考は自らの〈思考されたもの〉、概念に依拠するのだが、われわれが論理主義 *logismo* と呼ぶであろうところの論理的もしくは純粋の思考である。そのもっとも印象的なところは、それを実行するとき人間はある仕方であるいは別な仕方で考えることがままならず、ほかの方法でなくそのようにしか、ある不思議で避けがたい力によってそう考えざるをえないと感じることである。『イリアッド』のいちばん近代的部分が基礎を置くギリシャ神話の層においては、すでに神々そのもののうえにのしかかり命令する最高の力として《必然性》アナンケ *Anánke* が現われている。だがその神話的アナンケ *Anánke* は、あらゆる神的で不可視で隠れたもの同様、神秘的超越的な力であった。パルメニデスが自分の内部において《必然性》が公現している、それが正確な、正確であるから必然的な *anánkico* 思考の形において顕現していることを発見したときに経験した、動転するばかりの感激を思い浮かべられたい。だからアナンケ *anánke* という語は、彼の詩の中でいちばんよく繰り返されていることばの一つなのだ。[145]

　思考を実行するある方法において必然性がかくのごとく立ち現われることで、論理主義は大衆の思考とは完全に異なる現象となった。大衆的思考は人間個人の主観的活動である。人はそれぞれ、隣人のとは異なる意見をもつ。しかし論理主義はその必然的性格のために、すべての人間において同一なのだ。だからそれは各人の中で出現するときでさえ、個人に由来する思考ではない。個人的なものと対照的にロゴスが〈共通の〉思考であることは、二人の偉大な同時代人であり対立者であるパルメニデスとヘラクレイトスが意見の一致をみる数少ない事柄の一つである。論理主義においては個人の主観性は消え、そこからは受け入れ者の純粋の一般的適応性だけが残る。パルメニデスは論理的思考の中に人間における《実在》の実質的侵入、真実のそれと理解されたいのだが、そのようなものを看取している。そして思考は主観的な何かではなくなり、むしろそれは人間の脱主観化である、というのもそれは人間のうちにおける《実在》そのものの顕現 revelación であるからだ。さて、顕現は彼やプラトンやアリストテレスがアレテイア *alētheia*、つまり真実と呼んだものの、よりよい訳語の一つである。真の思考はそれが思考であることをやめ、《実在》そのものの現前に変化するゆえに真なのだ。アリストテレスが魂は形相中の形相であると語るとき、彼は可能なかぎり最善の方法で、パルメニデスにとって明証的であったところの《実在》とロゴス間の関係そのものをまさしく表明していることになる。

しかしこの問題には二側面がある。その一つは私が先ほど示したところのもの、つまり真の《実在》、本来的に存在するものは、論理的思考が考えるところのものであるということ。それはそれでいいとしても、しかしそれではその実在とはいかなるものであるのか。これが別側面である。《実在》はそれが概念[146]と一致し、またそのかぎりでのみ、《実在》である。《存在物》はそれが概念のようであるから存在する、今この場合の概念は、命題に述べられているところにより、概念‐存在である。そのため《存在物》はその構成的属性として、そうしたものとしての、つまり一者で、不変で、永遠だろうという概念固有のものを有することになる。

その結果、哲学はそもそもの始まりにおいて驚くべき歪曲であることになる。パルメニデスは《実在》のうえに論理的思考の特色を映じるのであるが、彼がこんなことをするのは、まさしく論理的思考が彼にとっては人間精神への《実在》の投影であるからなのだ。そのことからギリシャ的思考法における根本的両義性が生じ、それはその後の哲学が継承することになる。それはあるものが何であるかを問う、とりわけ《実在的なもの》とは何であるか、《存在物》とは何であるかと問うとき、前もってそれがロゴス、つまり概念の属性を有することが要求され、それについて正確さであるところの――あるいは正確さであろうとする――観念特有の完璧さを有することが求められるようになる。だからそれは、《実在》であると同時にある実在についての《理想》でもあり、前者であるから後者でもあるのだ。一世紀後にプラトンにおいて、《イデア》が本来あるところのものとして現われ、それがその潜在力の一つとして現実にはそうでないのだが、感覚界のモノにとって模範であり範例となる資質を示すとき、それによってその組成上の条件をさらけ出しているにすぎない。事実《イデア》は、それが模範的に――ὄντως ὄν.――存在するために存在しなければならないように存在するがゆえに存在する。存在の一次的概念はギリシャ語においてつねに観念的であることを含意しているため、それにとって認識はそれに気づかなくとも、観念化し、完璧さを創り出す思考である[147]。

アリストテレスにとって矛盾律が有していた厳密な意味をいかに表象すべきかを示すには、これで充分であろう。それによって《実在》の実質的な非矛盾を明らかにするよりむしろ、矛盾しない《実在》が創造、創成されるのだ。アリストテレスはエレア的論理主義の後継者であろうが、厳格にそれに従うことなくその対立物、感覚主義とそれを混合しているのである。かえって彼の概念は、帰納的に一般化された感覚であるけれども、実際には感覚の特性――その変容性、不正確さ、蓋然的価値、要するに非論理性――

には依拠せず、どちらかといえば純粋あるいは正確な概念の特権を保持しようとしている。それはただ単に私生児であるだけでなく、混血の結果である。疑いなくアリストテレスの意図は、感覚的なものが供する豊かな特色すべてをもってロゴスを肥沃にすることにあったし、このことは彼の考え方の諸傾向にはギリシャ的伝統と対立するもの、すなわち混同し、認識し、観念化する傾向を抑制する必要性を意識していたことを意味しているようだ。しかしこの彼の個性的インスピレーションは、彼自身がその中で形成された伝統を左右するには充分に強力でも明晰でもなかった。

となると矛盾律の〈明証性〉は、純粋理論の要求となんら関係なくなる。それはイドラ・フォリ＝市場の偶像や民族偶像 *idola tribus* に属すものだ。アリストテレスはそれにゆるぎない信を置いていた。そのためそれに異議を唱えたり、それを否定したり、条件をつける人にたいし恐怖や憎悪を感じたのである。それは自分の信念にその運命が結びつけられている〈チュルンガ〉、つまり聖なる石に誰かが触れるときにオーストラリア人が感じる恐怖心、激昂と同じである。記憶にもない時代よりその種族では、それを信ずることが確立していた。〈チュルンガ〉は彼にとって、人がそれに反対してはならない〈原理〉である。[148] それは理解できる理論ではなく、伝統的制度であり、その中に生まれ、子供時代よりみんなが敬うのを見てきた〈市《まち》〉や集団の様式である。

矛盾律の〈明証性〉は、パルメニデス以来西洋圏の〈チュルンガ〉である。それは概念にたいしてなされ、そこから実在にもたらされた幾つかの粗雑な知の経験に基礎をおく〈理解不能の神秘〉である。しかし〈理解不能の神秘〉とは、定義上、神々である。〈集団の魂〉はただ神々からのみ構成される。神秘的かつ全能で、抗いがたい力である神々は、周知のように恐怖と愛を喚起する。なぜなら神々にはつねに二つの顔があるから。それらは好ましくまた怒りやすく、反対者でありまた同調者である、魅力的であり恐怖心を起こすものである。聖なるものは——ルドルフ・オットー〔(一八六九—一九三七)ドイツの哲学者、宗教史家。主著『神の観念における聖なるもの、不合理的なもの』。〕がはっきりと見せてくれたように——魅惑的神秘 *mysterium fascinans* であると同時に畏怖すべき神秘 *mysterium tremendum* である。(149)

ヘブライ人に〈間接的貢献の天使〉があったごとく、西洋には非矛盾の神の、〈明証〉の伝統がある。だから誰かがそれを疑うと、人は狂乱的になる。生まれてこのかたつねにその信念の中で生きてきた。〈明証〉は知的 noético 現象ではない。矛盾律はわれわれがそれを明らかにし、それを直観し、〈立証したから〉、あるいは理論的に考えたからではなく、ただ単にそれを授乳されたからという理由で、〈明証的〉真理と思えるのだ。その明証性は知力よりも、授乳に由来する。『異邦人駁論』I, c. II においてサント・トマスはこのテーマを実に明瞭に見据えていた。〈それではその人たちに子供のころから精神に詰め込まれていたので、あたかもより自然であり自明であるかのように、より確実と受け取られた。Ea quibus a pueritia animus imbuitur, ita firmiter tenentur ac si essent naturaliter et *per se nota*〉

20　種々のスコラ哲学をめぐる余談

数学者デカルトが現われたときの精密科学の〈思考法〉は、以上のような状況にあった。その方向を幾分なりとも明確にするためにかなりの頁数をさかなければならなかったとはいえ、私はそれで時間を無駄にしたとは思わない。なぜならそれについて明白になったことは、デカルトが創始した新〈思考法〉の考察にも役立つからである。今われわれは、その思考法がいずれであっても、すべての演繹法において本質的に重要な諸点と習慣的で内密な関わりをもつことになる。とりわけ、〈原理〉と呼ばれる学問の内部奥深くまで侵入することができた。覚えておいて欲しいのだが、これはわれわれの主題であり、こうした内容を前にしてライプニッツがとった態度を明らかにする意図を告知するものである。

ヨーロッパの新生国家がその胚胎以来アリストテレスを支えとして生きのびたことは、ヨーロッパの知的歴史の特色である。二次的には、それ以外の影響を受けるとしても、西洋の学問の根幹はアリストテレス哲学である。科学哲学思想のあらゆる動きはその中に限定されており、それはそれらがほとんど地質変動の緩慢で微弱な動きしかしないことを意味する。何世紀もの間におけるこの微動と進捗によって、中世に起こった哲学・科学的変動への関心は減少するどころか、かえってその変動をいっそう示唆に富むものにしている。とはいえこの緩慢な動きという意味において、後述することとあわせて、《スコラ哲学》の数世紀は、〈思考法〉における安定化を意味しているといえる。だからこの思考法を提示するに際し、われわれはアリストテレスに寄りかかりすぎた、というのも彼は真の泉であり、湧き出し、生きた、絶えることのない源泉であり、あらゆる学説を底辺で支えているからだ。

正当かつ実り豊かで、幾分鋭敏に《スコラ哲学》について論じようとすれば、それは間接的に、片手間に扱える問題ではない。さらにそんなことは、ここではかえって妨げになるであろう。しかしはっきりさせておきたいのだが、それは歴史において提案しうるもっとも魅力的な仕事の一つである。とても魅力的であって、まだ手つかずの状態にある。いまだなされていないが是非とも必要な知的作業を私はメモしているのだが、もうすでに少々長くなったそのリストに、読者よ、つぎのように書き留められたい。つまり、《スコラ哲学》の伝記、と。私はたとえごく間接的であっても、ほんの僅かでもこのテーマを取り上げているような本を一冊も思い出せない。要するにそれは《スコラ哲学》について、本質的なこと一切がいまだ語られていないということなのだ。

実際の話、もっとも初歩的なことですら充分に尽くされていないのであるが、それはそれで、それが歴史的問題として権利を有しているその高度の段階を表わしている。歴史的カテゴリーとしての〈スコラ哲学〉の観念を作り上げることから始めないかぎり、〈スコラ哲学〉と呼ばれる歴史的現実がいかなるものであるかはとうてい理解できるものでない。つまり、スコラ的哲学をそのほか多くのスコラ哲学を背景にして考察する必要があるのだ。《スコラ哲学》はスコラ哲学のヨーロッパ的中世的な特殊ケースであり、多くの場所と時代に起こり、いまだに起こりつつある総称的性格の歴史的構造である。

私はすべての受け入れられた哲学を〈スコラ哲学〉と命名し、哲学が修得され採択された文化圏とは――社会空間あるいは歴史的時間によって――異なり隔たった領域に属するすべての哲学を受け入れられたものと呼ぶ。もちろん哲学の受け入れは、単にそれを提示することではなく、それは受け入れとは異なる別の知的作業に転化するのだが、受け入れは要するに原文の習慣的解釈という特別のケースだけに限定される[150]。

あらゆる〈受容〉が抱える悲劇的側面は、一般に感じ取られていない。ここで悲劇的というのは、そのもっとも濃密な意味においてである、というのもそれは《宿命》の容赦なく取り消し不能の介入であるからだ。

人間の〈観念〉がいかなる要素から成り立っているかを知らない人たちは、それが民族から民族へ、時代から時代へ転移することが容易であると考えるものだ。〈観念〉の中でもっとも生き生きしているものが、明晰に思考され、それらを思考するときに意識の表面にあるものではなく、それらの下で暗々裏に考えられ *sotopiensa*、それらを使うときに地下に留まっているものであることが知られていない。こうした目に見えず隠れた要素は、時として何千年もの昔からあって、民族に息づいているものである。〈観念〉を支え、満たし、育んでいるこのような潜在的基底は、真に人間の生であるいかなるものについてと同様、移転することはできない。生はつねに譲渡不能のものである。それは歴史的《宿命》なのだ。

だから結果として、〈観念〉の全体的移転は夢物語ということになる。ただ茎と花だけが、あるいはひょっとすると枝からぶらさがったその年の果実、その時点でそれらの中で差し当たり有益なものだけが移転される。しかし〈観念〉の中で溌剌としたもの、その根は、元の地に残る。これは一般的歴史的原則である。だからこれと類似したことがそれ以外の代表的に人間的な事物すべて、たとえばある民族の政治制度についても起こることに注意する必要がある。そのためある民族特有の制度を、それとは似つかない民族に接木しようとする試みは、犯罪にも等しい。〈観念〉のあらゆる移転は、根元のところで植物を切断し、歪曲することとである。したがって人間という植物は、それが本質的に損なわれることなくして移植できないという点で、植物とは異なる。これは恐ろしい制約であるけれども、避けがたく悲劇的制約である。

スコラ哲学は〈歴史的受容〉という類の一種であり、これは一種の悲劇であるというようなものだ。しかし人間的事象において悲劇は、喜劇というその陰影なしには起こらない。人間は悲−喜劇的である。このため最近ではただこれらの文学ジャンル、つまり悲劇か喜劇しかなく、またなければならないということになる。

中世の修道士はギリシャ哲学を受け継ぐが、もちろんのこと、その前提、ギリシャ人に哲学を生み出させた歴史的激動は受け継がない。哲学は何らかの学説から始まるものではない。真面目な話、哲学は最初、様々な問題の盛り合わせであった。だがこうした問題が本当に人間の中に存在しなければ、人間にとってはそれに処するための学説は、真正で根源的な *radical*（すでにここに〈根源 raíz〉がある）意味はもちえない。ところが受け入れは、創造とは逆方向の歴史的現象である。受け入れ者は最初に、解決策、学説に出会い、彼の問題はそれらを理解することである。既存の与えられた解決策を理解するという問題は、それらがその解決策でありそうであろうとしている真の元々の問題を、感得し見抜くことを根本から不可能にする。受け入れられた哲学理論は、受け入れ者と真の哲学的問題の間に決定的に入り込むスクリーンのような働きをする。[151] そこからスコラ哲学の二つの主要な欠陥が生じる。一つはギリシャ的概念を徹底的に理解できなかったことであり、もう一つはずっと決定的であり終局的に重大であるのだが、自分で問題を提起できず、それ——問題の提起——は、もしかすると唯一であるかもしれないが正式には哲学があるところの最初のものであるから、スコラ哲学は哲学と呼ぶには大いに不適切であるということだ。その固定化、その遅々とした発展はそれに由来する。それと対照的でありまたそれを際立たせるのが、中世の修道士たちが哲学に携わる際に見せる几帳面さ、忍耐強い献身振り、鋭敏さ、真面目さ、名高い鋭さ、持続性といった非凡さである。ギリシャそのものも含めて西洋史全般において、《スコラ哲学》が見せるような生真面目で継続的な知的営為はほかに見当たらない。それは一六世紀から今日までの数学者や物理学者の業績とのみ比較しうるであろう。

　残念ながらこの模範的例外的努力は、究極問題という肝要な点に重心を置くことができなかった。ある哲学の〈受容〉においては、精神的努力は方向転換をし、実際にモノがあるところのものを理解するのではなく、それらについて他人がどう考え、一定の名辞で表現したものを理解しようと努力する。[152] そのためあらゆるスコラ哲学は、学問から単なる用語法への退歩となる。問題の中でそれらの名辞を少々理解するのに厳密に必要なものだけにしか配慮せず、しかもその気配りも、ほかの人たちがした問題提起の中で行なうのであって、その受け入れ者にはけっしてそれを越えて行く心構えはない。

　告白するが、私は苦しみと人間的同情の身震いを覚えずして、心底宗教信仰にすがって生き、自分の神を存在物 *ente* として考えうるかどうかを見極めようと憔悴し、神への信仰に満ち溢れているこれら中世のキリスト教徒が見せる有様に接することはできない。実際それは、どうしようもなく悪い悟性である。なぜならキリスト教の神やあらゆる宗教の神は、それがいかに実在的 *realissimum* であるとしても、存在物とは反対のものであるからだ。

　《存在論》はギリシャ人が経験したモノであり、もう誰にも再び起こることはありえない。ただその類似物だけが可能であろう。前六〇〇年を少し過ぎたころ、ギリシャの優れた何人かの少数者が神への信仰、〈自分の親たちの神〉への信仰を失い始めた。そのため彼らにとって世界は空虚になり、生という実在のない空洞になってしまった。この空白を何らかの適当な代替物で埋め合わせる必要が生じた。それはだいたい前四四〇年までの無神論者の世代であり、その間にソクラテス(153)が新しい使徒としての任務を開始することになる。これら無神論者の世代は、神のいない世界を実在で埋めるために、《存在物》を発明する。《存在物 Ente》は神的でない実在であるにもかかわらず、実在的なものの基盤である。だから神を存在物として考えることほど、はなはだしい取り違え *quid pro quo* はない。こんなことは中世の思想においては不可能であるので、《存在物》の中に凝縮された神は、存在物の概念のあらゆる小孔から滲み出し、溢れ、破裂している。その結果つぎのような忌まわしい結合が行なわれた、すなわち姿をくらましていた神は自分が残していった空白に再び落ち着くことになる。しかしその空白はそれ独自の空白によって占められているという状況に遭遇する。神の空白に棲むこの神はきわめて実在的な存在物 *ens realissimus* である。そのため《存在物》を理路整然と考えることもできないし、その神を適切に考えることもできないということになった。これが〈スコラ哲学〉(154)という名称の悲劇なのだ。

　この悲劇はその傍らに *a latere* それと対照的な喜劇を伴なって演じられる。事実、あらゆる受け入れにおいて不可欠の模倣に伴なう奇矯な側面をもっともよく表現するモノの一つは、スコラ哲学が論争 *disputatio* の形式で表わされることであり、極端な場合には、もっとも最近のことだが、その最高の作品――すでに述べたように、かつて存在した形而上学の最初の論述である――、スワレスのそれは『論争』*Disputationes* と呼ばれているのだ。つまり中世の修道士ははるかなるギリシャから《存在物》を受け取っただけでなく、それについて話す議論、弁証学というギリシャ的方法も受け継いでいるのだ。

　ギリシャ人、とりわけ裕福なアテナイ人の生活においていちばん重要な活動は、談話することであった。ギリシャ人はけっして一人でいることができなかった。彼にとって生きるとは正式に共存することであった。アテナイにおける生活は際限のない雑談であった。そのため会話の名手であるソフィストたちが勝利を収めたのだ。甘味な気候、澄みきった大気、抜けるような碧空は、屋外で生活し、共存するようにと誘う。公共の広場や体操場に男たちは集まり、女たちは彼らの会話を中断するという永遠の使命を果たすことができなかった。この会話という活動において傑出した人物、おしゃべりの英雄、談話のヘラクレス、つまりソレラスあるいはアロペケ地区のソクラテスがいた。プラトンの作品全体は哲学を構成しているが、それはこのことば力のアキレスに捧げられた巨大な叙事詩であり、そのため全体が対話のみからなっているため、哲学的〈思考法〉はプラトン以来〈弁証学 dialéctica〉(155)と呼ばれている。以上すべてはギリシャ人だけの冒険であり、移転できるものではない。具象的に思考できる人は、ある種のゲームのルールにしたがって議論するというスポーツに熱中している、ある者は若く、別の者は年取っている一群の人たちを見ないで、〈ギリシャ哲学〉を考えることはできない。

今度は以上とは対照的情景を想像してみよう。凍てつく中央ヨーロッパの、または霧深いヒベルニア〔アイルランド〕にある一二世紀の修道院や、オジーブのアーチが天に向かって弧を描き、中庭にある神秘的な果樹園の中心には井戸が眺められる僧院の通路では、年老いた師匠の修道士たちが青い坊主頭の新発意《しんぼち》の若者たちに、まるでプラトン学園の青年たちのように議論をさせている。それは、まさしく一〇世紀のオットー二世〔（九五五—九八三）ドイツ皇帝。〕の治政下で、修道女ロスウィタ〔フォン・ガンデシェイム（九三五—九七五）ドイツの宗教家、作家。〕が、聖なる乙女たちの生を題材にし、ガンデシェイムの修道院の修道女たちに演じさせることになる、破廉恥な作者〈テレンティウス〔アーフェル・プブリウス（前一八五—一三九）ローマの喜劇作家、元は奴隷だが、解放され、六つの喜劇を書く。〕流の喜劇〉を書いたことに匹敵するくらい、途轍もないことだ。実際のところロスウィタは奇抜な人で、その喜劇は今日読んでも依然としてすばらしく思えるけれども、当然のことながら面白くもありまた奇怪でもある。

アリストテレスが《存在物》の理論、つまり《存在論》において神を取り上げていることを、以上と対立させないでいただきたい。なぜなら誰も知らない者がいないように、そうしたときのアリストテレスが学問上の不手際を犯したかどうかについては特に疑義があるうえに、実際に彼の存在論的神は宗教神ともギリシャ的なそれともキリスト教的なものとも、何ら関係ないからである。存在論の神はアリストテレス力学の原理であり、いわばニュートン哲学の引力法則のようなものである。それには世界を動かし、それを外からや前から引っぱるという役割しかない。だからそれはキリスト教やギリシャの神よりも、ずっと〈八気筒の〉トラクターとか、そこではわれわれ人間が焼鳥にされている、宇宙の吊るし台を回転させる執拗な焼鳥屋に似ている。私の考えでは、このことによってアリストテレスが、少なくともその初期のプラトン的時期において、宗教神を宗教的に信じていなかったことを示唆するわけではないけれども、その宗教神は機械仕掛けで取り出される神 *Deus ex machina*、つまり彼の力学的神とは関係ない。だからアリストテレスにおいて見出されるものは、相互に遮断された二つの神を単純に結合したものにすぎないのだ[156]。

先述のごとくスコラ哲学は、歴史的カテゴリーの一つである[157]。同一の実在の諸段階を区別できるようにする、つまり厳密さには劣るがより平易な形でいうなら——というのもこれまでずっと信じられてきたすべてには反するが、歴史的尺度は存在するにしても——、最高濃度の実在と最低のものを識別し測定できる尺度を表わす概念を作り上げることは、歴史的カテゴリーの条件である。

スコラ哲学はアリストテレスを最初にラテン語で、さらに主としてアラビア人の注釈者アヴィケンナ〔イブン＝シーナー（九四一―一〇三七）イスラームの代表的哲学者、医学者。アリストテレス哲学を中心にギリシャ諸学問の方法論、世界観を再検討し確立した。〕やアヴェロエス[158]〔イブン＝ルシット（一一二六―一一九八）スペイン・アンダルシア出身のイスラーム哲学者。中世最大のアリストテレス注釈者であり、また医学・哲学書を著す。〕をつうじて継承している。ギリシャからこれら割礼を受けた者への——受容、したがってスコラ哲学の——飛躍はけっしてなまやさしい跳躍ではない。最初の〈キリスト教徒〉（！）のスコラ哲学者は、アラビア人なのだ。これはわれわれが中世盛期のこの数世紀を、西洋やキリスト教民族を視点とするのでなく、イスラームや近東世界から見ることを学ぶためのもう一つの理由である。このことがなされない、つまり中世史をアラブ世界から観察してその展望の中心が定まらないうちは、万事収拾がつかず、そしてわがアシン・パラシオス〔(一八七一―一九四四)スペインのアラビア学者、イスラーム思想専門家。〕はそうすることで事実にたいして真摯さ潔癖さ落着いた配慮を見せたという証拠を示しているが、結局本人はその理由に気づいていなかった。

以上の結果《スコラ哲学》は空間と時間において、ギリシャ哲学が生まれ、そこにおいてそれが充実し具体的実在である文化圏から大きく隔たっていることが了解できる。そこにはギリシャと西洋キリスト教民族間の距離、前四世紀と一二世紀の間の時間的なそれ、ギリシャ文明とアラビア文明のそれ、アラビア人とヨーロッパの修道士間のそれがあるのだ。だからそれは幾段階もの、あるいは高い潜在性を秘めたスコラ哲学である。

これが意味することは、最低の段階づけにある別のスコラ哲学にそれを対置してみると明らかになる。一八六〇年ごろのドイツにおいてさえ、真剣に哲学的である伝統の存続は失われてしまっていた。近代や同時代の哲学の古典すらよく理解されないというほどひどいものであった。哲学の代わりに、〈実証主義〉と呼ばれた知的に滋養のない飲み物を飲んでいた。この実証主義というのは、その名称の発明者であるコントのとはほとんど関係なかった。コントの哲学はひじょうに優れた哲学で、まだ十分理解されていない。正義に敬意を表して、このことは明らかにしておきたい。一八六〇年ごろヨーロッパで〈支配的であった〉実証主義は、スチュアート・ミルやそのほかのイギリス人のそれであり、イギリス人は物理学や人間的なもののほとんどの領域においてあれほどすばらしい業績をあげたにもかかわらず、哲学というこの形式のフェア・プレイ *fair play*[159] は不得意であるようだ。つまりそれは当時、一八四〇年近辺に生まれた新しい世代が再度哲学的熱望に目覚め、哲学について無知であることが分かると、もう一度、同時代の偉大な哲学者の誰それかの学派〔スペイン語のescuelaには学派と学校という両者の意味がある。〕――〈学校に行か〉なければならなくなったということだ。そのためそれはカントとかフィヒテとかヘーゲルへの〈回帰 *Zurück zu*〉の時期である。すでに述べたようにこの回帰とは、哲学学派への回帰であり、したがって明瞭にスコラ哲学である。すべての中でいちばん著名なのはマールブルグの新カント主義であった。マールブルグの師匠たちはカント主義と同じ文化圏に属していて、時代的にはそれと約七〇年隔たっているだけだった。この隔たりは社会空間においてはとるに足らなかったし、時間的にも最少のものであった。これら二つの座標軸から、それが受け入れでなく通常の継続と発展であると考えられるかもしれないが、しかしそれを阻む一つの事実がある。つまり、一八四〇年と一八七〇年の間には政治に従事し、小革命を起こし、鉄道を建設し、最初の大きな産業〈工場〉を建設し、ナポレオンに熱狂し、ビスマルクに傾倒し、イギリスに倣い……つまり哲学を理解しない二つの世代がいるのだ。ごく限られた少数の例外を省けば、哲学的問題提起における歴史的継続性の断絶を意味する二つの世代がある。難解な学科目において注意力の持続性の中断は、それがどんなものであっても、深刻である。少なくとも最低限度において、後々〈受容〉が起こるためには充分である。したがって新カント主義は最小限のスコラ哲学の一例である。

　本節で述べたことはすべて、私の考えでは、中世哲学史にとって実り豊かな出発点が何であるかを示そうとするものであるが、そこからはスコラ哲学最大の欠陥として、[160]それがつねに究極・極端である哲学的問題を提起する能力がないことが感得されればと願うものである。

21　行程の再検分

われわれはアリストテレス－スコラ的すなわち伝統的〈思考法〉の周辺を巡回してきた。私としては近代が上記〈思考法〉に対置している精確なそれをよりよく理解するために、その思考法を少々明らかにしたかったのだ。それを幾らかでも明瞭にするのにかなりの紙数を費やした。さて今度は、原理に関してライプニッツの態度がいかなるものであるかをよりよく理解する目的でもって、本論にもう一度戻ってみよう。あらゆる近代的哲学同様、彼の哲学は精密科学の〈思考法〉を指針としていたので、彼が思索活動を始めたときにこの領域で起こったことを理解しておくのは避けられなかった。上述のごとく、演繹法つまり近代的で精密な方法の発展は、ライプニッツに至るまでの三段階、つまりヴィエトが《代数学》を発明した段階、デカルトが《解析幾何学》を発明した段階、彼自身が前者につづいて到達した段階に要約できるのであるが、この最終段階の定義のところで中断したままだった。

中断の理由は、《解析幾何学》が同一の学問の中で不連続量、数と連続量、広がりという大きさを扱っていることを意味するからである。ところでこれは重大事件であって、論理学と伝統的方法論において犯しうる最大級の犯罪の一つであり、すなわち〈ほかの類への移行〉である。このことが何からなり、いかにしてアリストテレスとスコラ哲学者が〈類相互間の交通不能〉を信じるようになったかを詳らかにするために、私はこれまでの膨大なエピソードへと駆り立てられたのである。

それでは、決定的であるデカルトの第二段階が何からなっていたかを考察してみよう。それはあまりにも決定的であったため、現今の〈思考法〉は精密科学においてはデカルトのものと同じであり、いわば単にデカルト的数学物理学的思考法の明確化、改革であるのだ。注意していただきたいのだが、われわれにとってここでデカルトは哲学者としてではなく、ヴィエトの後継者、数学者ライプニッツの先駆者の資格でいるのだ。彼の方法――すなわちその論理学と認識論――にすら直接われわれは関心なく、彼が数学を行なっているときの実質的思考を正しく理解するために不可欠となるかぎりでのみそれに言及するつもりである。だから本論究におけるその役割は、アリストテレスに与えられなければならなかったものとはずいぶん違っている、というのもアリストテレスは、そのまぎれもない支配がまさにデカルトまでつづいた精密諸科学の規範、あるいは既述のように共通言語 *lingua franca* になるはずの〈思考法〉を作り上げたからだ。逆にデカルトの実際の数学的思考は、科学に最終的に組み込まれるのだが、その方法は数学的思考にたいする彼なりの省察であって、同時にそれを可能としたものであり、半世紀の支配後ほかのものによって取って代わられるのである。すでにライプニッツの方法――繰り返すが、そしてまた彼の認識論は――デカルトのものとは大いに相違する。このことは、いかなる程度においてデカルト主義がここでわれわれにとって問題になっているかを、充分厳密に限定してくれるものと考える。

私はただ偶発的に触れる形でしかアリストテレス哲学とその末裔である《スコラ哲学者》には言及しなかったのと同様、今は偶然にしかデカルト哲学について話すつもりはない。われわれにとって重要なのは、デカルトが着想した〈方法の学説〉ではなく、物理－数学創造の実践の中でのその実際的行動様式の意味に解された、彼の精確な〈思考法〉である。

デカルトはすぐれて方法の人である。すでに初めのところで私は、すべての哲学者は方法の人であるが、みながみな自分のものを表明するものではないと言っておいた。このことは、みんなが肩書きどおりにそうではないということである。実際デカルトは正式に自分の方法を存命中に目立つような何かの書き物——書物とか私信——において表明しているわけではない。その断片がたしかに彼の著作や書簡のなかに現われている。もっともそれが明確な形で読み取れないところは、彼の最初の出版物、全哲学史において正当にもいちばん有名な著作の一つであり、真実に名著であるかの有名な『方法序説』においてである。それによってデカルトは方法論をうち立てようとしているのではなく、方法が人間生活の生ける機能としてあるところのものを語ろうとしているのだ。[161] 人類に新時代を開き、新科学、それでもって生にとり物質的新技術を開始するその内容が、論争 *disputatio* でも、理論でも、教本でもなく、一つの……自叙伝からなるという逆説的事実の理由は、ここにある。[162]

デカルトは死亡時にスウェーデンに残した『精神指導の規則』*Regulae ad directionem ingenii* の中で自分の方法を説明している。予定されていた三部のうち二部しか編集されていない。[163] その冒頭からただひたすらに『規則』は、まさに諸学問の分離、増殖、分散をもたらす〈類相互間の交通不能〉の理論が根本的に誤っているとして罰している。〈諸学問をその対象の多様性によって区別しなければならず、その各々を分離し、残りから引き離して遂行されなければならないというのは〉、誤りであるという。それらは〈人間の知〉そのものであり、それはいつも同一で、その内部に〈限界〉を許容しない。その誤りが原因で、宇宙について様々なモノが研究されたにもかかわらず、〈良識〉-*bona mens* つまりすべての個別的認識の原因である〈普遍的認識〉-*universalis Sapientia* が何であるかについて、人は考えたことがないのだ。そこから第一規則が得られる、すなわち、全学問は結合し、相互に依存しているため、その各々を別々に研究しないで、それらすべてを一緒に研究するほうがずっと容易である——*longe facilius*——、実際それらはただ一つの学問なのだ。これでアリストテレス以後再びわれわれは、もっとも純粋なプラトン主義の中に立っていることになる。

しかしこれによって、われわれがアリストテレスの著作を投げ出し、プラトンの著作を読み始めればよいということにはならない。デカルトはいささか婉曲的に、われわれにたいし読書はやめて、つまり過去とは縁を切るようにと提案している。われわれがプラトンにしろアリストテレスにしろ、彼らのことを気にかけるときには、〈われわれは学問でなく歴史を学んだことが窺える non scientias videremur didicisse, sed historias〉。要するにプラトンやアリストテレスに関するすべてのことは、端的に歴史なのだ！　歴史はもうたくさん！

忽然と歴史分野に姿を現わしたひじょうに新しい力としてデカルトは、ヨーロッパの文化伝統の中に空洞を作り出し、その文化を白日の下にさらし、絶滅させ——つまり存在しないものと見なし始めるのだ。ヨーロッパはまさにそのとき熟年に達しようとしていた。近代ヨーロッパは、デカルトに平行するかのように同年であった。しかしヨーロッパはその成熟において、青年期や思春期同様、自分の中に古代——ギリシャ人やローマ人である〈決定的老年〉を抱えていた。そのためデカルトはすでにひじょうに人口が多く、あの深遠な歴史的過去全体を擁しているそのヨーロッパをして、無人で誕生したばかりの島とし、彼はそこで才気煥発なロビンソンとなるのである。このおかげで——現在と過去を振るい落とすことで——ヨーロッパは真に再生の準備が整った。ブルックハルトによって不幸にもそのように命名された《ルネサンス》は、すでに過ぎ去り、今こそ真実に新生が始まろうとしていた[164]。

22 〔類相互間の交通不能〕

『精神指導の規則』第一規則段落一は、最初から学問の統一、したがって類相互間の交通可能を規範とする旨宣言する。これほど伝統的な〈思考法〉をかくも根本的かつ突発的に転覆させるものはない。あらゆるアリストテレス－スコラ的方法は最終的には交通不能性の学説に到達していた。この主張を完全に改変して、デカルトはそうした方法全体を、まるで靴下でもあるかのように裏返しにしたのである。伝統的〈思考法〉は多くの先行の仮定や前提となる確信とか《実在的なもの》の概念一切によって、現にあったようであり上記結論に達していたのであってみれば、デカルトの『規則』がそのような書き出しになっていても、彼はいとも簡単にそのように書き始めることができたのではなく、デカルト的方法の出だしのことばが《実在的なもの》のデカルト流概念のすべてを前提としていることは明瞭である。それによって、《存在》の観念と《思考》の観念の間にあり、全哲学に本質的な、（3節）で述べられた並行関係の法則が再確認されるというものだ。

事実われわれは類相互間の交通不能の学説を支えている仮定がいかなるものであるかを見逃さないためにその各々を列挙してみれば、ただちにデカルト的方法を支えているものと境界をなすリストでもって両者を対比できるだろう。読者にその関連がよく理解されるように、《数論》と《幾何学》、したがって不連続量、数の〈類〉と連続量、広がりとしての大きさの〈類〉の間の交通不能性を、具体例として取り上げてみよう。すると以下のようになる。

1　これら二つの〈類〉は事実、両者に共通の具体的、要するに、完璧な概念が存在しないゆえ、交通不能である。一つの概念はそれ単独で考えうるときには具体的つまり完璧であり、そしてそのことは独自の *idion* 何か、したがって一つの統合的、完全で、全称的な何かを含む種であるときにだけ起こりうる。その例として、アリストテレスが自分の学説に反して行ない、またすでに見たように、スワレスが至極当然なことに婉曲的に罰したこと、すなわち数量は分割しうるものであるという試みを取り上げよう。もし分割できるようなある種の実在を暗々裏に考えるのでなければ、アリストテレス的思考でもって分割可能なものに想到することはない。したがってそのようなものとしてまたただそれだけで分割可能なものは、何ら限定されておらず、それにつけ加えがなされないかぎりその断片は思考不能であるような、その結果さらに強力な理由から *a fortiori* それを非実在的なものにするあるものの断片でしかない。他方、概念〈分割可能なもの〉またはその概念の断片の中で暗々裏に考えられる種は数多くあり、それらはあまりにもバラバラなので難解な〈分割可能性〉への適性以外に、相互間には何の関係もないほどである。アリストテレスにおいては、一つの数を別のもので割ることと広がりそれ自体を分割することとは同じでない。またそれは実体を質料と形相に分割する、つまり汝を分割せよ而して統御せよ *divide et impera* と同じではない。それ自体に価値はないが多くのものに役立つそのような概念についてアリストテレスは、理解できないにもかかわらず、自分の精神にたいして自己主張しつづけているモノが理解できないときはいつでもいうように、それが類推的であると断じる。

2　数と大きさに共通の概念がないことの理由は、これら二概念が——ちょうどアリストテレスにおいて原則的にすべてがそうであるように——共通性による抽出によって、感覚的事物を出発点として形成されたからだ。共通の抽出物は、感覚的なモノの中にあったあるものでしかない、よってたとえ抽象的ではあっても、一つの〈モノ〉である。数という〈モノ〉と広がりという〈モノ〉の間には、同時に具体的であり共通であるものは何もない。感覚的なものは一般化によってそれ以上のものを与えない。〈諸々の類〉とその交通不能は純然たる事実であり、演繹的であろうとする理論とは相容れない経験的決定である。

3　このことは、〈《存在》を考える〉ことが方法的には感覚（＝感覚的直観）を出発点にするとの了解を前提にする。

4　またそれはそれで、感覚は《実在》をわれわれに提示する、つまり〈世間全体〉はそう考えていると、あらかじめ納得しているゆえそう考えられる。だからアリストテレスはその形而上学的ないし存在論的認識論において、《実在的なもの》《存在》は〈感覚にもっとも近い〉ἐγγύτατον τῆς αἰσθήσεως という。この文章の明確化にある不明確さに留意されたい。〈最大限近くに〉あるということは、《存在》がまさに感覚の中にあるという主張には結びつかない。事実、彼は《存在》が感覚からもっともかけ離れている πορρώτατον τῆς αἰσθήσεως ともいうのである。

5　感覚的現象中に真の《実在》を見出すという理論は、矛盾律とともにアリストテレスのもう一つの重要な原理であるが、それはどこにおいても特別に定式化されておらず、その分析や論議はなおさらのことである。

6　しかし他方、認識を概念間の純然たる関係、つまり論理主義と理解していることから、まだ充分にプラトン主義を保持している。それによれば、《実在的なもの》は概念の中でのみ到達しうるのだが、これは〈感覚の原理〉と矛盾するように思える。いかにして両者を調和させるのか。プラトン的概念は純粋、精確であって、不精確で近似的にすぎず、けっして概念と適切な相関でない感覚的現象から抽出されたものではなかった。そのためプラトンの概念は論理的に機能しえて、この機能をプラトンは《弁証学 *Dialéctica*》と呼んだが、たとえ正式でないとしてもわれわれのそれと同様に《論理学 *Lógica*》と呼ぶこともできたであろうところの典型的学問である。アリストテレスの解決策は、プラトン的概念のいちばん本質的部分つまりその正確さや論理性を、感覚的データにたいして行なわれる経験的帰納より引き出すことによって、その質を低下させることからなる。にもかかわらずそうした非論理的概念が論理的に機能するかどうかを試みようとするのだ。

　7　アリストテレスの解決法は、構成上矛盾している、しかしいつでも大衆が行なった思考法に一致するという利点がある。本来的に哲学的な彼の著作は、プラトンの厳密精確で、そのために詭弁的で不人気な方法を、すでに見てきたように、モノ的、共通主義的、経験的、感覚的〈個別的 idiótico〉思考法へと変える、凡人の手に届くような、プラトン《弁証学》の凡俗化である。真正な演繹法――したがって実効的合理性――に[165]不適切なこのような民衆的思考法にたいして、プラトンと同様気高いルネ・デカルト、*Perronii Toparcha* は反旗をひるがえすのである。

　にもかかわらずアリストテレスはこの〈思考法〉によって、自分にとりすべての中で最重要概念、《存在物》の概念のところに到達したとき、痛い目に会うことになる。存在物というこれほど法外な概念が、三角形の概念や豚の概念を形成するのとは違った何か別の〈思考法〉に起源をもつのではないかということを、彼も《スコラ哲学者》も、ほんの一瞬たりとも疑うことはなかったのである。有りうるものすべてについて〈存在物〉を叙述できるからには、それは当然の極論にまで達する感覚的なモノにたいしてなされた共通性による抽出にすぎないと思えるのだ。存在物は最高度に共通のもの、極度にありふれたものであろう。

ところが実際には、感覚的なモノをいくらいじくりまわしてみても、そこに、その中で具体的ないし抽象的存在物 *el ente o lo ente* であるような、指さすことができかつ把握しうる構成要素、特色あるいは〈抽象的契機[166]〉は発見できない。われわれはその白さ、その球形あるいは立体性を目にするし、その響きのよさを耳にし、その硬さに触れ、その運動、その増減等を目にする。だがわれわれはその本体、つまり《存在物[167]》として有しているものを洞察できないのだ。

アリストテレスやスコラ哲学者が弁じるように、《存在物》とは最初に知りうるもの *primum cogitabile*、あるモノについてわれわれが考える最初のもの、科学的概念の順番あるいは序列において最初であるだけでなく、各々のモノについてわれわれが知る最初のものであることが正しいものと、暫定的に受け入れるとしよう。それは極度に最初のものであるゆえ、それが何であるかについて最低限知る前にわれわれはそれが存在するということを知っている。もはやこのことは、われわれが各々のモノに到達する以前にすでに《存在物》の概念がわれわれの内部に準備できていて、われわれはそれをそのモノから、またその各々から、たくさんのモノの演繹から引き出すのではないということの微々たる徴候といったものではない。かりにそうだとすれば、それはいかなる感覚的なモノからも成り立っておらず、そのイメージも幻影もなく、アリストテレス哲学はいかにしてこの〈原初の思考〉を考え入手するのかを、説明する義務を負うことになる。

そして同じことは、スコラ哲学者が《存在物》について話すときに出くわしそれらにたいしてアリストテレス本人と同様どう処すればよいか分からないそのほかの概念、つまりモノ *res*、〈あるもの *prâgma*〉——さらにつけ加えるとして——〈これ τόδε τι〉についても同じくいう必要がある。これらもまたきわめてありふれていて、《存在物》と混同される。だからそれらは存在物と異なるモノではない。とするなら、いったい何なのか。彼らはどう答えていいか分からず、そのため訳の分からぬことをいうのである。それらは〈《存在物》の様式〉であるという。きわめて抽象的である《存在物》がこのように種々の〈様式〉へと自然に多元化することは訳が分からないため、アリストテレスもその弟子たちも――その《学派》の者たち――は、概念がどこから来るものか知らなかったように、概念としての《存在物》をどう扱えばいいのか分からなかったことが露呈される。しかしモノはわれわれがいかに閉鎖的であっても、われわれに押し迫り――そこから結果を得ることなしに――概念《存在物》にはその影であるような同位の別な概念が一つだけあり、それを背景に《存在物》を際立たせ、それに気づかせる、すなわち《非‐存在物 no-Ente》、《無 Nada》の概念をもっていることを彼らは認めるのである。事実、《哲学》の歴史はパルメニデスが《存在物 Ente》の概念を、しかし感覚的なモノの共通性による抽出によってでなく、《無 Nada》への対置によって、また同時に感覚的なモノを否定し、無化し *nadificando*、無に帰して ano*nada*ndo 作り上げるすばらしい日に始まる。歴史的には、《存在》が《無》から取り出されたということに疑問の余地はない。しかしモノ同士を比較し、それにつづいて共通性による抽出によってではなく、二つの要素あるいは項目の対立にただ気づいて、その結果それらの一方をその対立者と並置せずして考えられない――要するにこの弁証学的思考――この思考については、アリストテレスと《スコラ哲学者》がいささかの疑惑も抱かなかった事柄である。《スコラ哲学者》については見逃すことができる、というのも彼らは哲学者よりもむしろ《受容者》であったからだ。しかし二〇年もプラトンの教えを受けていたアリストテレスにおいて、これは許されるものではない。あるいはアリストテレスもすでに幾分かスコラ的であったのだろうか。そして彼はプラトンが提起しなかったかもしくは不注意や正直いって誤った仕方で提起された問題を初めて独自で提起したのだろうか。このことはまさにアリストテレスが、プラトン思想の深い理解が役立ったであろうような問題においてしくじっていることを説明してくれるのだ。

とするならば、モノの《存在》Ser-de-las-cosasを、モノから取り出したのではなく、いわんや感覚的なモノからでなく、それを《無》から取り出しているということが、パルメニデス以来われわれには明らかなのだ。《無》はすぐれて非感覚的なものであるが、さらに人間のもっとも独創的な概念である。それは——感覚的であろうとなかろうと——いかなるモノにも似ること最少で、そのためそれをモノから取り出すことはできない。《無》の概念はどんなものからも取り出せない。それは人間最大の発明であり、幻想の勝利であり、あらゆるものの中でもっとも本質的に〈詩的な〉概念である。このことは、厳粛な機会に、思考することが——少なくとも、もっぱらそれだけでも、主としてでもなく——取り出すことでなく、むしろ押し込むことであることを、明らかにしている。人間は宇宙に、そこにはなかった《無》を押し込む。この《非‐存在物》の導入に直面して、モノの宇宙は存在物の宇宙へと変貌する。しかしこれでたくさんだ。

アリストテレスが存在物としての*qua*《存在物》の概念によって、大いに難儀した状況をわれわれは見たばかりである。存在物の格段に共通的性格によって、それはごく一般的概念になったにちがいない。しかしここにアリストテレスの困惑と《スコラ哲学者》が被った不幸がある。なぜなら《存在物》の概念とそれが叙述するモノとの関係はきわめて希薄で、彼らにとって理解不能であるからだ。

もしそれが感覚的なものにたいしてなされた共通性による抽出から生まれたことが本当であったとするならば、諸々の種を擁する普通の類であるだろうし、これらの種に関してはたやすく、〈良き農夫に倣って〉素直に叙述できるだろう。しかしそんなものはない。あまりにも〈一般的で〉、あまりにも〈抽象的〉であるため、《存在物》は類でも種でもない。あらゆるものについて——積極的ないし消極的に——述べ、そしてそのことが一見極度極端までに空虚なため、それを幾つかの種において限定できるような〈質料〉を提供できないのだ(168)。

他方——脇道にそれることになるが——、このことはアリストテレスにおいて、このほぼ至高の類を含めてすべての類が、そもそも一つの種であり、固有で全称的なものであることを再度示すものである。というのも、当該〈思考法〉において〈存在物〉を考えるためにある唯一の方法は、存在しないか無であるすべてのモノという種にたいして、存在するすべてのモノの種としてそれを考慮することであろう。しかしこのことは、両者の上位に共通の類を想定するだろうし、そうした類はない、少なくともアリストテレスにおいてはないし、有りえない。もう一つの種、無の種は外延をもたないだろうことはいうまでもない。0クラスの数学において論理学者が論じるように、いかなる無、つまりそのクラスのいかなる個ももたない個のクラスというものはない(169)。実際の話、《無》は論理的怪物である。それは主語のない述部である。むろん《存在物》も真の述部をもたない主語であるので、もう一つの怪物である。それに適する述部はアリストテレスが識ることのなかったあのひじょうに豊富な類である。近代人はそれを発見したと思った。その類とは、そのようなものとして考えうるもの *cogitabile* であろう。だがそうなるとわれわれは伝統的つまり実在論的〈思考法〉から脱却し、近代的、観念論的〈思考法〉、《存在》でなく《思考》を出発点とするものの中にいることになるだろう。

アリストテレスは、すこぶる共通の概念《存在物》には〈固有の〉ἴδια属性が認められるので、厳密には種であることを認めている。しかしこの〈種〉にはその過度の一般性によって、逆にそれがすべての新しい種に含まれており、その差異は必然的にまた存在物でなければならないという忌まわしい条件がついている。このため、《存在物》は諸々の存在物の類ではない(171)、とアリストテレスは論じる。では、いったいそれは何たる怪物なのか。類似物〈これ〉〈あるもの〉〈モノ〉とこの概念の関係がすでに厄介であるが、その下位のものとの関係はますます突拍子もなく、まさに途轍もないこと extra-vagancia である。それは〈超越性〉なのだ。《スコラ哲学者》は、いかなるカテゴリーにも属さず、またとくにそれらの中のいずれかの上位にあることもなく、あらゆる〈類〉から同様あらゆるカテゴリーをはみ出すこの概念とその同類の性質をそう呼んだ。その無制限の普遍性ゆえにそれを一般化することはできない。こうした概念を〈超越的〉と呼ぶことは、それがファンとは呼ばれなかったり、この〈思考法〉において下位のものとの関係において普通であり予見されている関係にはないというのと五十歩百歩である。しかしその特殊性あるいは異常性がいかなるものであるかを検討することが問題となる。

われわれはすでに前もってアリストテレスの解決策を知っている。彼は見事な鋭さで、もしすべてのモノを大クラスに分類すれば、すべてのモノはそれが現実にあるところによって——したがって一つの種が別の種からというように——だけでなく、また実際それらがあるところの存在様式によっても区別される[172]ことが分かるのを、発見していた。白さは馬との比で、それが色であり馬が動物等々などであるということで区別されるのではなくて、白さの存在様式はそれなしではそれ自体が存在できなくなる別のものに依存しているのにたいし、馬にとって存在するとは自分自身に寄りかかり、ほかに依存しないことであるという点にある[173]。それだけでそのほかの欠陥を補い、パルメニデスにおける《存在物》の発見とプラトンにおけるロゴス *logos*、《理性》の発見とともに、われわれがギリシャ哲学に負っている三大研究をなしている、その最高の発見をそれ以前になしていなければ、このきわめて鋭い指摘も不可能であっただろう。私が問題にしているのは、《存在物》の根本的問題はその事実存在すること、つまり中世のそれとは大いに異なる近代的用語法でいうなら、《実在的な》ものの根本的問題はその実在性であるということの発見である。しかしながらこの存在論的才能はそれにふさわしい論理的方法論的才能、いかなる都市や古いギリシャの植民地のいかなるギリシャ人も成し遂げなかったあの決定的発見を考察し発展させることができる〈思考法〉を伴なわなかった。その発見のためには、アリストテレスの〈近代的〉側面の一つである新しい人間が、最近の〈植民地の人間〉、マケドニア人が必要であったのだ。

以上より、アリストテレスが自分の発見を考えるにふさわしい論理的手段なしに、いまや〈事実存在者 Existente〉になった〈存在物 Ente〉の概念をどう扱えばいいのか分からず――彼がはっきり見抜けなかったすべての問題を前にしてわれわれが予期していたように――《事実存在者》と諸々のモノとの関係は……類推的である、と再度発言することになる。《存在物》とその下位のものとの関係――すべてに有効であるがため、実際にはいかなるものにも有効でない――は、擬似的類、オムニバス的類、あるいは〈一つの等級〉しかなく、結局それは誰でもいっしょくたに乗せるので誰も満足していなかった大戦前末期の大西洋横断客船――当時の見事な象徴である――のそれである。

存在物についてのアリストテレス的概念の〈超越的〉性格がスコラ哲学者たちに提起した困難は、彼らの努力が無駄であることの中で明白になる。〈だから存在物は下方へと下降ないし引っぱられる……不分明な困難をもつ *De modo quo ens descendet vel trahitur ad inferiora... obscuram habet difficultatem.*〉[174]。さらにウラブル神父〔（一八四四―一九〇四）イエズス会所属のスペイン人哲学者。〕は決着をつけるべくつぎのように言い切るのである。〈存在物は同一の実在のより明確な概念によって、その下位に収斂 *Ens contrahitur in inferiora sua per modum expressioris conceptus eiusdem realitatis.*〉[175] し、《存在物 Ente》がありのままに存在物であるもの lo ente を表わすとすれば、それ以外のモノはそれをより明確にする *expresioran*。この発見はそれほど明解にするのに役立つものではないように思え、むしろ《存在物》の概念の不必要性を暗示するようだ、というのもその下位概念はそれをよりよく表わしており、むしろこの「よりよく」は「よりよいもの」に相当すると推測できるからだ。この場合の最悪事態は、サント・トマスとスワレスがまったく同じことを言っていることである。古い《スコラ哲学者》の中ではドゥンス・スコトゥスが、近代的哲学者の中ではアリアガ〔ロドリゴ・デ（一五九二―一六六七）スペインの哲学者、神学者。対抗宗教改革の指導者の一人。〕が、《存在物 Ente》とモノ cosas の間のこの奇妙な関係を取り上げている。《存在物 Ente》の概念は具体的な存在物 los entes に混乱した状態で――*confuse* 言及している(176)、といっても、それは首尾のいい解決になるどころか、むしろその解決不能性を正式に宣言するに等しい。

しかしながら《存在物》の概念の〈超越性〉は、たぶん《存在論》全般の中でもっとも深く、もっとも滋養があり、もっとも実り豊かな事項である。そのためには、そこにおいて《存在物》を本来の類でなく、婉曲法で〈共通主義 comunisimo〉と名づけられる類となし、自滅に至らしめている、共通性による抽出法を中止すれば充分である。モノとの逆説的関係――とくにその中で特種化するのではなくすべてのモノにたいして有効である――から、それがモノから取り出されていないことを、さらに各々のモノを存在物として見ること以前のあるものであることが示唆される。これを大雑把に生き生きとした形でいうならば、《存在物 Ente》は個々の存在物 entes の中にあるのではなく、逆に個々の存在物が《存在物》の中にあるのだ。これは人間が自分の周囲のモノと自分の運命を解釈するために、人間によって創り上げられた仮定であろう。モノを存在物として眺める試みは、前五世紀の三〇年代に始まり、いまだにつづいている。この試みは哲学と呼ばれてきた。

モノには人間との原初の関係では、《存在》Ser はなく、それは純然たる実用性 practicidades からなる。ギリシャ人ははるか昔からこのことを表わすのにひじょうに適した表現を保っていて、彼らは人間とのその最初の関係においてモノのことをプラグマタ *prágmata* と呼んでいた。この語彙は、厳密にそれらにたいしてわれわれが行なうことをあるいはそれによってわれわれが何かを被ることの名辞として、モノを命名する。私が今その下でこの文章を書いている電光とは、それをいちばん必要とするときに、私を照らしたりあるいは私を闇に放置するから、点灯したり消灯したり、その配線をしたり、料金を払ったりすること等々を意味する。これでもって私がなしうることあるいはそれで私が被ることの完全なリストを想像されたい。そしてそれと関係する行動や受動の総体を実用性 *pragmatismo* と呼んでみよう。しかしここで初めにそれを構成し実用性としてそれが汲み尽くすこうした実践性全体を越えたところで、まだ私がそれにたいして行なうことができる新しい何かが残っている、つまり光とは何であるかと問うことである。〈それにたいして行なうこと〉に関しては、それはそれ以外のものと違いはない。しかしその特長はそれを利用するあるいはその便益を大切に思うといったようなことではない、むしろそれを構成している私たちの生活の必要性と単純に関連していた実用性の網目からそのモノを引き離し、関連を断つ行為にある。事実、光とは何かと自問するとき、私はそれを私の生活から分離し、あたかもそれが私とは何の関係もない、したがって私とは別で関係ないかのようにそれを観察する。私はそれを私から引き離してただそれだけにする。さてこのことは、それを根本的な変身に委ねたことである。以前は私の生活の必要性との関連だけであった。今はそれ自身との関係である。モノは〈それ自身〉へと変身するのだ[177]。

　もしわれわれが純然たる実用性からなる原初の次元において生が構成している環境とはまったく異なるその観念をあらかじめもっていなければ、具体的なモノのこのような変身は、不可能であろう。新しい環境は〈それ自体性〉の純粋な形式から構成されている。そこに有るあるいは有りうるすべてのものは、〈それ自体〉として有る。この環境が《世界》である。だから光とは何であるかと聞くことは、われわれの原初の生活からそのモノを取り出し、それを——それとともにわれわれ自身をも——〈世界〉の中に投影することである。各々のモノは私から離れて単独であっても、それ以外のモノとつながって現われ、また〈それ自体〉に変身して、《世界》という形相を満たす質料として〈それ自体性〉の網を構成するようになる。ついでながらいっておくと、各々についての解決はその全体と関連しているため、神はすべてのものに関して、したがってその全体に関して解決せずして一つのモノについて解決することはないということを、ライプニッツはひときわ強調している。これによれば神にとって《世界》観は、その部分に先行し、それらについて決定する。同じことだが、創造的行為は正式に《世界》の創造に向かい、ただ二次的な方法でそれを構成する諸々のモノの創造に向かう、だからあれこれといった最善のモノでなく、最善の《世界》を創ったのだ。

われわれがあるものの《存在》を、さらに《存在》〈一般〉を問うとき、実用性としてそれが成り立っているわれわれの生活との関係すべて——一つ、まさしくその存在についてわれわれに問わしめるに至ったそれを省いて——を分析する。この問いとそれに回答しようとする試みは認識、要するに理論の履行である。これに伴なう生来の逆説に気づかれたい。理論においてわれわれは諸々のモノを取り上げ、それと関係する一方で、一切の実践的意味でそれを取り上げ関係することを断念する。しかしそれ自体——理論——は実践主義の一形態である。われわれを理論化することへと駆り立てるものは生的な必要であり、この実行そのものは一つの実践で、それらにたいして何かをなすこと、つまりその存在に関してそれらを問題として取り上げることである。

光とは何であるかという問いは、われわれが光の何であるかを知らないことを意味する。しかし同時に各々のモノが存在するかぎりであるところのものを知る前に、《存在》が何であるかを承知していることを意味する。でなければその問いは意味をなさなくなる。だがそうなると存在の観念は諸々のモノから抽出されたのではなく、人間によってそれらの中に導入され、それは各々のモノの存在に先行し、それらを存在物として可能ならしめているということになる。したがって存在物は《存在物》の中にあり、その逆ではないと私は言ったのだ。《存在》はたしかに諸々のモノの存在である。しかしながらそのことはその〈自体性〉であるのだから、モノの中のいちばん特徴的なものを、諸々のモノはそれをモノとしてはもっておらず、人間によってそこに想定されているという結果になる。事実、《存在物》とは人間の仮説であろう。それゆえわれわれが存在を探し求める、それを尋ねているかぎり、われわれがそれを発見したと思う範囲でそれを存在の属性から切り離すことによって、その属性を明確化する必要があるだろう[178]。

アリストテレス－スコラ的思考法では、概念《存在物》の超越性はただ分類面での些細な意味をもっただけである。それはあらゆる特殊クラスの概念を超越し、そのいずれにも属さず、いかなる特種化の手続きなしにすべてに関わることを意味する。その思考法には、あらゆる規則に反する〈存在〉の概念のこの奇妙な条件を理解する手段がないことを認めるべきだった。しかし――最大限要約し、ただ暗示するという意図しかないが――私が上で表明したことから、ずっと意味深長な超越性の両義性がわれわれに明らかになる。超越性のために一方で、《存在物》の概念がモノに起因せず、逆にそれの存在物としてのかぎりでのモノの起源であるから、事実あらゆる種類のモノを超越することを意味する。他方《存在物》の仮定によって、各々のモノにそれが現出する場で純然たる実用性としての価値を有している原初の環境を超越し、《世界》といった〈ようなあるもの〉を形成し、その構成要素となろうとしていることを意味する。この超越するということは、プラトンが〈《存在》へ《昇る》Subir al Ser〉と呼びならわしていたところのものだ。自体性の世界では、諸々のモノのそばで、人間もまた〈自分自身〉としている、つまりそこで〈人間は永遠化する〈l'uom s'eterna〉。だがその《世界》は仮説であり、われわれの生がその原初の次元から彼方へと送り出す要請である。すなわち自分自身を生きる、いわば生の自体性を生きることに自己自身を投影し、それへと変身することを要請するのだ。

23 〔アリストテレスにおける近代性と原始主義〕

上述から明らかなように、アリストテレスは自分の学説の体系的不充分さから逆の外見を装いつつ、結局最後にはあらゆる決定的事項を類推、したがって弁証学、つまり〈おしゃべり欲〉に位置づけ始め、概念では思考されたモノの共通の実在を表わすことを含意するのではなく、その共通性とはただそれらすべてのモノが、各々のそれなりの方法で、何か唯一のものに言及しているにすぎないことを意味する、思考対象のモノと概念間の関係として、類推を名目的に定義するのである(179)。以上の用語はアリストテレスの術語でもスコラ的なそれでもない。しかし私はにわか仕立てによってでもその観念形成の手助けをしたいと思う。アリストテレスは名目的定義で満足する。類推的統一を名称の単なる一致から区別しているからには、何らかのものでなければならない類推的〈実在〉が何からなるのかが、はっきり見えてこない。他方、類推が構成されるところの特殊な精神的行為がいかなるものであるかを示すことにも、意を用いていない。その結果——類推的普遍概念——があまりにも相違するため、彼の論理学や解析学で列挙されているものとは必然的に異なることになるだろう。結局、優れたアリストテレス哲学者であり折り目正しいトマス主義者であるジョセフ・ゲイサー〔（一八六九—一九四八）ドイツの新スコラ哲学者の代表。〕が言うごとく、類推とは〈具体的事実存在的条件の単純な抽象がもたらすすべてのものよりもはるかにかけ離れた概念へと導く(180)〉精神的行為であるということをつけ加えておこう。

これは思想史においてこれまでに起こったもっとも奇妙なことの一つである。それは以下の理由からだ。

1　アリストテレスにとって類推的〈思考法〉は、科学的なそれではなく、したがって真の実在の精神的所有をもたらさない。

2　しかしながら学問と《存在》におけるもっとも重要なもの、つまり諸原理の探究は、それに負うものである。

3　だがこのことで、彼は類推の存在論的、方法論的、心理学的起源の分析には赴かない。

4　したがって、〈結び目に気づかない者はそのほどきかたが分からない〉[181]という彼の原理からして、類推の問題が解決できなかったからには、それを見落としたと推察される。

5　もう一歩踏み込んでおれば、類推的思考が彼のモノ的思考とは、前者がモノを関係項としてしか考えない、したがって単純にモノ、つまり物質のカテゴリーを捨て、関係 πρός τι のカテゴリーに身を置く点で相違することを見抜いていただろう。デカルトはこのことを実行したのであり、そしてそれによってまさに完全に新しく、今回は以前より少し真正に精確な新〈思考法〉体系を創出したのだ。この一歩によって、アリストテレスは突如まったき絶対的近代性の中に位置づけられていたことだろう。

6　しかし類推が提起するその問題を洞察しなかったゆえにその一歩を踏み出すことはなく、それに直面して自分の思考法の中で眩暈を覚えたため、彼は絶対的に寸毫も近代的でなく、唯一その人格の一面においてのみそうであったので、ただ相対的にしかそうではなく、その条件の反対側全般からは彼の中に《原始主義》[182]の根底を疑わせることが明白になった。今や彼には正式に、そのような評価が下される。なぜなら原始的心性は——私が初期的あるいは魔術的思考と呼ぶものは——、アリストテレスが類推するときに見せるのと同じことをすることからなるからだ。

7　それ以前の項目によってその意味づけがなされるこの最終項目は、思想史においてもっとも奇怪なことの一つと私が考えるところのものである。つまりもっとも近代的思考形式ともっとも古い原始的思考形式が、まさに紙一重の差しかないということだ。デカルトとアリストテレスは（類推に際して）、単純に関係項として、したがって相関として、モノについて話す点で――アリストテレスはそれと気づいていないが――一致している。両人の差はデカルトがそれを意識していて、相関物を相関物として捉えているのにたいし、アリストテレスは相関物を相関的でなく絶対的で、関係からは独立したモノのように、要は正式に〈モノ〉として捉えていることにある。いってみればこれは、原始的人間が行なっていたところである。[183]

アリストテレスが類推の関係的条件を認めるというごく簡単な方法によって一挙に *d'emblée* 近代性のうちに位置しなかったことを嘆くことは、もちろん彼への非難ではなく、実際のところ嘆息であり、まさしくわれわれの愚痴なのだ。かといってそれでそのことは、彼が近代的でなければならないとか、いつでも近代性が最善であるとかといったことを、当然のこととしたり自然の成り行きとも考えたりしていないのである。だがその逆を考える人や永遠の哲学 *phylosophia perennis*〔新スコラ哲学が、中世スコラ哲学において結晶化された人類の遺産を「永遠の哲学」として継承しようとしたもの。〕――これこそまさにアリストテレス－スコラ哲学である――があると考える人たちに、近代人に起こりわれわれ現代人にも起こりつつある諸観念を明瞭に見抜くようにしいることをたしかに意味する、というのも彼らにはそれが認められないこともありうるからだ。もしその永遠の哲学があらゆる時代のそれ――したがって近代人のも現代人のも――をよく理解しないのなら、それにはそのような永遠性が備わっていないため、いかなる時代にも根づかずに過去に取り残されたからであり、もし永遠化、永続化するのであれば、それは化石化、石化していて、たぶん〈哲学者の石〉となっているからだ。

アリストテレスでは〈近代性〉（＝相対的近代性）と〈原始主義〉が驚異的に混合しているという、すでに二回述べた厄介な診断を、しばらくここで中断しよう。プラトンはそれとはずいぶん異なる成り立ちである。彼はたとえあるとしても〈近代的〉側面はほとんどない（たしかにその学説はその大部分が絶対的に近代的、いや現代的でさえあるという結果になったが）、しかしまた〈原始的な〉ところもない。逆に彼についてなされてきたイメージとは反対に、私には彼が典型的に、〈原始的 primitivo〉とはずいぶん異なるのだが、〈古代的 arcaico〉であったと思える。古典美術史家たちによってアイギナ〔アッティカとペロポネソス半島に挟まれたギリシャの一地方で、紀元前八―五世紀に栄えた。〕の彫刻と呼ばれているものを思い浮かべていただければ、私がこの形容詞に込めた意味の輪郭が浮かび上がることだろう。理論的発展との関連で芸術的発展が通常先行するために、プラトンはそれらと同時代であり、著作家思想家として似かよったスタイルを表わしたであろうと、アプリオリに推測できる。彫刻の古典期に比べこの〈擬古流〉には古典が避ける一種のマンネリズムが含まれている。プラトンは疑いなくかなりマンネリ化していた。だから彼の同時代人は彼にたいしその〈アジア的特色〉を非難していたのだ(184)。

24　［新〈思考法〉とアリストテレスのデマゴギー］

デカルトが類相互間の共通性を、したがってアリストテレスがプラトンに対抗して主張したようには、諸々の、複数の個別的学問がないことを宣言し始めたところで中断していた。二四世紀間絶え間なく示されてきたとおり、これによってアリストテレスはプラトン主義を変形させ、思考の歩みを停止させた。すでに述べたごとくその責任の少なからぬものは、これまでに存在したもっとも偉大な哲学者の一人アリストテレスが哲学者でなく、〈学者〉の気質を備えていて、学者はいつも専門主義、つまりわれわれが見たように〈固有のもの〉〈個別のもの、lo idiota〉である専門性に傾くということに原因がある。専門主義は学者を〈だめに〉してきたidiotizado[185]。そうした人はもっとも偉大な哲学者の一人がきわめて不充分な哲学的気質しかもたず、人間的なものを知ることに専念しないで……ベニスの娼婦が若きルソーにいったように、《数学》を研究するようにと忠言したことを、冷静に考えられないのだ。

だからデカルトによれば、ただ一つの、唯一で総合的学問があるだけだ。デカルトにとっては、アリストテレスや本論究におけるわれわれにとって同様、〈学問〉とはもっぱら理論つまり演繹論であることを想起されたい[186]。デカルトにいわせれば、すべての演繹論は連続した一体をなし、その幾つかはほかのものから演繹されあるいは相互に含意し、種々の学科目名は単に唯一の有機体の構成員を意味するにすぎない。この《唯一の学問》は《形而上学》で始まり《気象学》と――うまくいけば――《生理学》で終わる。デカルトはこのように考えており、今日われわれもそのように見ている。しかしもちろんデカルトにおいてそれはあくまで計画でしかなく、そのこと自体がすでに大変なことだった。今日この計画は大部分において実現された。

学問分野の連続性によって、その総合的演繹的集合体 *corpus* においてそのほかすべてのものの基礎となる一次的基本的領域である《形而上学》を区別することが許されるわけではない。それは魂と神の問題を扱う。いかにまたどうしてこうした事項を扱うことが、デカルトにとって根本的認識である——それ以外のものを基礎づけるという意味で——かは、簡単にではあるが、後ほど検討するところだ。しかしたしかに今すぐわれわれは、どのような〈思考法〉をつうじて形而上学に到達するかについて自問すべきである。この〈方法の人〉が明確、明晰、判明に、どのような方法と彼の一般的方法のどのような特種化によって、魂と神についてその探求を行なっているかを、一度も明らかにしていないことがここで分かる。[187]

すでに述べたように、不完全ではあるがその方法に関してわれわれが所有する唯一の論述は、『精神指導の規則』である。そこにおいて冒頭からわれわれは、パリの主祭の叫びに出くわす。〈王は死んだ。王よ、万歳！〉、〈類相互間の交通不能は死んだ。交通の可能性よ、万歳！〉だから当面われわれは上掲規則が示し、『序説』においてその余韻が残る方法にのっとるのが賢明だろう。後ほど彼の方法との関わりで、《形而上学》がどうなったかを見ることにしよう。

もしわれわれが『規則』によるなら、そこでは（われわれの判断力が唯一でありまた唯一の方法で機能しなければならない、同じことだが、唯一の方法を使わねばならないから、唯一である）《唯一の学問》の宣言のあとで、それが具体化するようになる、と前もっていおう。そしてこの具体化の中で、結果的には、われわれに準備する暇も与えないまましかも当然のこととして、この《唯一の学問》は《普遍的学問》要するに《普遍数学 *Mathesis Universalis*》へと収斂する。なぜならデカルトは《普遍的学問》を《唯一の学問》とはすこぶる異なるものと理解しているからだ。《普遍数学 *Mathesis Universalis*》は《数論》《幾何学》に始まって《天文学》《音楽》《光学》《力学》〈その他多くの学問 *aliae que complures*〉[188]を含む、彼の時代において少なからず悪い意味で数学系と呼びえた諸学科目の分野にまたがりそこに集約する諸学問の集合体 *corpus* である。一六世紀においてもまだコペルニクスのような人物を数学者と呼ぶことはごく普通のことであり、このことははっきりさせておきたいのだが、《天文学》が本来の意味で学問でなく、ただ〈その外見を装うもの〉であることを暗示する。まだアリストテレスが君臨しており、天体に関わる真の学問はコペルニクスとケプラーの時代から——いっそう不名誉なことに《幾何学》と結びついて——天文学者が作り上げていた一群の仮説ではなく、〈生気論的〉、いわゆる *soi disant* 哲学的《物理学》であって、その原理、いうところの〈諸特性〉は、アルタミラ洞窟の住人が心中に抱いていたそれと大差ないのである。そのため、つまりそれが学問でなく〈数学者〉のたわ言であったことで、コペルニクスの著作は広まったのだ。

《唯一の学問》と《普遍的学問》の違いは、決定的には大きくない。前者から《形而上学》と《論理学》をのぞけば後者になる。しかしデカルトは《論理学》を信用せずそれを根本的に *a limine* 根こぎにしたので——あるいは省こうと思ったので——、《形而上学》だけが残った。諸学問の世界の上に、またそれの序章として、《方法》がある。

ついでながらいっておくが、すぐれて〈理性 raison〉[189]の人であり近代的合理論の創始者かつ守護者であるデカルトが、最終的には《論理学》を信じなかったということは、《歴史》において予見されずに現出し、それだからこそ真の《歴史》であるあのようなほほえましい事柄の一つである。《歴史》はこのような突発事件、つまり思いがけないセリや巧妙な仕掛けに満ち満ちている。だからそれはベニスの娼婦が勧めていた数学とは正反対のものだ。

《形而上学》をのぞく全学問が区別なく含まれるこの《普遍的学問》は、諸実在について唯一の類を仮定する。そもそも《解析幾何学》は広がりとしての大きさを数と混–同し con-funde ている。一見この第二段階は、それを運動、天体、気象、つまりあらゆる感覚的現象や〈物質的なモノ〉に拡大し、この混–同 con-fusión を最終的に一般化することになる。[190] このことで、いかなる曖昧化もなしに、伝統的〈思考法〉とデカルトにより開始されたそれとの間の違いを明らかにしようとするわれわれは窮地に立たせられるのだ。

『方法序説』では、理論を構成する理性の縦の序列が、自伝の時系の中に水平に置き換えられている様を目の当たりにする。デカルトは彼の思考が方法に忠実であっただけでなく、彼の生活も体系的であったことを示すのに大いに執着しているのだ。だから自分の生活の歩みを語ることは、自分の方法を提示することになる。推論の純然たる連続であるこの方法は、神が《神話学》でなされるように、個人の運命に転移された『序説』の中で示される。そして彼の時代に教えられいわれていたことすべてが彼には疑わしく思えたので、精確な知の相貌をした唯一のもの、数学的学問を頼りとした。〈しかしこのことによって私は一般に《数学的》と呼ばれているこれらすべての個々の学問を学ぼうとしているのでなく、その対象が多様であるにもかかわらず、それらが見事にそれらの対象の中で見受けられる種々の関係あるいは比例だけに —— *rapports ou proportions* —— 言及している点でかならず一致するのを見て、私はただ一般的にそれらをずっと容易に教えてくれることのできるモノ[191]においてのみそれらを想定するが、同時にそれがふさわしいようなすべてのモノ全体に後で適用できることを目的として、それらを少しも制限するのでなく、こうした比例だけを一般的に検討するのが好ましく思われた〉[192]。

われわれはこの最初の跳躍によって、新しい世界にいるのだ。《数論》の目的は数量としての〈モノ〉でなく、また《幾何学》のそれは連続の〈モノ〉でもなく、《物理学》においてもそれはそれがまた〈モノ〉である運動によって動くところの〈モノ〉でもない。諸学問――《形而上学》をのぞけば精密科学しかない――はモノを取り扱うのではない。われわれはデカルトが自分の考えを公表するにあたって細心の注意を払っているのが理解でき、そして驚かされるのはそのようにして始まる学説が直ちにすさまじい騒ぎを起こさなかったことである。デカルトの方法は幾何学と化した用心深さであり、その生は規則正しかったが、彼はまず最初に旅立つ……ことにたいへん気を遣っていた。当時ヨーロッパ大陸にあって唯一自由であり、同時に部分的には、イタリアをのぞいて諸学問においてもっとも進んでいた土地へと旅立つのだ。彼はオランダに赴き、さらにそこから後年になって決意をこめて、あのことばを発することになる。

諸学問はモノをそれとしてでなく、その〈関係や比例〉として扱う。これに含意される、すばらしく斬新な意味をしっかり把握しよう。

1・A　各々のモノがそれ自身あるいはその本質に閉じ込められて孤立した自然である存在物としてのかぎりで、学問はモノについて語らない。学問は本質の認識ではなく、われわれの意図に有益でありうるという意味においてあらゆるモノを取り上げ、この意味はその孤立した自然をただ観照するようにとわれわれを促すのではなく、あるモノがほかのモノによって知られうるために、われわれはそれらを相互に比較するのである[193]。

だから、モノ＝本質、に代わって、モノ＝関係の基層、ということになる。

2・B　人間から離れてその《存在》をもちうるかぎりでの存在物として、学問はモノについて語るのでなく、認識は人間学的有用性の関係である。われわれはモノがそれとしてあるところのものでなく、その中でわれわれにとって有用であるところのものについて問う、差し当っては実用的ないし物質的功利主義によってでなく、それらに関して演繹論を可能にするのに有益であるからなのだ。

3 新〈思考法〉は単に認識のための新しい方法であることからなるだけではなく、当初から認識そのものが何であるかについての、伝統的考えとは完全に異なる観念を出発点としている。理論 —— θεωρία —— はもはや《存在》の観照でなく、演繹体系にとって《存在》の中で有益なものの観照である。

4 かくて《存在》の真理 verdad del Ser は《思考》の都合の干渉を受け、《思惟》における真実 verdad en el Pensar が真理と呼ばれ、このことによって突如デカルトがつぎの重大な定式を宣言するのが可能になる。〈真理とは《存在》と同一のものである〉。

5 存在物が干渉を受け、単に関係項に還元されるため、学問的認識はその存在物ではなく、存在物間の関係を考察することからなる。だが関係は、感覚によっても空想によっても発見されず、それらはわれわれがモノにたいして行なう比較という行為によって得られるのだ。

6 そのため、まずしなければならないことは、感覚の認識的価値を根本的に減じ、アリストテレス－スコラ的方法の出発点である原理の欠陥を暴くことである。〈初めに感覚の中になかったもので知性の中にあるものは何もない〉(194)、これはつぎのものにとって代わられなければならない、感覚の中で確実に実在的なものとしては、知性が決定し、そこに措定したものしかない、と(195)。スコラ哲学者の感覚主義に合理論がつづく。感覚への批判と真理の基礎としてのその決定的廃止において、デカルトは不屈の執拗さを見せる。彼の基本的学説によれば —— 認識という理性の良き秩序の中でのその決定的重要性と第一義性によって、—— まず前もってわれわれの中で感覚の真理性への信頼 —— 彼の考えでは単に本能的で動物的である

——を切断することが達成されなければ、つまり彼のいうように精神を感覚から引き離すこと *abducere mentem a sensibus* なしには、真正な真理を認識することも、理解することすらもできない(196)。

7　実際のところ、以下のこと以上に堅固、〈明白で〉、自然な原理はない。感覚はわれわれに様々な存在や実在を現前させてくれる。それはたいへんなものであり、もっとも信頼するに足るものなので、信じられるべきものの典型を表明するのに、〈みんなが〉〈百聞は一見にしかず〉というほどである。この常套句はひじょうに固陋な民衆哲学の結果であり結晶であって、それはすべての哲学同様、懐疑論を出発点にしており——今の場合あらゆる推論に対立する懐疑を出発点としていて、それらの理屈には最後の信用の手段、唯一の充分なものとして——見る、聞く、触るという行為が対置される。だからそれは、広場で定着し、つねにある〈世論〉である。だが《哲学》はまさに——学派そのほかの違いが何であれ——感覚にたいし真理性の管轄権を否定するところから始まったし、それから成り立つ(197)。パルメニデスとともにそれが誕生したときにそうであったし、デカルトにおいて再生し、カントにおいて実証主義の方向に傾斜し、コントにおいて決然と実証主義になったときにそうであった。それ以外については話す必要もない。だから感覚への信頼の俗見、〈世論〉、*dóxa* または *éndoxon* にたいして、《哲学》はその成り立ちからまた偶然でなく、反・俗見 *paradoxa* である。自分の哲学の出発点および始まりとしてこの俗見、その弁論術的 retórico 世論 *éndoxon* ——厳密にはそれは弁証学的 dialéctico とすらいえないが——、その洞窟の偶像 *idolum fori*、感覚につきものの信頼性のデマゴギーを使うという問題ある名誉は、アリストテレスのためにとっておかれた。彼の哲学は——この学問の全歴史において——そのような振舞いをした唯一のものである、というのもストア哲学者は彼からその教義を引き継いでいるからだ。

どうしてこれまでアリストテレス－スコラ的〈思考法〉のデマゴギー的民衆的性格が強調されてこな

かったのか、私は納得できない。なぜならそれは、一度その哲学が知られるやそれを生み出し支え広める心理、主観的性格を理解し始めようとするときになって、初めて明らかになる特色ではないからだ。そうではなく、学説そのものが大衆にとってのみ真実である、つまり感覚の存在論的〈明証性〉を容認することを本質的起点として、そこから出発しているからだ。それはサンチョ・パンサ〔セルバンテス『ドン・キホーテ』（一六〇五／一六一五）において、一般的に精神性を象徴する主人公ドン・キホーテと対照的に、物質性の象徴とされる人物。〕の判断基準である。感覚への信頼は伝統的学説であり、〈人々〉、集団の無責任で匿名の意見に基づく公の制度である。矛盾律の〈明証性〉について述べたことを思い出されたい。この存在論的感覚主義の学説は、集団の心において神話や俗説や話題が見せる力をもった、もう一つの実効的〈不可解〉である。それには理由もそれ自体の弁解もない。何千年もの昔からある、種々の実用的で、生にとって有益な経験から生まれ、単純に〈そこにある〉。誰かある個人が熟慮の末作り上げたのではなく、あらゆる大衆的なもの同様、無人称的に徐々に、その上を途切れることのない伝説の流れでもって時間が経過しながら、形成されてきた。この何世紀にもわたる匿名の流れによって、それはあらゆる〈俗説〉があるところのものへと変わり、社会というせせらぎの底を流れる歌となっている。それを信ずることは、知的行為ではない。それを使い、それを信頼するとき、実際誰もその内容、その言説 *dictum* について考えない。〈俗説〉はそれがあるところの社会的もしくは集団的様式として、意識的でなく、盲目であり、機械的である。個人は、〈記憶にとどめない時代〉から人々が自分のまわりでそういってきたし、彼も暗示にかかってそれをまねその身振りを反復してきたから、それを信じている。個人は知性によってでなく、社会的暗示によってそれを採用する。それは理論とまったく関わりない〈原理〉である。それは機械的な社会的実効性である。この種の〈暗示的〉容認の総体が、ストア哲学者以来〈常識 sentido común〉と呼ばれてきたものを構成している。それは〈共通感覚 sentido común の真理〉である。〈常識〉はいかなる知的能力でもないゆえ、真理を創造し、所有し、内包することはできない。それには格言、諺、〈言い回し〉、つまり世間でいわれていることを含んでいる[198]。

もしこの感覚信頼の学説が以上述べたこと——したがって社会的事実、単なる集団の〈習慣〉であって、唯一理論を生み出しうる人間の精神行為でないこと——でない、そしてまたそれがアリストテレスにおいてもそうでないなら、たとえその基礎づけをしないでいても、少なくともそれが矛盾律や排中律[199]のように、原理として定式化されず提示されなかったことは理解できないし、それが提起すらなされなかったというのはなおさらのことそうである。以上の理由から、彼にとってそれは〈田舎の人〉誰にでもあることだが、人々がつねに背後に追いやっているすべての真の信念について彼の中で起こるように——《哲学》をのぞいて、だからそれは信念でないし、そうあることはできず、そうある必要もない——、活動中で、同時に潜在的無意識であり、深層の学問である。〈信念〉と〈俗説〉は覚醒した明敏な精神には属せず、いつもわれわれの中で根底から *a tergo* 働きかけている、要するに、そもそも生はそれらにつき動かされ、押されて生きている。

　ところで、アリストテレスはそれがあたかもこの世でもっともありふれたことであるかのように、ただつぎのように語るだけだ。真の、つまりもっとも真正な《存在物》は実体であり、実体は私が目にする〈この人物〉〈この馬〉である。以上。

25　［ストア哲学者の強硬症的幻想］

以前われわれは、認識理論とそれに付随する認識的なものの心理学がアリストテレスの直弟子たちにおいて辿った発展を簡単に跡づけた。もしさらに後代にまで視線を移していたならば、《ストア哲学》の誕生ならびにその認識論とそれに伴なう知の理論において、アリストテレス学説で不可避的に生ずるはずであったあの発展のつづきを目撃することになっていただろう。

ギルド的粗雑さはあるもののストア哲学者の認識学説には一貫性があり、鋭い閃きがないわけではない。それはアリストテレス主義の当然の帰結である。感覚がもたらす《存在》あるいは《実在的なもの》についての情報以外はない。しかし感覚は物体的なものについてしか情報をもたらさない。したがって〈実在的なもの〉〈存在物〉は物体である。ここでは不可避的に、極端な認識上の感覚主義と極端な存在論的物体主義（＝物質主義）が組み合わさっている。アリストテレス哲学の誠実な発展は不可避的にこのような結末に至らざるをえなかった。《道徳》以外では、《ストア哲学》はアリストテレスの腕白坊主 *enfant terrible* である。それはアリストテレス哲学が、究極的真理においていかなるものであるかを明白にしている。これが歴史というものだ。明日という日は、昨日作製された版を否応なしに明らかにするものだ。今日において秘密で潜在的であったものは、将来、公然となる。《歴史》は実在的なるもののすばらしい露呈へと向かう巨大な歩みである。だからいつでもジョサファットの谷〔ヨエル書による、神が最後の日に民衆に審判を下すという場所の象徴的名称。〕の考えをすばらしいシンボル、つまり終末を最終的な露呈と考えるそれと判断すべきだ。それは偉大な歴史学的真理の幻視的表現である。

ストア哲学者によれば、人間には知性はない。だから観念を作り、原理を発見し、それを納得するのは、知性ではない。概念と同様、原理は人間において徐々に、緩慢に、しかし自然発生によって、生まれてくる。感覚的経験、物体との接触は人間の中に、機械的に概念や原理といった精神作用の結晶――そしてこれはこの学説の鋭いところである――を残していく。それらを所有し使用することは、われわれが普通〈思考する〉といい習わしているところのものではなく、何かが目に近づいたときに自動的に瞼が閉まったり水溜りを避けるために横に飛びのいたりするときの反射的運動に似た機械的使用である。かかる生活の基本的経験は機械的に原理へと沈殿して行き（繰り返していっておくが、格言とか諺のように）、すべての人間に共通するものである。だからすべての人間は同一の原理をもっており、原理の〈真理〉を知るための基準は……普通選挙同様、集団的有効性なのだ。《ストア主義》が宣言するこのことは、すでにアリストテレスにおいて宣言されてはいなくとも秘かに作用していたものである。原理はある意味で、明快であるからというのでそうであるのではない。それはそれが述べることによってでなく、みんながそういっている、人がそういっているからそうなのだ。セネカのことばを聞いてみよう。〈Multum dare solemus praesumptioni omnium hominum et apud nos *veritatis arguementum* est aliquid omnibus videri.〉[200]。その結果ストア哲学者は、原理のことを〈原理〉とも真実ともいわず、〈推測 presunciones〉あるいは〈推定 asunciones〉――πρόληψις（*prólepsis*）と呼ぶ。彼らはアリストテレスが公理や原理をそのように呼んでいたのと同様、その内容にのっとりそれを意見あるいは〈共通の裁断〉――χοιναὶ ἔννοιαι（*koinaì énnoiai*）[201]――と名づける。普通選挙、集団的有効性のもつこうした命題全体を、〈共通感覚、常識 *sentido común*〉

と称した。そしてここにアリストテレス－スコラ哲学の真骨頂がある。それは常識の哲学であり、すなわちはっきりさせておきたいのだが、知性でなく、〈明証〉と呼ばれていたものすべて同様、集団的暗示による盲目的推測であるのだ[202]。

このことからわれわれは、ストア哲学者たちにとって認識の基礎となる真理の判断基準と精神行為、要は〈強硬症的幻想〉または〈驚かせまたは気づかせる観念[203]〉がともにいかなるものであったかについての、理解も説明もされていない真の性格に関し、新たな解釈を試みることが可能になる。観念によって驚かされ気づかされているのが人間であり、観念はわれわれに押し迫り、圧力をかけてくるというふうに理解されたい。しかしわれわれにたいし催眠的性格をもつ観念やイメージ——幻想——は、知覚——*aisthesis* の一つあるいは多くの生き残りでしかない。知覚は彼らにとって強硬症的暗示的もしくは催眠的効力をもつ精神現象の典型である。強硬症は力づくでわれわれにたいしあるもの、知覚あるいは命題に同意せざるをえなくする。この同意——*synkatáthesis*——は〈自由〉である。究極的にはわれわれは自分が置かれている強硬症に同意することもしないこともできるが、それを拒否するには多大な努力を要する[204]。

ところでストア哲学者は、強硬症的幻想が少なからず誤るということを認識していたにちがいない[205]。このことは必然的に——たしかに彼らはけっしてそのことを完全に察知していたわけではないが——、その説得力感知力はそれらそのものから、つまりその内容から発しえないという条件があった、というのもその内容は正しくもあり間違ってもいたからだ。私の考えでは、感覚やある種の最高度の命題に備わる、〈説得的〉ないし圧力的——強硬症的——性格をストア主義者が抱くのは、感覚と矛盾律への信頼が〈支配的意見〉〈俗説〉であるとの考えに由来すると思われる[206]。これらは二つの伝統的真理であり、二つの集団的慣習である。その結果としてまさに誰もそれを問題にすることなく〈明証的〉として受け入れることになる。それは集団的暗示と〈催眠術〉、文字どおり、昔同様今も強硬症と理解されているところのものによって生み出された〈盲目的機械的思考〉である。人間は集団の慣習を生きているかぎり、社会的暗示により操られた自動人形である。それは永遠の強硬症のうちに生きていることだ。これは知覚による心理的効果とはちがって、社会が個人に及ぼす社会学的影響なのだ。だから今私が所有する感覚が私を強硬症化するのではなく、感覚は信頼するに足るとの私があらかじめはまっている一般的信念こそが感覚を〈催眠にかけて〉私に引き渡すのである。そしてアリストテレス－スコラ哲学は、感覚とそこにおいて共通性による抽出によって概念についてなされる抽象への信頼を不問に付したままで、そこを出発点とするため、それは強硬症者、〈俗論〉の心理的奴隷、俗説の犠牲者の哲学なのだ。

ストア哲学者にとって、人間における真理はまさにスコラ哲学者が〈明証〉と呼んだものの心理的叙述的名称である〈おののき sobrecogimiento〉のもつ純粋に主観的性格をもって起こる。私にはこの術語はすばらしく思える。信念が完璧に信念であるとき、人間が否応なしにそれによって捉えられ、虜になり、〈所有される〉のを、これ以上明解に命名する術はない。人間と信念との、またそれに直面したときの関係は、自由のそれではない。それはそれを信じる〈しかない〉という状況である。信念はその内容が見抜かれあるいは理解される前に、われわれの内部へと入り込み、われわれの主体性を占有する。われわれはそれがわれわれにとり明白透明で理解されているからそれを信ずるのではなく、逆にすでにわれわれがその虜になっているからわれわれに明白透明で絶対的意味をもつものと思えるのだ。それは心理的メカニズムであって、本来的に知的関係であるのでなく、またストア的肉体主義にとって心理的なものは肉体的なあるものなので、それは身体的メカニズムであろう。だから彼らはいうであろう。一次概念 nociones ——

ἔννοιαι（*énnoiai*）――はわれわれの中で物理的に、つまり自然に形成されると、[207] そして以前私がストア主義によれば概念 conceptos は自然発生により形成されるといったとき、厳密にはこのことを指していたのである。彼らは概念のことを〈自然的〉、物理的〈一次概念〉と呼ぶようになる。たとえば善悪は、二つの自然概念である。

この恐怖を起こさせる者、この気づかせる者、あるいは魅了者は、まったく感覚的知的ないかなるものでもなく、人間がそれらを知ろうとするとき、人間を虜にしてしまう〈物理的〉力である――〈〈イメージ〉や〈一次概念〉の〉そのある力 *vi quadam sua* は人間が自らを知ることをもたらす *inferunt sese hominibus noscitanda*。[208] その力を彼らは強硬症化するもの τὸ καταληπτικόν と呼んでいた。繰り返すが、これは典型的に感覚的知覚において現われるにしても、それに独占的でも特長的でもない。〈明証的〉概念や格言は、同じ意味において強硬症である。それらすべて――感覚と理性――は《ストア哲学》の基本的術語〈強硬症的幻想〉のうちに集約されている。彼らにとって〈幻想〉は、一様に感覚、概念、命題を意味する。キケロは強硬症を理解しうる *comprehendibile* と訳しており、同時代人の文献学者は、私の考えでは誤っていると思うのだが、それを〈理解 comprensión〉つまり知的作用 intelección と訳している。実際は逆なのだ。〈モノを理解する〉のが人間であるのではなく、モノが人間を〈圧縮する〉、人間の中に自分を〈記す〉、それに〈刻印する〉――*phantasía typosis en psyché*（Plut., *De communibus notitis*, 47）のだ。[209] だから読者よ、強硬症 *kataleptikón* というのは知的作用というよりもむしろ、鶏を催眠にかけるビリアード台の白線に似ているのではないかという、私の問いに答えていただきたい。これはストア哲学者にとって偶然ではない。というのもその学説――粗雑だが、大きなスケールで考えられ、すばらしい――では、人間は自然、色々な物体からなる自然の事実でしかない、自然そのものはその物体性において〈感覚〉、巨大な本能‐知性のような、逆にいえばその自動作業によって部分とその中に人間もいる諸部分を統制し導くあるものを備えている、大きな《宇宙的物体》であることを明言するからだ。人間の魂は熱い呼気 *pneûma* で、したがって主として胸、心臓およびその周辺にあり、同時に肉体的現象であり、〈感覚的〉ないし〈知的〉現象である声の中に顕現する肉体的なあるものである。プネウマ *Pneûma* つまり魂が胸にあることの証拠の一つとして、〈私〉というときわれわれは自分の手を胸にあてる、τοῖς στερνοῖς ἡμᾶς αὐτοὺς δειχνύντες ことが挙げられている。（ツェラー引用のガレノより。203. n. 2.）ストア哲学者が《知性》あるいは《理性》について語るのを避けるのも偶然ではない。それよりも彼らは指導するところのもの *hegemonikón* ということばを好んで使う。《知性》は《指導するもの》としてのかぎりで、感覚の基本的明晰さとわれわれが本能と呼ぶところの夢遊病的的中との巧妙な組み合わせである。それは自然から与えられており、人生においてわれわれを導き、正しい行動をすることを可能にしてくれる一種の生けるレーダーである。それは人間固有のもので、その独自の特色はもう一つの大きく総合的なもの同様に、自発的作用である。

　強硬症が知的機能能力でないことのもう一つの理由は、知識のある者とない者において同様に作用するという点にある。このことによって、ゼノンがこの概念を発表するや否や、プラトン主義を懐疑主義に改変したアルケシオラオス――〈アカデメイア〉学園の創始者であった――は、そうだとすればそれは知と無知の中間的なものであるという反論を掲げる。われわれはこの中に本能の定義を見るであろう。アルケシラオスはこの反論に、さらに私の解釈の正確さを補強する別の反論をつけ加える、つまり強硬症的幻想は矛盾的一次概念であると言う。なぜならばその幻想は一見〈説得的〉であり、したがってすでにそれは〈同意〉*synkatáthesis* であるからだ。しかし同意は一般的命題、原理、格言についてのみ可能だ。事実、上述のごとくストア主義者自身によれば、強硬症は知覚と判断や公理においてひとしく作用する。アルケシラオスがそこに矛盾する何かを見抜いているのは正しい。強硬症（すなわち〈明証性〉〈確信〉）はかくして二つの意味をもつことになる、つまり知覚において起こることと公理あるいは原理を前にして起こることと。だがこのことは、これら二つの意味のうち一つが原初的で有効的であることだ。自然なのは、ストア主義者にとって知覚が強硬症の典型であり、他方そこから心理的にそれ以外のもの――概念、判断、推論――が生まれる知的作用であるからには、彼らがその固有の強硬症 *kataleptikón* を残余すべてのものにとって原初のもの、基礎と考えるべきであった。ところが実際にはそうしておらず、その学説は少なくとも判断と〈明証的〉原理の強硬症を同律に原初的と考えている。そこからアルケシオラスが矛盾を看取している知的領域全体にたいする〈明証性〉‐強硬症の不整合が生ずるのだ。だがそのことはあらゆる点からその兆しがあったにもかかわらず、ストア主義者が知覚の中に、感覚の具体的機能の中に強硬症‐〈明証性〉全体の起源をあえて見ようとしないで、その逆の真実らしさを感じ取っていた、要は諸原理の〈明証性〉は感覚的なそれとは全面的に異なる〈明証性〉‐強硬症であり、とりわけそれは感覚中に知覚が標榜する〈明証性〉の真に根源的で、原因となる明証性があると信じなければならないと主張する原理とは異なっていることを示している。

いわゆる〈明証性〉のこの強硬症的性格は、むろん理論的真理つまり認識とは相容れない。とはいえそれは真の――もっとも真の――宗教的信仰、たとえばキリスト教神学者が問題にする信心 *fides*[210] がいかなるものであるかの説明にとって、あたかも指輪が指にはまるごとくぴったりなのだ。別の個所で私が提示した〈信念〉の概念は神学においてすこぶる有効であるかもしれない。なぜならサント・トマスや私が見てきたそのほかの神学者、なかでもとりわけスワレスは――私にはそう映るのだが――、人間の習慣 *habi-*

tus としてのかぎりでの信仰 *fides* の組成についての問題提起がすこぶる不得手である。それにはつぎのような事情があるからだ。サント・トマスは人間のどの次元に、もう一度いうと、われわれの中での習慣 *habitus in nobis* としてのかぎりでの信仰を位置づければいいのか分かっていない。一方で信仰は、〈知的したがって必然的行為の原理である principium actus intellectus et ideo neccesse est, quod fides〉……〈なんとなれば信仰は基体におけるごとく知性においてあるだろうから sit in intellectu sicut in subjecto〉（*Secunda Secundae* qu. 4.art. 2）。しかしその直後、知性は信仰において理解する —— 知得する *inspicere* に由来 —— のでなく、ただ帰依 *adhesión* の形で同意する使命をもつだけ、したがって著者本人によれば、信仰は知的徳にあらず *fides no est virtus intellectualis*（III. *Sent.* d. 2. art. 3. qu. 3.）なのである。このことでもってサント・トマスは、まさに多大な努力を払って学習した時間を無駄にしたことを示すだけである、なぜならアリストテレスの〈思考的徳 virtud dianoética〉〔直観知 noesis に対置される思考的知 dianoia。〕という用語は、それ自体かなり模糊とした一次概念であるからだ。モノに関するかぎり、信仰における知の役割は、『ドン・ファン・テノリオ』〔スペインの伝説上の大胆不敵な誘惑者ドン・ファンを題材に、ホセ・ソリリャ（一八一七－一八九三）によるロマン主義代表作。一八四四年。〕の最後から二場目におけるセンテリャス将軍の仲間のそれである。そこではただつぎのようにだけ語っている。つまり〈賛成！〉信仰を理論的なものにのみ適した人間のもっぱら知的側面に位置づけようとする執着心のために、ただちにそれは〈われわれに関するかぎり *quoad nos*〉学問よりも確実でなく、今問題にされているものであり（*Secunda Secundae, Ibid.*, art. 8）、それによって信仰を台無しにした。というのは第一に、信仰を学問に似かよったものにしているからだ、けだし元来学問とは問題を不可分的に含むものであるゆえ、第二に、学問としてのかぎりでそれをこの世で最低のものの一つと、とどのつまりそもそも準‐学問にしており、第三に、それから盲目というその力強さと魅力のすべてを与えるものを取り去っているからだ。しかもそれは、それに視覚 *inspectio* を否定し

ている頁においてである。だが信仰は〈われわれに関するかぎり *quoad nos*〉、学問よりも確実性が低いと同時に、それよりもわれわれにおいてより確実である *certior in nobis*（*Ibid.*）、なんとなれば確固とした帰依 *firmitas adhaesionis* のおかげでその確実性はより強く *vehementior* なるからだ（III. *Sent. d.* 23 qu. 2, art. 2, quª 3)。どうか読者よ、以上様々な考えすべてをまとめられたい。両者の――学問より確実性が低いと同時にそれよりもずっと強力に確実であるということの――動機は、〈信仰において意志が主要な役割を担う、なぜなら知性は真理自体の明証性にひきずられないでそれを欲するがために―― *quia vult* ――、自分に提起されるものに信仰ゆえに同意するからである〉。（『異教徒駁論』*Summa contra gentiles*）III, C. 40）だがこのことは、それが知性に関わることであるにもかかわらずまたそうであると同時に、その基礎あるいは原因は〈認識的類の、一般に事実存在する感情的類以外の *extra genus cognitionis, in genere affectionis existens*〉（III, *Sent. d.* 23, qu. 2, art. 3, quª I.）あるものということになる。したがって信仰は、当初、知的行為であるが最後には感情的運動、本来的に知的でなく知的外の原因の結果、意志の結果である知的行為となる。そのため知性は信仰において〈捕らえられている、なぜならば独自でなくほかの目標によって所有されているから *captivatus, quia tenetur terminis alienis, et no propriis*〉（*De veritate*, qu.14,art. I, *Secunda Secundae*, qu.2, art. 9, ad. 2.）である。サント・トマスによる信仰の記述には、私が〈明証性〉と強硬症を解釈するのに使ったのと同一の表現、捕らわれ、つかまり、とり憑かれた精神がある。さらにサント・トマスは幾つかの顕著な場合には、聖パウロに起こったように、捕らわれの状態は〈発作 raptus〉にまで達する。パウロの〈恍惚〉について話すときサント・トマスは聖ベルナール〔（一〇九〇―一一五三）宗教家、神学者。シトー会に入会し、観想に基づき教会社会改革に献身。〕に教わった〈恍惚〉を思い出さずにはおられず、発作はその文字どおりの訳である。結局それはアレキサンドリアのクレメンスの予弁法 *prôlepsis*、つまり強硬症を意味するストア哲学の術語にも言及している。

だがもし私がその前に私の感覚で〈観念〉や知的性格に対立するものとして〈信念〉がいかなるものであるかを考察していなければ、ストア主義にとっての真理の判断基準であるこの一次概念を、その根底から理解することかなわなかったであろう。時満つれば野鳩みんながそろって巣に入るように、問題も首尾よく解決するのを見守っていただきたい。私はこの〈信念〉という一次概念がまさにカトリック神学において、最高の効力をもつものと考える。それはいっそう簡単であるうえ、さらに具体的で説得力のある〈心理的〉意味を急遽もたらし、一方では信仰 *fides*、救霊予定 *praedestinatio* に、他方では共同体 *communitas*、つまり教会についての完全な概念の解明に資する。しかし結局、神学者は神学者なのだ。だが私は彼らの態度が――少なくとも結果的に説得的な表現で――理解できないと告白せざるをえない。彼らは〈信念〉の牢固な地盤のうえに充分強く生きるというすばらしい運に恵まれていたけれども、哲学者すなわちその運命が悲劇的であるほかの人たちにたいしてスノビズムを感じていた人たちである。なぜなら、すぐに見るように、哲学者は信念をもっていなかったので懐疑に陥り、そして自分自身の、個人の譲渡できない努力でもって、沈んでしまうのを避けようとして、理論というものがいつでもそうである一時的な筏や浮き輪を作って生きていたからだ。かくも重大なテーマにおける根本的混乱に直面して、《哲学》は理論以上のものではないし――またそれ以下でもない――、理論は個人的営為であり、それにたいし〈信念〉は理論ではなく、それが真実で確たる〈信念〉であるときでさえ個人的だけでなく集団的でもありえ、むしろ社会環境から疑問視されることはない。だからサン・ヴァサン・ドゥ・ルリンがその『忠告者』*Commonitorium*（四三四年）の中で、〈それを所有することを大いに気遣っている、なぜならつねに、どこでも、みんなから信じられているから magnopere curandum est, ut id teneatur quod emper, quod ubique, quod ab omnibus creditum est〉と語るとき、信仰が備えていなければならない実効的で確立した〈社会的緊急性〉

の性格を力強く認めているのは、正鵠を射ている。彼はまさにアウグスチヌスの干渉にたいしてこのことばを投げかけており、教父であるアウグスチヌスには実際、哲学者としての側面の多くが余分であった。サン・ヴァサンの著作は〈キリスト教古代においてもっとも評価されている作品の一つである〉と『教会古代史』（Ⅲ、二八三）においてドゥシェヌ猊下〔ルイ・ドゥシェヌ（一八四三－一九二九）フランスの教会史専門家。〕は語っている。ドゥシェヌ枢機卿のこの本はまたそれ自体で、私がかつて読んだ書物の中でもっとも楽しく知的な作品の一つである。

26 ［イデオマ（仮想）－ドラオマ（実効的観念）］

デカルトはこの途方もない強硬症から目覚めた――またわれわれをそれから目覚めさせた[211]。この目覚めの提示において私は、彼の哲学全般に言及するのを極力軽減する目的で、欠陥があるものの、その方法の唯一の提示である『精神指導の法則』を出発点とすることを選択した。上記『規則』は、類相互間の交通可能性を最初からただしきりに断定するばかりで、これは伝統的〈思考法〉の心臓にぐさりと剣を突き立てるようなものである。デカルトの断定はいかなる論拠によっても保証されていない、というのも人間の認識力――*humana sapientia*（規則I、2）――は唯一同質であるという単純な気づき――それはそれで無根拠な断定である――がその根拠にはなりえないからだ。結果的にそうなることもありそうだが、また唯一統一的認識はその対象物によって多様化できないというデカルトが搾り出したその直接の結論を、推論することもありうる。しかし『規則』全般において方法を基礎づける一片の意図もないし、その根拠もない。その目的は、ある機械の発明者がその部品を見せてその働きを説明するのと同じく、もっぱら方法を提示するだけだ。〈学者〉としてのかぎりでは、デカルトにとってこの説明だけで足りた。学問的に方法の証明はそれを使用してみることであり、もしそれで望ましい結果が出れば、何もいうことはない。デカルトが方法を絶対的に何と理解していたかを（だが彼の方法の具体的内容ではない）、可能なかぎり精確にここで素早く描写できないのを残念に思う。実際のところ私はいかなる個所においても、彼の考えなりに方法の果たすべき機能が何であるかについて正しく理解がなされているのにお目にかかったためしはない。方法は顕微鏡や望遠鏡が学問でないのと同様、学問ではない。それは器具、道具 *órganon* である。アリストテレスにおいて道具——論理学——がその存在論から切り離しえないことは、欠点として考えられるであろう。方法が学問でないからには、それは理由によってでなく、成果、結果、達成によって証明されるべきだ。犂べらで本当に掘り起こしたかどうかは、三段論法でなく、収穫でもって証明されるものだ。デカルトが『規則』においてもまたほかのいかなる個所でも、自分の方法を基礎づけていないことをもっとも明白な形で明らかにした後で、またその必要はなかったことも、同じくらい強調して明らかにする必要がある。

これとかなり趣を異にすることだが、デカルトが好むと好まざると、また基礎づけという形式上の必要性なしに方法的装置が完璧に作用しようとしまいと、方法は疑いなく一種の哲学的前提、つまりそれを含意するものに由来しているのだ。デカルトが個人用屋内用の哲学、今の場合もっとも有名な〈炉〉*poêle* であるのだが、それを考え出したおかげで、彼はこの方法を思いつくことができた。これまでのところ読者諸氏と私が行なったことは、そのもっとも近い意味あいを指摘することであった。その列挙においてわれわれは、理論的原理として感覚への信頼を廃止し、スコラ哲学のバスティユを乗っ取るというところまで到達した。ここでわれわれは、本論究においてしばしばある中断の一つに出くわしている。この問題にはそれだけの値打ちがあった、というのもそこに、一方においてスコラ的〈思考法〉へと向かい、他方においては近代的〈思考法〉へと向かう学問上の分水嶺があるからなのだ。

感覚において《存在》が現前するという断定はアリストテレス哲学の第一原理であって、矛盾律がそれであると推定するのは、アリストテレスとそれにつづくスコラ哲学のまったくの誤謬である。ライプニッツにとってはそうであるだろう。でも充分な権利がある、なぜなら彼にあってそれは、第一に存在論的でなく論理的原理であるからだ。しかしアリストテレスにおいて矛盾律は、《実在的なもの》の現前の原理を想定している。彼によればこの現前は、アイスセーシス *aisthesis* 感覚的直観において起こる。このアイスセーシスは種々の原文やその原文が言及しているモノの中に確固として基礎づけられているのだが、特別の善意を示して、それをそう呼ぶことにしよう。現実に起こっていることは、その原理が真に原初のものであり、アリストテレスや民衆においてすべてほかの思想より特別に優先されているため、それについて分明な意識はなく、あまつさえそのような原理としてそれについての理論的概念はない。だから真に〈われわれの生の基礎〉であるすべてのものについてと同様に、アリストテレスはいささかもそれを定式化するということをしない。それは私が〈根源的 *a tergo* 原理〉、観念でなく信念と呼ぶところのものに属す[212]。

その内容からして、これ以上に基本的、決定的でありえず、またその人物——アリストテレス——からしてそれ以上権威あるものはないというこの指摘において、それを論述する余裕はないが、しかし明らかにしておきたいものに出会う。つまり〈感覚は信頼するに足る、いやむしろ保証つきでわれわれに《存在》を与える〉というのは、上述のごとく、アリストテレス‐スコラ哲学において潜在的で原初の原理である。しかしながら原理としての条件で、いかなる場所でも定式化されていない。このことは、単純にそうであるということからなのだ。それはあらゆる原理、たとえば矛盾律を凌ぐ原理である。その仮想《イデオマ》[213]についてのこの二重の観察——その極度の原理性とその寡黙性——は混濁していて、私はそれに気づいたからには、それを明らかにする義務を負う。

哲学はいつでも二重、つまり明白な、哲学者がいい〈たい〉ことからなるものと、潜在的な、哲学者がそれを黙しており、それをわれわれに語らないだけでなく自分自身にさえ語らず、自分自身にも見えないので、自分にも語らないために潜在的であるものとからなる。この奇妙な二重の実在の理由は、すべての〈言述〉が人間の生的行動であり、したがってある〈言述〉において本来的究極的に実在的であるものは〈言われたこと〉、つまり言辞 *dictum* ―― 私が仮想《イデオマ》と呼んだもの ―― でなく、誰かがそれをいう、したがってそれによって行動、活動し、関わりあう（《*s'engage*》）事実である。さてある哲学は最初、時間と空間には関わりなく、われわれにとって誰でもなく、言述の単なる抽象的基層である匿名の誰かによっていわれた言述の性格を備えた、ただの仮想《イデオマ》の体系として現われる。それが無邪気さから《哲学史》と呼ばれるものを、哲学において一般に学習する方法である[214]。しかしながらもしわれわれがその仮想《イデオマ》の体系を総体的に再考してみれば、それはそれ自身の範囲には留まらず、そこに表わされた仮想《イデオマ》は作者がそれと気づかなくとも、自分がかつて一度も気づいていないが、しかし人間として彼の中においてまさに活発な前提であり、彼をしてそう〈いわ〉しめ、まさにほかのでなく彼の哲学といわしめるに至ったほかの仮想《イデオマ》を含意していることが分かる。したがってある哲学は自分の明白で仮想《イデオマ》的原理の層の下に、まさに生きた実在としての作者自身であり、パウロによればキリスト教徒がキリストにおいてあるように、自分がそこに身を置き、そこにおいて〈存在し、生き、動いている〉信念であるために、作者の精神にとって明白な仮想《イデオマ》でないほかの潜在的仮想《イデオマ》を有している。〈信念〉は仮想《イデオマ》でなく、ドラオマ *draoma* つまり生きた行動、あるいはその目に見えぬ要素である。その潜在的原因から観察すれば、哲学は仮想《イデオマ》の体系でなく、生的行動――ドラオマ――の体系であり、これには明白なものとは異なり、本質的に潜在的である独自の原則がある。

私としては以上でもって、なぜアリストテレスにおいてきわめて原初的である感覚的信憑性の原理を彼自身がそうしたものと捉えないで、あたかもごく自然のことであるかのように、そこを出発点としそれに留意していないかの理由が明らかになったことと思われる。感覚が真に《存在》を明示するとアリストテレスが信じた根本的原因はここでは示しえない、というのもその原因理由は、アリストテレスではなく彼より三百年遡ったギリシャの生全体にあり、われわれは途方もなく遠いところに行き着くことになるからである。スコラ哲学者が近代哲学にたいして、自分たちは《存在》の直観を出発点とする優位性に立つというのを耳にするとき、人は心底同情を禁じえないのだが、それは逆に自分がそれに勝る真理――それはつねに問題があり議論の余地のある事柄だ――を所有していると信ずるからではなく、彼らがその宣言について正当であるかどうかはまったく別にしても、ただ単純にその見解の意味そのものと起源につき根っから無知であることを目の当たりにするからである。しかし彼らが冷静に、人間的に、好きなだけの気概と確信をもって、しかし今日その干からびた哲学においてとりわけ役立たない傲慢を捨て去って、このことに気づいてくれればいいのだが。

27 〔懐疑－哲学の発端〕

以上の結果として、感覚への信頼の原理には、いかなる理論(215)的原理にも勝る上位の階位と実体があることになる。理論的原理が単に論理的作用を自意識的 *seconciente* 精神の狭い領域であるわれわれの人格の表面において実行しているのに比べ、感覚への信頼の原理は生の深奥部で作用している。たしかに自意識はわれわれの生の一部分である。理論化はさらにその部分のまた部分である。しかししばしば人間が生活の糧を得る方法であるというもっとも低俗な意味においてさえ、理論化することが生きることの一様式ではないかのごとくに、〈生〉を理論に対置させるのはよくない。理論もまた生である。だがそれはわれわれの生において、五〇年に一回訪れる聖年のようにほんの一部でしかない。推論している間のわれわれというのは、われわれの生全体の深淵部に比べれば、それは薄い皮膜のようなものだ。バレ〔モーリス（一八六二—一九二三）フランスの民族主義的作家。〕は〈知性なんて、われわれの表面にあるちっぽけなものだ！〉と叫んだけれども、正しかった。自分が知的であることが分かったからといって自慢するまでもない。知的であるとは、第一に、そうでないほかの多数者に比べて、第二に、ただ知りうるモノだけを勘定に入れても、もっともすぐれた知的な人でさえ知らない無数のモノに比べて、第三に、自分自身の全体と比べて、ごく些細な存在である。知的な人が思考する際自分の内部でフットライトに照らされて眺めている輝かしい情景の背後に、われわれの生と人格の中で見えこそしないが、しかしわれわれ自身の役者たちが知識人のアリアを朗誦しているあの表舞台の背後に、深き淵より *de profundis* 作用しているすべてのものの深淵がある。それにもかかわらずわれわれにおいてこの知性の量が決定的というのではない、なぜならたとえとるにたらない量だとしても、ごく些細な一部であるとしても、それは人間がずっとそれ自身であることができるところの、まさにその小さな部分でありうるからだ。この場合、知性は才能、巧知、機知という相貌を捨て、ただ単純平明に人間のもっとも根源的な義務へと変貌しうる。そしてそのときわれわれはつぎのような楽しい状況を見出す。つまり人間は知的であることとあまりにも少ないので、みんなは知的であるという逃れえない義務を負うことになるだろう。われわれは今この問題に決着をつけようとするのではないが、たとえ駆け足であっても、それに注意を喚起するのは適切であろう、というのはいつも才能について、せいぜいのところそれは各人が自分にたいしてもっている責務であるにもかかわらず、まるでそれが羨ましがったりがられたりするおしゃれでもあるかのように話題にされるからだ。

いずれにしても、哲学が真正な原理への探検であってみれば、哲学にとって自己の秘密の奥底において作用し、自分で気づかないかあるいはかりに気づいたとしても原理という派手なタイトルでいかめしいものに仕立てる恣意的仮想《イデオマ》が彼に――〈明証的〉として――押しつけるところの潜在的実用的〈原理〉を発掘する努力において、徹頭徹尾やり遂げることが本質的であり不可避であることを無視するわけにはいかない。この推定される原理を告発するこの仕事は哲学者の任務の一環であるだけでなく、それは哲学自体のアルファでありオメガでもある。それは哲学者をして、その深奥の神秘において作用しているそのような信念を平然と出発点として生きていながら、それ以外のものをちっとも顧慮しないでいるそのほかの人たちから区別するものである。彼らは信ずるという、少なくとも信じていると信じる幸運に恵まれている。だからその分析の見事さ、その論法のきわめて巧緻な芸当を楽しむために既存の哲学を欲し、それに赴く人は哲学者とはいえない。それは哲学者であることでない、それとまったく逆のこと、好奇心の固まりだ。デカルトはきっぱりと——アリストテレスとは反対に——哲学の動機としての好奇心を拒否している[216]。彼にいわせれば、好奇心は哲学にとって、喉の渇いた人にたいして水がもつような関係ではなく、水たまりにたいして水がもつような関係である。信じない人あるいは信じていないと思う人[217]のみが哲学者になれる、だから信念のようなものを絶対的に手に入れる必要を感じている。いってみれば哲学は、骨折した信念のための整形外科なのだ。

しかしながら不信人者の必要として生ずる哲学は、いったん出来上がるとその当初の動機の限界を越え、そのほか多くの〈生の側面〉へとその有効性を拡大する、生の日常的次元へと変貌する。これは、かつて一度も自分で哲学を創る必要性を感じなかった人たちが、既成の哲学を必要とするところの所似である。法律において既存の法律 *leges lata* と制定する必要のある新法 *leges ferenda* の間に根本的な隔たりがあるように、哲学にも二つの大いに異なる意味がある。既存の哲学を受け入れる必要性としてのそれと別の哲学を創る——偽りや移り気や欲望に発するものでない、真の——必要性としてのそれがある、というのも現在有るものはそうでないようであるからだ[218]。要するに哲学においても、ある日突然人間がその必要性を感じて創り出したその他の芸術や技術におけると同様のことが起こる、つまりそこではその功利的起源から独立してしまって、必要性の性格を失い、自分が自律的でそれ自体価値があると宣言するのである。この域に達すると、それらは過去においてあったように人間の緊急性のための慎ましやかな道具から、奢侈な活動、余剰の繊細さへと変貌し、いまやそれを扱うのは喜びであり、その所有は貴重となる。その結果、もっともありふれた——それを責める必要はない——趣味であり、多くの人を魅了し、人生を過ごす助けとなる楽しい[219]仕事というのが、哲学の存在様式となる。

デカルトにおいて哲学は再生するが、これには二つ意味がある。すなわち彼にとって哲学するとは、生の必要性であったし、また既存の諸哲学は彼にとって哲学することではないように思えたからだ。デカルトは通常の信仰をもっていた、そしてこのことは一六〇〇年の時点では、キリスト教神を、誠実だがしかしぬるま湯的に信ずることを意味していた。ところが彼はこのキリスト教の神をドゥンス・スコトゥスと、とりわけ天才的オッカムがそれに与えた形で受け止めていた。サント・トマスの少々異教化されアリストテレス化された神よりもずっと真実にキリスト教的であり、はるかにパウロ的、アウグスチヌス的であるこのオッカムの神は、凄まじく、見事で、剛毅な《存在》で、その第一の属性――真に神であり、それがあたかもリビアのライオンとかヒルカニア〔古代ペルシア、カスピ海南東部。〕の虎であるかのようにしてそれを手なずけるという大胆さをもたなかったときの神においてもっとも真実のそれ――は、自由裁量である。神は、これら人物がオッカムのように類いなく決然としたものでさえ《論理学》にたいして維持している〈合理主義的〉な究極の敬意のおかげで、ただ矛盾律によってのみ制約を受けるきわめて自由な意志であり、絶対的潜在性 *potentia absoluta* である。いったん神のことが話題にのぼるとわれわれは、反対することを許されないような家庭教師の憮然とした面持ちでそばにいて、それはいわば神を押しのけもう一つの女神へと変貌する《論理学》への敬意をなくし、その結果神の観念の中に多神教と異教性の後味の悪さが残る。合理論の創始者デカルトは、けっして小さくないその使命の一つが《論理学》の先生たちを眠らせないことである不合理的神を信じていたことをつけ加えておかなければならない。真の人間とはそのような人である。彼らはあらかじめ考えられた形で問題を準備しないし、無害の牛を相手に闘牛したりなどしない。オッカムとデカルトの神は、アリストテレスのそれとか、間もなくライプニッツにおいて見るところの神のように、学者を王位継承者に見立てて皇太子御用に *ad usum delfinis* その都合に合わせて創世したのではない。

その神はあらかじめ理解可能な世界を創りはしなかった。その神は人間を、神への信仰であふれさせているが世界については懐疑で一杯にしておいた。オッカムとギリシャの古典的懐疑論は、デカルトにとって保証人である。デカルトはまず人間知のことごとくを疑ってかかった。そのように始める人は、心から哲学者である。〈あらゆる初心者は――ヘルバルト〔(一七七六―一八四一)ドイツの哲学者、教育学者。〕は言った――懐疑論者である、とはいえすべての懐疑論者はただの初心者にすぎないが〉。今われわれは出発点に立っている。デカルトの出発点は一切の原理を疑い、懐疑を唯一自足の原理とすることだ。

　しかしここではっきりさせておきたいのだが、この点について――少なくとも哲学者はそのように始めなければならないと認める意図に関して――デカルトは、アリストテレスやサント・トマスと異なるものではない。現実には後の二人が、自分で命令として認めていたものを実行できなかったことだ。周知のように、アリストテレスが『形而上学』Ⅲ巻において《哲学》を定義するに際し述べたことば、つまりそれ以外すべてのものの基礎となり、それ以外のものが前提とし、逆にそれはほかのものを仮定しない認識、学科目、要するに〈哲学〉を必要とするということは、普通等閑に付されたまま――あるいは、もし覚えておられれば、それはその意味を骨抜きにするためである――にされる。この学科目は〈第一哲学〉と名乗る権利があるだろう。しかしその学問はまだない。それは〈求められているもの〉――ζητουμένη ἐπιστήμη, *zetouméne epistéme* だ。私には常々これは、《哲学》に与えられた最高に美しく、最高にふさわしい名称の一つであると思えてきた。哲学は語彙的には運に恵まれてこなかった。その公式名称はすべて多少とも気障っぽく、そしてこれもそうだ。でもこれは……とても美しい！　求められているものなんて！　するとわれわれには《哲学》は〈遥かなるお姫さま〉と映るのである。

〈もしそのテーマの内容について生ずる疑問を提示することから始めなければ、その求められている学問の中へと入ることができない〉。〈徹底的に、つまり根底から διαπορῆσαι καλῶς (*diaporêsai kalôs*) 懐疑することが、その中で探求しようとしている人の特色である〉。なぜなら結果として得られる良策は、事前の懐疑を解決ずみにすること——λύσις (*lysis*) ——でしかないからだ。〈結び目を知っている者だけがそれをほどくことができる〉。懐疑の中にあってそれを解決できないでいる人は、ひっかかった人である。さらに〈あらかじめ疑うことをせず初めから探求してかかる人（認識しようとする人）は、行き先が分からないまま歩き始める人と同断である〉。なぜなら認識努力の目的 τέλος (*télos*) は真理であるので、たとえそれを偶然見つけても、それに気づかないだろうからだ、というのもそれは問題、懐疑の解決からなるからである。まず——*prius*——疑わない人には、真理は姿を現わさない。ただ疑う人にのみ、真理は自らを明らかにする *Praedubitanti autem manifestus* ということばで、サント・トマスが出発点にする解釈は始まる。

その内容の厳格さとその表現における類まれな深みによってすばらしいこの一片の文章は、アリストテレスが良きアリストテレス、天才的アリストテレスであるときに、アリストテレス的スタイルの模範として役立つ。このテキストへのサント・トマスのコメントは、それに劣らぬくらい精確で気風に満ちたつぎの定型句に要約される。〈Ista scientia sicunt habet *universalem considerationem de veritate*, ...et ideo non particulariter, sed simul *universalem dubitationem prosequitur*.〉[220]

さて、あなたがたは何とおっしゃいますか。デカルトは出発点として、これに何もつけ加えることはできないだろうか。デカルトが方法的懐疑を発明したと信ずるのは意味があるだろうか。というのもサント・トマスがそれに鋭いアクセントを添えたアリストテレスの文章において、理論的すなわち精確な認識の真理と懐疑との間に本質的つながりが宣言されているからだ。まず初めに *prius* 懐疑のない知的真理はない。このことはデカルトが凍てつく冬のある夕刻に、ウルムから遠くない炉部屋に閉じこもっていたときに浮かんだ思いつきではない。これは思いつき、〈ラッキーな考え〉といったものとは正反対のものである。これは……《哲学》である。これ以外にない。哲学は、サント・トマスが見事に〈普遍的懐疑〉と命名したところのものを始まりとする程度において、そうなのである。彼はそれをアリストテレスのテキストをコメントしつつ、したがってその意味を厳密かつ力強く表現する意図で行なっていることを、とくと理解されたい。このような彼のことばに接して、彼がそのように考えたか否かという問題を提起する根拠すらない[221]。ここではサント・トマスが問題にされているのではない。

むしろ驚いたことには、まず哲学は普遍的懐疑であることが当然のことと一般に捉えられていないのだ。ではいったい、哲学とは何であると考えているのだろう。あれこれの哲学者、あるいはすべての哲学者が、完璧にその始まりとなる無制限の懐疑を実行する能力があったかどうかという問題と、これを混同しないでいただきたい。ここで問題にしているのは、哲学者がいたかどうかではなく、哲学とは何かということである。解せないのは——繰り返しになるが——この事柄の当然さに気づかず、普遍的懐疑から開始することがある一つあるいは幾つかの特定の哲学固有の学説である、と平然と信じていることである。哲学における懐疑は、あらゆる哲学学説理論に先立ち、それらを可能にするものだ。この問題は、〈おはよう!〉というあいさつに劣らぬくらい簡単である。あらかじめそれを投げかける問題がなければ、認識的努力は存在しない。問題は問いかけ quaestio、懐疑である。あるものについて、Aであるのかないか、ということだ。*To be or not to be, that is the question.* だからハムレットは、頭抜けて哲学的ヒーロである。それはフットライトの陰にいる、方法的懐疑だ。彼は五幕の間、〈背後にあるもの〉、疑わしいもの、幕の後にあるもの——短剣でそれを探り、ポロニアスを殺してしまう——人生の背後にあるものを問いかけ、それを確かめに行き、懐疑から抜けだすために生からも脱却してしまう、足取りの定まらない人物である。

問題が普遍的である場合、懐疑もまた普遍的である。たとえどんなに些細なものであっても、もし完全に確信のもてるモノが残れば、哲学は必要ない。信念という、あらかじめ懐疑のないその確実性の中に、その素材がいかに貧弱であっても、人間は自分の生を基礎づけることができる。困ったことは、あれこれといったものへの信頼が崩れ、精神が自動的必要性からそうした〈もの〉についての誤りに驚いて、まだ信じているそれ以外の〈モノ〉を信頼するための根拠がなくなるときである。われわれの信念の崩壊、懐疑は、われわれに真実のように見えていたあれこれの意見の通常範囲の修正であれば、さしたる影響はない。しかしその崩壊がいっそう進むと、不可避的にわれわれの内部において自動的にこの懐疑することの〈作用開始〉、要するにその一般化が生ずる。そうなると実際に疑っていることだけを疑うのではなく、人はあらゆることを疑い始める。歴史には信念に満ちあふれていて、あれこれについて疑うことさえ信念の一様式であるような時代もあれば、反対に人が信じていることさえも疑っている時代がある。今の時代は後者に属する。コクトー〔ジャン（一八八九―一九六三）フランスの作家、映画監督。〕はそのことをつぎのような愉快な表現で表わす。〈手品師までが信用されないわれわれのような時代には、いったい何が期待できるだろうか〉と。だから――そして今日支配的でもっとも極端な反哲学主義のあらゆる外見に反して――われわれは最高に偉大な〈哲学的〉時代の幕開けに立ち会っていると、本頁において確言できる。なぜここに〈 〉をつけたかについては、今その説明をするわけにはいかない。

私は――大衆を苛立たせるだろうことを承知の上で――、結局アリストテレスは哲学者ではなく科学者の天賦の才に恵まれていたと言った。しかし、驚くなかれ、彼はこれまで存在した中でもっとも優秀な頭脳の一つに恵まれていたのだ。その非凡な精神的メカニズムの俊敏さから、先ほど引用したばかりのあのような命題が発せられるのだ。ところが彼はすでに声をひそめて *sotto voce*、それらをなし遂げないだろうことを知っていた。もはや――たぶん――神を信じていなかったアリストテレスは、諸学問に絶大な信を置いていた。だから個人的には真理に関する普遍的懐疑 *universale dubitatione de veritate* のプログラムを実行しようと身を投げ出す必要はなかった。さらに彼の〈原始的〉かつ大衆的基盤は巷間の独断、話題、〈支配的意見〉つまり ἔνδοξοι（*endoxoi*）への信仰で一杯であった。彼は手品師を信じていた、というのは矛盾律を《実在的なもの》等々の仮借ない法則として信用していた――sic, creer〔動詞原形〕――からだ。彼の哲学は〈明証〉であふれており、アリストテレス‐スコラ哲学的明証とは社会的強硬症の形式であることは、先述したところである。それは単純率直にいって〈常識〉という偏見である。事実アリストテレス学説は、初動の懐疑を使うこと最少である。われわれはそのことで驚かない。図らずもアリストテレス哲学はかつて存在した哲学的であること最少の哲学の一つであることが、われわれの眼前で明白になりつつある。だから懐疑のテーマは、哲学的圧力を測る厳密なバロメーターであるゆえ、決定的である。懐疑――精確で透徹力のあるそれ、と理解されたい――が多ければ多いだけ、哲学的内容はいっそう豊かになる。

もう一度尋ねてみよう。人々は哲学をいったい何であると考えているのだろうか、と。

28　［哲学の歴史的起源］

哲学は、生きているという一大事に直面して人間が採択する根本的な解釈上、したがって知的態度の体系である。自分が出会ったこの自分の生は、自身が自分にたいしてあるところの出来事やそのほかのモノが自分にとってあるところのほかの出来事の全世界を包含する。しかし哲学――根本的見解のあの体系――がいつも積極的、つまりかならずそれを動かす問題についての積極的学説体系、要するに〈充溢した〉世界像からならなければならないと想定して、その形式を初めから *a limine* 取り違えるのは誤りだろう。積極的哲学には、いつもその邪な兄弟である懐疑主義がつきまとっていることが見落とされている。懐疑論もまた一つの哲学である。そこでは人間は熱心に――積極的あるいは独断的哲学におけるよりもいっそう熱心に――可能的な虚偽の世界に対抗して根本的な保身的態度を作り上げ、そのうえあらゆる知の否定性の中に身を置いてみて、独断的哲学者に負けず劣らず自分が確実なもの、誤謬の埒外にいると感じる。そのようにして懐疑論でわれわれは失語症、*afasía*――ἀφασία――、つまり判断留保、無気力 *apatía* – ἀπάθεια – あるいは廉直 *austeridad* – αὐστηρία – 簡素 *austería*、素っ気なく冷淡で、とりわけ厳格な態度へと導く、本質的に空っぽの世界像を抱く。厳密には独断論と懐疑論の間に、かかる区別を設けることすら不可能だ。つい先ほど述べたことから、すべての真正な哲学は懐疑的であると同時にまた独断的であることが、すでに明らかになり始めている。以下によって、その考察が理解していただけるだろう。

人間は伝統的信念を失い人生で途方にくれているとき、哲学というこの奇妙な営みに携わる。根源的喪失、何を頼りにすればいいのか分からないという[222]この意識は、無知である。しかしこの原初の無知、この根本的無知はどうしていいか分からないことだ。それによって宇宙がわれわれに提示する〈真にあるところの姿〉によって確実に、つまり充分な意味をもって行動計画を立て、あの元の無知から脱出し、モノやわれわれ自身について観念を形成すべく、現実に〈有るもの〉は何であるかを考察するようにと駆り立てられる。モノが何であるかを知らないで驚愕するという理論的無知は、理論的無‐学に〈無知〉という名称をとっておかねばならないからには、〈躊躇 *perplejidad*〉と呼ぶことができる実践にとっては二次的である。

だがもし無知において実践が理論に先行するならば、知においては逆のことが起こる。つまりわれわれの営為の体系はわれわれの理論、モノが何であるかということについてのわれわれの確信の体系につづき、〈何をしなければならないかを知る〉ことは、〈何であるかを知る〉ことに基づいている。多少調整すれば、各時期において人間の行動体系は観念体系の中にうまく収まっており、観念によって方向づけられている。われわれの意見におけるかなり重要な変化は、恐ろしいほど行動に反映するのだ。

人が宇宙について明晰さをもたず明確な考えをもっていなければ、生の完璧性――つまり安定と幸福――が達成されない理由は、以上のごとし。知は仕事、喜び、苦痛を完璧にするが、逆にこれらのものは知を促進し、誘導する *telekinan*。だから哲学が最初に口ごもりや偶然の発見をへて、千年以上つづく歴史的航海に旅立ったとき、プラトンのアカデメイアにおいてもっぱら《倫理》に関わる営みとして形成されたのだ。この点においてプラトンはけっしてソクラテス的でなくなることはなかった。公然とであれ密かにであれ、哲学はつねに〈実践理性の首座〉を意味していた。それが営為の学問であるかぎりそうであったし、現にそうであるし、将来もそうであろう。

かりに哲学が今私の述べたことだとするならば、そこに人間に生得的で生まれつきの営みを看取できないことが直ちに引き出される。そうではない。哲学が誕生するためには、それまで人間が哲学的でないほかの方法で生きていたことが必要である。アダムは哲学者ではありえない、あるいは少なくとも天国から追放されたとき初めてそうあることができただろう。天国とは信念のうちに生きること、その中にいることであり、かたや哲学は信念を失ったこと、普遍的懐疑に陥ったことを前提とする。驚異的なディルタイはわれわれに歴史的思考の黎明をもたらしたが、〈歴史的理性〉を充分もつには至らなかったことの大きな徴候としては、宗教や文学とともに哲学を人間の永続的——したがって反歴史的——可能性として捉えていたことがある。そうではないのだ。哲学はあらゆる人間的なものと同様に、歴史的可能性であり、したがってそれはあるものに発して別のものに達するものなのだ。歴史とは〈〜から発し〉〈〜に到達し〉〈〜でなくなる〉ことである。哲学はつぎの二つの事実、つまり人間が伝統的信念を失い、自分が所有していることが分かった新しい力、すなわち概念もしくは理性の力への信頼を獲得したときに初めて誕生しうる。哲学は伝統的なもの全体への懐疑であるが、同時に人間が眼前に見つける、障害物のない斬新な道への信頼である。懐疑、*aporía* と確かな道、*euporeía*、要するに方-法 *méth-odos* は、哲学するという歴史的営為の歴史的条件を構成している。見通しのない懐疑は、懐疑ではなく絶望である。そして絶望は哲学でなく、死の跳躍へと導く。哲学者は跳躍する必要はない、なぜなら自分が歩み、進み、独自の手段でもって《実在》につうじる道をもっていると信じているからだ。

哲学は人間において原初のものではありえない。〈まず生きること、しかる後哲学すること *Primum est vivire, deinde philosophari.*〉。この凡庸さは、そこに吹き込まれた凡庸さをあらかじめ取り除けば、真実である。それは単純に、人間は哲学する以前に〈すでにそこにいる〉ということだ。この〈そこにいる〉ということはただそれだけ、とりわけ宇宙空間に身を置いているということではなく、すでに生きるということに関わっており、自己の中で宇宙の自余のものが活動し、自分も自余のものにたいし反応していることである。哲学の笛が鳴りだすときには人間はもう決意ができていて、それが囃し立てまた条件を課す前に始まっている一つのシンフォニーの中へと入って行く。まず生きること、しかる後に哲学すること。すでに生きてきた過去があり、そして到達したある状況を考慮したうえで、生の内部から――ほどなく考察する予定の奇妙な形でもってその〈内部〉にいるのだが――人は哲学する。さらに個体発生学的に哲学は、生の上昇期、生の全盛期が経過していることを前提とする。哲学において〈神童〉はありえない[223]。プラトンは円盤を二回投げたり二回走り競争をしたりする合間に彼のほうへ首を伸ばし、首といっしょに耳をそばだてている若いスポーツマンを驚かさないようにとそのことは隠していたが、プラトンやアリストテレスは哲学が――政治同様――老人の関わり事であることに気づいていた[224]。系統発生学的に哲学は、伝統的ヘレニズムが衰退したときに生まれた。

永遠の哲学 *philosophia perennis* などないばかりか、哲学すること自体永続しない。ある良き日に生まれ、そして別の日に消滅するだろう。われわれが楽観的に良き日と呼んでいるのは、前四八〇年にかぎりなく近いころに到来した。困惑を覚えるほど時間的に一致して、当時お互い離れ離れに、ヘラクレイトスとパルメニデスが瞑想に耽っていた。たぶんヘラクレイトスはパルメニデスよりも幾分年長であった。両人の著作は〔前〕四七五年ごろに実を結んだにちがいない。ギリシャ人の生活のある具体的時期におけるこの二人の特定人物の状況的作品は、それまで知られていなかった、〈哲学〉という滑稽な名称で呼ばれるところの新しい人間の営みを開始することになる。私はまさにこの瞬間において、それと同じように私自身同じ行為を行なっている。あの時代から今の瞬間までの間に、人類は長大な〈哲学的経験〉を重ねてきた。これらのことばによって私は哲学をつうじて宇宙について発見されたことではなく、過去二五世紀間に哲学するという精神的活動により宇宙の諸問題を解決するためになされた一連の試みを示そうとするものである。〈哲学〉という道具の実験がなされてきたのだ。この実験においてこの道具を機能させる様々な方法が試されてきた。新しい試みの一つ一つは以前のものを活用してきた。とりわけ以前のものの誤謬や限界を改善してきた。そのおかげで《哲学》史は哲学することにおける進歩を記録しているといえる。つまるところこの進歩とは、別の幸運な日に、あれやこれやといった哲学的〈思考法〉には限度がある、したがって誤っているだけでなく、哲学することすべてには絶対的限界があり、不充分で、過誤がある、さらに《哲学》以前のいずれの方法でもなくまたそれ自体でもない、知的に宇宙に立ち向かう別の方法を開始する必要があるということを発見することである。きっとわれわれは、この別の〈良き日〉の夜明けを間近にしているのかもしれない。

29 ［われわれの根源主義の水準］

これら一連の哲学的経験は、時代毎また特色毎に段階をなす。そこには一つの水準があって、それはデカルトとライプニッツにおける哲学することの再生に対応している。だが哲学的経験における水準の尺度は、地下的方向において考えるべきである。新しい水準の各々は哲学的問題のさらに深い層であり、そこからは以前のものはそれ自身の下から、その根の秘密の中に観察され、その根はそこで哲学していた植物そのものには見えない。人間は生ける植物同様、けっして自分の根は目にしないが、先人のそれは目にする。このことはわれわれに提示面での問題を引き起こす。哲学がいかなるものであるかを多少とも完璧に記述しようとすれば、それを現在の視点から、われわれの哲学的経験の水準からするのではなく、デカルトとライプニッツの思考に対応する経験の水準に合わせながら——たしかにいくらかのたるみはあるが——するのがふさわしいだろう。当時から今日までの間に哲学分野で様々なことが生起しているが、われわれが恩恵をこうむり、ある意味でわれわれの構造の土台でありつづけているあれら二人の崇高なる精神の天才的先駆を、現在の低俗な知恵によって、過度に曇らせるのは意味がない。

しかし他面、そのような哲学についてあたかもわれわれがその水準にいるかのように回顧的に語ってみせるのはいかにもわざとらしく、実りがないであろう。そうした哲学はあらゆるもの同様、根本的省察である、とわれわれはずっと話してきた。《哲学》がデカルトとライプニッツの所で滞留しなかったのは、もちろんそれは彼らの経験が一度展開されてみると、その不充分な根源主義を露呈したからだ。だから彼らについて述べなければならないことを明らかにするには、できるかぎり簡潔にわれわれの根源主義を決定する水準線を引くことが避けられなくなる。それでは語数を数えながらそれに取りかかろう。

ハイデッガーは楽しいヴィジョンでなく全般的混乱を再度もたらしたのであるが、彼の意図するように人間が世界を懐かしがるときに、自分に役立っていたモノ、家財道具 *enseres*（*Zeugen*）が壊れたときに、人間において哲学が生じるというのは本当ではない。それが正しくないのは、人間は生まれながらにして世界から追放されており、そこにおいて人間は異人、異邦人である——そして差し当たりふと〈ある日〉そうであることを発見する必要はないのであるが——、しかしまた人間はつねに哲学することに関わってきたのでなく、むしろほとんど一度もそれを行なってこなかったからだ。この最初の誤りがハイデッガーにあって増幅し、人間は哲学である、そしてそれは——さらなる誤りである——人間が家財道具や道具、役立つ－モノ cosas que sirven の全体としての世界の欠陥を前にして、こうしたモノが自分とは別のものであり、したがってそれらには《存在 Ser》があり、それを問うことから人間存在は成り立っていることを発見するからそうなのだという主張へと駆り立てられる。これは古代人がいっていたように *katákhresis*、つまりチュートン人の怒り *furor teutonicus*、ゲルマン人思想家特有の逸脱で、われわれが慣れっこになっている概念の乱用もしくは脱線である。人間がつねに《存在》を求めてきたというのは本当でない。逆に前四八〇年以来初めて〈存在〉を探求し、しかもそれは限られた場所と限られた人間だけが行なった。哲学にまがい物を持ち込むのはよくない。プロティノス以降誰かが——厳密にいって——《存在》を問題にしたかということにも議論の余地がある。差し当たりスコラ哲学者たちは《存在》を探求したのではなく、むしろ存在物としての《存在物》をアリストテレスがいかに解釈していたかを問題にしたのであって、それはまったく別問題である。しかもこの問いかけは徹底的になされなかった。概して、すでに見てきたように、スコラ哲学とは探求の熱意ではなく、それとは正反対の回答の熱意である。したがってそれは、気づいてもいないしその苦しみが経験もされていない問題の解決に関わる。それは反‐哲学、あるいは哲学の抜け殻の典型である。しかしまたデカルトとライプニッツも、精確な話、《存在》でなく、少なからず異なるものを追求した。ハイデッガーによってなされた存在の概念の逸脱は、〈《人間》はつねに《存在》を探求してきた〉や〈人間は《存在》への問いである〉といった決まり文句が、人間がかつて問うてきたすべてのものを《存在》と捉える、《存在》を偉大なまがいもの、〈何の役にでも立ったり *bonne à tout faire*〉、汎用的 *omnibus* 概念に仕立てて初めて意味をなすことを指摘すれば明らかになる。しかしこれは学説ではない。《存在》の概念のこのような膨張は、あらゆる状況からその逆の操作、つまりその意味を制限し厳密にすることがまさに勧められていたときに起こった。

　一九二五年、私は〈《存在》の問題の再提起〉を正式本格的に目ざしたシリーズの発行を計画し、私の弟子たちにこのコンセプトに厳密にそって、大学での計画を策定するようにと誘った。きっと彼らはあの私の学説について必要以上に黙していたのだ。それは一九二七年一二月、表題に《存在》ということばを冠し、〈《存在》の問題の再提起〉を告げるハイデッガーの著作が上梓されたからである。私はそれを一瞥するだけで、一九二八年一月初めに出版され、上述の再提起が準備されていた計画中の最初の研究である試論『ヘーゲルの『歴史哲学』と《歴史学》』の注において、ハイデッガーの本著作に言及した。ハイデッガーの当作品の——公刊された唯一の——一巻においては、《存在》の問題の再提起はなく、《存在》についてはどこにも語られてなく、ただアリストテレスが〈《存在》の意味の多様性〉、かの有名な πολλαχῶς (pollakhôs) について語るに至ったのとさほど異ならない意図において、《存在》のもつ様々な意味を区別しているにすぎない。私の弟子たちはすでにそのとき、ハイデッガーは行き詰まっていて『存在と時間』の下巻は刊行されないとすでに私が口にしていたことを知っていたけれども、私は抜きがたい楽観論でもって、それでもハイデッガーはそれを今後の何らかの作品において提起するだろうと期待していた。例によって誰も——私の弟子たちですら——、私がその直後に発表したくだんの計画の二番目の試論である『カント補遺』において、《存在》の問題の根本的再提起と私が呼んでいたものを、真剣に考慮するということすらしなかった。そこにおいて根源主義とは、ハイデッガーが〈そこに存在すること〉からなる存在物、つまり *Dasein* あるいは人間の定義的記述に専心しているときにしているように、《存在物》の新しい意味を探したり[225]、各クラスの存在物の本体 *entidad* をこの存在物の組成と対比して《存在物》の《存在》とはいかなるものであるかを追究したりすることではなく、〈あるものが何であるか〉と自問するときに、したがってどのようなクラスのあるもの、存在物が眼前にあるかを知る以前に、この《存在》という語句を使う際それが意味することを調べることにあるかが看取できる。これはいまだになされていなかった問いかけであるゆえ、誰も《存在物 Ente》とはどんな得体の知れぬものであるのかを明断に見抜いていないのだ。それが分からないためハイデッガーはそれを膨張させたが、それは受け入れられたものであり根源から創造されていないあらゆる概念を前にしたときの自動的傾向であって、それを《人間》が自問した全究極性にまで拡大した結果、たとえ《存在》が人間の問いかける究極のすべてのものだとしても、単なる語彙上の問題でしかないだろうが、しかしハイデッガーが断定しているのは究極のものではなく、したがって彼の断定が間違っているため、人間は《存在》への問いかけでしかないというのだ[226]。

一九二五年に私は字義どおり、つぎのように述べて——私の弟子の幾人かは覚えているかもしれない

——私のテーマを発表していた。1　《存在》の伝統的問題をその根源から改革しなければならない。2　これは現象学的方法、伝統的な論理的思考があるように単に概念的‐抽象的でなく、統合的ないし直観的思考であるかぎりでまたそのかぎりにおいて、その方法でなされなければならない。3　だが現象学的方法に、周知のようにそれに備わっていない体系的思考の次元を付与して、それを統合する必要がある。4　最後に、体系的現象学的思考が可能になるためには、それ自身体系であるような現象を出発点としなければならない。この体系的現象とは人間の生であるから、その直観と分析を出発点としなければならない(227)。以上の理由から私は、《現象学》に接して間なく、それを放棄した。

デカルト以来なされてきたように意識を出発点とするのではなく、各人にとってその生がそうである根源的実在に確固として立脚しなければならない。そこで根源的としてあるのは、たぶんそれが唯一の実在であることででも、またそれが絶対的なあるものであることですらない。ただ単純に生という生起において各人に、すべてのほかの実在、それを超越しようとするものさえ、現前、通知、徴候として与えられるということを意味する。だからそれはほかのあらゆる実在の根源であり、ただこのことによってのみ根源的である。以上から人間の生の研究——生の認識 *biognosis*——は、われわれの生という普遍的生起の領域でほかのすべてのモノを生じ、出現させる根源において、その研究へと駆り立てる。そこで《哲学》の大きな伝統的問題がその根源において何であるかを自問してみると、それらがいつも二次的、派生的で、原初的でない、すでに成長していて、その地下の根拠でない相で提起されているのを発見するのである。

もちろん私は、かつて存在しいまだに充実した生と活力を保っているもっとも偉大な哲学者の一人に数えるべきハイデッガーの疑いえない天才的能力を賛嘆するものであるけれども、彼が根源的問いかけをしてこなかったことで私は彼と大きく立場を異にする。だから私は、生ける人間的実在を出発点とするわれわれすべてと共通するもの以外、彼の立場のほとんどいかなるものも受け入れることはできない。そんなわけで彼がただ無条件に〈《存在》の理解〉、〈Seinsverständnis〉と命名するところのものを最初から人間に付与するのは認められない。なんとなれば、彼の著作のいずこにおいてもこの名辞をいかに理解しているかを明らかにしようと骨折っていないからだ。事は重大である、というのはまさにそれは本論究が辿ってきた道程において私が見つけ注釈しなければならなかったあのような恣意的学説、つまり〈人間は《存在》への問いかけである〉といった説へと導くからである。《存在》という名辞からして、その地平に言語学が姿を現わすや否や、近代の哲学者を不安に陥れるものである。それはあらゆる言語において〈存在〉を指し示すすべての語彙はそれが最近のものであるという特徴があり、伝統的哲学者——近現代のそれを含めて——が哲学は必然的に、方法はともあれ、かくまで基本的概念である《存在》を究極的に提起することからなると信じながらも、人間の発展の相対的に近い時代まで、特別の *ad hoc* 言表を見つけなかったことがその妨げになっているからだ。ほとんどすべての言語においてBe動詞 ser が考えられるかぎりかぎりなく多様な起源をもつ語根や語幹から形成されており、その多種多様な形態が絡み合っている様はまるでつぎはぎを見るようであって、それがその偶然性偶発性を特段によく表わしているという事実から、その近代性を極限にまで押し広げているのである。

　そんなわけで実際には、ハイデッガーの著作において、〈《存在》の理解〉という基本的名辞を真剣なものと考えるべきなのかあるいは非公式に理解すべきなのか、ギリシャ人が発明した《存在物》の《存在》*Ser* del *Ente* として、直接的になのか *in modo recto* もしくは間接的 *in modo oblicuo*、すなわち間接的な何らかの理由から現在の言語において、善意から《存在》と呼びうるすべてのものをそのように呼んでいるのかが、けっして理解できない。これら二方法間の違いは決定的である。なぜならもし存在を正式に、名辞として《存在》の意味に解するならば、〈《存在》の理解〉が人間にとって生得的であるというのはまったくの嘘になるが、もし存在を人間が理解してきたどんなモノでも意味するのだと解するなら、ハイデッガーは何もしなかったことになるからだ。

『存在と時間』と題された著作において、〈《哲学》史を打ち壊すこと〉を目ざし、頭を剃られ猛り狂った怪力サムソンにより著された著作において、《存在》の意味するところがおよそ明らかにならず、むしろわれわれは突如この存在という術語が、フルートの数かぎりない変奏、たとえば〈存在の意味〉*Seinssinn*、〈《存在》様式〉*Seinsweise* とか〈存在物の《存在》〉Sein der Seienden（この場合われわれは《存在》がそれのものであるこれらの存在物は正式に存在物であるのかあるいは単なるモノであるのかは分からないし、このことは相反する二つの意味を生ずる）等に転調されているのを目の当たりにする。実際には予告とか読者が本書でこの術語にぶつかって受ける衝撃にもかかわらず、ハイデッガーは《存在》の問題を本源から提起していなくて、またもや《存在物》の種々のタイプを類別しようといそしみ、同一のラテン語語源をもつ語がドイツ語に *Existenz* と *Dasein* 二つあることを利用して、*Dasein* なる新造語をつけ加え、結局別タイプの《存在物》の事実存在方法を取り出すことは忘れているが、この存在物の〈事実存在様式〉に関心を集めるようにしていて、これが本著作の最高に豊穣なところとなっている。

このお手本には驚いた！ ハイデッガーは〈存在物という《存在》〉Ser ente を三つに分類する。器具や道具の存在方法であり、何かに役立つものとしての《存在》(Zuhanden-sein)、金槌の《存在》は金槌を打つことにある[228]。〈そこにある〉ものとしての《存在》——われわれがそこに見出すもの——（*Vorhanden-sein*）、そして（そこにいるもの）としての存在（*Da-sein*）で、これは人間の《存在》であり、ドイツの思想家において頻繁にあった術語上の恣意性によって、ハイデッガーにあっては簡単で自然な術語〈生〉にとって代わる。ドイツ人はすべての人間のようにただ〈孤独〉であるのではなく、異常に自分の中に閉じこもった〈孤独者〉〈自閉症〉に陥り、個人が隣人と話すことを目ざす言語を反転させ、内的で譲渡不能な用途の言語(229)を創り、〈自分自身〉と対話し始める。ハイデッガーによれば――このことはすでにディルタイにあった――、ギリシャ以来哲学は《存在》を〈そこに見出されること〉として、また《存在物》を〈有るもの〉としてしか見なしてきていない。

ギリシャ人は《存在》を〈有るもの〉として、人間が面前に見出すものとしてのみ理解していたが、ハイデッガーはこの一般化した見解を踏襲している。しかし私にはこれは、正しくも正当であるとも思えない。それは、まさに彼らが発明し、われわれが哲学すると呼ぶところの活動は、ただ単純に〈有るものを〉《存在物》として受け入れることではなく、むしろ有る－もの－の－《存在》Ser-de-lo-que-hay を否定し、その背後に〈真に有るもの〉――ὄντως ὄν――*óntos ón* を要求することであったからだ。〈真に有るもの〉の特異性はただ単純にそれが有るのでなく、むしろ有るものの背後にそれを見つける必要があることだ。したがって、そしてせいぜいのところ、ギリシャ人にとって《存在物》は〈背後に有るもの lo que *tras*-hay〉というべきであろう。だから彼らにとって、そしてカントに至るまでのその後継者のすべてにとって、《存在物》の《存在》はこれ――《存在物》――が〈そこに有る〉――*Vorhandenheit* ことからなると断定するのは、根本的に *a limine* 誤りである。このことは実証主義についてすら真でない。なぜなら実証主義にとって感覚的データ、したがって〈有るもの〉には〈存在物〉つまり〈実在〉の価値はなく、それがほかのどのようなデータとともに共存し、またいずれに先行あるいは後続するか、要するにその法則は何であるかを決定する必要があるからだ。実証主義のモノ＝実体は単純な事実群の背後に見出す必要のある法則または〈一般的事実〉である。これは通俗的でありふれた実証主義においてであるが、しかしすでに述べたように偉大なる哲学であるコントのそれにおいては、感覚に現前しているものは人間との相関においてのみ存在し、《実在性》を有する。かつて誰一人としてコントが《存在》《実在的な》ものを、カントよりもはるかに根源的かつ深遠な意味において、本格的に人間との純粋な関係に基づかせた最初の思想家であることに気づかなかったのはお恥ずかしい次第だ。そしてまさにこのことは、コントが〈実証性〉と理解していたところのものである。

　だがギリシャ人によれば、人間が眼前に見出す、現前あるいはあるものが現前するという意味での、〈そこに有るもの〉という性格を《存在》に与えるのが間違いであるだけでなく、《存在物》にとってもその存在はただ有るのではない。《存在》のギリシャ的概念化にはたしかに対象物が人間の前にあり、彼にとってそれが単なる外見あるいは見世物である程度におうじてそこにそれらの指標があるというよりも、むしろ概念が対象物のうちでなす固定化、つまり〈結晶化〉によって生ずる静態的側面がある。実際のところ概念は、不動（自己同一）である。それは変化しない、努力しない、生きていない。それはすでにあるところのもの、ただそれだけだ。しかしギリシャ人における《存在》は、概念から生ずるその定着、麻痺を有しているとしても――〈外での事実存在〉τὸ ἐχτός の地平におけるその反映が存在する――、このような表現を許していただきたいのだが、その本質を実現しつつある *haciendo*、それを実行しつつあることからなる。《存在》のこの側面――その静態主義とは対照的に――は、現実性としての《存在》、作動中の《存在物》ἐνεργεία ὄν（*energeía ón*）というアリストテレスの観念中に正式に現われ、定式化されている。《存在》は、基本的かつ最高度に真実の作動である。〈馬であるという《存在》〉は人間に目に見える形の〈馬〉を提示するだけでなく、その内部からそれでありつつある、存在論的境位においてその〈馬であることを実行あるいは維持しつつあることである。要するに、あたかも花であるとは〈花を咲かせる〉こと、色であるとは〈色づける〉ことであるがごとく、馬であるとは〈馬になる〉ことである。[230] アリストテレスにおける《存在》は能動動詞の価値をもつ。したがって人間の特色を、〈それ自身の存在が自身にかかっている〉《存在》、自分自身の事実存在が問題であることからなる《存在》の《存在物》として限定するわけにはいかない、なぜならこうしたことはつぎの三つの各々――植物、動物、人間――において形は大いに異なっていても、動物や植物にも起こるからだ。明白なことだが、動物にとって《存在》は〈自分が危機に瀕していると感じる〉ことである。もし四六時中、警戒態勢にあることからなる本体があるとすれば、それは動物のそれである。眠っているという形態において、同様のことが植物に起こる。鉱物については、われわれは何も知らない。動物と植物についてはまだごく僅かであるが、われわれは《生物学》が〈しかるべき学問〉でないので、少しは知っている。逆に鉱物は《物理学》の管轄であるが、《物理学》というのは自分が受けもつものの認識を避ける知的営為である。それに唯一興味あるのは、力学的にそれらを利用できるようになるモノの形態を、どのような仮定から作り上げることができるかを究明することである。上述のごとく《物理学》は技術の技術であり、機械を製造するための組み合わせの技 *ars combinatoria* である。それは認識することとはほとんど関係ない知である。

以上全体から、ハイデッガーは《存在》の観念を柔軟な観点より扱っておらず、われわれの哲学的経験の水準から要求される根源主義でもってその問題を提起していないことにその原因があることが明らかになる。

間もなくわれわれは、デカルトがその異才にもかかわらず、《存在》の概念を俎上にのせないで、その代わりに――《哲学》を根本から改革しようとしていた当の本人が――敬うべき石化したスコラ的存在論から出発したことによって失敗したのを目の当たりにすることになる。これが彼の不充分な根源主義である。

ハイデッガーもその二の舞を踏んでいるのだ。つまりスコラ的存在論といった無気力なもの、さらにサント・トマス以来スコラ哲学が本質と事実存在の間に設けてきた区別――その中において誰も明晰に洞察できていない――から出発しており、このことはこれまた恣意的であるが、人間において《存在物》の両次元が特殊な関係で現われるという断定へと走ったのだ。以上は、かりにくだんの区別を受け入れるとしても、真実でない。というのは、もはや《存在物》のタイプでなく、その関係が特別な性格によって与えられないようないかなる特殊な存在物もないからだ。それではまるで、そのような区別には意味がないかのようなものだ！　色はただ色であることによって、最初から音とは異なる仕方で存在している[231]。

ハイデッガーを読んだ人なら、本件に関してこれ以上の詳細に立ち入る必要もなく、ただ《真理》の問題において行なった取り上げ方と比較していただければ、彼の《存在》の問題の扱い方に私が物足りなく思っているものが何であるかを察せられるであろう。たしかに真理の問題では、彼は徹底的につきつめ、その根源がある領域にまで踏み込んでいるのだ[232]。

現今の西洋人の状況においては、もう一度潜水服をまとい、すべての問題のさらに下にそれらが提示されてきたところにしたがい、その問題性の最深の根底部分へと下降するほかない。だから肝心なことは、受け継いできた解決策が不充分に思えるのでなく、充分に問題提起がなされていないように思えることなのだ。われわれは思いもかけないことを問題にし、それらの問題を神経を研ぎ澄まして扱うことを学ばなければならない。そしてそれを面白半分でするわけではない、それは実際その問題性の新しくより深く重大な潜在可能性が現在の生の内部において——ことばにならず、定義もされず——、すでに作動しているからである。好むと好まざると、周囲から好感をもたれようと敵対心の圧力を受けようと、直ちに一つの大きな哲学的作業を遂行しなければならない。なぜなら〈あらゆることが危機に瀕している〉、つまり地表と心の中にあるすべてのものが曖昧で、問題含みで、問題視されるものになってしまったからである。過去二世紀間、人は〈文化〉——科学、道徳、芸術、技術、蓄財——への信頼、とりわけ理性への確固たる信に頼って生きてきた。この文化的理性的神学は霧散してしまった(233)。そのため哲学的根源主義をいっそう徹底する必要が生じた、というのも今日まで牢固であった究極の支点は揺るぎ始めているからである。すなわち、またもや《哲学》はその仮借ない任務と義務——それは人々を苛立たせ、哲学者に悪人の、地下室から侵入してくるスパイの怪しい相貌を与える——を果たし、くどいようだが、再度哲学は〈基礎そのものの下に〉、もっとも疑いなく究極のものと思われるモノの下へともぐって行かなければならない。この疑わしく、疑われている仕事は、ありがたくも〈哲学〉と呼ばれる必要事、成功と目標達成を糧としておらず、逆にそこで必要なもの、不可避のものは達成でなく、試みであるから、いつも失敗している唯一の人間的学科目である。そうなると、結果として今度われわれは、真理面では以前のものよりもさらに鋭利な真理の新基準でなく、緊急に不意をつく形で、ただ純粋に真理とは何であるかと自問しなければならない。実在面では、どんなものが在るか、すなわち存在するものは何であり、どのようであるかということではなく、どうして宇宙にはわれわれが《存在》と呼ぶあのXなるものが有り、認識面では——プラトン、アリストテレス、デカルト、カントのように——その基盤とか限界でなく、それらすべてに先行するもの、つまりどうしてわれわれは認識しようとすることに関わるのか、を問うことが必要になる。

しかるにわれわれの状況は、ギリシャ人が置かれていたそれとは逆である。彼らは厳密さとしての思考を発見し、彼らにとってそれは愉悦、遊び、娯楽であった。理論は——アリストテレスは語る——τὸ ἥδιστον (*tò hédiston*)、喜悦中の喜悦である。私はわれわれが思考することに飽きているとは言わない——それはとんでもない見当違いであろう——としても、それがもはやわれわれを楽しくさせない、われわれにとって主観的に遊びでないとは言いたい。われわれは必要なものだけを思考したい。われわれにとって思考は真剣なものに変わってしまった(234)。

　真理の基準が誤っておれば、人は別のものを探す。これもまた誤っておれば、そのつぎのを探すというふうにつづき、最後には誤りの堆積がわれわれと先行するすべてのものよりもはるかに確実で厳密な新しい基準を依然として探そうとするわれわれの意図との間にたちはだかることになる。これまでに犯された誤りがあまりにも数多くなると、自動的にすべての新しい努力を信用させなくする失望という一般的経験へと凝縮する。これは懐疑論の状況である。しかしこれまでなされた類のあらゆる努力、つまり当然のこととしてこれまで失敗に帰したものよりずっと堅固な真理の基準を直接求める努力への不信が原因となって、そうした基準をもちたいとわれわれが感じるところの必要性がなくなるものではない。この二様の態度によって、最終的に真理の基準、ある意見が真理かどうかを区別するための目印となるようなあるものを見つける——それは結局いつも失敗することになるが——という問題と、人間がそのあらゆる失敗にもかかわらずたえず感じる必要性としての真理そのもの、したがって人間の生の有機体における作用としての真理の問題との区別を学ぶようにと促される。となると、そうして初めてわれわれは、真理とは何かというピラト〔ポンティウス・ピラトゥス（?—三八ころ）古代ローマの総督。在任中ユダヤ人の訴えによりイエスを十字架刑に処した。審判の際イエス・キリストにこの質問を発した。〕の問いかけにある原初のもっとも根源的な意味が、それを区別する基準とか徴表でなく、それらすべてに先立つもの、つまりわれわれ人間が普通〈真理〉と呼ぶところの、この人間の特別な必要性あるいは関心の精確な特徴、特色は何であるかと尋ねていることに、はたと気づくのである。あたかもそれは幕が跳ね上がったかのようで、この気づきによってわれわれの眼前に、これまで哲学においてテーマとして取り上げられ研究されてきたものよりはるかに基本的根源的または先行的である新しい事柄の世界全体が開示されるのだ。それと同じことをわれわれは《存在》の伝統的問題についてもいうことができるであろう。

人間はその行動において過激になる権利はない。こう主張したりまたはその反対のことを主張したりすることは、一般に信じられているように、気性上の問題ではないので、結局のところ自分の行動において過激であるべきか否かは、自分の自由意志に任されることになる。人間にあってすべては問題含みで、年齢的、部分的、不充分で、相対的、近似的である。これに気づくことは、まことに人間であること、自分と一致すること、人類の水準に立つことである。反対に過激な行動をとることは人間の基本的組成であるその相対性と問題性を無視することであり、したがっておぞましい盲目であり、人間以下の水準に陥ることである。そこから過激な人がわれわれに見せる、湧き出すような半ば獣的様相が由来する。

人間が過激であることができる唯一の活動がある。それは人間が好むと好まざると、過激にならざるをえない活動、要は哲学である。哲学は本格的に過激主義である、なぜなら自分では根源を表明せず、この意味でそれのない自余のものの根源を発見するための努力であるからだ。哲学は人間と世界にその欠陥ある根源を提示する。哲学が目ざすこのことが達成されるとはいっていないし、それはとんでもないことである。私が何回となく表明したように、哲学は達成を糧にしているのでなく、成果によって正当化されない営為である。知的関係のあらゆるほかの人間活動とは裏腹に、それはいつも失敗であることを、しかしつねに再度挑戦するほかなく、失敗はしても、けっして厳密には不可能でない仕事を果たすしかないという特長をもつ。それはシジフォスが谷底から頂上へと重い岩を何回となく徒《いたずら》に運び上げるあの永遠の労苦にも似ている。だがニーチェは、シジフォス Sísyfo —— sophós に由来、その二重の意味によって、——が賢者、Sapiens を意味し、またこの語はそのギリシャ語の同根のものと同じく、博識も学者も意味せず、ただ単純に〈味〉を、味覚を区別する、味利き、勝れた味わいの心得者、要するに風流人を意味することを、われわれに思い起こさせる。

だからいってみれば、哲学において人間は証明できないものにむかって出発し、たぶんありもしない陸地の方へと航海する。哲学が認識ではあっても、学問でないことを示すには、もうこれで充分であろう。諸学問はその意図の、少なくとも部分的な達成なしには意味がないであろう。諸学問の意図は、ことばの完璧な意味で認識であることはなく、技術を可能にするための予備的構築であるというのは真実だ。ここでは本問題に全面的に立ち入らないで、つぎの歴然たる事実を思い起こせば足りる。つまりギリシャ人は諸学問を発明したが、彼らは、アリストテレスさえ、それらを真の認識と考えたことは一度もなかったのである。そしてこの背後に、哲学者を喜こばせた複雑な学究によってのみ到達できる何らかの難解な認識の観念が隠されているなどと推測しないでいただきたい。逆に巷の人が〈認識する〉ということばを聞いて容易に理解するものは、諸学問が意図し、行なうものでないということだ。巷間ではことばを精神的留保なしに、その意味の寛大な全体性において理解する。だから認識ということをモノの完璧な認識、それがあるところのものの総合的知と解する。きっとこれは、哲学者が巷の人と一致する唯一の点であろう。ところが諸学はそういうものでなく、またそういうものでありたいとも思っていない。それらはモノがどんなものであれまたそれが現われる条件がいかなるものであれ、ただそれらのあるがままを調べるのでなく、逆にただ可能的なものだけにむかって出発し、モノについてあらかじめ確実に入手しうるが同時に実際上利用できるものだけを究明する。したがって学問が現実に実践しているところのものを真の認識と見なすことは、たしかに難解な観念であって面倒な労力を要求するものである。なぜなら諸学に関連させると、認識の意味は深く傷つき、副木をあてがわれていて、厳密にいってそれは認識と実践のまったくのごたまぜでしかないからだ。たしかに諸学もまた意図するところをすべて達成するわけではないし、その達成も部分的でしかない。反面哲学において達成は、全面的であるか無であるかだ。だから諸学は成就した営為である。だがそれは本来的に認識でなく、他方哲学はつねに失敗に終わるにしても、真の認識の努力からなる営為である。

《哲学》が組成上の失敗としてもっているものは、それをして人間がなしうるもっとも深い——ハイデッガーのような誇大に走ることなく、と私は言いたい——、もっとも人間的な活動にしているものである。なぜなら人間はまさしく本質的失敗であり、別言すれば、人間の本質はその不可避ですばらしい失敗にある。人間において失敗しないあるいは偶然に *per accidens* のみ失敗することは、その動物的支柱である。(235)

このことからは、哲学の評価、価値づけが通常とは逆の規則でなされなければならないことになる。そこで以上述べられたところから、一切の哲学は、もうそれだけで哲学であるというかぎりで、もうすでに達成であるということが引き出される。その学説がいかに誤っているとしても、それはもともと、自ずと哲学的でない、つまり部分的で世間的であるいずれのものよりも——その方法において過激であり、そのテーマにおいて普遍的である哲学的——パースペクティヴにおいて、ずっと真実である。さらにそうした哲学はすでにその第一歩からして達成である。かかる態度を、哲学的視点を取り始めること、機械的に受け入れられ、〈受容された世界〉、常識的世界から〈脱出すること〉は、真実のうちに身を置くことの第一歩である。哲学は一つの活動であり、活動は運動であり、運動には、そこから出発し、後にする出発点 *terminus a quo* と願望し、目ざしている終着点 *terminus ad quem* があるため、出発点となる哲学はすでに出発点を超えており、けっして終着点には到達しないといえよう。

もう一度繰り返すが、哲学はつねに失敗してきた。しかしわれわれはそこに停滞するのでなく、このたえざる失敗と呼ぶものが哲学の積極的な使命ではないか、と自らに問うてみるべきだ。なぜなら、不思議なことに、どの時代も自分の哲学を失敗だと感じてこなかったし、そのつぎの時代から振り返ってみて初めてそれを失敗と見なすからだ。しかしそれがそのように思えるのは、自分がより完璧で根源的な哲学に達し、それ以前の哲学の完璧度、総合性の低さを失敗と呼んでいるからだ。登山の際われわれの一歩一歩は頂上に到達したいとの願望であり、もし今踏み出す一歩が後ろを振り返れば、彼にはそれまでの歩みが失敗と映ることだろう。しかしその一歩一歩は最後の一歩同様、頂上に到達したいという意志、もうほとんど頂上にいると信じることであった。どこにいても自分が宇宙の中心であると信じる人は、自分がどのような高さにいても、世界の頂点にいると思い込むのである。

では結論としていえば、哲学、知、叡智は根源的知への渇望であり、そうするとそれはそれでそのような根源への飢え、その欠如を意味することになる。失敗するのは、自分が望んでいる究極の根源に到達しないからである、しかしそれはそれらを人間のほかの行為やほかの意見と比較してみると、まさしく達成である。失敗であることで——絶対的視点から——、それは生や世界についてそのほかのどのような形式よりも、ずっと堅固で味わい深く *sabrosa*〔sabrosa という形容詞は動詞 saber に由来するが、この動詞には「知る」と「味がする」という二つの意味があり、ここではその両者にかけている。〕、滋味がある。

余談になるが、〈根源 raíz〉はほかのいずれの術語と同様隠喩といったものではない。言語全体は隠喩である、あるいはもっとうがった表現をすれば、言語全体は隠喩化への絶え間ないプロセスの途上にある。

われわれがふつう原理、原因、アルケ arkhé、アイティア aitía、基礎、理由の代わりに〈根源 raíz〉といわないのは、まったくの偶然であった。印欧諸語が《存在》の観念を表わすのに、〈植物が芽吹き、成長する〉を意味する語彙を使った時期があった。そのため印欧語には語根 *bhu*、サンスクリット語では *abhut*〈ギリシャ語のアオリスト〉〔=不定過去時制〕、ギリシャ語では ἔφυ（*éphy*）がある。そこからスペイン語の動詞 *ser* の完了語幹 *fui, fue* が残る。このことは、ある時期において《実在的なるもの》のもっとも抽象的で深い関係を表わすのに、当時発明されたばかりの農業で〈流行した〉植物的イメージの体系が念頭にあったことを示している。もしその時代に《哲学》が存在していたならば、今日〈原理〉の代わりに〈根〉とわれわれは言い、本論究を〈ライプニッツの原理主義〉とは呼ばずに〈ライプニッツの根源主義〉と題していたということもありえただろう。哲学者は根源の専門家である。だから過激であるしかなく、〈常識の哲学〉、これはたしかにメネンデス・ペラヨ〔マルセリーノ（一八五六―一九一二）スペインの歴史家、博識者、民族主義、カトリック的視点よりスペイン文化の再構成を試みた。〕のそれであったが、それ以上に無能な哲学はありえない。

30　［信念と真理］

しばらく前からわれわれは、ヘブライ人がジェリコを占拠しようとしてやったように、哲学の周辺を堂々巡りしている。それはサイクロイド的に接近する戦略である。周回しながら、何度も執拗に反復しながら、街の同じ姿が見えてはいるが、回を重ねるごとにいっそう接近し、違った角度から見える。さて、もう一回りしてみよう。

上述のように、ハイデッガーの主張とは反対に、哲学とは世界が、器具や道具の体系としての世界が欠如、われわれがその《存在》と呼ぶところの、われわれからのその独立を露呈させてくれる欠如を見せたときに生じる愛惜から生まれるものでない。そしてまたそれは私には誤りであるように思えることを指摘した。なぜなら人間が世界を懐かしく思わないような瞬間はかつてなかったし、またありえないからである。だが人はモノが《存在》を有するとはいつも考えていなかったし――いやむしろ、ほとんどそんなことはない――、同じことだが、人間は哲学することをほとんど気にかけてこなかったからだ。反対に、人間が信仰ないし伝統的信念の体系を失う、したがって懐疑にあると同時に懐疑から脱出するために、新しい道すなわち方法を所有していると信じるときに、哲学は生まれ再生するといった。人は信仰の中に安住し、懐疑に陥り、哲学において懐疑から宇宙へと出て行く。これら二つのテーマの中で、より面倒なのは前者である。したがって後者から取りかかるとしよう。

哲学は人間の原初の行動ではありえず、人間が信念から生きているその一つ前のものをいつでも前提にしていることは、すでに指摘済みだ。[236]《歴史》において起こりえ、また何回となく起こったもっとも重要かつ重大な出来事、つまり信仰の喪失あるいは消散があり、人間の一大グループがとある世界像への無心の信仰からそれを疑うようになるというあの奇妙な激変が一度も説得的に語られなかったことと同様に、生が信念から生きること、実存である際に生がとる形態の本質的記述が存在しないのも恥ずかしいかぎりだ。このことがなされないうちは、《哲学》の起源についても、またそれが何であるかについても、充分明らかになることはないだろう。[237] それを明らかにするのにほかの誰よりも条件の備わっていたディルタイのような人物が、ギリシャの生のある時期に、どうして哲学的態度が生じたかをけっして洞察しえなかったことに、つねづね私は格別の驚愕を覚えてきた。『精神科学序説』において彼は、哲学することがこの世で至極当然なことであるかのように、黎明期の哲学学説を平然と提示することから始めている。これはディルタイの天才的で忍耐強い努力が人間考察において、まさにあらゆる自然主義を超克することに向けられていながら、最後にはいつもその虜になり、人間的実在を毅然と歴史的なものと考えることができず、つねに人間は〈本性〉をもち、それであるという伝統的考えに再度陥っていることの新たな徴候である。

もし〈生とは信念のうちにあること〉というあの診断がなされていたならば、そこには《真理》の観念がないことを見抜いていただろう。真理は人間が自分の前に実効的に別の信念、つまりほかの人たちの信念を見出して初めて形成されるものだ。ここで説明しておかなければならないことは、いかなる具体的時機に〈信念としての生〉が、私が実効的出会いと呼ぶところのものをほかの信念との間でもつために、すでに独立して存在しなければならないということである。このテーマは、格別に大きな人間的関心事である。その説明が達成されるための秘訣は、抽象的には考えられもしないところにある、つまりそれと逆の事実を説明することである。ところで今の時間に西スーダンとその近辺では、無数の小村や種族がお互いに接触しながらも、各々が自分の伝統的信念を守っていて、その信仰の堅固さにおいては、自分たちの相異なる教義を同様の平静さで信じている他民族の絶え間ない出現やそれとの接触によっても影響を受けないという事実がある。トゴのグリディ・エウエ族は、ある人について彼が別の種族家族に属していることを、〈奴さんは違う太鼓に合わせて踊るのさ〉[238]と表現する。真に《人文科学》に関心がある人ならば、ある事実が人間存在の〈変化に富んだ種々の〉条件を明らかにするときはいつでも喜々とするものだが、今の場合がそれである。太鼓は多くの原始的民族にとって信念と規範の体系を象徴する楽器である。そしてそれは、宗教的かつ、とりわけ〈知的〉行動――すなわち、世界という超越との関係――が、集団の儀礼的ダンスであるからだ。これはすばらしいことで、そのために私はわが友ハイデッガーにたいして、アフリカの黒人にとっては哲学するとは踊ることであり、《存在》について問うことではないことを示唆したくなるくらいである。このような驚くべき対応関係を見抜き理解できない人には、人文科学が分かるものではない。なぜなら集団の儀礼的ダンスは、集団全体の悲壮な参加によって、信心あるギリシャにおいて人間が神に向かい、神が人間に現前する基本的宗教行為をなしていたものであり、したがってそのダンスとその催しへの参加は、瞑想と祈りの対応物であり、彼らの〈精神修養〉であったということになるからだ。さて、読者よ、この人間的実在のなんと風変わりなものであるかを、すなわちその儀礼的ダンスの祭りというのはギリシャでは、理論 *theoria* と呼ばれたことを、しかと見届けられたい。さあ、おっしゃってください、アフリカの黒人にとって哲学するとは踊ることであるというのは、気まぐれ、種々詮索したいむら気――これは私にとってひじょうに嫌悪感を催し幼稚であると思えるが――であるかどうかを。北米インディアンの間ではこの事態はこれよりずっと厳格にそうである。なぜなら彼らの間では社会的でもあるダンスは夢の中で得られた個人の発明であり、夢は原始人の形而上学的〈思考法〉であるからだ。哲学を可能にした知覚的‐概念的〈思考法〉以前に、人間は何十万年もの間それとは大いに異なる思考法を使ったということを思い出す必要がある。事実、それ以前では人類において情感的‐想像主義的あるいは神話的〈思考法〉が、さらにそれより数万年前にはこれらアメリカインディアンや北アジアのシャーマン的民族が今日でも保っている幻覚的〈思考法〉が支配的であったのだ[239]。

　自分自身の信念とは対立し、いったんそれに気づくと彼にとっては自分のと同じくらい信用できる別のものが存在することに気づいて初めて、人は自分の中に新しい必要性、二群の信念のうちで、どちらが最終的に信ずるに足りるかを決断するという必要性が生ずる。この必要性、二つの信念間で決断するというこの必要、必要性が有るということは、われわれが〈真理〉と呼ぶところのものだ。今こそ私は信ずるのだが、これで信念のうちにどっぷりつかって生きている間は、どうして《真理》というものが何であるかを感じることも、理解することすらできないかが明白になるのだ。別の研究で述べたように、〈観念〉あるいは意見——ここにはもっとも厳密に学術的である学説も含む——に比べると、実在、完璧で真正な実在は、われわれが信じているものでしかなく、われわれが考えているものではないというのが信念の特色である。反対の見方をすれば、〈信念〉はけっして個人的集団的普遍的意見としてではなく、〈実在そのもの〉として立ち現われるといってもいいのだ。さらに信念の大部分については、われわれは気づいてさえいない。それらはわれわれの中でわれわれの精神的輝きの背後で作用しており、それらを発見するためには自分が〈所有する観念〉の間でなく、〈われわれが頼っているモノ〉の間に探さなければならない。〈信念〉がわれわれの中で有している意識形態は、〈気づくこと〉、*noēsis* ではなく、ただ単純に直接的な〈当てにしていること〉である。

それを頼りにすることなくあるモノに気づくとは――ケンタウロスとか、数学の定理とか、相対性理論とか、われわれの哲学そのものとかで起こるように――、それは〈観念〉である。そのモノを考えないで、それに気づかないであるモノを当てにすること――われわれがつぎの一歩を踏み出す地面の固さや明日昇るであろう太陽について起こるように――、それは〈信念〉である。以上から、われわれはけっしてある観念を信じないと結論でき、そして理論――学問、哲学等――は、〈観念〉そのものであり、人間にたいして理論を信じるように働きかけることは意味がなく、無理やりに英雄的であろうとの妄想や大げさな演技的傾向によって――偏執狂や道化、物まねには生活がかかっているのでそうしているのだが――自分の観念を信じているふりをしたがってきたすべての人たちの顔には敬うべきいんちきが見てとれた。〈観念〉はわれわれを説得し、納得させ、〈明白〉であり、あるいは〈証明されて〉いる、しかしそれらがいつまでもただの観念であり、われわれが信じているものがわれわれにあるようには、けっしてわれわれにとって実在そのものにはならないので、それでしかない。そのため理論、観念は、もっとも堅固で証明済みのものであってさえ、われわれの生において亡霊のような非実在的想像的、究極的に真摯でない性格を帯びている。私がこんなことを言うのは、われわれはけっしてわれわれの観念ではない、それらとわれわれ自身を混同することなく、われわれはそれらをただ考えるだけであり、あらゆる思考は具体的にいえば、幻想でしかないからだ。学問は精密で純然たる幻想であり、かつていつか私はこんなことは分かりきったことだと言った、というのも今日の《数学》のもっとも厳密な方法を後ほど取り上げるときに明らかになるだろうが、ただ幻想、想像、精密なものとして特別に *ad hoc* 発明されるあるものしか正確でありえないことは明白であるからだ。あらゆる努力で《数学》を〈純粋な思考作用〉へと導いていったデカルトとライプニッツが、理論化するときには潔癖であった両人が、結局数学を想像力の成果である、と認めざるをえなかったのは奇妙なことである。もう一歩踏み込んでいたなら、二人はすべての〈思考作用〉が想像力であることを認め、幻想への方法的恐怖を捨てていたことであろう。しかし現実には今の時点でも、まだ執拗でどうにもならない迷信から、思考とは幻想することでしかないことが認められていない。そんなわけでわれわれはいつでも〈観念〉を、あたかもケンタウロスやキュイラを作り出すように、われわれが作り上げる何かと感じるのである。しかるに当然のことながら、われわれはわれわれの〈観念〉、理論をまったく真剣に受け取ることができないし、もちろんそうすべきではない。観念にはそれが作り出されたものとして提示される次元があるゆえ、われわれがそれを作ったのと同じように、それをなくす、したがって取り消しのきくものであることに、自動的に気づくのだ。反対に信念――好むと好まざると、われわれが当てにしているあれらすべてのもの――は、最終的にわれわれの生である恐ろしく取り消しのきかない真剣さの層をなしている。

私としては、〈観念〉はわれわれが所有し、支えているが、われわれは〈信念〉の中に身を置いている、つまりそれらがわれわれを所有し、われわれを支え、われわれを引き止めるという表現でもってその様相を表現しよう。学術的理論はまさに詩であり、それと双子の関係にあり、幻想的なものの非現実的世界に属している。科学の実在性はその適用、その実践であり、すべての理論は原則的に実践しうるものである。しかしそれ自体は非実在性、幻影である。

人間が自分の信念を唯一の実在でなく、ほかに異なるものがあると気づくと、直ちに *ipso facto* その実在はその処女性、無邪気さ、エネルギーを失う。そしてそれらがただの信念、要は〈観念〉でしかないことを悟る。そうなるとそれらにたいして、以前にはもたなかった自由を獲得する。もはやそれら信念はその人を所有し、引き止めることはなくなる。それは取り消しのきくものとなり、その絶対的真剣さの絶対的重みがなくなって、詩に近づき、その真剣な次元にたいして遊びの次元をもつ世界の一部を形成するようになる。もちろんこの自由はあらゆる自由と同様、自由が宝物であると仮定したうえで、信念の安定性を、当惑、不安、躊躇、変動、要するに〈観念〉を前にしたときの不確実性と引き換えにその代価を払う。信じていた間は経験しなかった不確実性によって、〈自分が確実なものの中にいる必要がある〉ことを発見する。そしてもし純粋な人間であれば、確実性への無限の切望の虜となり、壊れた信念のために確実性という整形外科的器具を作るのに成功するまでは、不安で困惑し、大いに心乱れて生きるであろう。確実性は信念の代用品 *Ersatz* なのである。

当然のことながら、どうして信念をなくし、当惑と不確実性に陥ったとき、人間がそこに平然としていず、そこから脱出し、〈確実なものの中に身を置く〉ようになる必要があるのかという説明は、——しかしながら今はその機会ではないのだが——、避けて通るわけにはいかない。この問題はとても茫洋としていて、簡単でない。というのも、実際のところもっとも信心深い人でさえ人生の大部分を不確実性、当惑のうちに過ごしており、このことは人は当惑のうちに生きるのが不可能でないことを証明している。とはいってもどうしてそれを受け入れ、受動的にそれに身を委ねることができないのだろうか。繰り返しになるが、もっとも確固とした信者でさえ不確実性のうちに生を過ごすことが明白であるのは、われわれの生の一次的で主要な次元が未来にあるからだ。われわれはずっとそこに身を置いており、そこから現在と過去を生きている。ところが未来は、不確実なものであり、〈未来に身を置いている〉という形式は、まさに当惑そのものである。

当惑は偶然ではなく、生の構成上の〈形式〉である。人生は当惑であると、きっぱりと断言できる[240]。人間を構成している信念の体系がいかに頑丈であろうとも、いまだ到来していない一瞬はわれわれの意志や見通しを越えて起こりうる様々な可能性やモノ、うまくなしうるがしかしまたそのためにわれわれの自由意志でその多くの中から一つを選ばなければならないモノの交錯として現前する。たえず、直近の未来を前にして、通常われわれの生はどんな変化が来るか分からず、自分のなすべきことについて決断がつきかね、あがいている、その一方で世界の未来の神秘の胸中から、あるものは好ましくほかのものは好ましくない無数の可能的な出来事によって脅かされていると感じる。明らかに〈脅かす amenazar〉はローマの古典語に取り入れられた遊牧生活からの語彙で、〈石を投げる、遠くへ棍棒を投げる〉、牧人が家畜に〈厳しい態度をとる〉を意味した *minari* に由来する。自分の生活の内部に閉じこもった人間は、雌羊の温和さで周囲の雰囲気を不安げに窺う。なぜなら《運命》と呼ばれる気むずかしい牧人が視界に入るものの はるか彼方から、《未来》という別世界から投げつけ、もうすぐ到達するはずの石つぶてや打擲が、あるいは逆に愛情や歓喜が、ピューーと音をたてて到来すると予感するからだ。彼の固い信念はまさしくこの偶然の石つぶてによりよく耐え、幸運に自惚れないために役立つのである。しかしそれは彼の惑いを取り去ったり不安定を静めたりするわけではない。人間はいつも《未来》に身を置くとき、人間としてつねに脅威の下にある。

彼の生のこのやむをえぬ条件に加えてさらにほかの人の信念をも信じ始めると、世界と自分について何に頼っていいか分からなくなり、自分の信念を失うということが起こると、彼の実在の全域は不安定になる。そうしたときわれわれは〈どう考えていいか分からない〉と言うものだ。この点をよく理解されたい。それはある問題について意見がない、それについて考えがないということではない。それとまったく逆である。つまり、少なくともそのテーマに関して面前には、矛盾はしなくともお互いに対立するが、それでもしこの芽生えつつある二重の信念がわれわれの信念を相殺しなかったなら、その両者を信じている、いやむしろ信じていた二つの意見があるのだ。その各々はかわるがわるわれわれの支持を取りつけようとする。一つの信念を前にしていると私はそれを引き受け、それと合体せざるをえないように感じるが、しかしその瞬間にもう一方が立ち現われ、そして私は同じようにそれと合体するつもりになってくる。私の存在は両者の間を行きつ戻りつ揺れ動く。そのいずれかと合体できるということは、まさに私が一つであることを阻む。私は二つであり、私の存在は信ずるという二重性の中で引き裂かれる。この相容れぬ二物を信ずることは、懐 - 疑（du-da）〔dudaのduは、数字2のdosより派生。〕、不確実性である。したがって懐疑することを、信じることの否定として、確信の空白と表象することは間違いだ。それとはまったく逆である。もしその双方を私が信じ、いやむしろ信じていた二つの独断が、二つの理説あるいは意見があらかじめ存在しなければ、懐疑はありえない。懐疑者は自分の凝り固まった信仰にひたすら捉えられている信者よりも信ずるところはるかに多い。懐疑は同時に二つのことを信ずること、同時に二つの不等不同の考えを見つめていることである。この二重の視線による見方、この精神的やぶにらみが、懐疑することである。懐疑は信念の、斜視の姉妹だ。

　ここに、どうして人が迷い、不確実性を受け入れられないかの理由がある。それはただ我慢するだけのことだ。懐疑の中に身を置くことは不可能である。なぜならそれはある意見と別の意見の間を行き来し、結局いずれにもつくことができないからだ。そのためスペイン語では、〈懐疑に陥る se cae en la duda〉という。この懐疑が大きいものであれば、いる、〈懐疑の海の中にいる *se está* en un mar de dudas〉というふうに表現して、状況をいっそう深刻化させる。海中にいるというのは、ただ身を置いていることでなく、波に揺られている、不安で底まで沈むかもしれないとおののきながら波間を漂うことである。疑わしいものとは人間が身を置くことができるしっかりした大地でなく、ただ波間に揺れ、底まで沈んでしまうかもしれない液体である。

人類の幾千年の〈人生経験〉が凝縮しているこうした言語表現は真剣に考察されるべきだ。かかる表現は隠喩である、しかし隠喩はモノの真の名称であって、専門用語の術語ではない。《術語 término》――モノの概念のではなく、それを指し示す語彙という意味における――、後者の意味で専門用語は屍となり消毒され無菌化された、そのために分類カードとなり、生ける名づけ、つまりことばそれ自身で〈モノを言説する〉ことであり、われわれが名づける *nombrar* と呼ぶところの操作、機能を行なわなくなっている。名前の真の意味は、〈ある人を呼ぶために役立つもの〉である。ことばはそこに、われわれの眼前にないモノを呼びさまし、そしてモノは犬のように多少ともわれわれに現前し、われわれに向かい、答え、自らを表明する。したがって名前がモノを呼ぶという観念は、あらゆるモノが魂、内部の中心をもち、そこから呼びかけを聞き、理解し、答え、そしてやって来るという、原始的〈アニミズム的〉思考に由来する。

名前が専門用語に変わる瞬間からもはやそれはわれわれにモノについて語ったり、それをもたらしたり、それを見えるようにしたりすることはなく、逆にわれわれはほかの手段によってその術語が指し示すモノを探し、それに注視しなければならなくなり、そうして初めてその術語を理解することになる。専門用語は言語とは正反対のものである[241]。

31　［哲学の劇的側面］

哲学は懐疑から脱出へと導く本格的運動である。懐疑なしに哲学はない。よって周囲に、その環境ないし世界にあるモノを愛惜するということから成り立つのではない。哲学はその初動において世界との直接的な関与でなく、それについてすでに存在していたある種の意見や〈思考法〉との関わりである。しかるに哲学は人間において持続的にある方法でも、どこにでも、いつでもあるものでない。それは信仰が、一群の〈支配的意見〉や伝統的な知的有効性が崩壊する歴史上の特定の機会に、生まれかつまた再生する。したがってその出発点 *a quo* において、哲学者の態度はあんなにも劇的なのだ。彼にとっていかなる既存の観念、さらにはその社会環境に安定して〈見出される〉ようないかなる話題も、心からしっくりいかない。それらすべては片手落ちで、漠然として、頼りない。この点で彼は過敏になり——重要なテーマに関するいずれの受け入れられた観念も、信じたり、使ったり、ただ踏襲するだけでいることもできなくなる。そのために哲学者——パルメニデス、ヘラクレイトス、クセノポン、ソクラテス、プラトン、ベーコン、デカルト、カント、ヘーゲル、コント——に特長的な、一般民衆にたいする不機嫌が生ずる。ただ一人誰にも腹を立てないのは、あのとても温和なディルタイであるが、しかしこれはきわめて珍しい理由、つまりディルタイ——当時〈実証主義〉と呼ばれていたものの中で教育された——が、他方ではあたかも花火大会が終わるように諸々の哲学が終焉したとの考えを吹き込まれていた彼が、内心つぶやきながら、自分は新しい哲学を発見したのだという烈しい考えの前に恐れおののいて生きていたからである。

かりに哲学が世界を前にしての懐かしさであるとするならば、最初それは絶対的無知——知といったものが存在してきたこと、それが存在しうるということを知らない人の無知——であっただろう。ところで哲学的開始にとって本質的なことは、人が知を信じていた、そしてこの信念が誤りであることが明白になったことに気づくことである。

知としての最初の知は、まさにそれについて——〈信念〉について——疑いを抱き、それが無効となり、それがないのを愛惜するときに現われる。それはちょうど健康と同じようなもので、それが欠如して初めて姿を現わし、……その欠如によって輝く。哲学することがもつこの劇的側面を思い描いてみよう。

ギリシャにおいて、たとえ一時的にせよ、哲学はある意味で《存在》への問いかけであった[242]。もちろんこのことは、《存在》と呼ばれる当のそのものが、決定的実在である神々が消失してしまった世界の空隙を埋めるべく要請されたということだ。《存在》を切望するこの態度が想定するものに気づかれたい。その本体あるいは実在について〈有るもの〉すべてを検証しようとするものであり、このことは実在を有し、真の《存在》を有するためには、何かが〈有る〉ことで充分と断じないことを意味する。あるいは別の表現では、《存在》はそこに〈すべての有るもの〉が含まれるならば、その〈有るということ〉に関して、種々の価値と種々の階位を有する、つまり本来的に在るもの、在るように見えるもの、ほとんど在るもの、ほとんどないもの、在りかつないもの等々という具合である。こうしたことはすべて逆に、ただ単に〈そこに有り〉、現にわれわれがそこに住んでいるように、すなわち受け入れられた意見から理解されるところにしたがってわれわれが住んでいる世界は、偽であり、蜃気楼であり、欺瞞であるということを意味する。〈自然〉なのは、人間が身を置いているもの——世界、周囲、環界——が完全に明白で、何ら疑いないものであってほしいとの願いだ。〈支配的意見〉、伝統は間違っている、とりわけ世界の支えであり規範である神はいないことの発見に発する反対の印象、欺瞞的で不正の中に生きているという印象は、哲学の出発点であった。それは習慣的あるいは伝統的世界からの疎外であった。これは恐ろしいことだ。われわれが身を置き、われわれそのものである宇宙が、もっとも本質的にあらねばならないこと、強固とは思えなくなるのである。その形がくずれ、不安定、問題含みで、流動的になる。そこにいることは、安住していることとは逆のこと——落下、自滅、窒息することである。そもそも生において欺瞞に会うことは辛い、しかしその欺瞞が一般化し、われわれの生全体が、ことごとく欺瞞であると感じるときのことを想像されたい。そんなことになれば、気も狂わんばかりだ。それはわれわれが気が狂っている——何事も本来的にあるようにはあらず、また存在しない、いかなるものもそれがあるところのものでなく、むしろ同時にそれがあるところのものと反対で、それ以外のいずれかのものである——、われわれの精神でなく世界の欠陥から気が狂っており、世界が構造的に欺瞞、妄想であるためわれわれは気が狂うと感じることである。世界は狂気、錯乱そのものであり、われわれはそこに身を沈めている。

《欺瞞》としての《世界》は、われわれがそれを、存在しつつある、われわれにたいして存在しつつある-《無》Nada-siendo と呼ぶことによって——そう感じて——のみ形容できる、もっとも不安を掻き立てる〈実在〉である。ただの《無》のほうがまだしもましだ、なぜならそれは絶対的非存在で満足し、もっぱら自分を抹消するだけだからだ。しかし根源的懐疑の中にあるのと同様、《無》の中に身を置くことは、われわれにたいしてその恐ろしい抹消力をふるう活動中の活発な《無》に身を委ね明け渡すことだ。本質的欺瞞に生きることとは、刻々とわれわれの行為や状態の一つ一つの破壊に、われわれの生存の興味津々たる抹殺に立ち会うことである。

《世界》が〈安全性〉としては崩壊し、欺瞞になってしまったこうした最初の無神論者の人たちが感じたにちがいない不安、本質的な動揺は、恐るべきものであっただろう。そのため彼らは確固としたあるものへと脱出し、確実なものに身を置くことを、英雄的に反応して求めたのだ。同様にして、それは彼らが見つけたありがたい岩――その哲学――につかまって話すときの、命の助かった難破者が発する歓喜の調べと激しい身振りを生み出す。それは喜悦であるとともに苛立ちの叫喚である。苛立っているのは、自分たちが危険を犯して助かろうとしなければならなかった虚偽の世界を作り上げていた伝統や通念にたいしてなのだ。これら初期の哲学者は〈ギリシャ人の悲劇的時代〉において、最善観を代表している。彼らは《世界》という欺瞞を先人たちの謬見の責に帰したので最善論者であった。

欺瞞があるときには、その欺瞞者を見つけることは避けがたいことだ。さて、われわれが《世界》と呼ぶところの《欺瞞》の中に身を置いているとの意識に直面して、二様の反応が可能である。その一つは、まずその欺瞞を何らかのより大きな力によって恣意的に生み出されたものとして捉える。もう一つは、それを誰の責任でもなしに生じた結果として捉える。後者の場合、《欺瞞》はただの《謎》として弱まる。〈実在は隠れるのが好きだ〉と言ったヘラクレイトスは、前者の立場に近かったことが分かる。しかし哲学が辿った道はそれではなかった。われわれを騙すことに懸命なある潜在的な力――意味深長だがあまりよく理解されていない、デカルトの〈悪魔 esprit malin〉――を考えて人々は神話に遡り、神話がたしかに明白に欺瞞であるので、かれらがそれを憎んでいるというように哲学には思えた。人々は《実在的なもの》を単なる謎、なぞなぞと捉え、解決策を模索した、そこに哲学者が採用した謎解きのスタイルの源がある。

しかしわれわれが住んでおり、われわれにとって世界がそうであるところの欺瞞を誰かが作り上げたものとの考えを出発点として、われわれは《世界》を説明し、その真の《存在》を見つけようとするような〈学問〉を欲するのは当然である。人間が騙されて生きるようにと誰かが望んだのだ。〈悪魔〉がいる、キリスト教、ゾロアスター教、マニ教、デカルト哲学、ヒンズー教、ショウペンハウエルは、この〈知〉*epistéme* の努力であった。

以上が哲学のもつ劇的側面であり、そこには人間存在とその生存の根源そのものにある仮借ない悲壮な要因——飼い主がいなくなった犬、自分がどこにいるのか、何をなすべきかが分からない迷子の動物の意識——が無類の入念さで示されている。だが《生》という現象が、あたかもその根源においてただそれだけからなると定義するのは誤りである。ハイデッガーは、そうした際に自分の発言が真実でないことが明らかになるのに気づかずに、哲学とは《生》が《無》であることを明白にすることだと主張する。というのも《生》がそうである《無》には特殊条件があって、そこでは理論、《生》を《無》として明らかにする哲学なる贅沢な遊びをして楽しむという抑えがたいエネルギーが生じるからだ。実際かりに《生》が《無》でしかないなら、唯一の道理にかなない不可欠の行動は、自殺することであろう。しかしそういう結果にはならない。自殺する代わりに《生》は、不可避的に観念をこねまわし、概念の精確さを競ってご満悦の哲学することにかかずらわる。本論究のずっと先で読者は、私が哲学の伝統的楽観論にたいしいかに根源的な仕方で反乱するかを目の当たりにするだろう。だからここでは《存在》のもっとも驚くべき否定性を前にして、いかなる盲信や臆病にも屈しないでいただきたい。たとえ哲学的理説と《実在》を一致させるには極度の悲観論でなければならないと仮定してさえ、そのように哲学するという事実から、生の根源において——すなわち《生》という現象のもっとも基礎的深層において——《無》と〈苦悩〉と並んで、とりわけ理論、特にその最大のもの――哲学――という偉大な遊びへと導く無限のスポーツ的喜びがあることが明らかなのは疑いえない。現象学――〈～についての意識〉という現象の記述である――の出発点における同様、いわゆる〈実存主義〉の出発点となる《生》という現象の記述においても一大錯誤があった。だから出発点を同じくするわれわれ全員を混同しないでいただきたい、というのはすでに出発点においてわれわれは分かれており、お互いに内部での位置づけは違うのであるから。ハイデッガーは《生》という実在が、端的に、それがいつの瞬間においても、〈可能的な《死》〉、したがって絶対的な危険であるだけでなく、その死が《生》の手中にある、すなわち《生》は自らに《死》を与えうるという驚くべき性格を備えていることをつねに見落としてきた。しかしながらもし生が《死》だけなら、それは可能でなく、不可避である――つまり《生》、人間は自殺するに必要な瞬間だけしか生きないだろう。たとえ《生》が死すべき存在物の現象、したがって生ける危険であり、存在しつつある《無》であることを認めるとしても――もちろん留保つきであるが、その内容をここで述べるのはふさわしくない――、さらにそれが危険の受け入れ、《死》の愉快で実りある聖化であるときにのみ、このことは可能になる。生とはまさしくこうした存在物の二次元、死と絶え間ない蘇生、もしくは是が非とも *malgre tout* 存在したいとの意志、危険と危険への陽気な挑戦、〈絶望〉と祝祭、要するに〈苦悩〉と〈スポーツ〉の根源的対立的統一である[243]。だから私は自分の初期作品からウナムーノ〔ミゲール・デ（一八六四―一九三六）スペインの作家、哲学者。『生の悲劇的感情について』において理性よりも感情が優位にあると主張、不条理的実存主義の代表。〕が修辞的に広めていた〈生の悲劇的感覚〉の偏狭性に、実存の〈スポーツ的祝祭的感覚〉を対置してきたが、もちろん私の読者はそれを単なる文学的言辞として受け取ってきた[244]。われわれ以前では、若干の理由からそれに気づかなかったが[245]、ディルタイがすでに《生》は〈まさしく多面的〉〈*eben mehrseitig*〉、いつでも〈あれでもありこれでもある〉、いわば《生》なる現象のもっとも根源的なものは、その曖昧な性格、その本質的問題性であることを発見していた。そこからすべてが引き出される、中でもとりわけ哲学がそこに由来する。そのため哲学は、それ自身の簡潔で不可避の問題をもつ。ハイデッガーはディルタイより後退してしまい、再度モノをその内容とそれを取り上げる様式において〈単純化して〉しまった。なぜなら様式としても、いわゆる〈実存主義〉は嘆かわしい退歩であるからだ。フッサールとディルタイによってついにわれわれは、モノが本来的にどのようにあるか、むしろモノのうちでわれわれが明らかに何を見、何を見ないか、大仰な身振りや大言壮語や悲劇や喜劇なしに、ありのままに *pari passu* 見ることだけを平静に気にかける哲学をするという気分、勇気、強靭さに到達していた。そしてまたもや悲壮感、大げさな身振り、人騒がせなことば、われわれをぎくりとさせ、自分の檻から辞書にある囚われの身にまつわることば全部、苦悩、不快感（*Umheimlichkeit*）、決断、深淵（*Abgrund*）、無を投げ出してやってきた。〈実存主義者〉は、人間が、そしてそれとともに世界が何であるかは知りえない、と初めから決めてかかる。深淵、明らかにできない神秘、暗黒の底、不可知、吐き気でないものはすべて〈採算があわない〉。彼らは最初から〈理解する〉つもりはない。なぜなら〈理解すること〉は実存主義者というこの典型的な〈思い上がった若造〉[246]には、凡人のやることであって、彼——至高神の前では偉大なるスノッブである——は、誰とでも、つまり物分かりのよい、ゲーテの言うように

暗きところより明るきものを求める

人たちとつき合うわけではない。彼はモルヒネ中毒者が薬《やく》を必要とするように、闇を、《死》を、《無》を必要とする。これらの者は高笑いをし、まだプエルタ・デ・ソル広場〔マドリッドの中心にある、プラサ・マヨールと並ぶ代表的広場。〕でほとんど

ただ同然で売っているエスプロンセーダ〔ホセ・デ（一八〇八―一八四二）スペインロマン主義の代表的詩人。〕の『絶望』――いまだにマドリッドにおいて《生き残っている》数少ないものの一つ――を思い出させてくれる。

息をつまらせ、
血と泥を吐く
死者でいっぱいの
墓地が私は好きだ。
薄気味悪い目つきの、
無慈悲な手で
頭蓋骨を打ち砕く
墓堀人があちらにいる。

雪の絨毯がしかれ、
花もなく、
果実も、緑もなく、
鳥もさえずらず、
陽も射さず、
ただあたり一面に、
《死》の面影だけが窺われる

野原が私は好きだ。

人間の《生》という現象を詳述すれば、たしかにそこには根源的苦悩が見出されもするが、だが同時に、ハイデッガーがその好例である、それに劣らず根源的であり信じがたい〈苦悩の嗜好〉も発見される、というのも彼は厳密な意味において *sensu stricto* 闘牛の愛好者がいるのと同じ意味で、〈苦悩の愛好者〉であるからだ。それは考えられるかぎり最大限に逆説的であるにしても、根本的真実として人間は〈辛い目に会うのが好きであり〉、そしてこれがスポーツの定義でもある。スポーツとはとても辛い、ときには必死の努力であって、そうだからこそそれは求められるのである。ニーチェはよくぞ言ったものだ！〈それが《生》だって？　じゃ、もう一度挑戦だ！〉《生》とは死ぬほど辛い目に会いながら、それでも、もう一度！　*da capo!*　と叫ぶことである。

実存主義をどこから捉えようと、そこでもまた別のこと、逆のことが真実であり、同様に基本的であることが分かる。たとえば世界を *unheimlich*、〈異様で〉、不気味なものと捉える。それはそれとして、すでにディルタイにおいて《世界》は抵抗として告知されているのであるが、事はそれだけでは済まない。《世界》が抵抗するとき、それは〈私とは別のもの〉、それが存在しつつあるものとして私に明らかになる。だがその反動で私は、その《世界》には〈いいこと〉、好ましいこと、前向きの、楽しいこともあることを発見する。難破した私は、堅固な陸地の〈抵抗〉という幸運を切望する。なぜなら《世界》は私が溺れる海であるだけでなく、また私が辿り着く海岸でもあるからだ。結局私にとって抵抗としての《世界》は、〈救援〉としての《世界》を明らかにする。もしそれがただ *unheimlich* 不気味で馴染めないものだけであれば、私はとっくの昔に消え去ってしまっていただろうし、そして〈冷やかさもしくは不安〉の感情は、その反対、居心地のよさ *atopadizo*[247]、快適さがなければ、存在しないだろう。《世界》とはそういうもの、露天でもあり家庭でもある。

以上のような理由から私は人間実存の究極の定式化として、〈《生》の悲劇的感情〉を信じない。生は悲劇ではないし、そうあることもできない。悲劇が起こり、それが可能であるのは、生においてなのだ。生の悲劇的感情というあの観念はロマン主義的想像力であり、そのようなものとして身勝手で粗雑なメロドラマである。ロマン主義はコペンハーゲンにいた根っからの——道化男——キルケゴールのキリスト教を毒し、その小唄は彼からまずウナムーノに、ついでハイデッガーへと伝染した。

キリスト教それ自体は感情や漠とした〈感覚〉を含んでいるのではなく、直接正式に生についてのある精確な観念、ほとんど悲劇的解釈を含んでいる、というのもそれは《生》という現象をありのままに眺めるだけで終わらず、直接に《生》の問題の解決、救済であるからだ。だから私は言うのだが、それはただほとんど悲劇的である概念であり、最後には万事首尾よく収拾し、物事は解決する。キリスト教はたちまち《生》を神との関連で見、そしてこのために初めから *a limine*、それを眺める前から、それを関係づけることなく、極度に実在的で絶対的な存在物 *Ens realissimum*、絶対的に完璧に在るものである神から無限に隔たったあるものとして、生はそこに立ち現われる。そのことで自動的に《生》はもうほとんど《無》として、ほとんど《無》である、《非‐存在》として現われる。

ドイツ・ロマン主義のもっとも深遠な俊才の一人である、ミュンヘンのカトリック神知学者フランツ・フォン・バーダー[248]は、シェリング自らも認めているように彼に多大な影響を及ぼし、また珍しいことだがそれを認めるのにやぶさかでない[249]ヘーゲルにも影響を与えているのだが、当問題の起源についての幻覚的学説を提示しており、そのほとんど神話的な形において〈その《世界》〉に関するキリスト教的観念を絶妙に表わしていて、またドイツにおいてさえあまり知られていないので、ここで披露する値打ちがあるだろう。神は——フォン・バーダーは語るのだが——まず《創造主》、永遠の《命令 *Fiat*》の基層である。それ自体は完璧なもの、完全に在る存在しか創造できない。だから物質のない最初の、初源の真の創造を実行した。それは最初の人間の堕落と、その主要なものがミカエル、ルシファー、ウリエルである天使たちの〈原始の階級〉以前の良き《世界》であった。しかしルシファー・魔王は〈神に対抗して自分の存在を主張し〉、独自で存在しようと企て、《存在》が彼に与えている原理を否定し、自己の原理、要するに絶対的《存在》になろうと欲したのである。それに苛立った神は、彼にたいし破壊と殲滅の命を発した。完璧な《存在》になろうと欲した者は《無》になってしまう。しかしそれが識別できないほど後の永遠の瞬間において、神は慈悲を覚え、前回のものを撤回し新しい命令を下された、つまり魔王に存在を許さなければならないと。ところが最初の命はすでに成就し始めていた。魔王は《無》になりかけていて、第二の命が届いたときには《存在》からまだ何かであるために、ほとんど無になるために必要な最後の厳格に最低限のものしか残っていなかった。この非‐存在で一杯の、自分の本質的な《無》を支えるために必要なものしか存在としてもっていないこの存在——非存在であることに失敗し、その絶滅が中断された存在にしかならない——は、物質の《存在》であり、〈この《世界》〉であり、そこにおけるわれわれなのだ。だからフォン・バーダーによれば、神が物質を創ったというのは嘘だ。彼の考えでは、物質と神の創造物を混同することほどはなはだしく反宗教的であるものはない。神の創造、神が創った真の家族と創造物は完璧であったのだが、失敗し、そして失敗によって無となるところであった。物質とはこの無化の極限であり、いわば神の創造物の完全な〈深淵化〉が停止する存在論的変速装置のようなものである。その結果として、物質、すなわち《無》‐存在物の事実存在は創造行為にではなく、慈悲行為によって抑止された正当な破壊の神的行為に負っている。そのおかげで物質的《世界》とその中の人間がそうであるところの《無》は、そのはかない実体から、そのほとんど無に等しいところから救われ、十全に《存在》に立ち戻ることができる。したがって《無》である《生》から何かをなすことができる。この考えはいかに弁証学と神話を混ぜ合わせることが可能かということの、見事で素晴らしい例である[250]。

バーダーの用語と〈実存主義〉との類似性から、いかに実存主義がロマン主義という泉の水を飲んでいるのかが明らかだ。とりわけキルケゴールという、田舎のロマン主義の粗野な焼酎で酔っぱらっていた。彼は地方の典型的〈天才〉であった。あらゆるものが小さく、滑稽なくらい具体的で、すべての人が自動的に〈典型人〉、〈お人好し bon-homme〉、公衆の操り人形、あだ名をつけられているコペンハーゲンの哀れな環境では、自分自身の最大級の道化——これらロマン主義の二世代にあまりにも頻繁なことだが（もう一つ、一つ前のはボードレールの世代だ。）——、反‐ヘーゲルを〈演じ〉たがるヘーゲルの操り人形であるキルケゴールは自分を世間と自分にむかって見世物にし、偉大な〈典型人〉、〈独創的人間〉になる必要があり、隅々まで知り尽くされているその小さな田舎町で子供たちは通りで彼のことを嘲笑し、角を曲がるや後ろ指を指す。このような地方に属す知識人によく見受けられ、けっしてなくすことのできない、この傲慢、この道徳的誇大のために、キルケゴールは絶対的に〈例外〉で、〈非凡〉であることが必要であった[251]。ときたま彼は自分の聴衆の少なさに不満を覚え、自分でも気づかないうちに、自ら自分の世界を田舎的大きさにしているのだ。〈人間的観点からすると、デンマークのような狭いところで並外れることは幸いでない。それは本当に受難だ[252]〉。私はキルケゴールに酷似したもう一人の男を知っているので、彼のこともよく分かる。自分の非凡さを演じるというそのような決然とした意図のために、すべては彼にとって格好の材料であり、ふさわしい道具である。しかしこのような場合に最善のことは、もっとでかいこと、公衆の関心をいっそう引くことをして、それをめぐって破天荒なことをしでかすことだ。コペンハーゲンでは宗教が依然として話題になっている唯一の事柄である。キルケゴールはまばたき一つせず、キリスト教において一大騒動をもたらすことになる。それは僻村で行なわれる常套的戦略だ。そのために聖パウロはいろいろな発言の中で、キリスト教は醜聞であると言ったことを捉えて、キルケゴールは宗教を本質的に醜聞とし、その醜聞でもって自分の醜聞を引き起こすことになる。〈醜聞は——聖人よろしくジャン・ヴァール〔（一八八八—一九七四）フランスの実存哲学研究者。〕は言う——彼を強く引きつけていた〉〈神によって選ばれた道具のみが巨大な醜聞を起こしうる〉、そしてもっとも尊敬されている有名な神学者——ミュンスター〔ヤコブ・ペーター（一七七五—一八五四）デンマークの作家、神学者。〕——を墓前で罵るために墓地へ行ってみると、事実、その墓で計りしれない醜聞、〈キリストの伝道以降、ルターの結婚以降で三番目の大醜聞[253]〉が起こることになる。その結果、自分の村で自分が引き起こした気味の悪い悪戯が宇宙の深部において轟くだろうと信じたのである。すべての国家がその根をもちそれを栄養としている良き地方主義 provincialismo とはほとんど正反対である〈田舎主義 provincianismo〉という巨大な欠陥が、いったい何から成り立っているのかを見たい人にとっての実験例がここにある。地方人は自分の地方が地方であることを信じているが、他方〈田舎者〉は自分の地方が宇宙であり、自分の村が銀河系であると信じている。そんなわけで寒村の相貌は、滑稽にも《世界》大の大きさにまで拡大される。その一方で、私が今引きあいに出したような馬鹿げたことが考えられる人間は、今日いちばんいいジャーナリズムを味方にしていることを強調しないですますわけにはいかないし、いいジャーナリズムに恵まれている人はみんな怪しいと経験から教えられると、私がついでながら言ったことを思い出されたい。そうした人が何か傑出した特質を備えているということもありうるだろうが、しかしむしろこれは悪いジャーナリズムに取り囲まれることの原因になるだろう。いいジャーナリズムというものは、さらにその悪名が誰の邪魔にもならないくらい有り余るほどの欠陥のある策謀家や無責任者でなければ、得られないものである。

地方ではもしある人が何らかの役割を担っていなければ、知的人物として通用しないしまた自分でもそんなふうに感じることもない。その理由は地方において、その前で本当の自分をさらけだせるような真の〈聴衆〉がいないということである。真の〈聴衆〉というのは抽象的である。その個性、その人格が明らかにされない、あまりにも異質で、目に見えない、あまりにもたくさんの個人から形成されているからだ。そのような聴衆は本当に真実のものであるが、また宣伝マンの人柄といったものと無縁で、ただ直接〈テーマそれ自体〉に関心をもち、知者は自分の〈人格〉、自分の〈機知〉を問題になっているテーマに当てはめ、その適用の中に自分の姿を消して、それらを表明しなければならない。だが田舎では〈世間全体によく知られている〉、つまりその地方の内部で知られているという意味だが、ほかの人たちしか話題、問題はない。田舎の生活はその全体が内向しており、自分の分泌物をもう一度呑み下し、内部の内部へとたえず入り込むことからなる。だから地方の〈知識人〉は予見できない隣人のためにテーマとなる学説でなく、たとえば尊敬すべき《某氏》の本格的、公的、日常的敵対者であるという演劇上の人物 *dramatis persona* を採択して、自分自身のための役柄、〈よく知られた〉人物像を作り出さなければならない。《カジノ》で人が《某氏》の悪口をいいたいときは、〈変わり者〉〈知者〉が姿を現わす時間を待ちうけるが、彼の専門は某氏の悪口をいい立てることである。キルケゴールはコペンハーゲンでそのような人だった。この地方の偉大な人格は、そこでは神学者ミュンスターであった。だからキルケゴールは、〈神学者ミュンスターの攻撃者、侮辱者〉を自分の人格の本質としたのであろう。

私はキルケゴールほどキリスト教からかけ離れた作家がいるとは思わない。なぜなら彼はあまりにもひどい田舎者だったので、この宗教をコペンハーゲンの下町でのみ関心をもちうる事柄にしてしまう。神と《悪魔》の問題をその村の〈実力者〉たちが毎日、午後、カジノで議論している、砂漠の王様がライオンか虎かという問題と同類の事項として片づけてしまう。

私が〈田舎主義〉のテーマにこだわったことを不思議に思わないでいただきたい。厳密にはそれについてもっと議論しなければならない、というのもそれは西洋が陥っている大きな病弊の一つであるからだ。ヨーロッパは社会主義によって財政破綻に陥っている descapitalizada だけでなく——私はそれが瑣事だとは思わないが、私の関心をさしてひかない事柄である——、いっそう悪いことには、田舎と田舎者によって都会でなくなっている descapitalizada ことだ。今から二五年前に私は『大衆の反逆』で、すでに当時かなり目立ち始めていたこの現象に注意を喚起した。しかしあの時以来この傾向はすさまじい勢いで昂進してきた。ずっと以前私は『西洋評論』誌において、世界は前八〇年頃と同様に愚鈍化していると予告し、警鐘をならした。というのもその原因の一つは、世界的規模の田舎主義であるからだ。

知的生はあらゆるところで薄気味悪いほど下落したが、かつてそれが正常健全でなかった国々でこの能力の退嬰は最大で、その水準はアスファルティテス湖〔死海の古名、海面下三九〇メートルにある。〕におけるようにいまや海面下にまで低下した(254)。

とりわけ、好むと好まざると、哲学はその方法からして根源的であり、そのテーマにおいてきわめて普遍的展望からなるゆえ、あらゆる田舎主義とは正反対のものである。それ以外のすべての人間的展望は、部分的であり、その〈思考法〉もしくは感じ方、在り方は思考、感覚、《存在》の田舎主義である。哲学は部分、局部、党派主義であるあらゆるものを嫌悪する。哲学者はかつて一度もある一つの党派に属さなかったし、みんなが後からそれを付与したがっただけのことだ。

32 ［哲学の陽気な側面］

以上全体から明らかになることだが、今日哲学が奏でる音色はそれ本来のものではない。なぜならそのテーマと内容は、それが理論であり、種々の観念の単なる結合であるとき、深刻に劇的で悲壮な性格を帯びるのは確かであるとしても、それ独自の性質は遊びにふさわしく陽気であるからだ。哲学は実際、観念の遊びであり、それが誕生したギリシャにおいて前ソクラテス哲学者におけるその発見によって傷つきはしたものの、その後コンクールと公開競技の方式によるその発表方法を決定的に定着させる。円盤投げや格闘技を競うように、哲学することが競われるのである。

もし信念がわれわれにとって実在そのものであるとするなら、それらに比べてそれ以外のものはおおよそ想像上のもの、要するに真剣でないといえるくらいに、信念が機能し従っているわれわれの生の地平は深いところまで真剣である。これでもって私が示そうとしていることは、詩の中でのわれわれの状況を思い起こせば明瞭に看取できる。小説を読んでいる間というものわれわれは自身の実生活から脱却し、ほとんど小説の非現実的生の中に没入している。その間われわれはおおむね真剣には生きておらず、反対にその成り立ちから究極的に生きるということがあるところの厄介で取り消しえない真摯さから逃れることができたのである。この意味において詩が真剣なモノでないことを認めるには苦労はない。われわれがそう発言するとき、ただ詩人だけが苛立ち、彼は周知のように気むずかしい人 *genus irritable* であって、さらに通常彼らは見事なくらい、天地神明にかけて、何も理解できないのだ。そのような観察にたいし苛立つ彼らは、真剣さの欠如、その本質的無責任さは彼らに授けられたすばらしい使命であり、勝れた才能であって、そのおかげで彼らはほかの人間が一時的に形而上学を中断し、生といううとましい真摯さから解放されることを見逃しているからだ。しかし実際には、詩についてと同様に、ただその程度を弱めさえすれば科学的真理、理論、観念が作り上げている世界についても同様のことがいえる。もし詩との比較で科学的真理が真剣と思えるなら、信念のある生、信じやすい生に比べると、観念もまた真摯なものではない。かくてわれわれは、その理由はよく分からないが一般になされてきたよりも、理論を詩により近いものとし、生きるという避けがたい実在と混同することを避けてきた。哲学をそれ固有の雰囲気の調子の水準に正しく位置づけておくことははなはだ重要である。もしそれを宗教にふさわしいように、ただ悲壮的にのみ捉えるなら、見当違いもはなはだしい、なぜならそうなるとそれなしでは理論化することが不可能になる〈精神の自由〉、大胆さと曲芸的歓喜がなくなるであろうからだ。したがって私の考えでは、哲学するに適した音調は、生の圧倒的真剣さではなく、スポーツや遊びに備わる、かわせみのような陽気さである。そんな仏頂面をしないでいただきたい、また侮辱されたような変な表情を見せないでいただきたい。とぼけたり知ったかぶりをしたりしないでいただきたい。少なくとも知らないふりはしないでいただきたい。プラトンの『法律』(820 c–d) の中の、したがって長い人生の終わりにおいてその深遠な哲学的学術的経験を要約して発したことばを聞かれたい。〈誰に分かるものか！　きっとバックギャモン (πεττεία) と諸学問は違いはしないのだ〉。この短いことばに凝縮され秘められている信じがたい機知は、間もなくデカルトとライプニッツがチェスやそのほかのゲームを取り上げ、自分の数学の弟子たちにゲームについて大まじめに研究するように促したことを考察してみれば明らかになるだろう。

相対性理論や量子力学を信ずるようにと要請することは、私には荒唐無稽な気晴らしとかナンセンスのように思われる。このような理論はただわれわれを説得できるだけであり、それは単に知性においてのみ生じる効果であって、それとのみ関わっている。〈それが真実である〉のでわれわれを説得し、そしてそれらは何らかの悲壮な動機からではなく、その中において理論的〈ゲームの規則〉や理論が自分の秩序において完璧であるため自分に課す独特の要件を満たすから真実なのだ。ただただ、それだけのことである。数頁先になれば、現在のもっとも厳密な数学は自らをゲームと定義しており、それに少々変更を加えれば、数学を慣習的総体、したがって遊びであって、悲壮的でない様相としたポアンカレの仮説を確認するという、未曾有の事実に遭遇することになる。理論においては誰かが言明しつつある観念が相互間で整合したりしなかったり、また物理学のような実在的理論の場合には、さらにそれが言及している事実と整合するかどうかがもっぱら問題になっている。だから参画するか *s'engager* 参画しないか *ne pas s'engager* とか、田舎の〈実存主義者〉のそのほかの大言壮語の問題ではない(255)。

しかし理論に何ほどか遊びの要素があることに気づいて、いったんわれわれがそれをまるで閃きであるかのように受け取り、〈ああ、そうなのだ!〉と自分に言った後で、少々熟考しなければならない。〈遊び〉の概念は、一度に全面的に俎上にのせられると、多様な特色、中身、次元といった異常な豊かさを内包している。われわれの注意力によってそれを締めつけるや否やまず目につくのは、それが幾つにも分岐することである。遊び、子供たちの遊びから――子犬のそれも含めて――ヒマラヤ登頂をめざす決死の努力とか死を前にして踊る天賦の才と気概のある闘牛士のそれに至る実に様々な形態がある。その両端から中間のところで、チェスの名人たちの場合のように、英雄的緊張と巧妙さの知能的遊戯がある。私はカパブランカ〔ホセ・ラウル(一八八八―一九四二)キューバのチェス名人、一九二一から二七年まで世界選手権保持者。〕と面識を得たが、その打ち込みように関してはアインシュタイン以上とはいわないまでもそれに負けず劣らず真面目であると私には思えた。遊びはまさしく〈その規則を守る〉ことからなる、ある特殊な真剣さなしには存在しえないものである。

理論家には、とりわけ哲学者という突出した形において、謎が偶然にも *per accidens* 内包する可能性があり、それを象形文字やチャラーダ〔音節からことばをいい当てる遊び。〕やクロスワードと同一視する、当面あらゆる悲壮な性格を取り去った〈謎解き〉の喜びがある。ギリシャ人が見事に楽しんでいたなぞなぞ遊びをする人たちのこの才能は、青年漁師たちがホメロスにもちかけた有名な蚤当てゲームを彼が解けなくて憤死したといい伝えられている、ホメロス伝説によく表われている。ソフィストとソクラテスからプロティノスにおけるその終焉までギリシャ哲学全体は、クロスワード……の雰囲気の中で展開している。この意味でパルメニデスやヘラクレイトス自身も彼らはたいへん真面目であったが[256]、ホメロス作品愛好者であり、御しがたいチャラーダが原因で死ぬことも覚悟できていた人たちであった。ゼノンはカパブランカであり、ただ違いは後者には欠けていたユーモアをもっていたことだ。彼は、カパブランカがチェスをしていたよりも、〈遊び〉という語にずっと強い意味をこめて哲学遊びをしていたのだ。

この謎解きゲームにおいて、哲学者は——詩人や画家や幻視者と同様——一つの宇宙像を作り上げる。種々の哲学がまず見せる突飛さの相貌——軽視すべきでなくむしろ強調し、〈哲学〉という実在に関するわれわれの概念にそれが影響するがままにしておかねばならないところの相貌——があるからには、芸術も遊びとして、〈しばりなしであること〉、贅沢で余剰の行為として有しているもののために、まず哲学を芸術と同一視しなければならない。だがもし哲学の〈真剣さの欠如〉を見ているこの側面を強調するだけに終わるなら、満足はできないのである。

実際、これに気づくことによって、つぎのような自問に駆り立てられる。分かったよ。でもどうして人問はそんなことをするのか。この質問に答える最良の方法は、まず想像の中で、尋ねられている対象を取り除こうと試み、そうすると事態はどうなるはずと思えるかを調べることであろう。もしその取り除かれたものが本当に実在的な何かであれば、その仮定上の欠如によって残りのものに、残っているものに変化をきたし、このことはどうして想像上除去されたものが事実存在するのかということについて手掛かりになるだろう。さて、われわれは西洋の歴史から哲学を取り去ったのである。どうなるだろう。早速 *ipso facto* それ以外の人間的営為が立ち現われて、目立ち始め、まるで拡張するかのように哲学の取り除かれた空間を占めようとする。もし二六世紀昔から哲学が存在していなければ、西洋の人間は宗教と神話と〈生の経験〉あるいは分別（*sagesse*）だけを問題にするように努めてきたことであろう。かたや、詩はほとんど同じところから詩でしかない、誰かがそれを提案するまでもなく、われわれには曖昧だがホメロスにおいてもっていた意味を自動的に取り戻そうと試みてきたことだろう。前七五〇年（それが開花した可能性のある時期）から前五〇〇年の間のギリシャ人にとって、ホメロスの詩は単純にわれわれが詩と呼んでいるものではなく、彼らは不信とないまぜになった信じ方で、その言述を信じていた、しかしそれは寓話としての寓話における単なる喜びをはるかに超えるものだった。想像上で哲学を除去してみると、ほかの三つの〈思考法〉――宗教、神話、詩――はまるで一つの共同戦線をはり、人間の確信を吸収するために相互接近する。人がそれをほぼ-信じる寓話としての詩はもはや半ば神話である。なぜならこれは正式に神話 *mythos*-μῦθος が意味するところのものである寓話 fábula であって、また寓話とはそれについて物語られ se fabla、話され se habla〔動詞 fablar は hablar の古形。〕、話題にされるあのものであるからだ。神話は物語と形而上的超越的事象の真の叙述との中間物として分類される。宇宙についてのある観念を無心に信ずることである宗教から、わずか一歩のところにいる。よって詩（〈ホメロス的詩〉の意味において）と神話と宗教は異なる位階にある信念の三形態であるが、それら相互間には完全な連続性があり、その結果お互いの境界は区別がつかない。この連続性を私は〈共同戦線〉と呼ぶわけだ。

《神話》は文学ジャンルではない。ミトペイア *mitopeia* 神話作成は一民族が何千年もそこに安住する《世界》を作り上げる知的方法である。この方法つまり神話的〈思考法〉は、異常な対象物、際立つ事実、人間の内部に感動を引き起こす出来事や形態に誘引されるただの幻想的発明からなる。[257]精神はそれにたいし物語を創作したり、すんなり受け入れられる〈歴史〉を物語ったりして反応する。証拠はいらない、なぜならそれとは異なり対立するほかの発明が見つからないという単純な理由で、誰もそれを批判にさらすことはないからだ。それは原初の〈説明的〉解釈である。[258]哲学とは反対に、神話は最初の思考であり、他の既存の意見に反対することを発端としない。だからそれは〈無邪気で〉、天国的で、信じやすい。人間にとって驚嘆するような何かを〈明らかにする〉始元の発明は、自動的に〈真理〉であり、それが極端な程度なので、上述のように神話的真実においては、真理と誤謬の区別は知られてさえいない。ただ率直さ‐嘘という世間的対立項が知られているだけだ。すべての神話的発明は、既存のもののうえに作用する。以前のものを無効としたり、それに反対したりはしないで、伝統と合体し、それを発展させ、いやむしろ当初のものの植物的堆積あるいは珊瑚礁、生きた珊瑚の抑制のきかない増殖である。そのようにしてますます豊かになり、連鎖を広げ、最後には神話的《世界》は肥大化してしまう。

〈神話的なもの〉はその初原の一般性において、あの一つのあるいは幾つもの起源の《世界》――オーストラリアのアボリジニの《アルチェリンガ *Alcheringa*》あるいは《アルテルタ *Alterta*》――前‐《世界》または、まさにそこでは今日不可能なものが可能であったという特徴をもつ、われわれが現に住んでいるこの世界以前の原初の《世界》、だから後‐《世界》、後の《世界》であるわれわれの《世界》に有るすべてのモノが創造され発生しえたであろう正式に驚異的な《世界》である。あの驚異の《世界》にすべての新規で、重要かつ顕著なる、驚天動地の事実は関係づけられる――要するに《神話》は単に人間的で普通の伝説や歴史を含めて、眼前に有る実在を呑み込む、だから人間の《英雄》は変身し、神と融合する。

神話は宗教－神話－詩という連なりの中間の環として、この三つ一組のほかの二要素を明らかにするための鍵と考えることができるのだが、それはそのあらゆる面において、つまりそれが受け入れられる方法、それが生み出される仕方、それ自体の内容からいって、理論とは反対のものである。

神話はその創造と受容において、疑うことを知らず――自分の生活の実践をのぞいて――、自分が受け入れる《世界》の解釈にたいして完全に批評とは無関係なタイプの人間を想定している。《神話》は〈それ自体信じうるもの〉〈疑われていないもの〉である。その〈真理〉はそれが言明するところのものの特殊な内容によってでなく、ただ単純にそれが伝統であるということから、匿名的にそのように話されいわれているから真理なのだ。あらゆる集団的慣習と同様、それは不合理であり、自動的に受け取られ、広められ、伝達される。そしてそこにその生成の非人格性は由来する。個人的起源の神話、最後に著者のサインのある神話というのは矛盾しており、逆に個人的起源をもたない科学的真理というのも同じく矛盾している。

その内容は理論的に真理であるところのものと極端に対立しているため、すでに述べたことだが、正式には驚異、まさしく本当らしくないことそのものからなる。そこではすべての歴史的時間と異なる時間、あるいは原始的ホッテントットがいみじくもいうように、〈時間の裏側にある時間〉――神話的時代――においては、まさしくあらゆる不可能なことが可能であったと想定して、人間を取り巻き、彼そのものである諸実在を〈説明し〉ようとする。現代においては、可能なこととしか可能でなく、岩石や植物や動物や人間を創造することはできない。逆に神話的時間はあらゆる創造の時機であり、元祖の《時代》である。この本質的意味において、まさしくそれは驚異そのものの《世界》である。ゆえに《神話》の内容は抜群に〈詩的〉であり、神話的なものをのぞいてほかに〈それ自体詩的なモノ〉があるか、ありうるかを問わなければならないだろう。これがそこに現われるすべての人物がもっている感動的な力の秘密である。何回となく私はそれを試みてみた。公共の場で話している折に聴衆が消極的冷淡で無感動であるようなとき、私は神話という偉大な機械仕掛けで出現する神 *Deus ex machina* に助けを求め、馬の囲い場を解き放ち、何頭もの自分の子馬ケンタウロスを跑足《だくあし》で走らせてみる。興奮して人間のような目つきで見やり、蹄鉄で地面をなぞるように響かせる、深く謎にみちた、このような美しい生き物の神話的な駆け足を目の当りにして、聴衆が心の奥で震えを覚えないことはとてもありえない。こうしたものが印欧人の精神の最古の想像力の一つを構成しているのは真実である。《ケンタウロス〔ギリシャ神話の半人半馬の乱暴者で、生肉を食べたと伝えられる。〕*Kentauros*》はヒンズー文化の《ガンジハルバ Gandharva〔古いベーダの水の神様。獰猛な戦士の象徴で、一般にケンタウロスと関係づけられる。〕》である。

一三、一四世紀フランスの武勲詩 *gestas* の詩人が〈ブルターニュの題材〉、つまりアルツス王と一二人の重臣をめぐる驚異的な作品群を取り上げているのと同じ意味において、ギリシャ人が本来〈詩〉と呼んだものは、神話的題材を扱ったものであった。それは神話的物語を語ったり作ったりすることからなっていた。ギリシャにおいて懐疑と批評、〈観念〉と理論が芽生えると、詩人、もっとも伝統的な天賦の才のある者でさえそれに染り、詩人がその中で意見を表明したり、おしゃべりをしたり、理論化する哀切な抒情詩が始まった。その才のない人たちによって実践されたこの理論は結果として、ほかの起源をもち、ついにはギリシャ・ローマ文化全体を呑み込み、その後の流動的生き残りとなるおぞましい修辞学へと変貌するところのものを産み落とした。《人文学者》はそれを再度取り込み、西洋を永遠に *in aeternum* 修辞主義に染めることになったのだ。プルタルコスはたいへん興味深い逸話を紹介している。その中でベオキアの伝統的な年配の女流詩人コリナは、同郷人ピンダロスがまだ若かりしころ、彼が〈物知りぶってあげ足取りする〉〈非音楽的で〉、ミューズに忠実でなく、その代わりに〈本来的詩的作業である〉〈神話を創ること〉―― ποιοῦντα μύθους-*poioûnta mythous* ――に努めておらず、また〈ことば遣い、形象、隠喩、迂言法、数の多さ、リズムは魅力的であるが、物語られる行動に拘束されている[259]〉と非難しているのが伝えられている。しかもそこでは、思想家になってしまった当時のほかの詩人〈格言詩〉にたいして、ピンダロスが〈反動的〉であろうとする自分の意志を表明さえしているのであるが。

以上より、ホメロス的意味 *sensu homerico* での宗教‐神話‐詩の共同戦線は《世界》の純粋に想像的解釈からなり、もし哲学が存在していなければ人間は決定的にそれに頼らなければならなかったであろうといえよう。このことによって人間は、《世界》があるところのもの、彼とその生存があるところのものの像を信じる、そしてもしこれが失敗すれば、――信じるということのもっとも広い段階づけをもって――ほぼ‐信じるしかないことが確認される。当然のこと三者全体は、種々の形で人間の生の営みにおいて不可避の同一の役割を果たす。

遊びはさほど緊急にわれわれにたいしてその必要性を問うように迫ることはない、なぜならとりわけ余分なものと思えるからである。たぶん実際には、それはそうではないであろう。しかし一見 *prima facie* その欠如がありえなくはないであろうようなものとしてわれわれに映るにちがいない。そのためわれわれがそれを遊戯的活動面から眺めているかぎりは、それがさらに真剣なもの、つまり不可欠なあるものの形はとらなかったのだ。

人間の生には避けられない機能――人間の使用のために、有るものについての〈観念〉とその事実存在についての解釈の一覧表を用意しておくというそれ――があり、そして哲学とは上記共同戦線とは異なるその一覧表を作る方法であることが、これによって了解できる。

さてそうなると哲学は、その想像上の除去の後で再び姿を現わし、自分の真の方法を主張する――そして再度そのまがい物を追放し、追い出した後にできる空白を再征服し、詩、神話、宗教にたいしてまたそれと対立して自己を主張する、――そのことは敵愾心を含んでいることを絶対に意味しない。その態度はそれ――哲学――がほかのものがあるところの主張にたいして自己主張しなければならないという避けがたい程度におうじて否定的となる。

それは、もし哲学が存在しなかったならどうなっていただろうかと自問してわれわれが思い描いたばかりの想像上の弁証法において、本質的な気づきを見落としたからである。人間の確信を取り戻すためのあの共同戦線――宗教－神話－詩――の試み tentamen は、残念ながら失敗に終わっていたことであろう。というのもすでに述べたように哲学は、人間がそうしたものへの健全で堅実なその信頼を失ってしまったために生まれたからだ。哲学は懐疑を生み出すのではなく、逆にそれによって生み出されたのだ。真実はその反対であるにもかかわらず、ヴォルテール主義によって不信が引き起こされたと非難するのは、ばかげたことだ。結局、ヴォルテール主義は貧弱でとても哀れなものであって、人々は信じなくなっていたのでそれが成り立っている空しい形式上だけの大仰な身振りを装いまたそれを実行した。一丸となった一〇〇人のヴォルテールといえども、真に信じている一人の人間にはいささかの懐疑も引き起こせるものでない。だから私は以前、人類の歴史において何度となく起こった〈信仰の喪失〉の感動的な歴史がある程度詳細に書かれなかったことに不平をいっていたのだ。その歴史によって、どんな信念でもいつかは侵食され崩壊するときが到来するようになるのは、あらゆる信念の避けがたい運命であることが納得させられるであろう。そのためある時期まで信じられていたように、哲学がなくなれば人間は普通の健全な信心でもって宗教、神話、教義的詩を再び信じるようになっていたであろうということを容認するのは夢物語である。多分起こっていたであろうことは、――そしてその一部は種々の場合に起こったが――古い信仰が失われ、何か哲学のようなその通常の代替物がない場合、人間は宇宙を前にしていかなる確実さもなくしてしまっていた、すなわちその生存の、謎に満ち漠然とした事実を前にして、それにたいしいかなる適切な反応もできず、呆然としてしまったであろうということだ。ところで、いつまでも長引く茫然自失 *estupefacción* は愚鈍さ *estupidez* をもたらす。そのためわれわれが歴史でお目にかかる一般に蔓延した愚劣さの時代が生まれる。人間精神の一般的堕落が生じたであろうそうした時代には、宗教も生き生きした神話も光り輝く詩も存在せず、人間の確信の空隙は狂気の精神 *mente capto* に特徴的な精神生活の形態である迷信で一杯になっていただろう。現代の、むしろ真に原始的な原始人が、すさまじい愚鈍と惰性的迷信に陥った堕落者であるかどうかについては、まだ結論は出ていない。

哲学とその同類――宗教、神学、教義的詩――の間の関係のテーマを理路整然と論じるには、今の私にはできないが、長い議論を展開する必要がある。すでに述べたように、ディルタイが以上四項の中に人間の〈恒常的可能性〉を見出したことは、大きな反歴史的誤謬であって、もしそうならば人間はいつでもその一つから別のものへと飛び移り、宗教的あるいは神話的であるか、もしくは〈ホメロス的〉であるか哲学者であるかは、彼の特別の自由裁量であるということになるだろう。それはとんでもないことであって、上記四項は容赦ない連続体をなしており、人間はあらかじめ定められた時期にそれらを通過していく。一つのものから別のものへの避けがたい移動は、人間の《運命》に属している。

いまや哲学的営為において問題となっているのはきわめて明確なことであり、それを前にして各人は決断をしなければならないことが明らかだ。すなわち有るものを解釈する必要が容赦ないものであるとすれば、ある時期に達すると生存の謎に対処するのに、哲学よりもずっと真剣真実ではるかに責任ある別のもっと質の高い方法が、はたして存在するかということだ。それを回避することはできない。われわれはここで、哲学的〈思考法〉は多くの中の一つあるいはそれを採択するか否かが自由裁量に任されるいずれでもないことを看取する。またわれわれは、哲学者であること、〈理性〉であること、あるいはその両者であるような何かであることは、きっと人間の《運命》であるとうすうす感じ取る――ただそれだけだが――、というのはそれが歴史的経験でのある高みから見て、真に自分自身になるための唯一の整合的方法であるからだ。だからといってこのことは、人間が哲学者であったし、また現にあるということを認めるものではなく、まったくその正反対で、たぶんそうあらねばならないということだ。《理性》は人間が自ずと所有している才能のようなものとしてではなく――たしかに自ずとそれを所有するものでなく、それをゆっくりと不器用に獲得していくが、いまだにそれを自分のものとするのに成功していない――、その逆に人間が自分ととり結んでいる約束として映る。人間を理性的動物と定義するのはばかげたことだ、なんとなればたしかに人間は動物ではあるにしても、まだ理性的になっていないからだ。単にいまその途上にあるだけだ。《理性》は人が所有する才能ではなく、自分にたいして有しているすべてのユートピア的意図と同様、その実現がたいへん難しい義務である。なぜなら理性は実際すばらしいユートピアであり、それでしかないからだ。

　しかるに哲学は、才能でもなければ恒常的可能性でもなく、むしろわれわれがわれわれ自身にたいして有する免じがたい義務であり、したがって宇宙解釈という《生》を構成するあの役割を果たそうとして哲学もまた失敗するといっても、何の役にも立たないことが理解できる。ほかに新しくより勝れた形態がなかったり、人間が超−哲学を発見しないかぎりは、たとえそれが絶えざる失敗であるとしても、好むと好まざると、休むことなくその努力を新たにしなければならないだろうし、それを必然的に永続的で永遠に必要な試みとして認めることが不可欠となる。

　しかし実在的なものに〈種々の側面がある〉ことははなはだ本質的であるゆえ、人間はそのために、しかも偶然ではなく、〈一方では……〉〈他方では……〉といいながら一生を過ごすわけである。われわれの精神はそれが本来的にあるべきものであるときには、もの思いに耽った振り子であり、そうでないものはすべて野蛮性の定義である。そのようにして哲学があるところのものを見ようとするこの機会に、今一度振れて、われわれは避けられない義務、必要な営為、悲壮な真剣さの側に最後の決定的一語で与することはできない、というのはそれは理論であり、理論は好むと好まざると *velis nolis*、スポーツや遊びの快活で夢のような空気の中で息をしているからだ。しかるに哲学では、人間をある学説に関わらせる *engager l'homme* ことが問題であるとメロドラマ的に語ることほど、哲学的営為の特徴に反するものはない。もし哲学が〈信念〉であれば、こうしたことは可能であり、また意味があるだろう。しかし現実はそれと正反対——理論であり、したがってそれは懐疑から生まれるあるもので、すぐ先で見るようにその中につねに存在しているものである。真理の真理としての説得はいつも不確実性を養分としていて、しかるべくその実効的実在性において、したがって動態的に理解された真理は、たえずあらゆる可能的懐疑を超克していることからなるほどである。このことは懐疑が真理の生ける内容であるというに等しい。

　たしかに哲学はきわめて個人的問題である。哲学において哲学者は命がけである。その生を賭けている。このことは先程述べたばかりだ。哲学と理性は、人間——よく理解されたいのだが、各人である人間——が自分にたいしてもっている約束である[260]。しかしそれは、哲学するとき人間は参画する *s'engage* ということをけっして意味するものではない。それとは正反対である。哲学者の基本的義務は、すべての人間的なものを構成する本質的懐疑性を引き受けることであり、したがって参画しない *ne pas s'engager* という自分にたいしてもっている約束である。参画 *engagement* は、恒常的取り消し可能性という理論の本質自体について考えうる最大の根源的矛盾である。これにひきつづいてわれわれは、理論というものがどれほど真実正確であり、最高に厳密な哲学がつねに〈プラトン主義〉であったし、その懐疑主義の内容からそうであったかを考察する予定だ。プラトンの教育が必然的に模範的懐疑主義からならなければならず、《アカデメイア》の哲学が懐疑的哲学を意味することがこれまで明らかにされてこなかったことは、理論というもの、哲学というもの、哲学史というものについてきわめて漫然たる概念が抱かれてきたことを意味する。なぜならつぎに見るように、このことは〈おはよう！〉というあいさつと同じくらい単純明快であるからだ。正確な思考としてのかぎりでの認識の臓腑をよりよく見せてくれる名称は〈懐疑主義〉である。人間はそれ以上のことに権利はなく、懐疑的である義務がある。それは人間存在にふさわしい水準であり、プラトンが永遠に教えたように、人間とは仮定を好む動物であり、仮定を糧に生きている。人間がそうでなくなる、あるいはそれが達成できないときには、自動的にそのもっとも際立った性向である愚鈍と野蛮が作動し始める。

以上の結果、〈実存哲学〉がそもそもの始まりから *a limine* 不可能であり、根源的歪曲であることになる。キルケゴールの影響に身を任せるという過誤のあとで、とどのつまり彼は理解されなかったということだ。なぜならキルケゴールにおいて〈実存的〉であるものは、哲学でなく宗教であり、この点では彼は完全に正しい。さもなければ運命は逆転し、哲学者が哲学者であるために《真理》に参画する *s'engager* 義務を負うという考えは、参画 *engagement* の事実を真理の判断基準にするという事態を招来し――すでに招来しているが——、そうなると〈哲学的真理〉を、常識論等のようなもっとも有り余る無分別、愚行と理解するようになる——すでにそうなっている。

哲学は生でもって真理が何であるかを示すことではなく、厳密にその反対、そのおかげで真実に生きる目的で真理を示すことである。それ以外は、殺すか殺されるかという条件で、二足す二は四であると証明しようとするものだ。いや、そうではない。哲学者は殉教者からその仕事を奪って、〈失職〉させるようなことはできない。殉教は〈信念〉という事実の証明であって、《真理》というきわめて繊細なユートピアのそれではない。

だからわれわれとしては、場違いなメロドラマ感情を捨て、楽しく、つまりそれがしかるべく哲学しよう。この至上命令を前にして驚きと威厳を傷つけられたような様子を見せる理由はない。この気分、私が哲学にふさわしいものとして提示するこの機嫌のことを古代人は——彼らはこうしたことについてわれわれ以上に知恵があった——陽気さと呼び、これはジョーベ、ジュピター〔ローマ神話で、ギリシャ神話のゼウスに相当する。神々ならびに人間たちの父、父なるゼウス。スペイン語の楽しい、jovial はJove, Jupiter に由来する。〕、すなわち父なる神に特長的な生の音色である。かくて哲学は〈ジョーベに倣うこと〉となる。

33 ［デカルト的思考(261)］

デカルトは青年時代に著した『精神指導の規則』の冒頭で、プラトンにたいしアリストテレスが主張したごとく、個別諸学問、つまりその複数存在を否定し、類相互間の結びつきを主張していることは了解済みである。したがってデカルトによれば、一つの、唯一で統合的な学問があるだけだ。この断言において、アリストテレスを出発点としてきたわれわれにまず起こることは、われわれにはそれが理解できない、むしろそれを一つの〈思考法〉、伝統的学説を逆転させるような認識の観念としてしかそれが理解できないということである。その結果われわれは、伝承されてきたいちばん基本的な一次概念の根源的改革を目の当たりにすることになり、その改変がわれわれには変更しえないと考えられるもっとも深い層には影響しないだろうと思えるところから、いつもながら新たにいわれることを理解しないという危険を犯す微妙な知的状況に直面する。そこでわれわれとしては何らかの予防措置をとるのがよい。その主要なものは、習慣と真っ向から衝突するとき、とりわけ矛盾的様相を見せる観念を最初から *a limine* 不可能と考えてしまうために、われわれはそれを回避する目的で、前方には可能性の地平を全開しておくことである。さらに革新者は、今の場合デカルトだが、その最初の観念をその明確な完成体で示して、必要とされる成熟さ、完璧さでもって展開することがないということもありうるので、真に重要なものである最初の観念の理解がわれわれには決定的に閉ざされ、不十分な開示ゆえの混乱に巻き込まれるという危険に身をさらすことになる。

以上すべてを回避するための最善策は、デカルトの認識論学説の提示においてそれを進める前に、ちょっと立ち止まり、われわれ自身の手段でもってつぎの簡単な表明、学問は一つであって、その対象の多様性によって個別化された多くではない――*pro diversitate objectorum ad invicem distinguentes*[262]――ということから何が取り出せるかを考えてみることである。少し考察してみればつぎのことに気づく。すなわち諸対象は異なる条件下に現前する。だがもし一つの学問しかないのなら、それは種々のモノの観照からその原理を引き出すのではない、というのはそうすれば様々な原理に、したがって学問の複数性に逢着するだろうからだ。でもそうなると諸原理は、モノについてのあらゆる観照以前あるいはそれとは別個にあるがままの悟性自体からしか由来しえない。このように純粋に知的で、モノとは無関係のこうした原理から、知的決定、要するに原理から出発して創られた観念的なものの世界全体を形成するという結果になるだろう。学問はそれが統一的でなければならないとするならば、かかる作業から構成されなければならないはずだ。だがこれは認識活動と見なされていたものの最大の歪曲となる。認識活動はわれわれの精神に実在のモノの世界を反映し、映し出し、複写する努力からなっているようであったが、いまやそれはまったく逆のもの、つまり非実在的世界の発明、構築、製造となったようである。認識と実在的なモノとの関係はいったん学問が出来上がってしまうと、作り上げられた観念的なものの網をとおしてモノを見、その網と充分近似的な程度において一致するかどうかを確認することでしかなくなるであろう。

この簡単な省察によってわれわれが到達した根源的結果から、その提示の不十分さにもかかわらず、われわれが進歩を遂げ、〈思考法〉のデカルト的改革の中で真に革新らしきものを理解しようとすれば、いかほどの用心をしなければならないかが引き出せる。

デカルトが追究している学問は蓋然的意見 *opiniones probables* を含んでいてはならず、それは完璧な学問 *perfecta scientia*(263) でなければならない。この学問はその非懐疑性を特長とする。〈すでに案出された〉学問のうち《数論》と《幾何学》だけがこの特権を具有している。それは何によるのか。われわれはただ二つの認識手段しかもたない。その一つは経験であり、もう一つは演繹つまりあるもののほかのものからの純粋な推論 *inferentia pura unius ab altero* 〔アダン・テリー版全集では inferentia でなく illatianem である。〕である。演繹は絶対に誤ることはない。それが起こりそうに思えるときは、演繹それ自体によるのでなく、偽りの経験的仮定を出発点としてなされたことによる。虚偽はいつでも充分に理解されていない経験が提示するものを真と仮定することに原因がある。ところでこれは《数論》と《幾何学》が避けることであり、それは〈それらのみがあまりにも純粋単純であるために経験的なものの不確実な性格をもちうるようないかなるものも仮定することを許さない対象を取り扱うだけでなく、合理的に引き出しうる結果から全面的に成り立っているからである〉(264)。よってデカルトは学問を演繹論だけと理解し、それを可能にする唯一の〈思考法〉の定義に努めている。この最初の定式はさほど透明でない。しかしそれにつづいていおうとしていることは、その意味をもう少し明らかにしてくれる。要するに学問は、ある命題がほかの命題から合理的に、つまり厳密に演繹される一群の命題からなる。かかる厳密な演繹はそこに介入する判断や命題が〈純粋かつ単純で〉あるから可能である(265)。ここに引用した原文では、この純粋性と単純性をただ否定的性格、いわば判断を感覚的起源のもの、したがって不明確で混乱したものが一切含まれていない（*supponant*）ものだけから成り立たせている。この特色につづいてもう一つの特色がつけ加えられる。すなわち非懐疑性。純粋で単純な判断は〈感覚の特長である変動しやすい証拠やとんでもない結合を編み出す想像力に特有の虚偽の判断には由来せず、あまりにも容易で明瞭なためにいかなる疑惑も引き起こさない純粋で注意深いわれわれの精神の概念、要するに理性の唯一の光に起源をもつ純粋で注意深いわれわれの精神に由来する疑いえない概念である〉。このような概念が生ずる精神行為を、デカルトは直観 *intuito* 〔*sic*〕と呼ぶ。われわれはもしデカルトが幾例かを先行させなければ、それら自体がその後つぎつぎへと増えつづけ相互間で調整しようとするのを見ると、それ自体がその不十分さを表明している、これらの表現や定式の実相を明らかにすることはできないであろう。直観 *Intuito* とは、〈私は事実存在する、私は考える、三角形は三本の線によって限界づけられている、球体はただ一つの表面で限界づけられている〉といったことだ[266]。だから直観は二つのあるもの――私と事実存在、球体と一つの面による限界づけ――の間の結びつきである。直観するとはその結びつきを見抜くこと、それを理解し、それに気づき、同時にそれを必要不可欠と考えることである。この必然性は、結びつきという単なる精神的現前以外に基礎がない。それを考えることと、それがほかの在り方ができないことを感得することとが、同一のことなのである。これこそデカルトが〈明証性〉と呼んでいるものだ。直観するとは必然的結びつきに気づき、よって明証的もしくは自明の *per se notae* 真理を考えることだ。デカルトにとってそれはすぐれて知的行為であり、彼はそれを閃き、真実がそのようなものとして現前する瞬間的きらめきと表象している。

　デカルトの幾つかの基本的観念はその一つ一つが聖アウグスチヌスのものと一致していることについては、疑問の余地はない。しかし本当のところは、デカルトの若干の観念がアウグスチヌスに起源をもつということを説得的に証明することはできていないのである、というのも各々を取り上げるときに見られる明白な一致は、それぞれを関係づけて、したがってその意図、動き、企図、結果の観点から考察してみると、消えうせるからだ。その結果、一致を認めるのに躊躇するのも、そうした観念の一つ一つが両思想家において有する差異的要因に注意を払わないのと同じく、実り少ないように思える。それよりも私は、どのような特長においてこの両者の知的スタイルが類似しているかを定めようと試みることのほうが、ずっと興味深いと考えるのだ。なぜならそれは両者の一致を説明してくれるだけでなく、両者間の平行関係をいっそう拡大する、つまり外面上は一致していない少なからぬほかの局面においても、また、いかに〈一致している〉かを示し、結局デカルト学派はその直後の幾世代かにおいてまさにアウグスチヌス派から養分を受け取っていたという顕著な事実を示してくれるからである。一致しないところでの一致と私が呼んでいるものの一例が、人間による真理の獲得というまさしく決定的な点において見られる。聖アウグスチヌスとデカルトは、人間が自己を獲得する事実を〈啓示〉と呼んだ。ところが聖アウグスチヌスにおいて知的行為である啓示は人間に発するものでなく、それは人間における神の働きである[267]（『神国論』Ⅷ. c.5)、かたやデカルトによれば、知的閃きは、何だか分からぬ神的なもの *nescio quid divini* であるが、人間が所有し、いやむしろ人間がその究極の自体性においてあるところの自然の光 *lumen naturale* の行為である。自然の光 *lumen naturale* はキケロによって近代人に伝えられた表現で、彼はそれをストア哲学者の中に見出したにちがいない。ストア哲学者にとってそれは充実し豊かな意味をもっていたが、デカルトの力学的世界は本来的に〈自然〉ではなく、さらに知性としての人間はその世界に属するものでないから、デカルトにはそれはない。啓示という同一の観念でもって、だから二人は対立するものを表明している。ところが人間による真理の獲得という同一個所で、デカルトは想像しうるかぎりもっとも根源的な介入を神に許しているのが了解できる。事実、聖アウグスチヌスによれば神の啓示によって人間は真理を見るが、しかしその真理は合理的――永遠の道理 *rationes aeternae* ――であるのですでにそれ自体で真理である。それにひきかえデカルトにとって真理は、それ自体で真理でなく、換言すればそれが合理的であるからではなく、逆にそれが必然的にあるところのものとして、真理の素材であるそのつながりを神が創造しようと欲したから、合理的であるのだ。以上の結論として、神の啓示的行為にデカルトによって拒否された神の介入は、その啓示によって見えてくる対象においてますます根源的となる。ついでながらいいそえるが、このケースの新奇さを見逃されないように。近代合理論の始祖にとって合理性は、もともと不合理であり、その必然性そのものが大いなる偶然ということになる。

以上の結果として、これはアリストテレス的伝統を継承しているように思えるかもしれない。つまり直観 *intuito* はアリストテレスの知性 *noûs* そのものであり、原初の真理の根拠は明証性、要するに自明 *per se notae* の性格であるからだ。だがそうではない。デカルトにおいて以上すべてはひじょうに異なる意味をもつ。第一に、理解にあたってアリストテレス的《知性》*Noûs* の機能は、モノの《実在》そのものあるいは実在的なものとしてのモノを捉え、それに触れる、θιγγάνειν（*thingánein*）ことからなる。思想としての思想、たとえばある命題の真理は、知性による《実在》自体の捕獲としての真理より後のものである。その結果アリストテレスにおける真の命題はいつでも自己を超越しており、実在的なモノについて語り、それらのためにこそ役立つということになる。矛盾律では、《実在》そのものは矛盾的ではありえないと宣言する。ところがデカルトでは、直観 *intuito* が気づき認めるつながりは、観念としての観念間のつながりである。ここで真理は第一に、観念間の関係固有の性格である。第二に、――前者の結果として――明証的、要するに自明の *per se notae* 真理はそのようなものとして自分の外部に根拠あるいは理由をもたないけれども、その明証は内的根拠に欠けるわけではない。実際、二つの観念のつながりの必然性の意識は、これらの観念が単純であることに基づいている。単純観念はあらゆる内的多元性を欠いているゆえ、誤謬を許さない。その結果、二つの単純観念間の関係もまた単純であるということになるのだ。いってみれば、そのつながりが観察対象である観念自体が単純であるゆえ、選択対象でありまた選択に際し過ちを犯すことになる多様な覚知において、〈ぶれ〉や〈選択の余地〉を精神に許さないということだ。

二つの単純なつながりの間には、われわれは逆に新しいつながりを発見する。つながりとしてのこのつながりは、つなげられているものと同じくらい単純で、それを発見させてくれた直観 *intuito* もまた思惟作用の単純行為である。しかしだからこそ、この新しい行為は最初のものとは異なる状況にある。新しいつながりを観察するが、その単純さそのもののために、その行為によりあるいはその中で結びつけられた二つの新しいつながりの各々を同時に見ることができなくなっている。その明証性は二次的結合にのみ関係している。現在の明証性によっては一次的な二つのつながりの明証性が明らかにはならず、これらの真理は記憶のおかげで受け取ることになる。この直観 *intuito* は想定された真理から出発し、それを基盤に新しい真理を認識する、したがって原初の直観とは異なる認識作用であり、それは演繹と呼ばれる。そのおかげでわれわれは幾つかの真理からほかの真理へと進む、それは明証的結合の〈連鎖〉を形成する。この〈連鎖〉を生み、そこを駆けめぐる精神運動が推論である。連鎖の観念はデカルトに幾度か現われている。それは想像的力によって二つの真理間毎の明証的結合関係、演繹論における系全体の連続性と、学問とは人が一つの観念から別の観念に明証的方法で移動するように、われわれの観念を整序することであるとの方法上の原理を表わしている。

デカルトは青年時代に、古代の数学者たちが《数論》や《幾何学》を、とりわけ何世紀間も演繹論の、そして彼にとっても演繹論の典型であった後者を創り上げるために用いた〈思考法〉あるいは方法は何であったかという問いにとりつかれて詮索しているうちに、以上すべてのことを着想した。彼の考えによれば、こうした学説全体が幸運な発見のつみ重ねで、たまたま形成されたというようなことはありえなかった。彼は古代の数学者たちが一つの方法をもっていたと固く信じていたが、彼らはまるでそれを製造秘密でもあるかのように意図的に隠匿していたと疑っていた[268]。ずっと時代が下って初めてパプス〔四世紀初頭生まれの、アレキサンドリアの数学者。〕やディオファントス〔紀元前二―四世紀のギリシャの数学者。〕において、数学を構成していた精神的プロセスについての二、三の徴候が見られる[269]。

パプスによれば学問においてとるべき道は二つ、つまり分析と統合である。分析は求めているもの――ζητούενον――要は問題そのものを出発点とし、そしてそれをある意味で解決できたと――γεγονός（*gegonós*）――仮定してそれをすでに知られている部分、最終的には原理の価値あるいは階位のある命題へと、一定の秩序を保ちつつ分解する。統合においてはそれと反対の手順をとる、つまりこれらの終極の真理を出発点とし、その性質によってそれらを整理結合し、われわれの目指すところ、すなわち求めているものの構成に到達する[270]。

デカルトは読書嫌いであったにもかかわらず、いたって綿密にパプスを研究していた。両方法について強調しているエウクレイデスの著作にたいするプロクロスのコメントもまたきっと知っていたにちがいない。付言すれば、プラトンの数学の弟子であったレオダマスが学んだ解析学の発明は、プラトンに帰せられる。パプスの名を冠する有名な問題は、ライプニッツが証明するところでは[271]、一六三一年にゴリウスがデカルトに提起した。さてその解決に当てられた省察によって、解析幾何学の考えはデカルトにおいて十全に固まる契機が与えられた[272]。

パプスの公式はごく簡単である。一つの理論いわんや哲学であろうなどとはしていない。それは創造的数学者が思考最中に突如驚いたことについての単なる省察である。そのため〈求められているもの〉、問題、質問が何であるのか、原理の要件が何であるのかさえ表明されていない。

たしかに学問はモノを知ろうと試みるが、モノはただそれだけですんなりと学問の中に引き入れられない。その前にそれらは問いに変換されなければならない。問いは認識作用の出発点である。したがって学問的問題が何であるかを明確化することはきわめて大切なのだ。これは単にわれわれが知らないものではない。当然のこと質問においては知らない何かがあり、そしてそれがわれわれをして知るという作業を実行するようにと駆り立てるのだ。しかしその未知の何ものかは、何らかの形で限定されて現われなければならず、その限定はすでにわれわれに知られている何ものかから成り立っていなければならない。だからあらゆる質問は二つの部分、知られていない部分とそのような知られていない具体的なものとしてそれを規定するデータとに分解できる。もしある質問がこうした性格を備えていなければ、いかにそれが興味深く思えようとも、学問はそれにたいして何らなす術がない。したがって演繹論にとって絶対的問題はなく、ただある種のデータと相関的なそれしかないのだ。こうしたデータは、われわれにとって既知のものと未知だが知りうるものとの間の橋渡しをする。

　したがってそれらは複合的問題であり、その解決は単純である究極の構成要素に達するまで分解をつづけることからなるであろう。これら要素は明証的でありまた自明で、*per se notae* あるので、問題となりえない。

　アリストテレス－スコラ的〈思考法〉を機能させていた類と種の間の関係は、複合観念と単純観念の間の関係によって取って代わられることになるのである。

補遺

I　ライプニッツにおける最善観《オプティミズム》について

昨年はライプニッツ生誕三〇〇周年であったが、スペイン学術振興会はその総会での開会記念講演を、西洋思想のかくも著名なる人物の回顧に何らかの形で当てることを決議した。予定されていた総会が今年までずれ込んだため、この敬意表明の機会が実際の三〇〇周年の日付より遅れることになりはしたけれども、初期の意図を完遂しなければならないようである。ヨーロッパの運命に授けられたもっとも強靭な精神の一人の思い出に、当該振興会が何らかの記念講演を捧げないのはよくない。幾度となくまた根拠なしにいわれたことではないが、もしアリストテレスが古代世界で誰よりも普遍的能力の備わった知識人であるとするなら、ライプニッツは近代世界においてそうである。ライプニッツが所有しなかったような、さらに驚くべきことに彼が創造的足跡を残さなかったような〈知的世界〉の基本的学科目は一つもなかった。彼はいちばん独創的な形で論理学を変革し、数学の領域を驚異的に拡大し、物理学の諸原理を改革し、新しい仮定によって生物学を豊かにし、法律理論を純化し、歴史研究を近代化し、言語学に比較文法という大テーマを提案して、新地平を切り拓いた。以上すべてにもまして、もっとも完璧でその細部において比類なく緻密な哲学理論の一つを打ち立てた。

ライプニッツをもっとも濃厚、完全、純粋な形でヨーロッパの知的運命を象徴する人物と考えるにはあり余る理由がある。しかしまたそれゆえ、あらゆる運命が限定されていてその限界もしくは不足があるがごとく、ライプニッツは同時にわれわれの文化の限界と欠陥を象徴する。ほとんど神話的といえるほど豊かな個人的才能は別としても、ライプニッツがかようなシンボルになることができたのには、状況的理由があった。実際のところ彼の時代にヨーロッパ文明はその最大の統合を見るに至る。なぜなら文明とは原理や規範や慣習や幻想の巨大な統合であり、かつまた地方や国やある種の人間のあり方やその結果としての連帯性が支配的な超国家的区域に共存する人間の社会的統合であるからだ。文明化の統合プロセスはきわめて悠長困難で、問題含みである。いつでも達成されないという危険があり、それが達成された日にはつねに挫折するのではないかという危惧がつきまとう。一つの文明が組織化されるには幾世紀も要するが、その文明が霧散するには三、四世代もあれば充分なのだ。一七〇〇年ごろヨーロッパ的人間存在様式がその形式上の頂点に達し、つまりわれわれの大陸と島々にある近隣の領土の最大数の住民が、有機的統一に達したより多数の原理の情報に通じていた。ライプニッツの精神はこの幸運な時期のもっとも完璧な表現である。そこでは古典古代の遺産が中世過去と近代性を特徴づける諸学問の最高に力強い革新と合流する。しかしながらこの千年にもおよぶヨーロッパ統合の動きの中には重大な解体という事実、一六世紀に起こった様々な職業へのキリスト教徒の分散やそれに伴なうそれまで推測すらできなかった〈自由思考者 librepensador〉、すなわち宗教信仰のない人たちの増大があった。この事実の二次的な表明として、一六世紀後半および一七世紀前半に、個人的には〈自由思考者〉ではなくむしろ篤信家であった活発な学究者において、一般的に宗教と理性の結びつきが明らかでないという事情がある。ベーコン、ガリレオ、デカルトといった人たちは、自分たちの学術的著作において教義のテーマに抵触するような一切を避けようとした。これを彼らの胸中にあったかもしれぬ潜在的反宗教性のせいにするのは誤りだ。宗教に関わる態度は、たしかにこれら三人において相異なる。しかしその中でもいちばん用心深いデカルトでさえ、その宗教的熱情はわれわれに伝わってくる。だからそれは時代の要請であったのだ。このことはその直後に生じる変化によって確認される。実際一六二六年と一六四一年の周辺に生まれた二つの世代——マルブランシュとデカルトのそれを含む——はたぶん宗教的霊感と合理的思考を最大限有効的に結びつけた世代である。それを奇妙に、もしくは少々滑稽に表現したのが、医者で生物学者のドダール——一六三四年生まれ——であり、フォントネル〔ベルナール・ル・ボヴィエ・ドゥ（一六五七—一七五七）フランスの思想家。〕が『称賛』の中で述べているところによれば、彼は四旬節の断食を自分の身体への影響を調べるために利用し、自分の体重を計ったところ、四六日間で八ポンド六オンス、つまり体重が一四分の一減り、その後四日間で四ポンド増えたことを発見するのである。これによって私は、ただもっとも簡潔でまたそうであるために結果的に鋭利になるような形で、とても成熟し力強かったゆえに、統一への上昇的過程においてわれわれの文明が陥っていた重大な解体という未曾有の事実を是正しようとした、ヨーロッパの生における統合への新たな推進とライプニッツの人格が、いかに一致するかを示そうとするものである。だからそれは種々のキリスト教徒の職業再編の達成がいちばん近いとはいわないまでも、たしかに以前よりは高まっていたときである。周知のように、ライプニッツはその努力と熱意の多くをこの企図に捧げた。

古い哲学の教科書ではライプニッツの学説を〈折衷主義〉と呼んでいた。哲学はすべての人間営為の中でもより本質的に統一的霊感を要求するものであってみれば、ある哲学が折衷的であるとはそれが哲学でないというに等しい。このことばによって形容されている学説は、異質の断片をそれとは関係ない意図の下にくっつけたつぎはぎのような形になる。ライプニッツの思想にこれほど似つかわしくないイメージはない。ライプニッツは折衷的ではなくて、まったくその反対、天才的統合者すなわち数多の分散的外見のものを真の統一へと変えることに成功する精神の持ち主である。〈折衷主義〉という形容が含意する過誤は、ライプニッツが行なった理論的統合の偉大な業績を、否定するより肯定する、論争するより和解することへと彼を導いていった個人的性向に帰すことに原因がある。したがってできるだけ簡単ではあっても、統合の動きはライプニッツの心理から生まれたのではなく、逆にそのプロセスの頂点に達していたヨーロッパの全歴史によってこのすばらしい計画が提案され可能となっていたので、ライプニッツは統合者であったことを明らかにしておく必要があった。ライプニッツは自分の側からは、まだ思春期にあったときほとんどすべての主要学科目を吸収することを可能にしたその奇才とその教育環境によって、それを完成させるための能力を提供した。しかしライプニッツはかつて存在したもっとも偉大な数学者の一人であったにちがいないけれども、基本的なもの以外は二六歳以降パリに旅行し同時代人の学者と交わるまで数学を知らなかったという奇妙な事実を思い出してみなければならない。これは凄惨をきわめた《三十年戦争》がドイツの知的生にもたらした状況を示すものである。

とはいいながら私には与えられた短い時間を、ライプニッツの歴史的イメージの全体を描いたり、彼の哲学体系の構造の提示に当てることすら、もっとも実りある時間の使い方とは思われない。というのもその機微、才能、厳密さが乱暴に抽出され凝縮されてしまうとわれわれには漠然となってしまうからだ。私はそれとは逆のことをするほうが今少し実りあるものになりうると考える。つまり彼の学説中の一論説をそのほかのすべてからではなくとも、それほど無理なしにほかのものから切り離しても耐えられる学説を取り上げ、もうそれ以上の時間的余裕はないので、それが喚起する幾つかの新しい研究課題を表明することである。この目的のためには、彼の宣言中でいちばん有名であり知られている最善観説以上にふさわしいものはないと思う。

本学説が周知であると仮定できるなら、即刻私が根本的に新規であると考えさらに私の判断では哲学の将来にとって決定的であるそれにまつわる観点の表明に取りかかることができよう。しかし私としてはこの仮定を是認するわけにはいかない。ライプニッツは難解なスタイルの思想家ではなくそれとは正反対に、かつて存在したことのあるもっとも明澄な思想家であるが、現実にはほとんど研究されておらず、したがってあまり知られていないのである。その徴候は彼の著作と人物について書かれた作品が信じられないくらい少ないことであり、その結果彼はすべての偉大な哲学者の中でもっとも研究が遅れている人物なのである。さらにこれまでに刊行された彼の論文や書簡の新版がなく、彼の草稿の多くがいまだに未発表であるというのは醜聞といっていいくらいである。だから私は今回自分に与えられた時間の大部分を、それを分かりやすく効果的にするために、厳密に必要なだけほんの少しライプニッツ最善観説の開陳に当てたい。それが避けられないことの理由をつぎに示すものであるが、私は自分の好みから、ライプニッツが自説を提示しているつぎのパラグラフを引用するに留めたい。

〈宇宙の創造時に、最善の秩序で最大のバラエティーが与えられ、土地や場所や時間がいちばんよく調整され、もっとも簡単な方法によって最大の効果が生じ、宇宙が許容しうる最大限の潜在力、認識、幸福、善意があるように最善の《プラン》を選択したということが、《神の至高の完全性》から引き出される。なぜなら可能なものはその完全性に比例して神の判断力におけるその事実存在を目指すゆえ、そうしたすべての企図の結果として可能なかぎりもっとも完璧な《現実世界》が与えられる。このことなくして、どうして物事は現にあるようにあって、ほかの仕方ではないのかについての理由は考えられない(273)〉。

幻想は抱かないようにしよう。前もってライプニッツの思想を知らないで今日この文を読んだり聞いたりする人は、それが意味するところを理解できない。そこでは神や《至高の完全性》が話題にされているので、神学的あるいは単に神話的言表であろうと想像するだろう。しかし彼の表現のすべては厳密な合理性の概念を表わしており、それは最大の理論的緻密さによって関連づけられ、見事な学説的構造を構成している。だからそこでこれを簡単に明らかにしてみよう。

人間は自分にとって重要なことを理解する必要がある。彼にとって重要なこととはその実質的状況であり、われわれが普段実在と呼ぶもの、事実存在するもの、われわれがいる世界である。もし人間が石に起こるがごとく世界という大きな実在の中の実在でしかないならば、人間は実在を理解する必要はない、いや同じことだが、実在であること以外で問題とはならない。ところがわれわれは実在と折り合いをつけなければならないだけでなく、また同時に可能性とも直面している。たとえばわれわれはいかなる実在も存在しないことはたしかにありうる、何も存在しないことはたしかにありうると考える。また事実存在するのとは別の世界が事実存在しうるとも考える。こうした可能性を背景にして世界の実在性はその堅固さを失い、それは疑わしくなり、謎へと変化する。どうしてあるものが有って、単純に何もなくはないのか。どうして有るところのそのあるものはこれであってそれではないのか。ご覧のように、単なる可能性の現前は、人間がそこに捕らわれている実在そのものよりも、人間にとってははるかに決定的である。これらの可能性は、われわれと実在の世界の間に入り込んでくる。ライプニッツは、人間が石があるように直接的あるいはじかに実在の中にいないことを、最初に見抜いた人である。われわれの実在の中での在り様はすこぶる奇妙で、それはつねに外部から、可能性からそれに近づきつつあるというふうな成り立ちである。モノは具体的には、抽象的にそういわれるよりもずっと簡単である。今ここに、この講堂であり、この集会である実在の中にいる人たちは、家からその家やホテルや通りから、いってみればまっすぐ来たのではなく、自分たちの生のこの時間を使うために提示された可能性全体の結果として来たのである。ここにいることは数多の可能性の一つにすぎなかった。その一つを選択し実際にここに来ることによって、家やホテルや通りに留まるといったほかの可能性を放棄し、それらを拒否したのである。このような実質的なものとは異なり彼らが身を置いていた三つのモノ、三つの状況は、彼らの可能性であって、彼らはそこから身を引き、諦め、結局ここに来たのである[274]。

この些細な例から、実在はわれわれにとって問題であり、数多くの可能性の中で一つの可能性へと変化してわれわれの前に現われると[275]、われわれはそれを理解するようにと駆り立てられるのが了解できる。別言すれば、実在的なものは何よりもまず可能的であることに、ライプニッツがいかに真剣に取り組んでいたかを理解するための一助となればと願うものだ。これによってライプニッツは、可能的存在の存在論を打ち立てる方向へと向かった。〈存在論〉とはスコラ哲学を打倒した第一哲学、つまりデカルト哲学によって作られたスコラ的用語であると、普通誤解される。存在物としてのかぎりでの存在物を問題にした学科目にこの名称を最初に与えたのは、デカルト主義者のクロベルグ〔ヨハン（一六二二―一六五五）ドイツの哲学者、デカルト哲学の普及に貢献。〕であった。ライプニッツの弟子であるクリスチアン・ヴォルフ〔（一六七九―一七五四）中期ドイツ啓蒙思想を代表する哲学者、完全に合理的な体系を説く。〕は彼の教育的著作がヨーロッパ全体に及ぼした強大な影響によってこの名称を広めた。可能的なものは単に何でもないものではない。それには組成があり、したがって存在する。可能的なものの可能性は、矛盾を含まないことからなり、別の表現では、矛盾を含まないものはすべて存在する。その証拠としては、矛盾を含まないすべてのものがそこから定義や真実の全体系を引き出すことのできる命題でもって表明できることだ。だから単純に、矛盾を含まない公理を出発点として無数の幾何学を構成することができたのだ。可能的なものの存在は減衰した存在であるが、存在であることには変わりない。一三世紀、一四世紀の幾人かのスコラ哲学者によって使われた用語を用いれば、それを小さな存在物、*ens diminutum* と呼びえよう。ライプニッツは可能的な存在物を〈本質〉と呼んでいる[276]。

可能的ないし本質的存在の学説と平行して、ライプニッツにおいては真理あるいは論理の学説が進行する。わが哲学者によれば、真理とは命題の真理である。しかしデカルトが命題の真理を二つの概念が結合してわれわれに現われる時の明証性——明晰判明な観念の方法と呼んだもの——から成り立たせているのにたいし、ライプニッツはあらゆる明証において作用する個人的主観的要因を信頼せず、真理の基準として一切の形式主義に独自の自動的有効性でもってそれを保証する形式的性格を見つけるのが不可欠であると考える。一つの命題はそれがある矛盾を表明しているときには、その単純な形式のために虚偽である。矛盾は虚偽である、なぜなら命題の意味を破壊し、それが何の言明もしないようにするからだ。したがって真の命題の形式は、矛盾を排除することを表明しうる形式である。それは同一性の命題の形式、つまりA=Aである。そこでは述部は主部に含まれているごとく、明白な形で現われている、あるいは別のいい方では、述部にはすでに主部の中にあったものしかない。これは「である *es*」という名辞が繋辞の純粋な価値において、したがってその厳密に論理的意味において言述しているところである。それは in-ser「内部に在る」*inesse*、内包、〈の中にいる estar en〉——別のものの中にある一つの概念——の意味での「である *ser*」を意味する。同一性は典型的真理であり、またライプニッツがそれを命名するように〈原初の真理 *vérités premières*〉である。明証的真理はない、なぜならば理由なしには何もないからだ。あらゆる真理は、証明されなければならない。同一的命題の特権は、それらを証明するために外部に出る必要がないことだ。その同一性の形式はそれを証明しており、つまり、どうしてわれわれは述部と主部を結びつけるかの理由、要するにすでに主部においても結びついていたということを提示しているからだ。同一でない真理は、同一的命題に還元できることを示して証明されなければならない。これはいかにして可能なのか。ライプニッツが〈概念の分析〉と名づけているものをとおしてである。主部と述部の概念を構成要素に分解していくと、中間的な同一性の連鎖によって、異なるように思えていた概念間に同定の連続性を確立できる。非同一的なものが同一的なものに還元されるこの操作は、ライプニッツがずっと厳密に〈理性〉と呼ぶところのものである。

ここで一瞬立ち止まり、以上のことが何を表わしているかを強調してみよう。可能的存在はすべての存在を含む、というのは実在的存在は可能的存在の一ケースにすぎないからだ。しかし可能的なものは、いわば、非‐矛盾から、したがって同一性から成り立っており、そしてそれらは同時に、正式つまり論理的思考の原理である。だから結果として、存在は完璧に論理的であり、その構成規則において思考法則と一致する。それゆえ思考が全面的に入り込むのを許し、要するに存在は完全に理解可能である。人間の判断力には限度があるにしても、存在するあらゆるものの理解可能性は無限である。ライプニッツにおいて合理論は頂点を極める。

以上すべての底辺には、〈気に入ったように描く〉という傾向が脈打ってはいないだろうか。同一性の形式がある命題の真理を保証するというのは確かなのか。一例をあげよう。どれか一つを例とせず、これ以上中断は避けて、サン・アンセルモが開始し、ライプニッツより少し前にデカルトがやり直した神の事実存在についての存在論的証明を前にして、ライプニッツが示した態度を一瞥してみよう。もしその精神的スタイルからその証明を受け入れるように傾く思想家がいるとしたら、きっとそれはライプニッツである。存在論的証明は事実、述部、事実存在が、神、このうえなく完璧な存在物 *Ens perfectissimus* の概念にすでに含まれていることを証明することからなる、というのは事実存在がもっとも典型的な完璧さであるからだ。しかしわれわれはライプニッツがそれを前にしてためらう様子が分かり、彼はその容認にいっそう近づくにつれ制限や留保や追加でもってそれを行なっている。その理由はこうだ。このうえなく完璧な《存在者》が事実存在するものであることが真実であるためには、このうえなく完璧な《存在者》がこのうえなく完璧であることが必要である。われわれは同一性の命題、したがって原初の真理 *vérité première* を獲得することになるだろう。ところがもっとも複雑な数学の問題、とりわけ無限と連続体を扱ってきたライプニッツは、かつて火傷をしたことのある猫がおそるおそる火に近づくように、存在論的証明に接近する。数学において最大級のものを信じないことを学んでいたのだ。一見 *prima facie* 明白と思える数学的概念も、結果的には不可能であり、矛盾を孕むものである、たとえば、最高速度とかあらゆる数より大きな数とか。ライプニッツの合理的熱情、存在の理解可能性、論理性への信頼は、数とか大きさといった純粋理論にきわめて近い領域で不合理性の深淵を発見して、甚大な外傷的障害を蒙ったにちがいない。一再ならず、連続した構成要素の困難な迷宮 *labyrinthus difficultatum de compositione continui* と呼ぶところについて不平をもらすのが聞かれる。連続体は本質的に矛盾した存在物である。存在するが、しかし不合理なのだ。連続体は分割可能であると同時に分割不可能なのだ。それは分割できるが、しかし分割されたその各々からいつも新たに分割不能なものが再生する。〈その連続性の理由から空間とあらゆる空間的なものには、ライプニッツによれば〈実在的事実存在〉はなく、それは〈現象〉である。現象的なものは、主体がその真の実在について抱く表象である。この表象は混濁しており、そのため最終的に論理性には還元不能である。それは実在が現前する際の〈パースペクティブ〉であり、〈パースペクティブ〉としてのかぎりでそれは主観的であると同時に、根拠のある、すなわち実在自体の中に動機づけられているあるものなのだ）。というわけで、このうえなく完璧な《存在物》はこのうえなく完璧であるといった命題を前にしてライプニッツは、ある命題が真実であるためには同一であるだけでは充分でないことに気づく——そして彼はこの概念によってそこへと導かれたことを明らかにする。その前に、主体の概念は可能であり、極大数の概念は矛盾を含んでいたが、それは含んでいないことを確認する必要がある。したがってサン・アンセルモやデカルトの存在論的証明は——両者間の差異はともかくとして——不充分で、それらが証明している唯一のものは条件づきのあるものであり、つまり、もしこのうえなく完璧な存在物の概念が可能ならば、事実存在を含むことは可能であり疑いえないということになる。（ライプニッツが『モナド論』の四五節で提示している存在論的証明の定式化に依拠するのは間違いであろう。そこで表明されていることは、この哲学者がそれを正式に問題とし、それを注意深く論じている多くの個所と相容れない。最善は、ライプニッツがこの証明を問題にしているあらゆる段階を想起してみることである。そうすれば実際に考えていたことの輪郭が明白に浮かび上がり、同時にその言表に込められている不決断と用心が洞察される。『モナド論』の定式はしばしばもっとも印象的なものであるけれども、多くの場合、著者本来の思想にもっとも不忠実なものであることを考慮されたい）。

　もしライプニッツがこの道、あるいは彼の言うように思索の糸 *filium meditandi* を注意深く辿っていたならば、まさしく今日われわれがあらゆる論理主義や論理学自体を前にして置かれているような状況、彼の論理学や数学で始動し、上昇中であって、外見上は勝利を収め、今世紀二〇年代までつづいた運動とは対立する状況に到達していただろう。

　以上の理由から思考が論理であるためには、非同一的なものを単純な同一性に還元するだけでは足りない。概念そのものが、その各々が、独自で可能である、つまり矛盾を含まないことが、確実でなければならない。そのためにはつぎの二つのうちの一つが必要であろう。第一は、絶対的に単純な概念に到達すること。さて、たとえそれらに到達しても、それがそうであるという証明は不可能である。第二は、一つの概念がその結果のいずれにおいても矛盾を含んでいないことを証明すること。そうなるとこれまではむしろ単なる目論見であり、切実な要求 *desideratum*、以前私が陳腐であるが熟慮した表現で言ったように、〈気に入ったように描く〉であったところの、論理学の体系を真剣に構築する目的の試みが最近なされてみると、ある概念についてそれが矛盾を含意しないことの証明はできないことが分かったのだ。

みなさん、まさにこれこそ私がこの機会にお話ししたいと思った要点の一つ、予告にもあるように、哲学の将来と同時に諸学問の将来に、したがって西洋人の運命に根本的影響を及ぼすテーマの一つなのである。ライプニッツの知的形姿を記念することは、不可避的にこの巨大な問題と直面せざるをえない。なぜならライプニッツと彼が開始した傾向——繰り返すが、今世紀初頭まで支配的であった傾向——は、実在を解釈し、それに関し何に頼るべきかを知るための確実な道具、要は《論理》を実際に所有していると人間が最大の熱情をもって信じた輝かしい時代を代表しているからだ。私は誰かを驚かせたいわけではないし、多岐にわたる分野の種々の苦難が生ける者ことごとくを苛み、今日世界にははたして幸福な人が一人でもいるのだろうかと疑ってもちっともおかしいとは思えないくらいになってきているこのときにおいては、なおさらのことである。しかし〈学術振興会〉においてまたライプニッツへの敬意、彼の限界を明らかにする必要のある敬意を表明する本機会に乗じて、以下の宣言をするのは避けられないように思えるのである。

近年の戦争や社会紛争によって学術的活動が中断に追いやられたとき、模範的な二学科目——論理学と数学——は〈基礎危機〉と呼ばれたものに差しかかった。これは、疑わしいものすべてが託される最高機関である論理学が、自らにとって自らが問題となったことを意味する。今はただこのことを婉曲的に表現するだけに留めておこう。だからそのような紛争が過ぎ去り、アリストテレスが σχολή と呼び、デカルトが *loisir* と呼んだのだが、両者が一致して学究活動にとって不可避と考える平穏が戻った暁には、論理の問題性が告げている深淵に敢然と下りて行かなくてはならないであろう。たとえその問題が身震いさせられるようなものであるにしても、かりに哲学が人間の営為としてつづくのであれば、それに立ち向かうほかないであろう。なぜなら哲学はまさしく戦慄的な問題を前にして平静を保つための解決策として生まれたものであるからだ。その始祖たち、後になって哲学的と呼ばれるようになり純粋の概念をつうじてのみ到達しうる実在的なものの最初のヴィジョンを彼らに開示した思考法を初めて実行することになったあした人たちは、自分たちが実際にやっていて驚いたその行為をいかに命名するか知らなかった。名前がないということは、そのあるものが新しいことの印である。創造的思考との対比では、言語はいつでも旧い。あの人たちが自分たちのしていたことを命名するために行なった努力にたいしてもっと注意を払うべきであった。それは旧い、したがって既知の別のことを意味することばでもって新しいことを言表するための、一連の感動的な試みである。とりわけ哲学的思考をした最初の人物であるパルメニデスは、彼によって発見された新しい精神の道の成り立ちがほかの人たちにも分かるような表現をその詩において探求していて、その中に私にはすばらしく思えるのが一つある。一方では、後代になって哲学的と呼ばれる理論に独特の普遍性あるいは全体性の前代未聞の性格を、他方ではすべての受け入れられた意見を批判することになり、そのためにそれを受け入れる決心をし、さらにいっそうそれらを宣言する決意をする人には腹立ちが想定されるそうした学説の矛盾的性格を表明しようとして、パルメニデスはこの学問を〈沈着なる心の堂々たる真実〉(277) と呼ぶことになる。そのため私は、哲学が震撼とさせられる問題に毅然と立ち向かうのを逃れることはできないと言ったのである。

しかしながら、ライプニッツの論理学――それを省いて彼の最善観は明白にならないだろう――に一瞥を与えたので、すでに述べたように、あらゆる存在を含む可能的存在をめぐる彼の存在論に戻ることにしよう。可能的なもの、つまり本質は矛盾を含意しないこと、要は不可能でないことから成り立つ。だが同時に可能性は〈現実に事実存在する〉可能性を意味する。後掲の理由から、私はライプニッツ本人の用語法に従うことにするが、小論『根源的起源のモノについて』*De rerum originatione radicali*(278)において本質のことを可能的実在 *realitas possibilis* と呼んでいる。ライプニッツにとって、可能的なものはそれ自体、事実存在するための選択肢である。そこでは一切の可能的なものが事実存在することへと向かうこの傾向を示す表現が頻出している。たとえばつぎのような文がある。〈単に無でなく、あるものが実際に事実存在するからには、可能的なモノにおいて、可能性自体あるいはその本質において、事実存在することの要求、いってみれば事実存在への企図が、そのすべてを一つの言い回しで表現するなら、本質はそれ自体で事実存在へと傾くことが必然である〉。即座にこのことは了解されない。ライプニッツにもっとも特長的な原理、彼の考えでは思考全般の原理、要するに説明する原理 *principium rationis reddendae*、すべてについて説明する必要のある知的命令を適用してみれば、あるものが事実存在への試み、したがって何らかの権利をもつためには、そのものが不可能でないだけでは充分でないことの理由が分からない。可能的なものは永久である。それらは生み出されたのではない。デカルトが一四、一五世紀の名目論者とともに考えていたように、それらは神の意志の恣意的産物ではない。可能的なものの存在は神の判断力の中に永遠に現前していることを根拠とする。厳格にはこの判断力の永遠の行為である。さて厳密にいうと、神は哲学にとって、《事実存在》が《非‐事実存在》に優越するための原因、換言すれば無よりもむしろあるものが有ることの原因である。神は《事実存在源 *Existentificans*》である。ところがいかなる可能的なものもほかのものよりずっと多くまたずっと先に事実存在するためのいかなる理由を提示することはなく、神という事実存在源は、すべてのうえにまんべんなく広がり、このことは〈すべての可能なものは《事実存在》への努力をする omne possibile habeat conatum ad Existentiam〉ことの原因である、あるいはもっと無粋なスコラ的ゴシック流の表現では、〈omne possibile Existiturire〉――すべての可能的なものは事実存在することの未来の中にあるというだろう(279)。

とはいいながらこのことで、すべての可能的なものが事実存在するようになるのではない。たしかに個々の可能的なものはその内部の矛盾を排し、それゆえに可能的であるにしても、相互間で矛盾しないとはいわれていない。共に事実存在するためには、それらが相容れ、つまりライプニッツの表現では、〈お互いに可能である *compossibiles*〉ことが必要だ。可能的なものの多くは事実存在へ移行するために、相互に妨害しあう。可能性の領域の中においてすら、それらは世界という多様性の統一を形成するのに適していないという結果になる。これは事実存在を獲得するための多様な可能性の中での最初の選択である。お互いに可能であるものの幾つかの集団のみが残る。こうした集団の各々が可能的な一つの世界である。このような可能的世界全体の中で、われわれの現実の実際の世界が、事実存在しているところのものであるためには、いったいどんな根拠があるというのか。われわれの世界は一つの事実であり、別の表現では、様々な事実の巨大な集合である。しかしそのような事実の中でわれわれの世界にたいし事実存在する権利を付与するものは一つもない。その事実存在は正当化されず、それ自体で存在理由をもたない。だからそれは不合理なあるものである。可能的なものの反対は不可能である――そしてこれによって可能的なものは論理と同質で、合理的、理解可能となっている――反面、実在的世界の逆は不可能ではない、そのため可能的である多くのほかの世界が存在しうる、むしろいかなるものも存在しないこと、何も存在しないことは不可能ではないということを考慮すれば充分であろう。そうした逆の可能性によって、一見 *prima facie* 現存する世界とライプニッツが事実であるとして理解しているものが不合理的存在となる。スコラ哲学用語では、これは偶然性 *contingentia* と呼ばれる。だがライプニッツは世界という事実の曖昧さを前にして自分の合理論を引き渡さない。彼の論理が明らかにし、ユートピア的、理想化的思考からなるその知的スタイルにしたがって、事実の不合理性はただ見かけだけで、われわれの有限の知性と相関のものであるというだろう。もしわれわれが神のごとくこの世界が内包するすべてとさらにすべての可能なほかの世界を表象することができるならば、厳密な論理的結果をもって、なぜ事実存在する世界がこの世界であって、ほかのものでないのか、という疑問が立ち現われるだろう。われわれにとって過剰な理由の堆積のために、事実や事実存在する実在が純粋な論理性にとって朦朧としたものになっている。数学の定理を演繹したりあるいは三段論法を結論したりするごとく、この世界を演繹するにはあまりにもたくさんの考慮すべき理由があるゆえ、これらの理由は海の珊瑚礁のようにお互いに積み重なり、珊瑚の区別ができなくなる島を形成するのと同じく、純粋に合理的であるとしても、その実在はわれわれには侵入しがたく理解できないものとなる。

　可能的存在は輝かしい世界を形成していて、そこではわれわれの理性は中に入り込み、数学では不可視の領域が始まるとしても、論理と数学の〈永遠の真理〉を獲得する。逆に世界という事実を前にしてわれわれは〈事実上の真理 vérite de fait〉、つまり偶然の真理である第二形式の合理性へと下降して行かなければならない。そこに達するには、したがって事実存在するものが理解可能なものとなるには、純粋に論理的世界でのわれわれの歩みを導いた矛盾律だけでは事足りない。われわれは同一性の覚知だけからなるものとは異なる別タイプの理性、知的作用を呼び起こす別の原理を必要とする。

ライプニッツにとって世界とは様々な本質の集塊である。ついでながらいい添えれば、世界の観念はライプニッツの中でもいちばん洗練さに欠けるものである。なぜならもう少し省察を深めれば、世界は各部分の集塊の結果ではなく、逆にある一つのものが存在するためには、そのモノを律する一つの世界があらかじめ存在する必要が明らかになるだろうからだ。しかし今はこの難問は措いておこう。様々な世界はお互いに相容れるかまたはお互いに可能な可能性の集塊であるだろう。あるものはほかのものよりずっと多く可能的なものを有するだろう。すでに述べたように、可能的なものは可能的実在 *realitas possibilis* であり、そこで実在はスコラ哲学者におけると同様、事実存在でなく、剝奪、否定であるものとは反対に肯定的存在を意味するため、可能的なものの中の一つの世界は実在の中で極大、したがって積極性の極大を含むであろうということになる。しかしそのためにはその世界は最高の秩序でもって組織されていなければならないだろう、そうでなければ諸々の実在は相互に妨害し、つまりお互いに不可能となるであろう。逆にそれは、最高度の秩序がその序列化の道程において最大限の単純さで獲得されるということを意味する。こうした全性格は、最高度の実在という仮定自体によって与えられている。[280]

これはライプニッツ学説の要諦であり、それを厳密に理解するには努力が要る。

可能性の世界においては、おおよそということは起こらない、つまり一つのあるものはほかのものに比べて、より多くあるいはより少なく可能的であることはありえないということだ。可能であるか不可能であるかしかない。第三の道はない *tertium non datur*。したがって可能性としてのかぎりで最高の実在あるいは可能性、最高の秩序と最大の単純さをもつその可能的世界は、そうした特色をより少なくもつ世界と異なるところはない。このことは、可能性から事実存在への移行は絶対的移行であることを意味する。

しかしながら世界は現実に存在する。それは事実だ。したがってこの絶対的な一歩は踏み出されたのだ。だからそれを行なった絶対的な力が存在した。これは、何もないのでなく、あるものが事実存在することを説明してくれる。だがそのほかの可能的なモノでなく、事実存在するものがまさしく存在することの説明にはならない。ライプニッツが、一般に一語で神と呼ばれる *uno vocabulo solet appellari Deus.* と呼ぶところの、あの絶対的力は、幾つもの可能的なものの中から選ばざるをえなかった。これは可能的なものの存在論的条件を根本から変更する。それらにたいして選択する、優先するという操作がなされると、単純素朴に可能的なものでなくなる。同等に可能的であるとして、もし〈存在〉を丸裸で何もつけないで〈ただ存在すること〉と解するなら、一次的に存在論的でない序列で、同一でなくなる。〈存在する〉とか〈存在しない〉とかでなく、良いとか悪いとか、より良いとかより悪いとかが話題にされる評価面で同一でなくなる。可能性から事実存在への移行はたしかに困難を伴なう。だがはたして丸裸の存在から良いものの一次概念へ、存在物の範疇から評価的範疇に移るほうが簡単だろうか。この厳しい問題におけるライプニッツの主張を見てみよう。〈神が何かあるものを創造しようと決意するや否や、すべては事実存在を目指しているため、すべての可能的なものの間で戦いが始まる。共同でより大きな実在を、より高い完成度を、より多くの理解可能性を作り出すものは勝利を収める。この戦い全体はただ観念的でしかありえない、つまりより完璧な悟性における種々の理由の争いからのみなり、より完璧な形式においてしか行動できず、したがって最善のものを選ばざるをえないことは明白である〉。ライプニッツは、そのためには神が形而上学的でなく道徳的必要性から必要とされることを明らかにする。純粋な論理主義の必要性をライプニッツは形而上学的必要性と名づける。〈もし神が――われわれに語る――自らすることを生み出すために形而上学的必要性から必要とされているならば、あらゆる可能的なものを生み出すか、さもなければ何も生み出さないだろう〉[281]。これは以前私がライプニッツの使用しない定式でもって、彼の存在においてはすべての可能的なものは同一である、と述べたところのものである。

現実に存在する世界の根拠を示すには、論理とは別の原理に訴える必要があり、ライプニッツが〈最善または適合性の原理〉と呼ぶものを認めなければならない。可能的存在が矛盾を含まないゆえ存在するかぎり、事実存在は、実際の世界は最善であり、最高であるので存在する。

よってライプニッツの最善観は、気質や気性の問題ではない。それは誰かが感じる最善観ではなく、あるものが現にあるところの最善観である。それは存在論的次元を表わす。つまり存在の最善観である。世界を構成する諸事実の観察から善悪のいずれが支配するかを結論するために、両者が示す善悪の量を比較計量することが問題なのではない。そのような計量は現実的でない。それを試み、経験的考察によって世界の善悪を決められると信じたのは、ショウペンハウエルの勘違いである。このことによって彼は推論を有効と判断してしまい、兎を食べた雌狐の喜びを雌狐に食べられた兎の苦しみと比較するようにと勧めるのである。そのような方法では、存在論的悲観論を基礎づけることはできない。逆にライプニッツにおいて世界の最善性は、その内容の観照に先立っている。彼の考えでは、世界は現実にあるようにあるから最善であるのでなく、逆に最善であったから現実にあるようにあり、事実存在するために選ばれたのだ。だからそれはアプリオリな最善観である。われわれの世界は事実存在のものである前に、すでに最善であり、よって事実存在するようになったのだ。

ライプニッツのこの学説を前にしてまず驚かされるのは、彼が虚をついていることだ。なぜならその起源から哲学の過去全体は、同じことの断定であるからだ。ライプニッツの背後で中世哲学は、超越的述部、つまり存在が単純に存在するからというので所有するあした特色の学説を提起している。そうした特色の一つは善意である。存在物と善きものは相関である。この超越的述部の学説は、私の考えでは、一二世紀に現われた。アレキサンダー・オブ・ヘイル〔（一一八五—一二四五）イギリスの哲学者、神学者。〕がそれを発表した最初の人のようである。彼はそれを最初のスコラ哲学者であり、それを主張するときにアリストテレスの思想を解釈したにすぎないアラビア人から受け継いだ。『動物の部分について』の中にアリストテレスの〈自然は可能なものの中で最善のものを作る〉というくだりがある。[282] しかし『形而上学』最終巻においてはずっと根本的に、実体は、つまり本来的究極的に存在するものは、必要なものすべてを所有し、自足 *autarquia*、充足のおかげで存在すると主張している。このためそれが存在の中で維持され、そこで保持され、救われ、全快祝い *soteria* が可能になる。こうしたことはすべて、逆にいえばそれが《善》であるからなのだ[283]。ここでアリストテレスはほかの理由から己の師と議論しているのだが、そう発言するとき、もっとも純粋なプラトン主義を信奉しているのである。『ティモン』[284]では、神、デミウルゴスは世界を創ったとき、それがあたうかぎり最善であることを願ったと語っている。『国家』においてプラトンは一見根深いこの考えに極端な表現を与えている。〈存在のはるか彼方に、その力と尊厳さにおいてそれに勝る〉あるものがさらにある、というのである。このあるもの、存在に先立つものは《善》、*Agathón* である。それにたいし対話者は答える。ソクラテスは、まったくよく誇張するものだ！

他方私は、ライプニッツに至るまであらゆる第一哲学あるいは存在論の根源をなすと考えるこのプラトンの矛盾が、一度も理路整然と説明されたとは思わない。どうして存在について考察しようとしたときはいつでも、善とか善であるものとぶつかったのか。だからさらに時代を遡ると、ヘラクレイトスが〈神にとって一切のモノは美しく、善良で、正当である、逆に人間にはあるモノは正当で、ほかのモノは不当に思える〉[285]と宣言するのに出会う。ヘラクレイトスでは神は、真の存在が眺められる視点を意味する。これでわれわれは哲学の誕生に立ちあうことになる。

そうなると結果として、ライプニッツの有名な最善観はむしろ哲学の永遠の最善観であり、どうしてライプニッツの観念がヴォルテールのおかげであれほど大きな驚きを引き起こし、あれほどたくさんの話題を提供し、嘲笑の種となるのか理解できない。もしヴォルテールが自分の観念全体にもっと注意を払っていれば、同じものがライプニッツの口から発せられると、彼には笑止なことと思われたものと一致するのが明らかになっていただろう。

たしかにライプニッツの表明と哲学がつねに主張してきたこととの間には隔たりがあり、この違いは総合的に考察されるだけの価値がある。ライプニッツはほかの人たちのようには、存在が善であるとは言っていない。それでは満足できないようである。それが最善であり、最高であると言う必要があるようだ。このことでわれわれは彼が最上級で話をしていることに気づくのだが、たしかにこれには度肝を抜かれる。なぜなら結果的にライプニッツはその有名なオプティミズム全体によって、世界が単純に *simpliciter* 善いというのでなく、可能なものの中で最善であると断定していて、このことはほかのものがそれほど善くない、したがってより大きな悪を擁しており、また劣るということを意味する。われわれの世界が可能なかぎり最善であると断言するとき、彼はそれが善くないもの、したがって悪いものの中で最善であることを厳密に認めているにすぎない。このことによってわれわれが想像だにしなかったことを、つまり世界は善くないということだけでなく、単純に *simpliciter* 善い、したがって悪のない世界は不可能であるということが推測される。でなければわれわれのでなく、そちらのほうが存在していたことだろう。

この事態はさしずめ考えられるほど矛盾的でないし、突拍子のないものでもない。上昇はいずれ頂点に達する、がまた他方、下降が始まる。ライプニッツの精神は哲学史の分水嶺である。彼に至るまではギリシャにおいて哲学とともに始まったり、ギリシャ神話や神話以前のさらに古い領域にその前史をもつ思考の根源的オプティミズムが、クレッシェンド *crescendo* で進んだりする。だが同時にライプニッツにおいて悲観論が芽生える。これは彼の偉大な弟子カントにおいて姿を現わす。このライプニッツの最善観に潜む悲観論は、彼の体系中のほとんどあらゆる次元において、とりわけ彼の形而上学の頂点をなすところの、この短い講演では取り上げることができなかったモナド論において見受けられる。ライプニッツにおけるモナド観は、デカルトのコギト *cogito* に追加される第二の〈事実上の原初の真理〉の理由と根拠となる役割を担っている。実際、私が思考者として存在するだけでなく、私は限りなく多数の思惟を思考する *plura a me cogitatur* ことも真実である。このことは必ずしも一致させる必要はないが、その精神的多数に対応する無限多数の実在を要求する。だから無数のモナドがなければモナド自体ない、そしてもしそれらが区別できなければ、無数のモナドはなく、またライプニッツにとって〈完璧性〉は〈実在の量 *quantitatis realitatis*〉であるからには、各々が違った実在の、つまり完璧性の階位がなければ区別できない。しかるに相対的不完全性がなければ、モナドはない。不完全性は混濁した知覚、要は悪からなる。その結果存在するすべてのもの——神をのぞく——の根源に付属するこの構造上の悪なしには、何も有りえないだろう。不完全でないようなある存在物——神をのぞく——は、〈一般的秩序からの逸脱者〉である。さらにプラトンのオプティミズムはユートピア的である。『国家』の中で、この世の善きモノは本来的に善いのではなく、ἀγαθοειδής *agathoeides*〈善きらしきもの〉、ほぼ善いのであると記されている[286]。

諸君、私がお話したく思っていたテーマは、つぎのものである。すなわち、存在論において究極的に最善観と悲観論は何を意味するか、存在が善いということは根本に近いところでどんな意味をもつか、存在としてのかぎりの存在が悪いと考えることは、またどんな意味をもちうるのか、ということなのだ。みなさん、これはそうは思えないかもしれないが、理論的よりもむしろ活動的であるにしても、人間的世界の全次元において、実際今日問題になっているものなのだ。

ライプニッツ本人はこの途轍もない問題を提起するばかりのところだった。彼は彼の悟性 *entendement* によって彼に現前し、存在の悪にたいして戦っている、叡知と善意 *sagesse et bonté* としての神を見ていた。『弁神論』を紐解いてみると、つぎのような結論が心中を去来する。すなわち、存在はあまりにも性悪なので神自身もその悪を、その力を完全に削ぐことができず、さらに大きな悪を回避するためにそれと取引をしなければならなかった、と。[287] それは神の内部でのマニ教〔三世紀にペルシアの拝火教をもとに、キリスト教と仏教の要素を加味してできた宗教。その教義は、二相すなわち光と闇、善と悪の二原理の対立に基づく。〕のようなものに相当する定式へと導く。〈たしかに二つの原理がある。しかし神においてすべては二つ、つまりその《悟性》とその《意志》である。悟性は悪の原理をもたらし、それ自身は輝きを失うに至らず、悪くなることもない。そして永遠の真理の中でそれらがあるように自然を表象する。それはどの悪が許されるかの理由を自身のうちにもっているが、しかし意志はただ善に向かうだけだ〉[288]。他方、われわれの世界にある現実の悪の具体的正当化は、〈われわれが置かれている状況においては不可能である。われわれにとってはそれでもやはりある特定の悪がより善いもの全般とまったく関係ないということを指摘すれば充分である。この不完全で来世において何らかの発見の余地を残す説明は、反論への回答としては充分であるにしても、あるモノの理解にはそうではない〉ことを認める。

以上すべての記述はライプニッツ独特の婉曲的文体の見本である。要するに、精確なことばで言明すれば、現時点では、最善観は不合理であることを意味するからだ。

私としてはただこの点を示唆するだけにしてそれ以上深入りするつもりはないとはいえ、つぎの二つの注釈だけをつけ加えてその相貌を幾分なりとも明らかにしておきたい。その一つは、事実上の悪がさらに大きな別のものを回避するために正当化されるなら、われわれは形而上学的非目的論 *disteleología* を試みる、すなわち現存する小悪がある程度その徴候であり対策であるところの〈より大きな〉可能的なその悪を思い浮かべる努力をするように駆り立てられるということであり、もう一方は、ライプニッツの最善観の体系を思い浮かべてみると、悪と不完全の次元が存在の構成要素として現われる存在の展望から、現時点では諸学問の中に、自然の不完全さを究明定義し、分析するはずの経験的非目的論がないことに気づかされることだ。思考にある根強い目的論主義にたいしては、この攻撃によってのみ、人間精神は再びその宿命に合致することができる。

ところがかつて地球上に出現した最高の俊才の一人に敬意を表するのは義務であったし、もっとも誠実で尊敬をこめた敬意表明とは、その観念的現前にたいして敬意といえども姿を消すことであるべきと私には思えたのだ。

ライプニッツ研究にあたっておそらくいちばん重要で実りある視点は、彼の存在論にある構造の分析であり、たとえ駆け足であっても、講演原稿に入れるには難解すぎるこの問題を一瞥し、そのもっとも特徴的な学説の幾つかを簡単にではあるが考察しないわけにはいかないと思える。ライプニッツの存在論は存在の様態 modalidad del ser を中心にする唯一のものである。それ以外のものは今日の通常のいい方で〈実在〉と呼ぶところの存在様式 modo del ser だけに焦点を絞るため、可能性、必要性、偶然性は背後に押しやられる。残念ながら形態に関する学説はその解明が困難であり、さらにどうしようもない用語不足がある。事実、一般人が〈実在 realidad〉と呼ぶものを厳格に命名するのに十全に適切な哲学用語が、ロマンス系諸語にはない。ライプニッツにおいて可能的なものは実在的なものであり、可能的実在性と了解される。一般的に人が今日〈実在〉と呼ぶものを、ライプニッツは〈実在的事実存在 existencia real〉と呼んだのである。あまり感心できる名称ではない。というのも、可能的なものはただ一つの事実存在様式――たとえば数学者が〈数学的事実存在〉と呼ぶところのもの――しかもたないからであって、もちろんのこと種々の存在様式は事実存在様式であるからである。ドイツ人はその国語に重複語がしばしば見られるので、〈実在 Realität〉と〈現実 Wirklichkeit〉を区別できる。われわれはこの後者のことばを〈事実性 efectividad〉あるいは〈現実性 actualidad〉ということばに移し変え、われわれを取り囲むモノやわれわれ各人のその存在様式を、それらがけっして満足できる名称でないことを承知のうえで、そう呼ぶことができる。

もし一方に可能的なものと必然的なものを、他方に〈実在的〉なものをおいて比較するなら、奇妙な違いが目につく。あらかじめ何らかの理由がなければ、いかなるものも可能もしくは必然的とは思えない。両存在様式は自分の前にその存在理由を掲げながら立ち現われる、だからそれらはきわめて合理的なのだ。そのため可能的なものは矛盾しないゆえ〈事実存在〉する。実効的現実的なもの、〈実在〉に関しては、このようなことは起こらない。モノの実際の事実存在は、差し当たりそれを理解可能にする理由あるいは根拠なしに裸で現前する。それは不合理なむき出しの事実である。そのためわれわれの思考作用は刺激され、その存在理由、その理由がただちにモノによって提示されないことの証拠を求めるようにと促される。原則として、事実的、〈実在的〉なものはいかなる理由もなしに事実存在しうるだろう。それは不合理な、理解不能で、根拠のない世界を構成しうる。この存在理由のない、単なる出来事という性格は、偶然性 *contingentia* である。

偶然的なものは可能的なものや必然的なものに比べてずいぶん奇妙な存在様式であるため、精神はそれに気づくと、実際それが《存在物》の真の存在形式なのか、いやむしろ《存在物》がわれわれに姿を現わす欠陥ある形式なのかが分からず戸惑ってしまう。間もなく見るように、ライプニッツにおいては偶然的なもののこの二重の曖昧な様相は定式化されている。何回となく彼は、この存在様式を明確にするために行なった努力を示しており、同時にそこで得られた結果に満足げな様子を見せている。ライプニッツは何に満足しているのか。一六九五年一二月二日付けのジャック・ベルヌイ〔(一六五四―一七〇五) スイスの数学者、ライプニッツの微積分学を完成。〕宛ての書簡において、(289) つぎのように宣言する。しかし私は、それが偶然性を誓うのを留保する。*Sed contingentiae sua jura conservo*。この問題全体の根底には何があるのか。偶然的なもののそうした権利とは何なのか。

これはライプニッツが青年時代に経験したにちがいない最大の葛藤の一つである。合理論はあるものがその存在を決定する理由なしに存在することを許さない、つまり決定論である。このことは合理論に必然性の様式に支配された様式の学説を押しつける。もし理由なしには何ものも存在しないなら、存在するものの一切はそれを決定する理由によって必要とされている。合理論者ライプニッツはそれ以外の考え方ができず、彼の弟子ヴォルフはその『第一哲学』で――二八八節――存在するいかなるものも必然的に存在する、*Quodlibet, dum est, necessario est.* と語るとき、ライプニッツの姿勢を定式化したにすぎない。これは可能的なものにも有効である。その存在理由が非矛盾であるため、それが満たされさえすれば、可能的なものは可能的なものとして必然的に事実存在するのだから、可能的なものについての真理は〈必然的、永遠で、合理的で〉ある。

しかし青年ライプニッツはこの合理論、この決定論を、スピノーザがそれに与えた根源的な形で発見した。その影響は彼が一度もスピノーザ主義者でなかったということではなく、逆に彼がそうならないようにとスピノーザが彼に勧めた努力のうちにある。スピノーザはディオドロス・クロノス〔(前二九六年没) ギリシャ、メガラ派の哲学者。〕の極端の主論、χωριεύων にそのもっとも形象化された表現のあるメガラ学派〔前五―六世紀に栄えたギリシャの哲学学派で、論理学と弁論術を発達させた。〕

な決定論を踏襲している。クロノスはまさに可能的なものと実在的なものの区別に反対する。絶対的に決定されている実在的なものにたいして、可能的なものはおおむね決定されたものであり、存在することもしないこともありうるものである。だがそのような非決定性は理解不能である。もしあるものが存在しうるなら、それが存在しないとは考えられないし、もし存在しないなら、それはそのために何かが不足していることを意味する。だがそうなると、可能であるのでなく不可能であるというべきだ。現実、実際にかつて存在し、現に存在し、これからも存在するであろうものだけが可能である。

スピノーザに再現したこの有名な主張によって、ライプニッツは様態の理論を大幅に改変するようになった。彼はけっして整然と完璧な形でこの改変を提示してはいないけれど、私はその再構成が可能であると考える。

ライプニッツにとって可能的なものは、限定の少ないものがより多く限定されたものにたいしてなされるような形では、実在的なものに対置されない。可能的なものにはいつでもそれを決定する理由がある。Aであることも可能であり、Aでないことも可能である、しかし同時に一方であり他方であることはできない。一方あるいは他方を出発点として、また逆にそうした可能性の一つ一つの必然性を示すに至るほかの可能性を出発点として、必然的結果の系全体を引き出すことができる。だからあらゆる可能性は最初、内的に相容れぬ二元性または多元性へと分解するが、その各項目は実際に可能であり、それと相容れる、もしくはライプニッツが言うようにお互いに可能なほかのものと共存する。Aが存在するかしないかの不決定——したがって可能性の重複——は、その両極の各々が相互に決定しあうお互いに可能なものの機構の中で考慮されて初めて、排除される。このことは、すべての可能なものがお互いに可能なものの〈世界〉、むしろ無数の〈可能的世界〉を要請していることを意味する。〈可能的世界〉の観念がライプニッツにおいていつも複数で現われることは偶然でなく、可能性に独特の分離的性格から不可避に派生する。諸々の〈可能的世界〉は一つ体系をなしており、無限であるけれども秩序だった全体を構成している。その秩序化の法則は、その共同可能性の多寡、したがって理解可能性の大小である。そのような世界の各々はその完全な内的決定性を有しており、それらを〈不完全な〉、つまりその内部の組成において充分に決定されていない〈世界〉であるとニコライ・ハルトマン〔（一八八二―一九五〇）二〇世紀前半のドイツの指導的哲学者の一人。〕が呼んだのは誤りである。その内的決定性はとても大きいので、まさにその理由から実在的世界ではありえない。このようにライプニッツは形態的存在論の伝統を逆転させた。可能的世界が実在的であるためには、いかなる内的決定も不足していない。それらの内部にはそれらが実現しないための充分な理由はなく、むしろ逆にいずれにおいてもほかのものを排除して自らを実現するようないかなる理由もない。だから諸々の可能的なものは、可能的なものとして留まるのである。可能的な世界のほかに実在の、つまり実際の世界があるということは、可能性からは派生しえず、それは新しい別のあるものである。〈実在〉または実効的存在は可能的なものにおける究極段階の決定でなく、別種の決定あるいは必然性を要求する。〈必然的〉とはライプニッツ以前では、絶対的に必然的、つまり〈論理的、形而上学的必然性〉を意味していたことに留意されたい。〈可能性〉と〈必然性〉という様態は、上述のように、そこでは存在が同時に存在理由である、そこでは存在するものは暗々裏の理由によって存在するという特色がある。そのため可能的なものと必然的なものの認識は、同一性と矛盾の定義と原理を出発点とする演繹体系もしくは理論における純粋な分析的思考によって推進される。実在的なものの場合には状況は一変する。〈実在的な〉ものは、存在様式としての、かぎりでは、純粋な事実性からなる。それは暗々裏の理由によるのではない、もしそうでなければ上述の意味で必然的となるであろう。しかしながら実在的なものはその対立者が、たとえばその非存在とか別の存在であるとかが可能であるというような形で存在する。ゆえに〈実在的〉であることは必然的でないという特色があり、これは偶然的であることを意味するのである。何らかの理由からではなく、単に出来事あるいは事実によって存在する。

　このような存在様式で存在するものを前にして、つまり理由なしに存在するものを前にしての精神態度は、いかなるものであろうか。たしかに絶対的必然性を備えた〈永遠の真理〉からなる分析的方式による純粋な演繹論からなりうるのではなく、事実、つまり〈事実上の真理 vérité de fait〉の単純な認識から出発するだろう。しかしこのことは思惟にたいし、その事実の理由を発見するという仕事を課す。この理由は可能的なものや必然的なものの場合のように、その中に暗々裏に含まれているのではなく、事実の外に、つまり別の事実の中にあることだろう。モノの外部にあるこの理由は、原因と呼ばれるものである。純粋分析論を因果論で代替しなければならない。可能的なものと必然的なものでは、その存在理由は存在に先行する。このため自ずと自動的に、それを前にして理由の原理、理由なしには何も存在しないという原理を執行することになる。しかし実在的なモノの前では展望は一転し、存在するものは理由なく存在するのである。この結果、つぎのような内容の知的行動命令を定式化する必要がある、つまり理由または根拠なしに現前するものにたいしては、それを探さなければならないと。このためライプニッツは、充足理由の原理は可能的なものと必然的なものの領域において、重要性におうじて *a potiori* 役立つものであるにもかかわらず、その充足理由の原理を〈実在的な〉ものの認識に主として関連づけている。ところが注目すべきは、前者において理由の原理は分析的構成的であるのにたいし——事実、前もってその存在理由を提示することなしに、いかなるものも可能的または必然的なものとして現前しないからには——、実在的なものの前で理由の原理は公準の意味を獲得し、その真理はそれ独自のものでなく、逆にそれを仮定することによって事実を説明できる――できれば、ということだが――ことから得られる。事実が原理を検証するのであって、その逆ではない。

かくして原因の発見は、原因が逆に一つの事実、偶然であるのだが、事実に理由と根拠を与える。しかしこの原因はそれを説明するような別の事実、原因を要求し、そんな具合にその中で実在的なものが理由の構造を獲得する因果の系が作り上げられる。この系の内部では因果関係は必然的である。しかしそれはあくまで一者と他者との間の相対的必然性である。結果の理由である原因は、それはそれで理由のない単なる事実である。そうしたわけで原因究明の系の内部において必然性の様式が見つかる間は、この系の完璧性は偶然のものである。

もし連鎖の最初の環が必然的存在物であるだけでなく、さらにそこからそれ以外のものすべてが不可避的につづくように要請されていれば、絶対的となりうるであろう。これはメガラ学派、スピノーザ、《神託 *Fatum*》の観念の中に着想しており、実際、宿命論である絶対的決定論の思想である。この存在論において様式〈実在〉は、必然的存在物――自然もしくは神 *Natura sive Deus*――からの必然的連続であることからなる。すなわちそこでは必然性がその他の様態形式を吸収し、いやむしろ排除するということを意味する。《実在的な》ものはただ存在するだけのものとしてでなく、存在しなければならない、したがって必然的なものとして特長づけられる。そしてそれはほかの可能性、〈実在的な〉ものは存在しないとか、現実あるようにはないとかいったことは許さないことによる。このことによって〈実在的な〉ものからその偶然性が消え去る。

ライプニッツにとって因果の系は、必然的非偶然的原因に逢着しない。疑いなくライプニッツによれば、神は必然的存在物であるとはいいながら、その概念に関するすべてと同様、彼においてこの必然性はいま一つ精確でない。だがライプニッツの中で明確なことは、神が必然的存在であっても、その創造的行為は同じ意味で必然的でないということだ。創造は神性から自動的に湧き出すものではない。それはまた偶然である。神は創造しないということも、実際上の世界とは異なった世界を創るということもできていたのだ。このことは神が多くの可能な世界を考慮している。同じことだが、メガラ学派やスピノーザとは反対に、可能的存在様式は実在的存在様式とは異なるということを意味する。偶然的なものの原理はそれで偶然のもの、つまり神が可能なものの中で実行する選択である。この選択には理由がないため、この理由は暗々裏のものあるいは分析的でない。それは判断力のうえに働く理性――論理的形而上学的理性――ではなく、その善意より生まれる別種の理性、最善の意志である。これは偶発的なものの原因の原理である創造の命を下す。偶発的なものは神の善意の〈必然的〉結果である。したがってライプニッツによれば、その必然性は〈偶発的〉または道徳的〈必然性〉である。かくまで矛盾的な概念がいかに問題を抱えているかということは強調するまでもないであろう。

しかしながら偶然のものは、神の視点から見られた別の性格を示す。神は無限の可能的世界を想起しており、その中でわれわれのものは最善のものとして絶対的に決定されている。その意志は最善のものを創ると自由に決意して、自らの判断力の中に現実の世界を選ぶための無限の理由、つまり絶対的理由を見出す。それゆえ神において〈実在的な〉ものは、純粋な可能性の中から論理的必然性によって演繹される、よってその創造の決意があってみれば、それは偶然ではない。われわれは〈実在的な〉ものの創造の命に含意される無限の理由を知ることはできないにしても、それらが有る――したがって〈実在的な〉ものは合理性によって作られる――ことは確信でき、そのことでわれわれは認識の〈無限における進歩〉をつうじて、かかる理由を発見していくという知的義務を負わされる。われわれはけっして〈実在的な〉ものの充分な理由を解明することはないが、しかしいつでも無限の進歩の中でそれに近づくことができる。この無限の進歩の可能性は〈実在的な〉ものの理性化であり、〈それ自体道理がある habet ipse rationis locum〉ことはわれわれにとって充足理由の価値をもつ、というのもいつでも〈実在的な〉一切のものについていっそう多くのその存在理由を発見できるからだ。それゆえライプニッツは充足理由の中に、数学ですばらしい成果をあげ微分計算の発明に彼を導いた連続性の原理も含める。だからここで以下のように発表できるだろう。〈実在的な〉世界の説明、〈理性化〉全体は不充分であるが、究極のものはけっして可能でないとしても、つねにその背後には別の可能なさらによいものがある。誰もつぎのことに気づいていないので、ついでに申し上げると、畢竟するにライプニッツの連続性の原理は、誤謬と真理の間の連続性に到達する、なんとなれば、彼はこれまでに起こったすべてのほかのものより小さい誤りは真と考えているからだ。以上をまとめてみよう。神の前で偶然的なものは、神の創造の決意がなされたからには、絶対的に必然である。この性格と比べると、人間にとってつねに〈実在的な〉ものが表わす〈偶然的必然性〉は、この偶然性にわれわれの有限な展望に起因する単に不充分な様相の価値を付与するだろう。ライプニッツは実在的なものの中に含意され、われわれには到達しえない無限の理由を、偶然的根源 *radix contingentiae* と呼んでいる[290]。

ここでは、どうしてライプニッツが存在論を〈可能性〉という様式に依存させたか、を示しておく必要があった。それを彼の論理主義、形式主義、数学的傾向に帰すだけでは充分でない。〈もしも人が純粋に可能的なものを絶対的に拒否したいというなら、偶然事を破壊するであろう。なぜなら神が実際に創造したものしか可能でないならば、神が創造したものは、神が創造を決意する場合に必然であるだろうからだ〉[291]と明白な形で明らかにしている。

さて、ライプニッツ自身保留したことに大いに満足しているように見えた偶然性の権利が、何であったかを考察しよう。実在的なものの偶然性は、スピノーザが主張していたように有限な人間の精神にそれが現われるときの単に不充分な相貌でなく、可能性と絶対的必然性とは相異なる構成上の存在様式である。様態形式間にあるこの大きな懸隔ないし乖離によって、ライプニッツでは〈存在様式〉が存在物の宇宙へと凍結したり凝縮したりしてしまう。可能的なものは単に存在物の様態ではなく、存在物の一クラスとなる。

しかし、以上の中で明らかにしておきたい点が一つある。〈実在的な〉ものは理由のない存在様式であり、そのためわれわれはその背後に自ずとは見えない根拠を求めるべきだし、またこのことによってライプニッツは充足ないし決定的理由の原理を定めるようになったといったが、その動機が何であったのかは明らかでない。どうしてわれわれは〈実在的な〉ものを、根拠とか理由なしに純粋な事実という無垢な状態のままにしておかないのか。どうして一見 *prima facie* それにはないような理由をそこに仮定するのだろうか。

ライプニッツは伝統的存在論のもっとも恒常的宣言の一つ、〈実在的な〉ものは〈実在的〉であるからして、必然的に *a fortiori* 可能であるということを根拠とする。さてこのことは、それが理解可能であり、それは種々の理由からである、という意味である。ところで、あるものについて真実をもっていえることは、それが矛盾を含んでいないことを証明できたときに可能であるということだ。ライプニッツによれば、証明には二つの方法がある。〈一つの真実かつ実在的観念の指標は、人がその可能性を証明できるとき、アプリオリにはその要件を満たしており、アポステリオリには経験による。なんとなれば、現実に事実存在するものは可能的でなくなることはないであろうからだ〉[292]。証明の原形はある観念の〈要件を満たすこと〉、つまり複合観念をその構成要素である単純観念に分解することからなる。単純観念は矛盾を含まず、それを想起すればそれらが相互に矛盾しないことも発見できる。本講演ですでに見たことだが、これはライプニッツ思想の中でよく見受けられるように、非現実的である。なぜなら単純観念に到達する方法の保証はないからだ。もしかりにそうでないと仮定してみて、第二の証明の意味を問うことにしよう。経験は〈実在〉つまり現実性の証明であるという点を。このことは経験によってその〈実在〉が可能であることを抽象的盲目的に認めているが、われわれとしてはこの可能性なるものが具体的に何であるのか分からない。この可能性は、たとえ抽象的な確実性、すなわちあるもの、存在理由をもたないものの存在理由は確信であると同時に問題含みであるということが、充足理由、だからそのために公理であると同時に公準である原理の中で表明されているという、あの両義的精神状況を出発点とするにしても、具体的に解決されるべき問題として残る。要するに一切は、〈「実在的な」ものは可能的である〉という学説の真理性を根拠にしている。過去の哲学史全体において、少なくとも明白な形で、上記の命題が疑問に付されたことはないのだ。一体全体、どうして存在するものが存在しうるかということを疑いえようか。それが問題であり疑問であると宣言することは、存在の概念自体を根源的に改革し、伝統的存在論を逆転させることになるという次第で、この道によって再びわれわれは本講演の冒頭で提起し、同時にこの機会がそれを提起するにふさわしくないと考えて後日に回したあの巨大な問題に再合流することになる。実際の話、〈実在的な〉ものが可能であるとの断定は、プラトンとアリストテレスが以後の哲学全体に植えつけた存在概念を基礎にするものである。それによれば存在物は自足的、充分であり、それ自体で成就である。このことは《存在》の〈完成〉あるいは善意と呼ばれており、以後の存在論全般に揺るぎない最善観の基盤を提供してきた。この伝統では、失敗に終わらない、すなわちその存在の試みがただ不可能であることを示すことにならないための保証なしの、単なる存在の試みあるいは努力からなる存在様式は不可解なものになる。しかしもう一度いうが、このような荒唐無稽な謎に意味があるかどうかを議論するには、今は適切な機会ではない。

Ⅱ 「ルネサンス、人文主義と対抗宗教改革」(293)

もう一つのルネサンス、人文主義やエラスムスのそれは、その九割方において再生、つまりわれわれが再－胚胎と呼んでいるものとは正反対であった。それは中世を飛び越えて――原始的であるかぎりの古代人への退歩であった。だから単にローマ人やギリシャ人にとどまらず、ヘブライの原始主義への回帰でもあった。また宗教において、歴史ある《教会》の彼方の原始福音への回帰であった。ニーチェは、ルターとプロテスタントがとりわけ〈原始主義〉(294)であることをはっきり見抜いていた。こうした運動全体には前進したり成長したりするのではなく、収縮原始化し幼児化する――要するに成長した有機体が胎児へと後退する意志があった。私の先ほどの命名の源はここにある。《人文主義》にはビーベス〔ファン・ルイス（一四九二―一五四〇）スペインの人文学者、哲学者。〕に至るまで、ほとんど本質的に未来志向の様子は窺われない。人文主義者たちは死語となり消滅した諸言語の文法家でしかなかった。彼らはミイラの密売者で、多くはその人間的側面からしてちっとも感心できない人物であった。

前世紀末から今世紀初めの二五年間にかけてヨーロッパでは、《ルネサンス》と《人文主義》への盲信を見せびらかすのが〈主潮〉であって、そのためそれらの真実の姿が見落とされてきた。盲信とはその本質からして眩暈である。もっとも恣意的な単純化によって、一五―一六世紀 *quatro-cinquecentista* 芸術――建築、絵画、彫刻、装飾美術――のすばらしさを、作家の無意味な修辞や韻の達人の華美で空疎な詩や偉大さと展望に欠けた政治の貧困やくだらなさと混同した。思想面でルネサンス期の人たちはたしかにスコラ哲学と袂を分かつが、それはいかさま的感情的で、どうしてだか分からずやみくもに、ただ、〈そうなのだ〉という簡単な理由だけでそうしたのである。究極においていくらか正当化される唯一の動機としては、それは飽食、倦怠からである。《ルネサンス》期の哲学は、哲学と呼べるようなしろものでなく、単に〈漫然とするだけの〉、まったくの滅茶苦茶なのだ。メネンデス・ペラヨはちょっぴりまともに――通常彼は道理に欠けていたが――ルネサンスを反逆的、たしかに軽薄にすぎる運動と見なしている。もちろんこれは真実ではない。ルネサンスの本質を反抗だけに還元してしまうのは良くないし、またそれを革命と捉えるのも適切でない。革命は、暴動や軍事蜂起をそう呼ぶのでないならば、社会において決定的に重大な現象であり、社会をいつまでも不協和の状態に置いておくため、長期間にわたって害を及ぼすことになる。他方真の革命的現象は、そのうえはなはだ精確であることを常とする〈理想〉と呼ばれるものによってとりわけ典型的に動かされることを、否定するわけにはいかない。しかしこの地上においていったん〈理想〉というものが爆発すると――何やかやとこじつけて――あっという間に殺人や接収やありとあらゆる残虐行為を開始する様々な〈理想〉というものが出現するが、私にはいったいどうしてこんなことになるのかさっぱり訳が分からない。《ルネサンス》はそれとはずいぶん異なる様相の歴史的現実である。それは集団的病理学的現象ではなく、明確にしうるいかなる〈理想〉によっても引き起こされていない。特別にそう呼ばれるものは二世紀半つづいたが、革命はそんな長きにわたることはない、というのも二世紀半もの間人々が絶え間なく殺しあっていることなどまったく考えられないからだ。だからそれは〈歴史的危機〉という項目に分類されなければならないのだ。しかし《ルネサンス》を形成している熱望と傾向の巨大な多面体に、単純に謀反の側面、革命に似た様相があったことは、たしかにメネンデス・ペラヨにあった一片の正当さである。今の時代は革命に似ることはなはだ少ないとしても、沈黙をまもらなければならない思想家や学者や本当の詩人ではなく、宣伝者または今日いわれるように、多弁で無責任なジャーナリストが、何かにつけて口をはさむことが時代を暴露する徴候になっている、というのもヨーロッパでかなり以前から事態は深刻で、ジャーナリストが職業上もしくは成り立ちから宣伝的であることが当たり前のことと考えられているからだ。《人文主義》は、とくにその最初期の幾世代かは、ほとんど興味を引かなかったため人々の記憶に残らず、博学者のみが知っている膨大なパンフレットの中に凝固した。そうした人物の中でもっとも人気があり、今日でも平均的教養人の記憶の中で突出しているのがラッレティノ〔ピエトロ（一四九二―一五五六）イタリアの作家、上流階級の暴露記事を書き、金次第で内容を変更。当時ヨーロッパの君主たちから恐れられた。〕であるというのは、根拠のないことではない。彼は無礼の巨人、冷酷な聞屋《ぶんや》であり、怖い脅し屋であったからだ。フランス《革命》はずっと大きなスケールで、西洋にたいして決定的意味で同じ現象をもたらした。様々な思想は駄弁によって押しつぶされてしまうのである。すでにピコ・デラ・ミランドラ〔（一四六三―一四九四）イタリア・ルネサンス期の哲学者。〕は、夭折、早すぎる死のきわめて清らかな気品の中にたちまち蒸発してしまう童話の中の若き王子の魅力ある誠実さでもって、エルマラオ・バルバ宛ての有名な書簡で、人文主義者たちが自らの魂を舌と取り替えてしまったと述懐している。

《ルネサンス》がこうしたこととかそれに類したことであるというのは、これまでに作り上げられたことであって、根拠があったということではない。スコラ哲学、ゴチック様式、中世の《教会》はすでに死物であった。ほかのモノが必要になったのは避けられなかった。しかし《人文主義》はモノではなく、あるモノの単なる誇大であった。本当のそのモノが何であるかということは、一方でガリレオが、他方でデカルトが現われたときに明らかになった。これが真の再生《ルネサンス》であった。とりわけデカルトの場合に、その現象は比類ない明晰さで提示される。記憶の中の一四五〇年から一六〇〇年の間の限りない混同や数多の空疎な精神的行動、様々な観念の試行や混沌とした学説の集積を頭からぬぐい去り、デカルトがたちまち宇宙の新しく責任ある概念化を基礎づけた文章の一つ一つの簡潔さ、怜悧、辛辣な鋭さ、輝く明晰さ、文体の単純さ、効果をそれと比べてみられるがいい。《ルネサンス》にはただ一人の真の哲学者、ジョルダーノ・ブルーノ、すばらしく堂々たる修道士しかいなかった。だからみんなが――一つのグループも別のグループも――彼には敵対したのであった[295]。

しかしこれでもって《ルネサンス》がいかなるものであったかをいおうとしているのではなく、逆にそれがそうでなかったものが何であったかをいうために、そこに統一的で全体として貴重な運動を見ることを否定しようとしたのである。真実はその反対であって、方向と質において多種多様な萌芽がひしめいていたのである。そこには二つの一般的特色、つまり反抗的、少なくとも傲慢な性格と人々の話や行動や願望において真摯でない調子が支配している[296]。だから《ルネサンス》のこの新しい相貌によって、《対抗宗教改革》について一世紀前から主流である考え方も修正しなければならなくなる。すでにその名称をしてかかる判断の偏向を表明している。肯定的なのは《宗教改革》であり、他方は単にそれへの〈反対〉であることを前提にしている。しかし真実はその逆である。《対抗宗教改革》運動はこの世でもっとも自然なものでしかなかった。一五世紀から一五三〇年にかけての信仰の喪失は社会的、したがって歴史的には真実のものではなかった。《ルネサンス》の大半がそうであったように、それは〈遊び〉であった。一方につくか他方につくかのゲームをしていたのだ[297]。

またあの信仰喪失は、社会の深層における実質的精神状態にも、上述の信仰喪失の〈代表者〉である日につく少数者自体――この意味において当時の表層つまり目立つ層――における信仰の基本的現実的状態

にすら対応していなかった。(298)

《対抗宗教改革》はすべての人――したがって両者――に自分の心奥の真実性と接触するようにと促した、ヨーロッパ人の魂におけるゆるんだネジのしめなおしであった。両運動をもっとも明らかにしてくれることの一つは、《対抗宗教改革》が《プロテスタント》自体に及ぼした遡及的効果の研究である。《対抗宗教改革》なしには、《プロテスタント》は信者や教義の絶対的分散の中に消失してしまっていただろう。同じことの別の証明は、《対抗宗教改革》がどこでまたどの程度害を及ぼしたかを調べることだ。なぜならそうすれば、それが原因でなくそれ以外の何らかの国家的害悪と一致したことからそれが有害であった個所が分かるからだ。実際、《対抗宗教改革》は、学問や技術においてまた創造的エネルギーがごく僅かであったが残っていたイタリアにおいて幾分か害を及ぼした。イタリア芸術はすでにそれ自身瀕死の状態にあり、その政治も堕落していた。たしかに《対抗宗教改革》が決定的打撃を与えたところは、それを開始し先導した国民、つまりスペインであった。とはいえ、この打撃の責任を対抗宗教改革に帰すのは不当であるうえ、理解に苦しむところである。なぜならばほかの国々、たとえばフランスではそれは害を及ぼさなかったばかりか、さらにこの国の偉大なる時代をもたらしたからである。スペインにおいてそれからいまだにわれわれが立ち直っていない後退を引き起こしたのは、《対抗宗教改革》の長所とその大規模な展開――つまり精神の厳格な統制と、この意味において精神作用が扉と窓だけからできている建築物になることを避けて、自分の内に閉じ込めておく規律を早急に用意すること――と、驚くべきことに対抗宗教改革の機関であるトレントの宗教会議と時を同じくしてわが国に発生した恐ろしい病気とが結合したからである。この病気というのは、わが国民が世界にむけまた対抗して自閉、特に宗教や神学や観念だけでなく生全般にたいして行ない、したがって教会の問題とは無関係の起源をもち、我が《帝国》崩壊の真の原因となる現象であり、私がスペインの〈チベット化〉と呼ぶところのものである。当該現象は顕著な形で一六〇〇―一六五〇年に起こる。その結果は惨憺たるもので壊滅的であった。スペインは《対抗宗教改革》が必要でなかったばかりか、そんなものは有り余っていた唯一の国であるのだ。スペインにおいて真に《ルネサンス》は、したがって蜂起もなかった。《ルネサンス》はペトラルカやアリオストやタッソーを模倣することでなく、むしろそういう人たちになることである。(299)

訳者あとがき

本書はホセ・オルテガ・イ・ガセット『ライプニッツ哲学序説——その原理観と演繹論の発展』José Ortega y Gasset, *La idea de Principio en Leibniz y la evolución de la teoría deductiva*, Revista de Occidente, 1958の全訳である。（原題通りには『ライプニッツの原理観と演繹論の発展』であるが、オルテガのこの論考は、本書の「はしがき」にあるような事情で予定されていたうちの三分の一しか完成しておらず、表題通りにすれば誤解を生じかねないため変更した。）底本には右のもの（第二版、1967）を使用したが、適宜 *Obras completas: José Ortega y Gasset*, Vol. VIII, Alianza Editorial/Revista de Occidente, 1994を参照した。

オルテガ（一八八三—一九五五）は現代スペインを代表する哲学者であり、いわゆるマドリッド学派の形成に中核的役割を果たし、スペイン語圏の哲学思想活動の活性化に大きく寄与したことは、いまさら言をまたない。没後五〇年を迎え、その思想研究・再発見の体制はますます充実を見、その一環として、二〇〇四年より新『オルテガ全集』の刊行が緒についた。今後、オルテガ思想研究がいっそう発展することを期待してやまない。

さて、本書は遺稿として残されたものであって、オルテガの生前には刊行に至らなかった。前述のように、著者の計画では今回訳出した部分が一章に当たり、さらに二、三章とつづく予定であったようで、かなり大きなスケールで構想されていたことが察せられる。そこで取り上げられているテーマの根源性からすれば、全体的体系的に論述を展開する必要があったことだろう。そうした意味で、本書がオルテガ思想の全貌が見えぬまま未完に終わったことは残念というほかない。とはいえ本遺稿は、オルテガ思想、とりわけ円熟期、「第二の航海」の軌跡を辿るのに不可欠の著作である。あえて難をいえば、最終的見直しの欠如から、どうしてもその論旨に一貫性、統一性、均衡の欠けるきらいがあり、緻密な論理の流れが妨げられているという印象は避けられない。だが、そうしたマイナス面を差し引いても、やはり本書はオルテガの他の著書には見られない新側面、哲学の基礎部分の緻密な論述を見せてくれることは意義深く思われる。

オルテガは一九三六年のスペイン市民戦争勃発直後から身辺に危険を感じたため、同年夏、国外脱出を果たし、一九四五年（亡命後初の一時帰国）まで故国の地を踏むことなく、約一〇年間ヨーロッパ各地や南米で亡命生活を送らざるをえなかった。本書は主として一九四七年、リスボンで執筆されたが、各地を転々とする不自由な生活に加えて、当時オルテガは病苦に苛まれ、まさに彼の言う、思索に不可欠の「自己沈潜」もままならぬ状態にあったと察せられる。多分こうした理由から思ったように執筆ははかどらず、完成に至らなかったのだろう。

内容面では、本書は認識論、存在論であり、オルテガ思想の根幹をなすものといえよう。オルテガ思想のキーワードとしては「パースペクティビズム」「私は私と私の環境である」「生の理性」「歴史的理性」が代表的であり、なかでもオルテガといえば『大衆の反逆』の作者として著名である。そういうわけでオルテガの「形而上学者」というイメージはややもすると影が薄くなってしまうが、実際には、彼は形而上学が専門である。そもそもオルテガは一九一〇年に二七歳でマドリッド大学形而上学正教授職を獲得しており、終生その職にあった（実質的には市民戦争勃発で免職、以後復帰していない）。すでに円熟期に達しつつあったオルテガは、今一度自己の思索活動を総括し、新地平開拓の途につこうとして、本作品に情熱を燃やしたのであろう。

以下、簡単に、本書の具体的内容を紹介してみたい。われわれ人間にとって、世界と自分を識ることは、実存の基本的課題である。本書『ライプニッツ哲学序説——その原理観と演繹論の発展』においては、哲学の誕生以来の認識論、存在論を徹底的に掘り下げ、はたして理性とか知性は人間に正確な認識を保証してくれるのかという、根本的究極的問題を論じる。認識の「最終原理」はあるのか、それはいかなるものか、といった問題をめぐって、徹底した洗い直しが行なわれる。通常、原理とは基盤、基礎であり、絶対的に信頼でき、究極の拠り所となるものである。そして日常的にはその前提の下、思考が展開されている。

ギリシャ以来二五世紀の歴史をもつ西洋哲学には、二つの典型的思考法がある、つまりアリストテレス－エウクレイデス的思考法と、デカルト－ライプニッツに始まる近代的思考法とである。根源を求めて原理を追究していけば、最後には原初のものに行き着くはずである。前者では、この第一原理は明証的・自明的原理であり、それ自体は根拠なく、証明できない。ひるがえって後者では、すべての真理は証明されなければならない、単純観念もしくは単純な（同一性の）形式は単純であるゆえ誤ることがない、したがって複合的観念・形式であっても単純観念・形式に分解できればその真理を証明できると主張する。だがこの場合も、単純であるからといって真であるという証明にはならない。結局、両思考法とも最終的基礎づけはない。

右の両演繹法を仔細に観察してみると、デカルトを境に両者は逆転していることが明らかになる。これは単に観念論か実在論かという永遠のテーマとはいささか異なる次元の問題であって、ただ立場とか観点上の問題でなく、さらに深層の思考原理、機能方法がモノを中心にしているのか、または思惟を中心にしているのかということであって、思考方法そのものが問題にされている。なぜこうしたことが起こるかといえば、まず概念自体の性格に起因するといえよう、つまり概念には論理性と真理性の二面があり、そのいずれに重心を置くかで、上記二方法は決定されることになる。要するに、アリストテレス−エウクレイデス的思考法は外的要素、モノを重視するのに比べ、デカルト−ライプニッツ的思考法は真理性、論理性、内的連関を重視するということである。別言すれば、前者は感覚偏重、後者は観念−論理偏重といえる。しかるに古典的思考法では当初具象から抽象へと還元によって得られた類・種を軸に機能する思考法であり、他方近代的思考法は観念、その内的連関に基づいて、それを最小の単純観念・形式に分解することで命題の真理性を証明しようとするものである。前者のいわゆる原理は感覚主義的であるため、モノ的−個別的となり、普遍性には到達できない。その結果すべての学問に共通的に適用できない局限的原理であって、原理のそのまた原理を求めるという矛盾を孕む。後者については論理的であり、感覚にまつわる曖昧性は排除されているため明晰であるが、それは観念間の連関にもっぱら配慮したものであって、実在から遊離していて、またその明晰といわれる単純観念・形式の明晰さにしても、ただ単純だからというだけでは根拠薄弱であろう。

結局、最終的確証が得られない両思考法の隘路を切り開くべく、オルテガはつぎの方法を提起する。伝統的思考法は抽象的、概念的であるため限界があるからには、総合的、直観的、現象学的方法でなされなければならない。ただし現象学的方法は体系的思考の次元に欠けるため、それに体系的思考の次元を付与しなければならない。この体系的現象とは生であるから、その直観と分析を出発点としなければならない、というのがその主旨である。そうした次元では主観と客観は分離していず、両者は総合的に包み込まれている。方法論的には、これは彼の「生の理性」「歴史的理性」にあたる。

ただ問題は、この意識化されていないものの次元を「すくいとる」理性――いかに「そっくりそのまま」意識化するかということは大きな問題である。いずれにしてもこれは一考に価する提案であり、その検討によって新しい地平が切り開かれればと願うものである。

最後に翻訳ということに関して、一言つけ加えておきたい。本文中でもオルテガは「観念の移植」の困難を云々しているが、とりわけ『ドイツ人への序』（一九三四年）において、『現代の課題』のドイツ語版三版の刊行をオルテガが拒否したのは、翻訳による誤解の回避が目的であることを明言している。

要するに、それは一人の人間の思想、とりわけ外国人の思想を理解するには、その背景を十分に知らなければならず、オルテガのようにドイツ哲学を知悉していて、その中で哲学的形成がなされたような人物においてさえ、その哲学の根幹はスペイン的であり、その「環境」のなせる業であると主張する。それゆえ自身の作品がドイツにおいてこれほどにも受容されているのは異常事態であり、誤解をまねきかねない、よって自身の哲学、彼自身がいかにドイツ的なるものと異なるかということの説明のために、八〇頁近いくだんの『序』をしたためたのである。

こうしたオルテガの憂慮を考えてみると、私ごときものが日本という遠隔の地において、執筆後半世紀以上経た本作品の翻訳を企てることは、暴挙といえよう。著者自身の思想と紹介者としての私との距離は、あらゆる次元において、まさに無限大であるからだ。

にもかかわらずこの無謀ともいえる企てを敢行したのは、私が本作品から受けたインパクトの大きさであり、それを少しでも日本の読者と共有したいという願いからでしかない。オルテガ研究者の間でも本作品の研究はやっと緒についたばかりであるが、後期オルテガ思想の解明に資すれば幸いである。浅学菲才の小生のこと、思わぬ誤解誤謬を犯しているかもしれず、諸賢のご教示ご叱正をたまわりたい。

なお、アリストテレス、デカルトからの引用文については、主として井上忠訳『分析論前書』、加藤信朗訳『分析論後書』、山本光雄訳『カテゴリー論』（岩波書店刊、アリストテレス全集1）、村治能就訳『トピカ』、宮内璋訳『詭弁論駁論』（同上2）、島崎三郎訳『動物発生論』『動物部分論』（同上8、9）、出隆訳『形而上学』（同上12）、大出晁、有働勤吉共訳『精神指導の規則』（白水社刊、デカルト著作集4）の訳文を参照させていただいたことをお断わりいたします。

また、個々のお名前は割愛させていただきますが、小生の種々の疑問点に快くお答えくださった多くの方々に心より感謝いたします。

最後に、本書の刊行にあたっては、出版を引き受けてくださった法政大学出版局の平川俊彦編集長、藤田信行氏、五味雅子氏のご尽力、ならびにスペイン文化省の「グラシアン基金」より二〇〇五年度の出版援助をいただいたことに深謝いたします。

二〇〇六年三月

杉山　武

著者

ホセ・オルテガ・イ・ガセット
(José Ortega y Gasset)
1883年マドリッド生まれのスペインの哲学者．1904年マドリッド大学で哲学博士号取得後，ドイツに留学（1905-1907）．1910年マドリッド大学形而上学正教授職に就任，以後1936年のスペイン市民戦争勃発による亡命まで在職．フランスやアルゼンチンで亡命生活をおくり，1945年に一時帰国はしたが，1955年の死まで最終的にスペインに居を定めることはなかった．大学での講義，ジャーナリズムでの積極的活躍，月刊誌『西洋評論』の発行，講演会等々をつうじて，スペイン国民の教育・啓蒙に尽力した．彼を中心に「マドリッド学派」と呼べるものが形成され，スペインでの「近代哲学」の確立に寄与した．その哲学思想の中心は，一言で「生と理性の調和」である．主な著書に，『ドン・キホーテをめぐる省察』(1914)，『現代の課題』(23)，『大衆の反逆』(30)，『ガリレオをめぐって』(33)，などがある．

訳者

杉山　武（すぎやま たける）
1944年生まれ．東京外国語大学大学院修士．現広島修道大学教授．著書：和西辞典（共同執筆）（白水社）．訳書：ウナムーノ『小説はいかにして作られるか』(法政大学出版局)，日本史史料計75点の西語訳（『日本における政治と政治思想史，1926-1982』，『同，1868-1925』(エル・コレヒオ・デ・メヒコ)

《叢書・ウニベルシタス　846》
ライプニッツ哲学序説
——その原理観と演繹論の発展
2006年4月28日　　初版第1刷発行

ホセ・オルテガ・イ・ガセット
杉山　武 訳
発行所　財団法人 法政大学出版局
〒102-0073 東京都千代田区九段北3-2-7
電話03(5214)5540／振替00160-6-95814
製版，印刷　平文社／鈴木製本所

Printed in Japan

ISBN4-588-00846-3

原　注

1. 一例として，*Die Philosophischen Schriften von G. W. Leibniz,*（『G.W. ライプニッツ哲学著作集』），Herausgegeben von C.J. Gerhardt, Berlin, 1879, vol. II, p. 56と Couturat, *Opuscules et Fragments,* pp. 402, 529 がある．そこでは純粋に論理的原理の単なる必然的結論と充足理由の原理が宣言されていて，それによれば真の命題全般において，述部は主部に含まれているという．

2. スコラ哲学者，たとえば Suárez は *Disputationes metaphysicae*（I, Sectio II, 3）において，少なくとも二原理の必要性を基礎づけており，そこでは三段論法には三項あり，ただ一つの原理で二つ得られる．しかしこれは二つ以上あることを正当化しない．

3. 上述のところはいずれも格別ライプニッツ的であるわけではないが，ライプニッツが〈理由〉と〈証明〉という用語の，この相応する意味を受け入れていることに注目する必要がある．（*Nouveaux essais sur l'entendement humain,* vol. IV, cap. II.）

4. デカルトがそうである．

5. しかしながらこの状況を補うには，哲学の外部で精神的な働きかけがあり，それが哲学者によってある程度の敬意をもって眺められていたことに注目する必要がある，つまりギリシャの数ヶ所で，〈半ば秘密的結社〉によって代表されていた《医学》，とりわけコスでヒポクラテスが属していたアスクレピアデス結社である．『パイドン』にあるヒポクラテスの格言からの引用は，哲学と医学の間の関係を考慮するための古典的個所である．

6. 第一期においてディルタイが，諸学問は哲学の外部，つまり技術やそれについての省察として誕生したと考えたのは奇妙である．第二期においては，その考えを改めている．しかしディルタイはけっして空言を吐くような人ではなかったので，この初期の考えをただあっさりと捨て去らないほうがよい．ここではこれ以上の追究はせず，この留保をつけておく．

7. イェガーの弟子 Solmsen は *Die Entwicklung der Aristotelischen Logik und Rhetorik,* 1929, pp. 129–30 において，正しいことだが，そのようにしている．諸学問が誕生すると間もなく，それらの中に専門化の現象が生まれる．これで私はある学科目に従事する者がその関心をその学科目に限定する事実をでなく，その思考法が特種化することを言いたいのである．各学問はあたかも生きもののごとく，その局所的テーマが要求するところに閉じこもる傾向がある．このことは自動的に各学問の必要性におうじて方法論全般の変更をもたらす．かくして《数学》は実在の諸問題から離反する．その結果その演繹に必要な原理以外は用いなくなる．つまり本来的に原初の原理には関心がなくなり，哲学

の普遍性に関しては上方にむけて閉鎖され，それによって近接の学問についてさえ隣接分野も閉鎖される．数，空間，物体を同時に引き出すような統一性を求めない．《数論》《幾何学》《測定法》が分離する．このことで各学問独自の方法が先鋭化したことは疑いない．アリストテレスの『分析論後書』は諸学問のこうした状況の考察である．しかしプラトン学園で二種類の数学が，すなわち専門化された数学者のための数学と別の哲学的数学（弁証学）が研究されていた事実ほど，真の状況をはっきり教えてくれるものはない．以上すべては，プロクロスが具体的に示しているように，十全な意味で唯一の知としての統一的学問を要求していたプラトン自身が，自分の弟子の数学者たちに，特殊な数学的方法を，たとえばレオダマスに勧めていたという極端な細部によって頂点に達する．プロクロスはこのテキストにおいて，手ずからこれら二方法が何からなっていたかを示している．（Proclo, *In Euclidis*, p. 211, Fr. 18）

8. *Untersuchung über die Deutlichkeit der Grundsätze der natürlichen Theologie und Moral*, Zweite Betrachtung.

9. ガリレオは傾斜面の傾斜度を 0，したがって水平と考えて，惰性の概念を落下法則から極限として引き出している．それは〈滞留ないし保存の法則〉である．ガリレオにおいてあまり応用がきかなかったことはよく知られている．その〈慎ましやかな状況〉からそれを自分の物理学の公理である〈運動法則 *leges motus*〉の中で，まさしく第一位まで引き上げたのはニュートンである．そのためには絶対的空間を断定する必要があったが，それは《幾何学》の神格化に等しい．考えるに，ニュートンは惰性 *vis inertiae* を〈力〉と呼んだ最初の人である．一般相対性理論は，不動の物質に重さがあるように，またその反対も考えられることに注目するのが出発点であることを想起していただきたい．マッハが惰性と重力を相対化し，惰性を恒星群の影響と考えた最初である．元来，測定野は動的空間である．幾何学は相対論的物理学に，ガリレオやニュートンのそれによりも深く入り込む．しかしその理由は，幾何学があらかじめ物理学に吸収され分解されていたからだ．したがって，Reichenbach は，相対性理論が〈空間と時間の因果論〉に要約できると言えたのだ．そして驚いたことに――同時性の相対性をのぞいて――それはライプニッツの空間と時間論であった．（Reichenbach: *Die Philosophie der Raum-Zeit-Lehre*, 1928, p. 308）他方，こういうことがある．惰性の概念はとくに奇妙である．それは元の力でなく，あらかじめ存在している力の保存を示すのである．だからそれは，〈力のない力〉のようなもの，力動と非力動との中間のようなものになる．相対性理論において重力と交換可能なものとして現われ，重力とそれとともに物理学全体にその非力動的特色を伝え，力学論が力の概念を放棄する方向へと追いやったのは不思議なことだ．そのため，力動があらゆる物理概念に浸透すると，物理学はそれに無関心となり，純粋に数的な関係の体系，数的価値の〈形状〉によって，現象を表現することで満足するという結論に達した．

ライプニッツにとって，現象が立ち現われる，〈広がり〉と呼ぶ具体的空間は，〈種々の位置の体系〉である．これらの立場は〈力〉である基層間の力動的関係に結果する．――むしろ関係そのものであるといえる．だから〈モノ〉は，つまり諸力は，空間をそれら諸力に先立つものと解するなら，空間にあるとはいえない．具体的空間，広がりは作用する力から生じ，それはその作用力の顕われである．力動的であるために種々の位置の体系はつねに変化し，それは運動であり，時間から離れることができず，また時間はライプニッツにおいて，その継続性における力動的関係の体系を表わしている．かように空間と時間の不分離性はライプニッツにおいて，測定単位としてのみ空間と時間を結びつける相対性理論におけるよりも，ずっと根源的に構成されている．諸力が同じ位置で連続して現われる事実から，それについて抽象的概念を形成することになり，それはただの〈場所〉になってしまう．場所の体系は抽象的または幾何学的空間であり，さらにそれは様々な位置の静態的体系であるかぎりで具体的な空間の一極限の場合――だから重ねて抽象的である．ライプニッツはそれが〈観念的〉であると言うだろう．

以上の簡単な陳述は粗雑であるが，上述によってライプニッツにとって空間がいかなるものだったかについての観念が得られるだろう．しかしその観念の一側面全体が欠落しており，それはそれほど見事に要約できない．私はライプニッツにおける空間がもつ純粋に現象的性格のことを言っているのだ．本来的意味で実在は，空間とは別である．モナドの理解可能な世界には広がりがない．しかしその世界についてわれわれは同時に明晰であるような具体的情報をもっていない．ただ混乱した情報があるだけだ．真に実在的なもののこの混同，理解可能性のこの減少 *minus* は想像力である．現象的世界――それとともに空間――は想像上の世界である．これはその否定的側面，まだ実在的なものが制限されていて，また不適切な情報として有しているものからのみ判断されるべきでない．実在的なもののこのような変形は単に主観的であるだけでなく，有限の主体が無限の真の実在を表象する客観的方法でもある．想像的なものは不適切に実在的なものであっても，実在に基盤をもっている．そしてこのことは第一に，具体的あるいは現象的空間のために役立ち，それからまた〈観念上〉の空間にも役立つ．さらに幾何学上の純粋空間の〈観念〉はその基盤をモノのうちに *in re* 有する．しかしこれはここで明確にできないことである，なぜならそのためには，ライプニッツの全学説中でもっとも複雑な概念，つまり現象の概念を提示せざるをえなくなるからである．

10．これが《実在的な》ものと《可能的な》ものの間の相違である．われわれが想像する――したがって，作り出す――可能的なものは，われわれの思惟に現前していることもありうる，しかしこのために，後ほど見るごとく，可能的なものを思惟することが厳密な意味で *sensu stricto* 認識であるかどうかはきわめて議論の余地を残す．（Aristóteles, *Categorias*（『カテゴリー論』）7 b 24

参照）

11. もちろんのこと，ほかの人たちがそれを学問と考えるかどうかについては，いっそう関心がない．哲学する人でなく哲学はそれ以外の人とは関わらない．詩のように，そうした人を必要としない．詩は本質的に他人への語りであるとき，たとえそれが匿名あるいは不定の人であったとしても，この人を必要とする．また，学問のように，協力を必要としない．哲学は他者への語りではなく，自己自身への語りである．それは社会の営みではなく，孤独の必要事である．哲学は一種のロビンソン主義である．その特色は哲学的ロビンソンは無人島でなく，〈見捨てられた島〉に住んでいて，そこの以前の住民はすでに死んでしまっているのである．それは《死者の島》である．哲学がその孤独において必要とし，つきあいがある唯一の仲間，死んだ哲学者たちの島である．アリストテレス『トピカ』の〈哲学者は哲学しているかぎり他人のことがちっとも気にかからない〉という箇所を参照されたい．（VIII, 1, 155 b 7）

12. 1911年の時点でまだフッサールは，哲学が〈厳密な学問〉でなければならないことに固執していた．（*Logos* 誌掲載 *Die Philosophie als strenge Wissenschaft*（『厳密な学としての哲学』）という題の有名な論文参照）

13. ニーチェは『ギリシャ人の悲劇時代における哲学』についてすばらしいエッセイを書いているが，しかしこのタイトルそのものから彼は何が問題であるかを見抜いていなかったことが明らかになる．たしかにこれらの前ソクラテス哲学者は哲学を準備したけれども，いまだ哲学ではない．事実，彼らは〈悲劇時代〉に属しており，したがって彼ら自身ほぼ厳密な意味で *sensu stricto* 悲劇的であり，悲劇作家である．しかしまさしく哲学は悲劇的態度につづくものであり，それは悲劇が受け入れられ，人がそこに留まり，要は，それに対峙することからなるのだ．哲学は悲劇をその根源にまで遡り体験する，だがそれを受け入れるのではなく，それを支配するためにそれと戦う．そしてこの反悲劇的戦いは新たな悲劇，哲学的なそれである．これら二時期の関係について，私は早晩簡単に論じてみたいと思っている．

14. このことは，カント学説における〈生き，なおかつ死んでいる〉“*ciò che è vivo e ciò che è morto*”という問題とは何ら関係がない．たとえカントがそのことを言い，考えていたとしても，本当のところはそれを避けられなかったのだが，彼の哲学はニュートンの方法にほとんど似ていないのである．しかるに，カントは何度も哲学の方法を数学のそれに対置し，つまり，あたかもわれわれが別の理由からそれを物理から根本的に遠ざけることが不可欠であると考えるのと同様，彼は幾つかの理由から哲学の指針をこれらの学問の中に求めることが間違いであると考えたことに注目しなければならない．カントは『純粋理性批判』において，とくにその方法論の最初の部分を哲学と数学を引き離すことに当てている．そこでは，たとえばつぎのような文章がある．〈以上より，哲学の性質にとって，とりわけ純粋理論の分野において，数学とは兄弟の絆を保

ちつづけうると期待できるとしても，自分が属していない分野であるゆえ，そのタイトルと肩章で飾ることはまったく不適切という結果になる〉．したがって，カントにとって，哲学的思考法の指針を数学的思考法に求めるのを回避するだけでなく，その正式な対立を証明することが基本的かつ決定的である．『純粋理性批判』全体は，以下の文に要約できる．それは多少の変更をもって，その著作中で同じ事を何度も繰り返しているその最後の数頁である．〈あらゆる理性的認識は概念からの認識であるか，概念の構成物からの認識であるかのいずれかである．前者は哲学的と呼ばれ，後者は数学的と呼ばれる〉．以上の文が，その大方がライプニッツ主義者である，カントの同時代人に，この注のほどこされた私の本文の文章が，カント主義，実証主義等々で教育された今日の読者に及ぼすものに劣らないくらいのショックを与えることであろう．

15．もちろん，単に知的なものだけではない．しかし，当座はこれだけがわれわれの関心事である．

16．この頁を校正している今――1948年2月――ウィスコンシン州ウィリアムズベイのジャークス天文台所属のジョージ・バン・ビイエスブロエック博士の発表を目にしている．それは1947年の日食について南アメリカでなされた観測の最初の結果報告である．相対性理論にもっとも厳かな確認を提供したリック天文台のW.W.カンベルの観測とは異なり，今回の観測は太陽に近い天体ではなく，太陽の直径の何倍もそこから離れている天体について触れている．結果として，それらの像の移動は空間と光のより小さなカーブを示すはずである．その測定によってそのカーブは確認されているが，同時にそれを変更している．なぜなら，それはアインシュタイン理論で予見されていたよりずっと大きいため，それとは別の原因にそれを帰さねばならないように思えるからだ．だからわれわれは現在相対性理論に大幅な変更が加えられるのを目前にしている可能性がまったくないわけではない．しかも，そのうちのどれだけが残るかも予言できない．

（1950年11月．それと同等にここで明らかにする必要のあるのは，数週間前に発表されたことだが，現在認められている光速の計算値が誤っているとの発見である．）

17．歴史的有効性とは何であり，コペルニクスの考えのような重要なものが支配的意見になるために遅れが生ずることについては，私の講義録 *En torno a Galileo*（『ガリレオをめぐって』）参照．

18．体系的思想と人生の状況に由来する断片的で支離滅裂な表現の間にあって，頻繁に見受けられる代表的不適合さについて研究する必要がある．ライプニッツの風変わりなケースは極端な不適合性を示している．しかしこの事実をより小規模なケースで研究すれば，《歴史》において思想が表現されるときの危うい条件が明らかにされる．

19．人間事象に多少なりとも通じている人なら，〈恵まれたプレス〉をもつ

ことはそれ自体，それだけでは悪い徴候であることがお分かりだろう．

20. ライプニッツとニュートンの比較は，明確に哲学的人物と科学的人物の間の違いを明らかにするための好機となる．両者は学者としては，つまり数学者としては同等のスケールであるので，その人物像を重ね合わせることができ，そうするとニュートン全体はライプニッツと一致するが，ライプニッツはまだそれでも彼をはみだす．

現在の物理学の第一原理はニュートンの動因律 *leges motus* のいずれでもなく，ライプニッツが最初見抜き，〈最短距離の原理〉あるいは〈最善形態〉と呼んだ最小動作の原理である．

21. 数学者が完全な帰納において n+1 の証明でも行なうように，例外であるゆえそれだけで哲学の残りの部分すべてにたいして証明として役立ちうる二つの例外的ケースにおいて正解であることの真実を，近々詳示できればと思っている．

22. *Die Philosophischen Schriften von G.W. Leibniz, Herausgegeben von* C.J. Gerhardt, Berlin, 1890, vol. VII, p. 59.

23. ヴィエト自身，文字，数字，幾何学的名称が介入してくるもっと複雑な記号表記を用いている．だから，方程式 A3＋3BA＝D は，彼によるとつぎのように記述される．*A cubus +B planus in A3 aequatur D solida.* デカルトはそれにほぼ現在の形を与えた．（H.G. Zeuthen, *Geschichte der Mathematik in XVI und XVII, Jahrhundert*, 1903, p. 98参照）

24. 1678年の Tschirnhaus 宛ての書簡においてライプニッツは，アラビア数字はローマ数字に比べ数の〈生成〉，したがってその定義を表わす利点があることを明記している．（*Mathematische Schriften*（『数学論文集』），vol. IV, p. 455f.）

25. 1800年以上前からすでにエウクレイデス幾何学には演繹理論の勝れた模範が存在していた．しかしそこにおいて演繹は概念間の結びつきだけになっていた．それらの概念は本来的に演繹されておらず，〈論理的〉でなく，直観的である．エウクレイデス演繹法においては一再ならず，理性の方法ではなく視覚による *ad oculus* 方法である合同の論理には〈異物〉が混入している．先でこの問題に言及予定．

26. この留保は Brouwer ほかの直観主義的方向に関わる．進歩的論理主義的数学の近代史における支配的傾向に重大な問題を提起するに充分であったけれど，それはまだ試行にすぎない．

27. アリストテレスにおいて，この交通不能は，後に幾何学で合体されることになる三項目においても生じる．つまり，線の科学，面の科学，固体の科学は各々独自の原理をもつ隔絶された個別科学 *pragmateías* である．

28.《歴史》は，その組み合わせが一つの性格を，したがって人格を作り出す種々の――時として対立する――傾向を全明晰さでもって見抜き，容赦なく

強調すべき責任を負っている．本文から引き出されるのだが，ライプニッツ評価は可能な歴史研究題目である．なぜならデカルトとライプニッツの虚栄心は偶然のものではなく，17世紀の学者に特徴的であって，この特色の理由はそれ自体充分定義しうるその時代のある種の一般的条件中にある．19世紀第一世代の虚栄心についての，この点でのさらなる明確化は，私の『全集』（*O.C.*,）*vol.* V にある．［*Memorias de Mestanza,* IV］

29. 《幾何学》を《代数学》によって明らかにするだけでなく，その反対も意図していた．デカルトにとって《数論》は不分明で，錯綜した学問であったことが，一般に見逃されている．もちろんこれはヴィエトと彼以前のその後継者に関してである．

30. 名辞 *término* と記号 *signo* 二用語間の関係については，もっと先で論じる．

31. だから定義するとは，名称を概念に変換することであるとアリストテレスは言う．Δεῖ δὲ τὸν όρτζόμενον λόβον ἀντὶ τῶν ὀνομάτων ἀποδοῦνατ.（『トピカ』，VI，11，149 a 2）．『自然学』において（I，1，184，b）非限定語 τὸ ὄνομα ἀδτορίστωζ は，定義するところの δτορίζεί ロゴス λόγος に対立している．

32. 〈きっとお前は，私もまた論理的であるとは考えなかっただろう.〉（*Infierno*, XXVII, 122-23）

33. このことは文字どおり，アウグスチヌス主義，したがってプラトン主義の教育を受けた San Buenaventura の弟子たちにおいて見られる．自分の学問を背負い込み，それが役立つような対象があるか，そのものについての学問があるだろうかと自問した Mateo de Aquasparta（1235-1302）を後づけることは感動的である．たとえば，〈Quaestio est, utrum ad cognitionem rei requeratur ipsius rei existential, aut non ens posit esse objectum intellectus.〉すなわち，人間は知識の対象が無でないかどうかを自問する．（*Quaestiones Disputatae de cognitione*）

34. Einstein, *Geometrie und Erfahrung.*

35. 固定化，抽象化，抽出はある一つのモノを前にして行なうことができ，共通のものを求める恣意的追究によってそれらの操作が導かれる必要はない．同じ一つの玉突きの玉を前にして，われわれはその白い色を捨象したり，その球形を抽出したり，もしくはその逆を行なう．しかし，事実 *ipso facto,* その球形性は連続的に無数の色で色づけられるのに適したものとして顕われる，その白さはもっとも多様な形をとるのに適することになる．つまりその適切さの共通性は，もしわれわれがそれを前もって考えたとしても同様に現われる．すでにアリストテレスは，唯一の太陽を見て太陽の概念を形成したとしても，それが形成されるや，無限に多様な可能的な太陽に言及すると述べている．

36. 厳密にいって，χαθόλου の訳として，universale という語はボエティウスによる．

37. ここで定義は三角形を構成する直線のすべての点であり，われわれが〈実質的〉と呼ぶであろうところの部分を示さず，ただ機能部分（器官）だけを見せることが分かる．事実これら三点，別々に表示する唯一のもの（〈二本の直線が交わる〉という概念の中に暗示されてはいるのだが）は，そうしたものとして三角形の中で構成的機能を果たす唯一のものである．部分以外に，三角形の定義は数〈3〉と〈2〉を介入させ，この直観的幾何学におけるその現前は，明らかに闖入である．簡単にすませるために，この点は考慮外としよう．

38. それは伝統に直面しての弱体化による．厳密には〈共通性による叙述〉というべきであろう．〈多の中の一〉の関係は記号論理学が〈クラス〉と呼ぶものである．一つの〈クラス〉はある一定の特色を共有する一群あるいは多数の個である．仮定上の〈普遍的〉はただクラスの共通性でしかない．ラッセルはクラスの論理学を作って古い論理学を根本から改革しようとしたが，当然のことながら失敗し，それを関係の論理学に基礎づけざるをえなかった．

39. アリストテレスはこれら三つの関係を区別し，その各々に名称を与えているにもかかわらず，これら三つを命名するのにほとんどいつも同一の名辞 *kathólou* を用いて，スコラ哲学者の轍を踏むことになる．しかしアリストテレスにあって，これには二つの原因がある．その一つは純粋に言語的なもので，ほかの二つの名辞を形容詞に変えることの困難にある．もう一つはさらに本質的なもので，アリストテレスの観点からしてさえ ── 概念の外延的関係と理解上の関係間の齟齬である ──，周知のようにかつて一度もそれを修得したことがなく，たえず一方から他方へと飛び歩いていることだ．この両義性は彼の《論理学》の一大欠点であり，何世紀にもわたって不動であったことの原因である．19世紀末からの論理学の改革は，まさにこの二つの関係の相違を明確にし修得することから始まった．アリストテレスは非公式に全称的総合 χατὰ παντός を理解したので，〈普遍的な〉三つの関係は最終的には彼には同一に *a parte rei* 思えた．しかしその論理的説明において何かもっと具体的用件によって強いられるときには，数論的普遍的なものと χατὰ πᾶντός とをはっきりと区別した．だから，『分析論後書』，I，5，74 a 30–31で οὐ λὰρ η τρίλωνον οἰδεν, οὐδέ πᾶν τρίλωνον, ἀλλ ἤ χαθ ἀριθμόν と言っている．つまり，〈したがって，三角形をその本質（その全体 ὅλον）において，すべての種類において（含意するもの，要は一般性において）でなく，ただ数論的「普遍性」のみにおいて認識する．

40. *Anal, seg.*,（『分析論後書』），I，4，73 b 26から同章終わりまで．

41. スコラ的な，自らのかぎりによる *secundum quod ipsum* は，それ自体による *per se* の前では影が薄くなり，さらに *per se* と区別のつかない *ipsum* でなく 全体 *holón* の概念の総合性のものである決定的特色を表わす．

42. こうした名辞とかの有名なカントの〈アプリオリに総合的判断〉という表現とが極端に近似しているからといって，あまり性急にそれらを同一視して

はならない．むしろわれわれのこれまでの思考展開の中で帯びていた厳密な意味に依拠するのがよい．しかし繰り返し考えてみると，この方法によってカントが提起した問題に到達することは明らかである．〈アプリオリに総合的な判断〉という表現が内包する大きな逆説的性格を顕著に示し，上述のことはもちろんそれに役立ちうる．その逆説はブレンターノの気難しさをいたく刺激したため，彼は誇大広告的なとげとげしい愛嬌を込めてそれを〈アプリオリな総合的先入観〉と呼ぶ始末である．

43．アリストテレスにおいて〈学問〉という語がいかに萎縮したかには驚くべきものがある．なぜならそれは〈真の認識〉νοεῖν（*noeîn*）と一致しなくなるからだ，それはただ単に証明済みの知を意味するにすぎない．この知は証明されない究極の前提なしには不可能であるが，にもかかわらずそれらは認識ではある．だから彼にとって〈学問〉とは，それ自身の一片，ある不完全なもの，完全な〈認識〉における抽象的側面――そのため別の側面から切り離されない――である．充分知られているように，それは νοῦς（知性 *noûs*）と διάνοια（思考 *diánoia*）の間の相違なのだ．

44．西洋の諸言語において〈máxima〉ということばが名詞として使われたときにもつ意味はここに由来する．たとえば〈道徳的規範〉がある．

45．本論究はエウクレイデスを歴史的個人的事実としてでなく，彼の方法がデカルトに至るまで有してきた代表的性格と常時影響を与えてきたこと（幾つかの国の数学教育において――たとえばイギリスでは――いまだに学校の教科書である）の究明を目指している，とはいえこのテーマはたぶん一般に考えられるよりもずっと示唆に富むことになるだろうが．エウクレイデスはアリストテレスの死後最初に栄えた世代，つまりストア主義を生み出す世代に属している．これはエウクレイデスがストア主義者であることでなく（彼はアカデメイアで教育を受けた），ストア主義も彼の著作も同じ歴史的有効性の環境で生まれたことを意味する．χοιναι ἔννοιαι という語がこのことを表わしている．アリストテレスにおいて ἔννοια はまだ名辞に結晶していない漠然とした語であって，それが真実かどうかとは関係なく，あるものについて抱かれる非公式の観念，概念を意味した．エウクレイデスにおいてはゼノンにおけると同様，すべての人間において自然発生的に与えられる〈真の認識〉を意味するので，その真理は証明を必要とするのではなく，可能な立証の源である．形容詞 χοιναὶ によってストア主義のきわめて重要な術語となり，そこでは〈共通の〉が〈すべての人間にたいして〉にとって代わる．アリストテレスにおいてこの形容詞は，二つのきわめて異なる意味をもつ．その一つは，すべての人間にたいして，と同じであり，もう一つは，様々な学問に共通の命題である．この第二の意味については後ほど取り上げる．種々の定義が様々な本に分散し，有名な〈公準〉の幾つもの定義の中に置かれて，最初の五つの公理と残りのものの間の意味の違いやそれ以外の少なからぬことによって，何世紀にもわたり精密

思考の典型であったエウクレイデスの著作は，しかしながら方法論の純粋性においてすでに堕落を呈している著作であり，その提示においてよりまとまったほかの以前の著作を推察させる．さらにわれわれが目にするエウクレイデスのテキストには加筆がなされていて，紀元4世紀に生きていたアレクサンドリアのテオフィリスに至るまで行なわれた削除もたぶんあることは周知である．だからこれは六世紀間にいじくりまわされたテキストである．

46．カントが定式化した空間の主観性についての有名な第四証明は，この巨匠の異常な過誤 *lapsus* である．曰く．〈空間は与えられた無限の大きさとして表象される（強調はカントによる）……だからそれは空間の当初からの表象，アプリオリな直観であって概念ではない〉．以上引用二文の間にはさまれ省略された部分は当面関係ないが，本論究の別の個所では直接関係がある．もちろんいかなる直観にも無限の空間でなく，あれこれの大きさの有限の空間だけが与えられている．直観された有限の空間に無限の代理をさせることによって，すべての与えられた直観がそれ自身の彼方にまで拡大できることをわれわれに引き受けさせる．しかし明らかに，自己を超えることは直観がそれだけでできるのではなく，空間の広がりを，無際限に繰り返すという概念や法則を作りだす悟性にだけ可能である．したがって空間の無限性が与えられているどころか，われわれが少なからぬ努力によってそれを創出しなければならないのだ．第一に，直観の継続的拡大により，ついでわれわれの拡大行為自体がいかなる直観によっても制限されていないという概念によって，だからそれは直観を否定し，空間の全体はけっして直観とはなりえないと宣言する概念によってである．

それゆえ空間の無限性はまさにカントの意図するのとは反対のことを証明する．つまり《空間》は単なる直観ではなく，せいぜいのところ幾つもの直観によって——それも唯一つの直観でなく——それを超越し，充足理由の原理であるもっとも概念的な原理によって作られた概念である．なぜなら事実として無限空間の概念は，有限性の継続的拡大においては制限の理由がない，あるいはライプニッツ流にいえば，拡大における非限定の進歩はその無限性の充足理由として役立つ *habet ipsi rationis locum* ことを根拠としているからである．当然のことカントの過誤 *lapsus* はいい意味をもつ．彼の意図は，われわれの空間の概念が共通要素による抽出から得られるアリストテレス的概念であることを否定することであったし，彼の時代には別の形の概念はまだ知られていなかった．

47．アリストテレスにおける公準 αἴτημα（*aítema*）の概念には手のほどこしようがない．それは師にとって明白であるが，弟子にはそうではないものを意味する．ついでながらつけ加えれば，アリストテレスの《論理学》の多くの項目は，彼の時代のギリシャ人が学問を書物の中でなく師弟のやりとりのような学校での現場主義の中に〈見ていた〉ことに気づかないために，よく理解されないでいる．〈数学〉——教育——という名称自体そのことを表わしている．いまだにわれわれが学問 ciencia のことを学科目 disciplina と呼んでいるのも

その名残の一つである．公理XIIは平行線の公準の逆である．その理解の困難さのためにもう数世紀前から多くの人によってそれは公準と考えられているのだ．数学の基礎問題に関する最近の精密な研究があまりにも早々と，しかもエウクレイデスに関して，平行線の公準は新たな定理でしかないと宣言しているのには驚愕を覚える．現在の視点からすれば，またわれわれの見るところでは，たしかにそうだ．でもそれは，公理に関する現在の概念はエウクレイデスのそれとは大いに異なるからである．その雑種的性格の評価とそこに無限性の介入による公理との区別を，私はどこにも見たことがない．しかしこのことはとくに何も意味するものではない，なぜなら私は多くのモノを見ていないのだから．私にとってこの違いはあまりにも歴然としているので，以前それがなされなかったことを知るのは大きな驚きである．だから私としては数学者がこの点について書誌目に関する指摘をしてくだされればありがたいと思う．その資格で作った三つの公準は，空間特有の等質の無限性という条件を作る任務を負っており，そのうちの二つはすでに平行線の〈定義〉が定めている直線の基本構造を繰り返している．それゆえそれらは定義とともに現在の視点から〈エウクレイデスの制限的公理〉と呼びうるものを構成している．そのためエウクレイデスはそれを定義と，近代人は公準と，現代人は公理と呼ぶのである．上記より，それが実際にあるところのものを述べる前に〈定義－公準－公理〉と呼ぶのは，私の気まぐれではないのだ．

48. πιστώτατον（*pistótaton*），もっとも信頼に値するもの．

49. Aristoteles, *Categorias* VI，4 b 34–50.

50. 当然この第二の定義は，後からなされた，エウクレイデスの原テキストへの加筆である．

51. 周知のようにアリストテレスは，（数編の著作において）幾何学の原初の概念に至るのに二つの相反する道を提案している．その一つは，点に始まり，それから線に，線から面等に進む．もう一つは，固体から出発し，線の限界としての点に到達する．それよりずっと厳密な現在の幾何学では，点を〈精確な場所〉として定義する．

52. またライプニッツは，エウクレイデスの直線の定義は間違っているが，幸いにもそれを使っていないと指摘している．

53. 私にとってこの理論の実践主義は，哲学者とは反対に科学の偉大な創造者の特色である．大部分の学問は〈理論的夢遊病〉と呼びうる状態の中で生まれた．これについてはもっと先で，ニュートンに関するところでさらによく説明したい．

54. Solmsen が上掲書（p. 119）でつぎのように言っているが，私はその状況分析を受け入れることはできない．〈アリストテレスの《論証》は《数学》の方法論そのものであり，またつねにあらゆるところでこうした学問の実践を指針としている……〉．アリストテレスの理論もこれらの学問の実践と正確に

調和しないし，この実践自体もアリストテレスの時代に，とりわけ彼にとってもっとも重要なものに，つまり原理の共通性もしくは特性に固定されていなかった．実際，Solmsen の著書でいちばん興味深いことの一つは，数学実践のいまだ流動的状態について具体的データをもたらすところである．

55. だから文字どおりアリストテレスは（ἡ δὲ φαντασία ἐστιν αἴσθησις τις ἀσθενής）〈幻想は無力症的感覚である〉（*asthenés* 無力症，*Retorica*，（『弁論術』），1，II，1370 a 28）と言っている．

56. 上記と関係があるので，ここで私の思い出を語るのを許していただきたい．子供のころ闘牛雑誌 *La Correspondencia de España* で，ある闘牛士が闘牛から受けた一撃について，〈牛の角はほんの三インチばかりの傷を負わせただけだ〉と書いていたのである．

57. しかもそれは，その試みがなされなかったからではない．この定理から脱却するために一世紀半前に Gauss によってなされた測地学上の方策を想起されたい．

58. 私が言及しているカントの過誤 *lapsus* はこの概念の誇張主義による．（原注46）

59. 同時に幾つかの公理は，大きさにたいしてなしうる加減算等のある種の操作を規制している．しかし本論究において，幾何学で，より一般的には数学における〈演算〉が何であるかを明確にしたり論じたりすることはできないし有益でもない．

60. たとえそうだとしても，かかる関係上の性質を付与しうる近似の程度を区別する必要がある．アリストテレスにとっては，同等と不等だけが自然とそれらに適する．より大より小は関係だけでなく，逆にそれはそれで相対的関係である．任意に選んだ，したがって自然の特性を量に付与できない測定単位との相関と理解されたい．そのため量的にほかの二つのモノと比較されたあるモノは同時により大より小でありうる．さて，モノが外見でなく *secumdum dici* それ自身で有する――〈モノにおけるモノ〉――としての量は，同時により大より小であることはできない．したがって本来的により大あるいはより小でありえない．測量はそれが測られる単位との相関である．しかしそれ自身で，つまりその実在あるいは組成自体によって単位であるようないかなる大きさもわれわれはもっていない．スコラ哲学者の誰かが――どこかで見たわけでもないが――このことから可能な結果を引き出しているだろうと私は推測する．つまり物体としての宇宙全体を見渡している神にとって量は，絶対的により大より小である，なぜならそのときにはたしかに真実そうである測定単位があるからだ，すなわち宇宙全体があって，それとの関係で大きさは自ずとより大より小の部分として整序されるのだ．

61. すべてが証明されることを要求する人たちにたいする攻撃にもかかわらず，それらの攻撃はあまりにも数多く，この問題にたいする不機嫌とこの件で

は何かがうまくいっていないことが露呈しないようにする目的のために，しばしば侮辱的攻撃である．この意味で，それを近々少し考察するつもりだ．

62. これによってカントが，いわんやデカルトならいっそう少なく，とにかくこの二人が，アリストテレスはすでに原理の〈超越的演繹〉── カントはこの証明をそう呼ぶ ── を行なっていたことに微塵も気づいていなかったことを意味するわけではない．それがアリストテレスにおいてすでにあったとは考えないで，彼らがそれを行なったことに私は言及しているのである．

63.《存在》は，原初の原理が述べ，それらから派生するところのものからなる．しかし《思考》は学問を作り上げるには原理を必要とするため，もしそれらの原初の原理が真実だということになれば，原初の原理によってわれわれは《存在》をそれらがそれ自体であるようには受け取らず，それを皇太子御用に *ad usum Delphinis* われわれの認識におうじてそれを作り上げることを意味する．これはまったくのカント主義である．

64. Suárez で真面目さと自制心と用心深さがいかに均衡していたかの好例は，その *Index locupletissimus in Metaphysicam Aristotelis* で，矛盾律の証明のところに到達したとき，まるで雲丹《うに》のように殻に閉じこもってただつぎのように言っていることに見られる．曰く．〈以上5章において取り立てて有益なことは何もない〉と．教団の同僚 Fonseca は反対にこの推論を重視している．(*Com. Conimbricensis in* 4 *Metaph.*, Quaestio 16)．Suárez は Fonseca が〈外部からの手段による〉*per extrinsecum medium* だけのこの証明を重視する態度を軽蔑している．(*Disputationes Metaphysicae, Disp.* III, Sectio II, 9)

65. ライプニッツはエウクレイデスのこの公理を，定義と本来的にそうである公理に分解して変更している．……〈定義，《大きさ》を無事に代替できたものは等しい．同一の公理，各々（与件の大きさ）は自分自身に等しい *Definitio: aequalia* sunt quae sibi substitui possunt salva Magnitudine. *Axioma identicum*: unumquodque (magnitudine praeditum) sibi ipsi aequale est.〉*Die Philosophischen Schriften von G. W. Leibniz*, Herausgegeben von C.J. Gerhardt, Berlin, 1887, vol. III, p. 258)．ライプニッツは一致の直観的観念よりも代替可能性の代数学的概念の方を優先する．

66. ドゥンス・スコトゥスにとって，同等と不等はまさしく超越的である．(*Opus Oxoniense*, vol. I, dist. 19 quaest. 1 n. 2.) アリストテレスは同じ考えのようだ．(*Metaph.*, IV, 4, 1005-22.) しかしこれらのことばに精確なアリストテレス的意味を与えることはきわめて難しい．それらは以降のことと矛盾する．

67. I, 10, 76 a 37f.

68. まさしく同じ動揺が原理を問題にしている別の個所でも現われている ── ここでは矛盾律と排中律だけにもっぱら関係している．(*Metaph.*, IV, 3, 1005 a 24.)

69. アリストテレス－エウクレイデスの伝統的方法が提起するすべての問題

をここで検討しようとすることには意味がないであろう．われわれの主題は精密科学における思考法に絞られる．

70. これはプラトンとの比較でアリストテレスの一大躍進である．プラトンではただ論理的関係があるだけでなく，この関係がそもそも事実存在的存在論的である．しかし古典哲学に明るくない読者はこの問題には立ち入るべきでない．

71. このように純粋に論理的関係がアリストテレス学説では概念的よりむしろ実在性の価値をもつことほど，彼の論理学の存在論主義を明らかにするものはない．

72. 現今のスコラ哲学解説書——たとえばGredt——ではこうした図形が種であることを好まない，しかしそのための充分な理由を示さない．アリストテレスで数の種を見られるがよい．Urráburu神父は，自然外の方法によって *per modum extraneae naturae*，〈差異は共通概念に追加的に加えられる〉と述べ，種がもたらす絶対的な新しさの性格を再度表明することになる．類との関係で種の部外者的性格を，これ以上強調できない．（*Ontologia*, 1891, Vallisoleti, p. 154）この考えと表現はもちろんのこと，Suárezおよびサント・トマスにある．

73. アリストテレスはこの語をプラトンから借り受け，プラトンの学説と思考法——《弁証学》——では，類は実際に種を生み出すのである．

74. *Metaph.*, 13, 1020 a 6.

75. 彼の学説にとっては〈実在的なものの類〉としてのかぎりではたしかにそうであるが，論理的概念としてのかぎりではその説においてもそうではない．

76. *Ibid.* 序〈まず数の理論は連続量と分離量から取り出されるのが通常であるとしても，やはり数をめぐる議論をいっそうの明瞭さと簡潔さを求めて，われわれとしては一般に受入れられている議論から始めるものでない。それによってその本質がその共同体において明らかになることはほとんどないからである．Quamvis autem ratio quantitatis abstrahi soleat a quantitate continua et discreta, ad maiorem tamen claritatem et brevitatem *non instituimus* disputationem de quantitate in communi sumpta, qua vix potest eius essentia et ratio in ea communitate declarari〉. Suárezにはまったく天才的なところはないが，彼はこれまでに存在したもっとも真面目な思想家の一人である．彼はスコラ的規範が許すかぎり問題と根本的に取り組む．だからすべての決定的問題において失敗し，われわれに光明をもたらさない．でも取り上げているもののあらゆる可能性を見事な綿密さと非常な沈着さでときほぐし，あらゆる異なる意見を提示分析し，しかもそれらを驚くほどの透徹さでもって行なう．こうした特質のおかげで彼はきわだって《師《マエストロ》》となっている．しかも彼は《師》の中の師であった．ライプニッツはその明晰さと堅固さを彼に負っている．一再となく彼はSuárezの卓抜さを認め，彼をかぎりなく尊敬している．また彼は

デカルトの師であったともいわれてきた．だがその *Disputationes Metaphysicae* は1603年に出版されたばかりで，翌年にデカルトが，すべての新しいことを提供し時代の動きに遅れない *a la page* 決意のもと教育的前衛として創設されたばかりのラ・フレーシのイエズス会の学校に入った．彼はそこに1612年までいた．たしかに Suárez の著作がそこでかなり早く流通していたことはきわめて可能性が高いとはいえ，その時期にしてはその普及は早すぎるように思える．デカルトは Suárez を一度引用している．だが，まさに Suárez の革新がデカルトの革命の方向にそっているときでさえ，デカルトの中には Suárez 独特のものの痕跡の片鱗すら見出せないといわなければならない．このことは──だからといって，それを約束するわけではないが──すでにデカルトが自身の体系を作り上げてしまっていたときにそれを読み，そのうえ彼は読者として不真面目で不熱心なだったため，それを読み違えたと私には思える．逆に彼が二人のイベリア半島人，Fonseca（*Institutionum dialecticarum, libri* VII, p. 1609）か Toledo のどちらかから《論理学》を学んだのは確かなようである．（Adam: *Vie de Descartes*）ライプニッツの場合事情はずいぶん異なる．というのも Suárez は，その教育のほかにライプニッツの全哲学を支え結合する〈表象〉の概念に見られるように，ライプニッツの学説そのものに，しかもそのもっとも固有のものにおいて深く具体的に影響を与えているからである．Suárez の傑出した特長のほかに17世紀における彼の比類ない師としての影響は，それを人が知らないかあるいはそれを知っている少数者が忘れているきわめて単純な事実によるのであるが，その *Disputationes Metaphysicae* がかつて存在した最初の《形而上学》の理論書であることに関わる．なぜならその生みの親であるアリストテレスの形而上学的著作は様々な理由からそうしたものと考えることはできないからである．

77. 論題 *tópico* が彼の〈弁証学〉と〈弁論術〉の基軸であるにもかかわらず，アリストテレスがどこにもその観念を定義していないという驚くべき事実には注目すべきである．しかしアレクサンデル（ヘイルズの）は『トピカ』にたいするコメントで大テオフラストスに帰せられる論題のすばらしい定義をわれわれのために保存してくれている．曰く．〈トポスはそこからそれの論証的分析──ἐπιστιήσαντες τὴν διάνοταν──をつうじて，あれこれの事柄のための原理を引き出すところのある原理や要素である．トポスは制限──περιγραφή（*perigraphé*）──のように限定的であるが，各個別項目との関係では非限定的である〉．（Alejandro: *Topica*, 5, 21, 26）

78. ここでは〈アリストテレスとその信奉者に一撃〉を加えることが問題ではない．彼について話さざるをえなかった，なぜならわれわれにとって関心の的である，彼の時代の精密科学における思考法の解剖を見せてくれるからだ．アリストテレスについて語ることは複雑である，というのも彼の才能にはあるものは優れ，ほかのものは劣る，多くの側面があるからだ．そんなわけでこの

個別主義 *idiotismo* には，〈そこにあるモノ〉の認識にけっして到達しない，プラトンの〈一般化〉の欠点に直面して挫折しているものの，すばらしい意図が洞察される．だから，〈それぞれのモノに独自の〉もの，個別のものを要求する．

79. エウクレイデスの時代における哲学方法のこの否定的影響には，以前述べたことが関連している．

80. アリストテレス哲学全体あるいはスコラ哲学理論のいずれとも関わってくる原理の数の統計を作成すべきであっただろう．数のもつ冷淡さ特有の臆面なさでもって，その知的方法における原理の肥大が明らかにされていたことだろう．

81. その執筆年代順は逆のようである．『分析論後書』は後に加筆訂正はあるものの，『分析論前書』の成熟期より以前のアリストテレスの思考発展における一段階の痕跡を残している．前者は，プラトンの支配的影響力がまだつづいている二著作『トピカ』と『詭弁論論駁』の弁証学により近い．これらのこと全般については Solmsen の上掲書を参照．

82. 私は一方では論理学や弁論術の著作でないものを，他方では彼の対話編のような〈文学作品〉でないものをこのように呼ぶ．いつか私は，*Desaparición y conservación de los libros como categoría histórica*（『歴史的カテゴリーとしての書籍の消滅と保存』）というテーマを取り上げたく思っている．見かけ上は無味乾燥であるが，このテーマに宿るその豊かで滋味ある内容は筆舌に尽くしがたい．アリストテレスのケースは特に異彩を放っている．

83. 今日まで定式化されていないが，すべての独創的哲学者はほかのことのために，つまりほかの人間的学科目を基礎づけるためという意味において，自分の哲学をするということは，哲学史におけるほとんど法則に近いものである．ときとして人間的学科目はそれはそれで知的学科目，学問である．だからデカルトにおいて，彼の哲学は物理学を基礎づけるための最短距離であることはきわめて明白なのだ．アリストテレスにおいては，まず何よりも《生物学》，ついで《宇宙論》《数学》を基礎づけることが問題であった．反対にプラトンにおけるその意図は，理論的でなく実践的学科目を，《公共倫理》としての《政治学》等々を基礎づけることであった．

84. われわれはそれらの幾つかの仮定の前では，それが誤謬であり欠点と思えるため，もっとも否定的な態度をとらなければならないだろうけれども，プラトンに到達するために彼の人柄に多くのかかる仮定がなされなければならなかったことは，この思いつきの価値と何ら関係がない．本書三章――最善の原理――において，プラトンのあまりよくない側面にお目にかかることになる．

85. *De Anima*（『霊魂論』）III，I，425 a 14.

86. *Etica a Nicómaco*（『ニコマコス倫理学』）では，個々の感覚，感性――見る，聞く等――に〈数学的技能においてこの最後の図形（具体的な単独の図

形）が三角形であると判断する感覚〉を対置させている．解釈を容易にするために私がつけたカッコをのぞいて，この個所は Pedro Simón Abril の翻訳より引用（*La Etica de Aristóteles*, 1918, p. 262）．Simón は優秀な翻訳者であり，その訳語は原文の意味をそっくり反映している．しかし Simón が〈われわれは判断する〉と訳したところでは，アリストテレスは〈われわれは感じる〉と述べている，なぜならここではたしかにそれは〈判断する〉ことであるから．私は『トピカ』I, 5, 106 b 23と『トピカ』II, 4, 111 a 9 は同内容であることを考慮するのを忘れていない．だから事実上アリストテレスにおいては，一般に推論，理性また判断力に独占的に属す知的活動の一部を感覚が行なっている．それは判断であるが，ただ前－述語的であるだけのことだ．フッサールが死の前に公刊のために準備した最後の著作 *Erfahrung und Urteil*（『経験と判断』）の中で行なっている知覚の分析をそれと比べてみることは，解明につながるであろう．そこでは表白された判断が明白化し表明しようとすることのほとんどすべてが，すでに知覚において暗黙の縮約形で存在していることを示している．それに気づかないでフッサールは，アリストテレスが簡略な形で考えたことを，彼の徳目である緻密さと厳格さでもって全面的に発展させたにすぎないため，その書名『経験と判断』は，アリストテレス流にいうならば感覚とロゴスというように訳すことができるであろう．本来ならばもっと注目されるべきであるがあまり引用されることのない『霊魂論』の中で際立つ一文は，つぎのように述べている．（*De Anima*, III, 9, 432）．（〈動物の魂には，その識別――τῷ χριτιχῷ――において二つの異なる能力がある．それは推論と感覚の能力である〉．この文には重みがある．

87. *De gen. anim.*, I, 23, 731 a 33.

88. 動物については――植物同様――活動し増殖するだけでなく，また，すべてのもの（動物）――あるものはより大きく，またあるものはより小さく――は，ある種の知識（グノーシス）を分けもっている。すなわち，彼らは感覚をもっており，感覚とはある種の知識（グノーシス）なのである。χαὶ γνώσεώς τινος πάντα ηετέχουσι, τά μὲν πλέιονος, τά δἔλάττονοϛ τὰ δὲ πάμπᾶν μιχπᾶς αἴσθησιν γὰρ ἔχουστν, ἡ δαἴσθησις γνῶσίς τις.（*De gen. anim.*, I, 23, 731 a 31）

89. 拙著 *Ideas y creencias*（『観念と信念』），*O.C.*, vol. V. 参照.

90. 私は《神話》を〈話したい欲求〉と呼ぶのだが，それは何も私が話したいわけでなく，アリストテレス自身が，神話がそうであるように，真実でも虚偽でもないおしゃべりを指している用語ということだ．それは――λόγου ἕνεχα λέγειν――，すなわち，ただ話すために話す，またはベッサリオンが訳しているように，〈面白い話 orationis gratia〉である．〈話す楽しみ Plaisir de parler〉と Tricot は訳している．（*Metaph.*, IV, 7, 1012 a 6）．ベルクソンは神話の由来する〈話し好きな機能 fonction fabulatrice〉をおしゃべりやさん *homo loquax* のせいにしていることを想起されたい．

91. 感覚が〈一般概念〉になろうとするものを対象とするとのアリストテレスの宣言にとって典拠となるテキストはつぎのものである．χαὶ γὰρ αἰσθάνεται μὲν τὸ χαθ' ἕχαστον, ἡ δαἴσθμσις τοῦ χαθόλου ἐστίν, οἷον ἀνθρώπου, ἀλλ' οὐ χαλλίου ἀνθρφπου.（*Analiticos segundos*, II, 19, 100 a 17）最後の一撃がたりないが，サント・トマスのコメントはつぎのものである．（感覚は多少ともまたそれ自体普遍的である *Sensus est quodammodo et ipsius universalis*）および，それ以降．（*In post, Anal*, II, 19, Lec. 20）

92. *Metaph*., XII, 7, 1072 b 21.

93. アリストテレスが理解しうるものの理解を〈接触〉と呼んだ理由は，これらすべてよりもさらに深く，まさしくギリシャ人の精神的伝統全体がのしかかっていたため，アリストテレスはその影響を受けたのであるが，彼自身には明白でなかった原因があるのだ．ここでそれを表明することはできない，なぜならわれわれはギリシャ思想の黎明期まで遡る必要が出てくるだろうからである．

94. *Tópicos*, II, 7, 113 a 31.

95. 私は引用したフッサールの研究のことを言っているのだ．ただ決定的な点で私はフッサールとは意見が分かれる．というのも抽象に関する彼の勝れた分析（全体や部分，具体的もしくは抽象的対象の理説）の末で，最終的に〈種〉が個別対象の〈抽象的要因〉と同一であるかどうかが，明らかになっていないからだ．（Manuel García Morente & José Gaos 共訳 *Investigaciones Lógicas*（『論理学研究』）Revista de Occidente, 1929, vol. II, p. 115）もし私がこの白紙を前にしてその白さをのぞいてすべてを捨象すれば，あたかも私の面前にあるその白さの色調を命名するような存在しないことばの代替をするためにこのという語を使わないのと同様，この白さは自動的にこの紙の白さ，したがってこの白さではなくなる．白さに言及し，その白さを個別化できる，白さを固定する意志的行為の中に，何がありうるのか分からない．フッサールはスコラ哲学者と同じ錯綜に陥っており，彼らにとっては決定的にまた何回も，〈種〉（フッサール用語での）が個別化を失ったとき，種は奇抜さという新たな性格を，そしてそれをとおして，たとえ根本的に可能性としてであっても *fundamentaliter et in potentia* 普遍性を背負い込まざるをえなかった．繰り返すが，根本的抽象化はいささかも抽象的なものを変化させず，それを変換変質もせず，それに普遍性を付与することはなおさらない．抽出された要因に付加される唯一のものは……孤立である．しかしそれが役立つそのほかすべての論理的，存在論的役割にとってはこれで充分である．だから，あたかも感覚的な種が〈抽象的要因〉としてのかぎりでは理解不能で，後で理解可能と呼ばれるようになるそのものと同じでないかのように，二種類の〈種〉，感覚的なそれと知的なそれを認める点で，《スコラ哲学》と一致するだろう．私はそれらが別の類である *sunt alterius generis*（Santo Tomás, *De Anima*, art. 4）とは思

わない．真実は，プラトンとアリストテレスによってあまりにも不幸な使われ方をされている〈理解しうる〉という名辞――νομτόν――は，廃絶されなければならないということだ．その理由はまさにそれをもっと重大で躍動的な意味で使うために，たとえ信じられなく思えようが，これまでなされてこなかったこと，つまりどうして宇宙にはわれわれをして〈理解しうる〉とそれを呼ぶように促す何かが――それが何であろうと――有るのか，したがって，モノのほうから *a parte rei* 理解しうるものの理解とはいったい何からなるのか，ということを緊急に自問するためである．

96．アリストテレスの後継者である学園指導者たちのおかげでそれにつづく二世代において，学園リュケイオン内部そのもので，ヌース *Noús* すなわち《知性》をめぐる学説に，いったい何が起こったかを簡単に述べてみよう．

師の忠実な鏡であるテオフラストスは，《知性》の概念においてもっぱら困難だけを見ていた．受動的知性が何からなるのか，外来の能動的なそれが何からなるのか，また両者間の関係がどうなのか，ということがよく理解できなかった．知性の概念を理説の残りの部分と整合させるには，魂の中に運動を認める，つまりそれを自然的または物理的実在に還元することが避けられないと考えた．だから彼は，〈物質主義〉の古い古典的形式である極端な肉体主義的自然主義への第一歩を踏み出す．原子論はギリシャ思想においてつねに常軌を逸した形式であった．テオフラストスによって心理的なものはずっと物理的なものに近づけられた．だから人間の魂を動物のそれと同質とし，ただ両者の違いはその完成度にのみあるとした．想像力と思惟活動を峻別することはできないと考える．（Zeller, *Die Philosophie der Griechen*, 1921, VI, pp. 847–851収録主要テキスト参照）他方アリストクセノスは，率直にいって魂を様々な肉体的作用間で生ずる調和に還元している．

両人と相弟子であるディカイアルコスは，いわゆる魂なるものが肉体的諸要素間の調和――暖，寒，湿，乾――に還元されると主張する．したがって μὴ εἶναι τὴν ψυχὴν（魂は事実存在しない）と．それは ἀνούσιος（非実在，非本質的である）．それは肉体とは別個のものではない．不滅性を否定する．感覚とは別に魂の上位部分――理性的知的部分――はない．（Siebert: *Geschichete der Psychologie*, 1884, vol. II, p. 164．ラクタンシオを引用 *Inst.*, VII, 2, 13.）

エストラトンはリュケイオン学園長職をテオフラストスから引き継ぐ．彼の時代には肉体的自然主義が拡大．すべての実効的原因は物質と不分離であり，その意味で物質的である．だから魂，心理的作用は，感覚同様，知力も物質内での運動である．肉体と別個のものとして魂の部分――《理性》――のことを云々することなどできない．だから魂は肉体の能力である．

しかしこのプロセスが逢着するもっとも興味深く決定的なことは，逆に感覚が知性を含意しており，したがって当然のことながら本質的心理作用であるというエストラトンの考えである．理性と感覚を区別することに意味はない．た

だ一つの思惟作用，すなわち〈引きうける〉〈気づく〉があるだけなのだ．様々な感覚や思惟作用は結局のところ，対象の分解によるその唯一の作用の個別化である．そのためテルトゥリアノスは *De Anima*（15）で，それに関し，ディカイアルコスとともに〈感覚は首座を獲得した．魂においてさえ感覚であることを欲しており，その首座を要求する．*abstulerunt principale, dum in animo ipso volunt esse sensum, quorum vindicatur principale*〉と述べているが，これは上で私がアリストテレスにおける感覚を称して，基本的知的作用であると言ったまさにその主張そのものである．なぜなら今では私の説は，アリストテレスにおいて《悟性》が感覚に還元されるのみならず，同時に感覚は《知性》に還元されるとの主張であったことが明白になるだろうから*．

これまで私はアリストテレスにおける《知性》の普遍的側面を見るのとは構成上逆の別作用がさらにあること，つまり実践的知性 *noûs practikós* の考慮を避けてきた．〈実践的理性〉はとりわけ特殊なケースを理解し，観る役割を担う．だから正式に *Eth. Nic.*, 1143, a 36 で〈χαὶ γὰρ τῶν πρώτων ὅπων χαι τῶν ἐσχάτων νοῦς ἐστί〉とある．この特殊化の理性は評価的である．われわれの行動を決定するのに善いものと悪いものを区別する．しかし現実にこの作用は動物においては感覚に委ねられていて，アリストテレスがそれを述べている個所 *passus*（*De gen. Anim.*, I, 23, 731 a 24）は以前引用したところであり，そこではそのため感覚は認識の一様態であると宣言している．（Zeller, *Ibid.* pp. 915–919参照）

アリストテレスの思想を解釈評価するに際し，彼の直弟子たちやリュケイオン学園を指導した後継者によってそのように理解された事実を，まるで闘牛におけるように巧みにとばす人は……たしかにすばらしい闘牛士ではあっても，哲学史の専門家としては不向きである．

＊　ディカイアルコスの理説を表明するのにテルトゥリアノスが用いた方法はもちろん不適切である．それはストア哲学者の誰かから拝借してきたにちがいないからだ．だから魂と魂における知的なものを principale 首長——つまり τὸ ἡγεμονιχόν 先導するもの——と呼んでいるのだ．もっとも直系の学説研究はプルタルコスである．*Adv. Colot.*, XIX, 1115; Sexto Empírico, *Adv. logic.*, 1, 349，および *Hypotyp.*, II, 31……重要な強調が Simplicio, *In arist. Categ.*, 8 b 25. と Numesio, *De Natura hominis*, II; Migne, XL. P. にある．

97．ちょうど認識における感覚の役割の本問題と神を知るために感覚がもたらす障害に言及して Gilson は〈ここにおいてもよそにおいても，キリスト教徒にとって誘惑は大きかった．それは一連のより小さな抵抗を見守るかプラトン主義の中に解決の原則を求めるかのそれである．サント・トマスはそうはしなかった．彼はアリストテレスと経験に賛同し，人生では感覚を経験せずしていかなる概念も形成できないと断定するのである〉（*L'esprit de la philosophie médiévale*, 1932, deuxième série. 44）と述べている．私は M. Gilson 氏を高く

評価しており，氏の著作から解説書としてのかぎりでは少なからぬことを教えられた．だが，Gilson 氏がカトリック教のためにアリストテレス哲学を正当化しようとするこの方法は何の解明にもつながらない．なぜならプラトン主義者であることがアリストテレス主義者であるよりはるかに容易な営みを意味するということがわれわれには理解できないからであり，またキリスト教にとって融通のきかないジレンマが問題になり，それによってキリスト教徒がプラトン主義者かアリストテレス主義者でなければならないと認めることはとりわけできないからということを，この機会に宣言しておかなければならない．すでに1300年には Mateo de Aquasparta と同じくフランシスコ会派に属し，プラトン主義者でもアリストテレス主義者でもなかったウィリアム・オブ・オッカムも生まれていたし，彼が名目論を体系化したため〈キリスト教哲学〉はそれから二世紀間力強く生き，そしてそこから近代哲学が華々しく開花したという単純な事実が示すように，このジレンマは恣意的である．しかし近代哲学がキリスト教哲学の唯一の解決策ではなかった．真実はこのような精神的閉鎖によって，真の独創的キリスト教哲学でありえたものが死産に終わり，それによって人類はもっとも高い可能性の一つを失ってしまったのである．

98. 『分析論後書』および『形而上学』において．

99. 第三章　至善の原理，学術振興会でのライプニッツに関する私の講演中にある非目的論の必要性への言及参照．

100. *Metaph.*, IV, 3, 1005 b 33でのみ，矛盾律はその性格から残余すべての公理の原理であると述べている．

101. 『トピカ』において分析的および必当然的三段論法は留保付きである．しかし後者はまだ『分析論前書』の三段論法ではない．この差異から『トピカ』のおおよその執筆年代が推測できる．

102. 今日に伝わる『弁論術』はずっと後のもので，『分析論前書』を前提したものだ．

103. 通常の会話では聞いたりいったりすることは，その〈通常の意味〉においてのみ解される．ただ語彙だけが習慣，つまり社会的事実であるのでなく，その〈意味〉あるいは〈観念〉もまたそうなのだ．言語ということばの習慣の体系は，知的習慣，〈観念〉あるいは〈意見〉の体系に対応している．習慣は個人の中に機械化された精神活動である習性を生み出す．語彙の科学，言語学はそれに先行する〈言辞の理論〉に基づいていなければならない．ある種の事柄を発話することが習慣でないなら，言語つまりそれを発話するための道具は存在しないだろう．この点を拙著 *El hombre y la gente*（『人と人々』）で明らかにしたいと思っている．

104. 集団的有効性については，*O.C.*, vol. IX，事項別索引参照．

105. 〈アゴラやシンポジウムにおける「会話」なくしてギリシャ語は理解できない〉とブルックハルトは言う．（*Historia de la Cultura Griega*, I, 70, Re-

vista de Occidente 社訳）

106. これは推測ではない．プロクロスは（Solmsen 引用 Freidländer 版 pp. 16-19）文字どおり，エウクレイデスの直前にいて，彼が広めた数学者が〈アカデメイアで共に生活しながら共同研究していた〉と述べている．彼らはアリストテレスがプラトンの弟子であった間一緒に住んでいた人たちである．プラトンの学校創設時に，宗教的であると同時に学術的であり，政治的性格の秘密〈結社〉であったピタゴラス協会の前例が彼に影響している．

107. アリストテレスの〈弁証学〉はプラトンに起源するものだが，すでにそれは社会環境に譲歩し，彼の師がほとんど受け入れなかったであろうような形で弁論多用の役割 —— 論争のための論争 —— を受け入れた．

108. アリストテレスは《弁論術》の三つの有用性をあげている．すなわち，頭脳訓練のため，論争のため，精密な要するに哲学的学問のため．（*Tópicos*, I, 2, 101 a 25）前の二つとはあまりにも異質のこの最後の有用性は，それ自体二つの役割に分かれる．一つは問題それ自体 —— したがって問題ある裁断 —— の長短につき論議する，つまりアポレティカであり，もう一つは諸学問の原理を達成し決定することである．『トピカ』のはなはだ〈アテナイ的〉であるこの規定は，もしそれが修辞学者の代表としてのイソクラテスの中に見出すのならば驚きでなかったであろうが，新たな完全に異なる著作を著すのでもないかぎり収拾のつかないごたまぜである．アリストテレスはそれを試みるつもりはなかった．すでに1833年に Brandis は〈アリストテレスがより完璧な分析でもってそれを素描していたならば，『トピカ』はずっと違ったものになっていただろう〉*Reihenfolge der Bucher des Organons*, 252. f と主張している．（Mäier, *Die Syllogistik des Aristoteles*, II, II, 2-78, n. 3, 1900に引用）

109. たとえば115-17.《弁証学》は《論理学》同様，正式の理論である．しかしそれはアリストテレス学説中であまり研究されていない部分であるため，その構造が略述されてもいなければ，その形式主義が論理学のそれと比較されてもいない．

110. 近日刊行予定の拙著 *Comentario al "Banquete" de Platón* 中の，〈実践的領域と言辞的領域の理論〉提示予定の章を参照されたい．（*O.C.*, vol. IX 所収）

111. Ernout-Meillet: *Dictionaire étymologique de la langue latine*, 1939, p. 756.

112. ここで私は，この語の語源について拙論 *Prólogo a un tratado de montería*,（*O.C.*, vol. VI）で述べたことを繰り返さない．ここで述べたことと以前の発言とを総合されたい．

113. 芸術ルネサンスは知的なそれに先行し，ずっと速い速度で進行したことはよく知られている．

114. Ernout-Meillet, *Ibid.*, p. 309.

115. *gué* の観念に含まれる「危険」は *guet-apens*（待ち伏せ）の中に生きている．

116. この例は想像上のものである，しかしアリストテレスが *Partes de los animales*（『動物の部分について』）で，私の記憶違いでなければ，胆汁の欠如と長生きとの相関性について論じているケースは同じ構造である．文法的にずっと複雑なので，私はそれをしない．

117. Gilson への少々粗雑な言及（原注97）を思い起こし，またこの問題については相当の紙数を要することを示すために，自然の光 *lumen naturale* が Suárez においてはサント・トマスにおけると同様，究極の事実 —— したがって不合理なあるもの —— であるのにひきかえ，サン・アウグスチヌスにとっては途轍もない問題であるので，当然のことながらそれをきっかけにまったくすばらしい説〈天啓説〉を唱え，それを除去せざるをえない状況にあったといっておこう．サント・トマスはいちばん困難な道を，サン・アウグスチヌスはいちばん容易な道を選んだ，と Gilson はこの後で言う．サン・アウグスチヌスには究極問題に決然と立ち向かう姿勢が窺われるように，サント・トマスよりもずっと哲学者であった．しかしその時代において彼はサント・トマスがそうであったように，ギリシャ-アラビア-ゴチック哲学遺産の超越しがたい管理者ではなかったし，またありえなかった．この意味において《教会》—— カトリック教でなく —— がサント・トマスを選んだことは理解しうる，なぜなら《教会》は一つの国家であり，国家はいつでもそれなりの理由があるのだが，天才よりも良き管理者の方をとるからである．天才はつねに擾乱者であり危険人物であるからだ．あらゆる偉大な創造は，裏返せば災厄である．その証拠に原初の創造，つまり天使たちのそれがある．大変な騒動がもちあがった！　たぶん《教会》のサント・トマス主義にとってはより本質的な別の理由がある，つまり当然のことだが，キリスト教徒は哲学に関心がない，哲学としてそれを必要としないということだ．とはいえ，たしかに〈神について話す〉*theologeîn* ことには関心がある．ところで，話をするためにはことばが，対話者に共通の記号の体系が必要である．これがキリスト教徒にとっての哲学，要は言語，言い方 *modus dicendi*，ただそれだけである．認識それ自体としての，真理としての哲学は問題にならない．そうして哲学は干渉をうけ単なる術語集になりさがっている．ところがそうなると，哲学が言語として，神について合意するための共通の手段として選ばれることが道理にかなったことになる．最終的には認識としてさえあらゆる哲学はその目的 —— 神 —— から遠ざかっており，最善のものはそのテーマとあまりにも不一致であるため全部が同じレベルになる．必要なことは，哲学＝それで話がなされる術語集が，参照の座標としてみんなにとって単一であり，恒常的であることだ．するとどれが選ばれるかは二次的な質，たとえば神学校において哲学が考えられていたところの優れた完全な術語であるといったことに依存する．それは諸問題からなる体系とは正反対

であり，要するに術語辞典なのだ．

118. たとえばそれは，ヘーゲルが *Fenomenología de la conciencia*（『精神現象学』）において行なっていることである．

119. *Metaph.*, V, 1, 1013 a 17.

120. 私はここで〈主観的〉〈客観的〉という用語を理解しやすくするために，スコラ哲学でこれらの用語がもっていた意義とは反対で，今日一般的に付与されているところのものを用いる．意味の逆転は問題の提示にいささかの変更をもたらすものではなく，私はそれをアリストテレス-スコラ哲学の視点から行なう．

121. 各場合に実際に考察対象となっているものへの〈つけたし思考〉のすべてを私はこのように呼ぶ．平行思考することは分析的でもあり総合的でもありうる．右を考えるとき，われわれは分析的に左を平行思考している．〈白さ〉を考えるとき私は総合的に〈広がり〉を平行思考する，なぜなら色は平面上に広がっているものとしてしか与えられないからだ．

122. 事実ドゥンス・スコトゥスは，個物が原理になり，人間ソクラテスにはその形相的な影，ソクラテスの分身 *Socratitas* が伴なうというように，これの指示形 *haecceitas* によって，こんな極論に立ち至った．

123. *Diálogos*（『対話編』）がプラトン哲学について伝えているものはずっと多い．彼の哲学はあくまで断片，端くれ，切片でしかない．

124. 本論究第三章〈充足理由の原理〉参照．

125. 明らかに原理の明白な性格でもって思考すると実際にプラトンが捉えていたものと，今日，現実に演繹論における原理であるものとの間にある一致はすばらしく，ほとんど信じられないくらいである．最近の公理主義について話すときにそれを確認しよう．

126. 〈証明不能の原理であって，それは活発な知の光によって知られる … principia indemonstrabilia, quae cognoscuntur per lumen intellectus agentis〉（Santo Tomás, *Contra gentiles*, III, c, 46; cf. *Summa theolo., Prima pars*, I, qu. 17, art. 3, ad 2; qu. 85, art. 6; qu. 117, art. 1.）

127. それ以前，プラトン的時期において彼はもう一つ別の学問を考案し，それは《実在的なもの》に独自の形式を，すべての中でもっとも決定的なそれを，つまり《一次的実在》，そこからそれ以外のものすべてがある意味で由来するか，少なくともそれに依存するもののそれを取り上げている．この《一次的存在物》《存在物》の列の長は《至高の存在物》，神であり，その学問は神学と呼ばれた．その後存在論と呼ばれることになる《実在的なもの》としての《実在的なもの》の別の学問が発明されたとき，アリストテレスは学問の系列の中で最初のものでなければならない二つと出会う．二つの πρώτη φιλοσοφία（*próte philosophía*）のうちの一つは対象が《一次的存在物 Primer Ente》であるからであり，もう一つは対象が《存在物 Ente》一般であるからである．

各々は正当な名目によってアリストテレスの頭の中で優劣を競い，その結果は少々面倒なことになった．両学問の〈標識〉は錯綜混淆し，それらは今日われわれのところに形而上学的著作というぱっとしない名称でもって伝えられている．

128. *Metaph.*, IV, 3, 1005 a 22.

129. するとこういうことになる．矛盾律と排中律は《存在物》固有の原理であるゆえ，そのほかのモノの総称的原理である．しかしこのことは《存在物 Ente》が各種存在物 entes の〈類〉であることを意味する．ところでアリストテレスは《存在物》が類であることを認めていない．残余のものとのその関係は奇妙である．ある関係がはなはだ奇妙である——つまり彼にとって理解不能である——とき，アリストテレスはそれを〈類推的〉と呼んでいる．またしても，アリストテレスにおけるすべての基本的なものは弁証学的である（『分析論後書』I，11，77 a 29.），ということになる．このテーマの展開は留保しておく．ここで私が強調したいのは，ただ《存在物》と諸々の存在物双方にとって矛盾律と排中律の価値の点でアリストテレスは，《存在物》としてのかぎりでその概念とそれ以外の存在物あるいはモノとの関係を，かつて一度もはっきりと見抜いたことはないということだ．しかもそれは偶然でなく，先で見るように顕著な原因のためである．

アリストテレスが《存在物》の概念を類推的と特長づけたときそれが正しかったかどうかについては，そのときに究明したい．［展開されていない手書きのメモがあり，そこにはこう記されている．〈形式化．存在物は共通性によるのでなく，形式主義的類である〉］

130. プラトンにおいて〈原理〉についてまったく同じ定式化があり，それは子供たちが遊ぶ独楽は静止状態にあると同時に運動中である——中心は静止，それ以外の外周は運動中——であることをある人が主張した際に，したがって一なるものと反対のものの統一が取り上げられていたのと同一個所に出ている．（*Rep.*, IV, 437 a）

131. 18世紀ドイツのユーモア作家のリヒテンベルグが本屋に入ると，そこの主人は何冊かの新本を彼に見せ，その中の一冊の分厚いのを示して，「あなたはこの本をお持ちになるべきですよ．なぜならクロプストックのオードを読むのに不可欠ですから」と言って薦めた．それにたいしリヒテンベルグは「そうですか．でも，本当のところ私はクロプストックのオードは読みません」と答えたのである．

132. これによって以前引用し，またその後この前の引用文の繰り返しにすぎない，三章の終わりまでつづくところに言及している．

133. いま手元にはいいギリシャ語辞典がないが，ειλήφαμεν はまれにしかお目にかからない λαμβάνειν の一形態だと思う．接続法は〈われわれが参画しない〉ときにわれわれの態度を表わす言表法（単に動詞の叙法であるだけにと

どまらず）である．それは完璧な肯定的否定式 *modus ponendo tollens* であって，まさに肯定して否定し，前進して退却し，退却して前進する．ブリテン諸島は接続法的諸島である——〈待ち，そして観よ，Wait and see.〉の島々だ．スペイン性とはすっかり反対であるが，これはそのすばらしさであり才気煥発さであり，またあった．スペイン人は〈まず身を投げ，しかる後にわが身を省みる S'engager, puis nous verrons〉のだ．

134. まさしく *deîxis* のかたわらでこの個所は λαμβάνειν を εἴ の接続法で再度使っている，その全作品でも三，四回あるうちの一回である．不完全な三段論法は〈仮定的もしくは推定的三段論法である〉．

135. サント・トマスはこの本文を引用している．彼は ειλήφαμεν を〈われわれはほとんど不可能なととる accipimus quasi impossibile〉と ἐδέιξαμεν を〈われわれが示す ostendemus〉という解釈を受け入れている．後者の場合語根としては完了であるので，すでに過去に成し遂げられたことに言及していることに気づかず，小さな過ちを犯している．サント・トマスはこれらの文章を問題にしない．彼のこの欠陥を非難するのは無礼である，なぜならサント・トマスにとってアリストテレスの原文は，《歴史》の中に浮遊し実際にそうあったところの生き生きした行動力の実在全体の中で理解してみて興味深いような人間的事実でないし，またそうありえないからだ．〈歴史的感覚〉が，それとともに歴史的実在としてのそれが出現するには，それからまだ五世紀待たなければならない．アリストテレスの原文を前にしてのサント・トマスの態度は，当時必然的で可能であった唯一のもの，実際的な態度である．哲学的真実の宝であるという予備概念をもってはいても，彼にとってはただの学説であり，アリストテレスが真実を述べているか否かだけが問題であった．だから一つの学説などでなく，アリストテレス本人の中では学説にたいして逃げ口上である文章を，コメントしないのは当然である．もしアリストテレスが自分の発言中にそう欲してもいないのに意味していたとても重要な学説を見抜くことができなかったのなら，オッカムが《敬うべき開始者 *Venerabilis Inceptor*》になろうとしたように，受容者であり，《天使のような受容者 *Angelicus Receptor*》であるサント・トマスは，なおさらそんなことはできなかった．（*Sancti Thomae Aquinatis in Metapysicam Aristotelis Commentaria,* Taurini, 1926, p. 202 参照）この文章についてなされている短評は，ただそのすぐ直前の1005 b 26 でアリストテレスが語っていることを繰り返しているにすぎない．

私の個人的思い出をつけ加えさせていただきたい．私のテウベネリアノ版『形而上学』には，ここに引用した文章のわきに，ポール・ナトルプ（1924年没）によってマールブルグで当時開かれたアリストテレスについてのセミナーで，私が実に40年前に鉛筆書きしたメモがある．こう記している．〈ナトルプによれば，ここに小さな加筆がある．それは「これによって」*dià toûto* ではないからだ．〉もっともなことだが，このことはナトルプがこの章句を変

に思ったことを表わしている．しかし同時にこの文章が提起する解釈上の問題をちっとも考えていなかったことも表わす．私はここにかかる加筆はないものと考える．

136. 拙論 *Apuntes sobre el pensamiento*（『思考についての覚書』）参照．

137. これはサント・トマスが三章を注釈して（p. 201）述べていることである．

138. Sexto Empírico.（*Adv. Math.*, vol. VII, p. 218）

139. 自分の物理の原理 ── 不動の原初の動因がある ── を発表したときの同様の状況において，いまだに不動性の理由を要求している人たちをまさしく〈愚か者〉ἀρροστία（*arrostía*）と呼ぶことになる．

140. *Disp.* XL, III, 11.

141. *I Sent.*, d, 33, q. 1, art. 1 ad 1.

142. ここに至って私は，*anhypóthetos* への言及を初めとしてこうしたすべての激怒が，最終的にはプラトンにむかってなされているのではないかとの疑念を，黙過することはできない．対立するものが《一者》において共存できないとアリストテレスが主張したばかりのときに，この攻撃は不可避であった．すでに観察したように，そのことは矛盾律をまさしくそこで問題にする契機となる．しかしアリストテレスは，プラトンが同一のものにおいて対立するものの共存の可能性を信じている，だから ── 少なくともアリストテレス流に ── 矛盾律を信じないことを見過ごすわけにはいかなかった．すでに前世紀末に Taylor は，*Pármenides*（『パルメニデス』）をこの想定上の規定への根源的攻撃と解釈して初めてそれは理解でき，その対話の中で対話者としてイェガーが少々簡略的にわれわれのものとは少しも関連がないと考えるアリストテレスが出現することを指摘している．ここでプラトンがわれわれとしては〈原理〉と呼ぶにちがいない知的機能を見出さなかったことは別としても，アリストテレスが後でそのように呼び，彼の時代において細心の注意を意味するその科学的厳格主義のおかげですでに流布していたものをいかに嫌っていたかが分かる．人は，最初に哲学を学んだのはソクラテスでなく，ヘラクレイトスの一味であることをいとも簡単に忘れている．

プラトンは反対者との共存の中で，主として非時間的存在に言及している．だが時間的存在物における積極的矛盾のもう一例を，しかもまさにデカルトにおけるそれをあげてみよう．私にはこれまで人はこのことに注目したようには思えないし，そしてそれ自体は興味をそそらないわけではない．*Respuestas a las segundas objeciones*（『第二の反論への答弁』）においてデカルトは，自説の一部を幾何学的方法 *more geometrico* により，定義と公理を出発点として表明する決意をする．この試みは運に恵まれない．しかしどうして誰もそれを多少とも注意して分析しなかったのか，私は腑に落ちない．公理Ⅱはこう述べる．〈現時点はすぐ直前のそれに依存しない，だからあるものを保存するにはそれ

を最初に生み出すのに必要とされたものに劣る原因が必要とされるのではない〉．ヘラクレイトスはこれに賛辞を送っていたことであろう，なぜならそれは，いつも勝利を収めているエレア主義の基盤であり，私が〈存在論的惰性の原理〉と呼ぶところのものが否定されている，これまで発表された数少ない存在論的理論の一つであるからだ．しかしつぎのことが起こる．もしあるモノが瞬間2において創造されなければならないとすれば，それは瞬間1が〈終了する〉ときに存在しなくなっていたからである．しかし瞬間1においてそのモノは存在していた．だからその公理は，そのモノは毎瞬そしてすべての時間の継続中存在しかつ存在しないということを含意する．その結果〈継続的創造〉なるデカルトの考えは，ヘラクレイトスの矛盾的《実在》と一致することになる．だが，読者よ，デカルトにおいては継続性と隣接性の概念は，いまだ混同されていることに留意されたい．

143．間もなく排中律を取り上げるが，そのときには議論は短くなる．

144．〈ここに論証の原理というのは，あらゆる他の論証 -δειχνύουσιν- がそこから示されるところの「共通判断」のことである．たとえば，……同時に在りかつ在らぬということは不可能であるというように〉．（*Metaph.*, III, 2, 996 b 27.）

145．この詩の初めの部分で神秘的表現の頻出によって，あの恍惚的感動を表明している．

146．アリストテレスまでは命題的「である *es*」において，その三つの意味，繋辞，述部，および事実存在が混同されつづけるだろう．

147．私はここで《実在的なもの》に論理的完璧さを投影するその理念化に従ってきた．しかしギリシャ語にはさらに倫理的審美的な別次元があり，ライプニッツにおける最善の原理を考究する際にそれを取り上げる．

148．オーストラリア原始文化研究者の第一人者であるStrehlowによれば，この語彙は*chu*-あるいは*tsu*-「隠れた，古い，秘密」と-*runga*「私に関係する，所属するもの」とから構成される．*Die Aranda-und Loritja-Stämme in Zentral-Australien*, vol. II, p. 58.

149．神に言及してサン・アウグスチヌスは以下のように語っている．〈私は戦きまた燃えあがります．戦くのは私がその者に似ていないからであり，燃えあがるのは私がその者に似ているからです *Et inhorresco, et inardesco.* Inhorresco, in quantum dissimilis ei sum. Inardesco in quantum similis ei sum〉．*Confessiones*（『告白』）11，9，1. Ottoは自説の論拠としてこれを引用している．

150．キリスト教神学では様々な教義の理解促進のために哲学を利用することを《スコラ哲学》と呼んでいる．だがこの《スコラ哲学》の定義はあまりにも漠としていて，《教父学》の開始から神学史全体を対象範囲にしてきたことが指摘されてきた．他方，モーゼやイスラームの信者がそれを行なってきたときには，同様に同じ範囲に言及しているかどうかについての結論は出ていない．

言語現象によってこの不明確な定義には修正がなされてきた結果，《スコラ哲学》という語にもっとも厳格な意味において，哲学史で現に有するある特定の哲学のそれが与えられた．

151. 16世紀の人間はスコラ哲学のこの受容的性格と受容に自動的に伴なう思考の石化を完全に認識していた．たとえば1606年にケプラーが語っていることをご覧いただきたい．〈私はこの意見がいかほどアリストテレス哲学に対立するものか知らないわけではない．真実をいえば，創始者よりもずっと多く教義に対立している．私にアリストテレスを蘇らせよ．そして天文学の研究が私にとって成功を収めるごとく，同様に私自身が納得できますように．それに似たことがよくあるもので，たとえば石膏はそれが新しければ、あなたはどんなものにでも刻印できるが，逆にそれが硬くなったところではあらゆる塑形を拒む．それゆえ意見もそれが哲学者の口から出ている間は，簡単に是正できる．弟子に受け入れられたときには，どんな石よりも硬くなり，いかなる人の理性によっても容易にうち壊されることはない．Nec sum ignarus, quam haec opinio sit inimica philosophiae Aristotelicae. Verum ut dicam quod res est: sectae magis quam principem est adversa. Da mihi redivivum Aristotelem; ita mihi succedat, labor astronomicus, ut ego ipsi persuadere speraverim. Ita fieri solet, gypso, dumrecens est fusa, quodlibet impresseris; eadem, ubi *induruit*, omnem typum respuit. Sic sententiae, dum ex ore fluunt philosophorum, facillime corrigi possunt: ubi *receptae* fuerint a discipulis *quovis lapide magis indurescunt*, nec ullis rationibus facile revellentur〉（*Opera*, II, p. 693f）

152. Sigerio de Brabante（13世紀）はすでに哲学を，〈この点において真理を越えて哲学的意図につき不満を述べつつ，われわれは哲学的に行動する querendo intentionem philosophorum in hoc magis quam veritatem, cum philosophice procedamus〉と記している．Gilson, *La Philosophie au Moyen Age*, 1947, p. 562）．Vives は *De disciplinis* において〈いつでも他人によって信じている．けっして自分自身は尊敬しない．*Semper* aliis credunt, nunquam ad se ipsi revertuntur.〉と語っている．（*De causis*, libro I, V.）

153. 私は，ソクラテスにおいて〈哲学〉が経験した危機を特徴づける様相の一つが，宗教にたいする態度の変化にあることに注目されたとは思わない．

154. アヴェロエス信奉者のボエチウス（ダキアの）はその両者を区別する，つまり〈哲学者と神に祝福された聖者によるところの第一の存在物 ens primum secundum philosophos et secundum sanctos deus benedictus〉．

155. このことはいわゆる〈ソクラテス的〉と呼ばれるものも含めてプラトンの対話が――クセノポン，アリステネスほかの対話も同様だが――現実にソクラテスによって述べられた考えを表明し，伝達しようと意図したことはなかったということを意味するものではない．ソクラテス的会話という文学ジャンルが〔前？〕4世紀において意味し――意味しなければならなかった――こ

との無理解によって，ソクラテス像を再構成するという前世紀の熱心な文献学的努力を台無しにしてしまった．ソクラテス的対話はソクラテスを当然のこととして想定しており，同様の理由から，テュキディデスがほぼ確実に聞き，少なくともそれについて十二分に忠実な転写を前にした，ペリクレスの実際の演説を再現しないのと同様，ソクラテスのことばを繰り返さない．たとえ歴史的にソクラテス的な何らかの事実や表現が現われるとしても，それは対話の枠組あるいは〈ローカルカラー〉として，ただ単なる文学的技巧の目的しかない．

156. アリストテレスがどのような正確な形でこの膠着を体験したかが，これまで一度も研究されてこなかったというのは，つまりアリストテレスの宗教性を定義しようと試みられなかったのは，お恥ずかしい次第である．この負い目は偶然のことではない，なぜなら実のところ，ターレスからストア学派まで，哲学と宗教の関係は一度も研究されていないからだ．

157. 私はここで〈歴史的カテゴリー〉の概念内容やその論理的形式の特色すら提示できない．これらについては，ただ以下のものを表明するだけである．

158. Abenjaldúm は大ボスの歴史家の鋭い眼力によって，ギリシャの書籍は何世紀も前から図書館に死蔵されており，シリアのアラビア人がそれらを入手して再び蘇らせたことを明らかにしている．(Ibn Khaldun, *Prolégomenes,* Slane 訳，1863，vol. III，p. 121) アラビア人はアリストテレスについての最初のスコラ哲学者であり，サント・トマスにたいへんな苦労をかけたアヴェロエス哲学までのその発展ほど，アリストテレスの根底にあったものをよりよく説明するものはほかにない．ところでアヴェロエス哲学は物質主義的汎神論，いや少なくともアリストテレス哲学の驚くほど同質的な別の結果である〈自然学〉やストア的認識論と代替可能な肉体主義である．

159. だから多々理由があるにしても，18世紀の〈思考法〉に及ぼした根深い影響力にもかかわらず，本論究においてはロック，ヒュームといった偉大なイギリスの経験論者には言及しない．この影響力を誇張することは容易ではないが，それはある哲学のそれでなく，全哲学にたいする一連のきわめて先鋭な反対のそれである．哲学的に考察すれば，イギリス人は15世紀来，*lucus a non lucendo*（森（lucus）という語は輝かず（no lucere）という語句に由来する＝矛盾）である．本研究でそれに注意を払わないもう一つの理由は，最初の（時系上の）経験論者ロックの影響はライプニッツが死去したときに始まるということである．

160. これと対照的なのは，力強さ，豊富さ，独創性をもって，当時神学的問題が提起されたことである．残念ながらキリスト教の修道士はあまりその仕事には役立たないギリシャ的概念という道具でもってそれらを扱わなければならなかったことである．スコラ哲学の歴史的現実をディルタイが要約している一頁半は，この著者のすべてと同様，見事なものである．そこにはつぎのように記されている．〈《スコラ哲学者》における古代人の概念は，もとの土地から

引き抜かれた植物標本の植物にも似て，その生息地の育成条件は知られていない*〉.

しかしディルタイはけっして観念の土着性の原理を了解するには至らなかった，よって哲学の起源を明瞭に見抜くこともなく，またその結果どのような正確な理由から〈古代人の概念が《スコラ哲学者》においては植物標本の植物であった〉かを見抜けなかった．私の考えでは，西洋の歴史全体がその一面において〈受容〉であることを示唆せずして，〈各種スコラ哲学〉というこのテーマを終えるわけにはいかない．ヨーロッパ人と古代文化との関係を悲劇と解釈してこず，またそれらの関係をただの幸運や愉悦と考えてきたというのはまったく驚嘆すべきことである．差し当ってはヨーロッパ文化が，アジア文化がそうであったように，かつて一度も賢人もどんな人も同じようにその原理に依拠して生きることができるような大衆文化ではなかったということは，そのことに大きく負っている．

＊ *Introducción a las Ciencias del espíritu*（『精神科学序説』），Julián Marías 訳，Revista de Occidente, 1966.

161. 1637年3月のメルセンヌ宛ての書簡において〈私は *Traité de la Méthode*（『方法論』）でなく *Discours de la Méthode*（『方法序説』）という題名をつける．それは *Préface* または *Advis touchant la Méthode*,『方法序説』または『方法に関する見解』と同じであり，それでもってそれを示すのでなく，ただ取り上げるという意図を示したかっただけである.〉

162. 1937年に私は，1938年の300周年を記念する目的でこの視点からなされた『方法序説』批評を準備していたが，長患いと当時とその後の雑用のために公刊できなかった．私の弟子たちは私の大学講座の幾つかやまたブエノス・アイレスの聴講生は同大学哲学部での私の講義で発表されたコメントの一部を承知している．［*O.C.* vol. XII 参照］

163. 編集がなされたのは，デカルトの生の時間 *tempo*（生理学上のそれも含めて）において成熟の頂点を意味する，32歳の1628年ごろであったと推測される．

164. 厳密には14世紀末に始まる芸術作品にたいして使われる《ルネサンス》なる名称は，パリに住み，私の記憶違いでなければ，そこで1850年ごろに何本かの記事を書いたディアス名のスペイン人画家に負っているものだ．その意味で，つまり芸術的なそれで，この名称に非難すべきところは少しもない．ホイジンガーが言うであろうように，過度，悪弊は，《歴史》の一時期を指すまでに〈その概念が拡大〉していることである．この逸脱は，逆に今日ではどうしてこの本が圧倒的成功を収めたかについて説明を求めるのが奇妙な歴史的問題と化しているくらいに，あらゆる面で不充分な著作である，Burckhardt, *La Cultura del Renacimiento en Italia*（『イタリアにおけるルネサンス文化』）(1860) にその原因がある．事実，それは成功を収め，その結果，その一年前に発刊さ

れ，時代全体でなく人文学者だけを研究対象にしているが，私見によればずっと教えるところの多い V. Voigt, *El renacimiento de la antigüedad clásica o el primer siglo del Humanismo*, 1859 という作品とその名声は窒息させられてしまった．見事なイタリア語訳がある．ブルックハルトの素晴らしさが見られるのは――彼のほかの作品は中身空疎――同じテーマについてなされた講義を編集し，謙遜と Wilamowitz の独裁的衒学への恐怖から公刊することのなかった *Historia de la cultura griega* においてである．

165. デカルトは由緒ある郷士の出身であった．彼はペロンの旦那 *Seigneur du Perron* であり，彼の同時代人の一人は彼のことを，人間味のある気取りでもってこのように呼んだ．

166. 〈抽象的契機〉という語句の正確な意味については，Husserl, *Investigaciones Lógicas*（『論理学研究』）参照．［Revista de Occidente 社スペイン語訳，Ⅲ，17，研究Ⅲ］

167. 〈本体 entidad〉という語に私が付与する名辞としての意味については，原注173参照．

168. 周知のようにアリストテレスは類を，差異が形成し，種を生み出す〈知的質料〉と考えている．

169. これはラッセルが，論理学を〈クラス〉の観念に基礎づけようとして失敗した個所の一つである．クラスはその外延を構成している要素からなり，0の概念が問題であるときは不可能事である．そのためラッセルは〈クラスの論理学〉にたいし〈命題的機能の論理学〉を優先させなければならなかった．それを根拠に 0 クラスを，x のすべての価値にたいし虚偽である $\varphi\chi$ の命題的機能をはたす χ 全体のクラスとして定義する．

170. 思惟しうるもの *cogitabile* としての《存在物》の一般性によって，存在論を特殊な学科目として構成することができた．デカルト主義者 Clauberg はこの名称を使った最初であり，それはとりわけライプニッツ学派に広まった．ヴォルフの教育的著作が及ぼした幅広い影響でこの術語は普及し，完全に定着した．

171. *Metaph*., III, 3, 998 b 22.

172. 〈存在物の種々の意味〉を話題にする際にそのもっとも明白な名称として，〈存在様式〉あるいは事実存在様式といった言い回しがごく自然にわれわれに押しつけられると，〈あるもの〉や〈モノ cosa〉，つまり〈*res*〉を《存在物》の様式と呼ぶスコラ的用法には支障あることが明らかになる．これらのはなはだ類似した用語の両義性は，それらが厳格には相違していても混乱をきたす．しかしたしかに厳格には《存在物》の様式であるのだが，《存在物》と〈あるもの〉や〈モノ〉との関係とは何ら関わりない，《存在》の様式との曖昧さのほうがずっと重大である．逆に，さらに下位の領域において〈様式〉を問題にしても差し支えない．それがこの実体であろうとどんなものであろうと，

〈モノ〉の〈様式〉と理解される.

173. 偶発事が事実存在することは，実体が事実存在することとは別種の問題であり，偶発事の各カテゴリー——量子存在，かくかくしかじかの存在，痛みという存在，行動という存在，ある場所や時間にある存在，習慣的存在，ほかと相対的であるという存在——は，事実存在することならびに〈存在〉という名辞の性格を変更する．モノの様々な事実存在方法を区別する原則がきわめて優れていて，その発見を尊重することから，アリストテレスによってなされた具体的区別や，また一般的にそのカテゴリーの観念そのものも的確であると考える必要はない.

《存在物》の〈事実存在様式〉あるいは——同じことだが——《事実存在者》の〈存在様式〉を厳密な意味で，〈本体〉と呼ぶほうが実際的であろう．私がむしろ〈組成〉と呼ぶところの，いわゆるあるものであること *quidditas*，すなわち本質はその意味には含めない．私は〈本体〉と〈組成〉といったことばを，ここで示された意味で使っていることを念頭におかれたい．《存在物》についての話をつづけたいのであるなら，アヴィケンナに立ち返るほうがいい．この実践的利便のほかに，今ここで示しうるにはあまりにも尊大な目的から私はこの術語に到達した.

174. Suárez, *Disp.*, II, II, 36.

175. *Ontología*, p. 156.

176. Suárez, *Disp.*, II, I, 6. 〈存在物の概念は，もしその中に立脚するなら，つねに個々の存在物に関して混乱しているように，同様である *Conceptus entis ut sic, si in eo sistatur, semper est confusus respectu particularium entium, ut talia sunt*〉．混乱したにたいし，区別された *distinctus* は〈決定的明白に，直接の存在物が意味するあらゆる単純な存在物を表わす…… est qui determinate et expresse repraesentat omnes entitates simplices, quas ens inmediate significat.〉．（*Disp.*, II, Section I, 5）この区別された *distinctus* の定義は Fonseca のものであり，Suárez はただそこから単純なもの *simplices* への言及だけを取り去っているが，このことはわれわれの問題には影響しない.

177. アリストテレスにとって真の存在のもっとも決定的性格は，孤立——μονή——*moné* である．（*Metaph.*, VII,I, 1028 a 34).

178. この点に関しては，拙著 *Anejo al Kant*（『カント補遺』）(1929)（*O.C.*, vol. IV）および *Apuntes sobre el pensamiento*（『思考についての覚書』）（*O.C.*, vol. V）参照.

179. *Metaph.*, IV, 2, 1003 a 33.

180. *Die Erkenntnistheorie des Aristoteles*, 1917, 27.

181. *Metaph.*, III, 99 5 a 29: λύειν δὸὐχ ἔςτιν ἄγνοοῦντας τὸν δεσμόν.

182. だから私が彼のことを比較的近代的であると言ったとき，この形容詞に“　”をつけたのだ.

183. 類似的なものの本体が相対性からなることはあまりにも明白なので，アリストテレスがそれに気づかずまた認めていないのは，とりわけ彼の学説中で特に重要な概念であるため，信じられないように思える．しかしその信じがたいことが現実なのだ．彼の哲学辞典において──形而上学V巻──相対的なものに関する章はそれにいささかも触れていないということが，早速このことの手掛かりになる．しかし事実は，ときには機能しているそのことばを使う際はいつでも関係を表わす（文法上の）前置詞 πρός をつけ加えざるをえないのに，アリストテレスの全作品中において彼が類推とは関係であるということを承知していたと判断できるような文章は一つとしてないのだ．この偉大な哲学者の信じられないような意識混濁に気づいていない人にとって，彼が類推を関係として認めているのを発見できる唯一の文章は，*Etica a Nicómaco* において（V, 6, 1131, a 30f）である，τὸ γὰρ ἀνάλογον οὐ μόνον ἐστὶ μοναδιχοῦ αριθμοῦ ἴδιον, ἄλλὰδλως ἀριθμοῦ ἡ γὰρ ἀναλογία ἰδότης ἐστὶ λόγων,χαὶ ἐν τέτταρσιν ἐλαχίσστοις.

これを Dionicio Lambino がつぎのように訳している．〈われわれは何かを数える数だけでなく，第一にそれは関係に基づかせることであり，しかもなお一般的完全に数そのものなのだ．関係とは比の等しさであり，少なくとも四項において発見されたであろう．Non enim solum sius numeri, quo aliquid numeramus, proprium est proportione constare, sed etiam eius qui universe et omnino numerus est. Proportio enim rationis est aequalitas, quae in quattuor minimum repertur〉etc. *Etica* において類推が何であるか，そしてそれが正義を定義するときに明らかにされるというのは奇妙なことだ．しかしこの文章から──私は同じことを Zeller がどこからとってきたとは知らないで引用している ὅσα ἔχει ἄλλο πρὸς ἄλλο についても言うのだが──アリストテレスは類推が単に *simpliciter* 関係からなるとは見ておらず，ここで正式にそれが量のカテゴリーに属し，もしそれが正義との関係で出てきたとすれば，係争においては二人の人物と二つのモノが，したがって四項目が介入するというほほえましい理由のためであるということを，決定的に納得させてくれる．それは正義そのものに関係しているものによってでなく，数の偶発的介入のためである．

これは人間の一部をなす組成上の暗愚さの見事な例である．もしアリストテレスがそれに陥っていたとすれば，われわれがかかえているものについてはいわずもがなである．だからときたま自分自身の暗愚さを調べることはたいへん実り多い．それはこのことによって積極的にそれらを発見したりそれによって取り除いたりすることができるからでなく，われわれの精神的柔軟性を最大限に拡張してくれるからだ．

《スコラ哲学者》は類推をアラビア人とラテン後期に学んで，それを関係として定義している．だからサント・トマスはその *Commentarium in Metaph.*, lib. IV, lect. VII, parág. 7f,; lib. XI, lect. III, parág. 3, 4；および *Summa theol.*,

(『神学大全』) *Prima pars*, qu. 13, art. 5においてそうしている．しかし新しい究極の問題もしくは古い問題を新たに提起できなかったため，すべてはそこで停滞し，最小限の結果も得られていない．

184. 私がここで言及しているアルカイックと呼ばれたギリシャ芸術のこの最後の時期は，周知のように，ギリシャ人にとってはわれわれの小アジアにあたるアジアからの影響が再発したものである．アリストテレスはプラトンよりアルカイズムの刻印を受け継いでおり，《一的なるもの》に原理として《二つ一組 Dyada》を加えざるをえなかった際に，〈とりわけ問題がアルカイックに提起されていたから τὸ ἀπορῆσαι ἀρχαιχῶς〉それを自分の形而上学関係の書物において（1088 b 28-1089）明示している．

185. このことが──もちろんほかのこととともに──もたらすことになり，今日ではおおうべくもなく明白になった恐ろしい社会的結果は，20年前に拙著 *La Rebelión de las Masas*（『大衆の反逆』），cap. XII で予告されていた．

186. 〈私はあなたがたが学問と，人がいかなる理説も用いずに獲得する言語や歴史や地理や一般にただの経験だけに依存するすべてのものといった単純な知識の間の差異に注意されることを願うのである．（*Recherche de la vérité*（『真理の探究』），*Oeuvres*. Edic. Adam et Tannery, vol. X, p. 502, 24-29.）

187. 彼は何度となく自分の方法を一般的方法 *methode générale* と呼んでおり，1637年3月の Mersenne 宛ての書簡，（1637年（？）4月27日の宛先不明のもの，1638年（？）2月23日付 Vatier 神父宛ての重要な書簡において，それが《形而上学》にも有効であるが，しかしそれがなぜ，またどのようにしてであるかは，未決のままである．*Ibid*., vol. 1.

188. Reg.（『規則』），IV，*Ibid*., vol. 10，p. 377，15.

189. 〈人生全体を自分の理性の啓発に用いる〉ことを〈生涯の仕事〉として考える決断をしたと語っている．（*Discours*（『序説』），*Ibid*., vol. VI，p. 27）彼が《論理学》を底知れぬ侮蔑でもって厭っていたかについては，*Discours*, pp. 17-18参照．誰かがこの世で侮蔑的であったとしたなら，それはデカルトがそうだった．《論理学》の場合のようにその蔑みによって彼はあんなに簡潔に行動することになったので，それは大胆さになり，さらに横柄さへと近づく．もっと先で読者は，私のこの判断がいかなる《論理学》熱中者に発するものでないことが了解できるだろう．

190. *Discours*, p. 41, 27.

191. スコラ的用語法における主体はモノ-実体であり，少なくとも主体であるモノ-本質であり，そこからそれ以外のものが叙述されるあらゆる判断における基層である．先にいって私は，デカルトのこの謎めいた文の意味するところを明らかにしよう．

192. *Discours*, pp. 19-22.

193. 〈すべてのモノの孤立的本性をわれわれが考察するのではなく，それら

の一方が他方から認識されるようにとわれわれがそれらを相互に比較するというわれわれの目的にとって事物が有効でありうるという意味から，つぎのことが第一に注意されなければならない Notandum est primo, res omnes, eo sensu quo ad nostrum propositum utiles esse possunt ubi nos illarum naturas solitarias spectamus, sed illas inter se comparamus, ut unae ex aliis cognoscantur.〉（*Regulae*, VI, *Ibid*., p. 381, 17-21.）

194. *Discours*, p. 37, 9-23.

195. 本段落最後のデカルトの表現はつぎのようになっている．〈われわれの想像も感覚も，悟性が介入しなければ何事もわれわれに確信させえない，ということ．〉

196. その段階は無数であるので，たとえば前掲の Vatier 神父宛ての書簡を参照．*Ibid*., vol. 1, p. 560, 16.

197. 〈経験〉の要請に〈大衆的に訴える〉人たちについて話すことになる．（*die pöbelhafte Berufung auf Erfahrung*）．

198. 以上全般については拙著 *El hombre y la gente*（『人と人々』），caps. XI, XII〈人々のうわさ〉参照．

199. すでにわれわれは彼が分析しないことに驚いたが，彼の言辞 *dictum* をしっかり捕まえるように．

200. 〈すべての人間の推測に多くの信を置こう．そして，みんなにとって真実のように思えることを発見することは，われわれにとってあるものが真実であることの論拠となる〉．

201. この表現自体は保存されているストア哲学者のいずれの断片にも見当たらない．しかしルネサンスの思想家たちへの，そして彼らからわれわれへのストア主義認識論の偉大な伝達者であるキケロ（*De Oratore*, III, cap. I）に現われる事実がそれを示すごとく，必然的に幾世代かのストア哲学者のいずれかによって（それは幾つもありいつも活発である）練成されたにちがいない．

202. 前世紀におけるスペインの不幸な知的活動の滑稽な事柄の中で，状況を改善しようとしながら結局悪化させるに等しいのだが，メネンデス・ペラヨが熟年にあってスコラ哲学から常識のスコットランド哲学へと移って大成果を収めたと考えたことを語るべきである．

203. スペイン語の〈覚知 percatación〉という語が――それを断定できるほどまだ詳しくは調べていない――逆にそれは《ストア主義》の専門用語であるラテン語の〈強硬症〉catalepsia の博識な翻訳ではないかと私は推測している．

204. ストア哲学者は根本的決定論者である．《実在》を自然であるとする解釈から彼らはそのようになった．自然はそれ自体で生き，存在し，動く．それは絶対的自発性である．だから自然の各部分，各々のモノは，独自の〈内的な doméstica〉οἰχεῖον（oikeion）自発性をもつ．その自発性は決定論そのものであるが，それを彼らは〈自由〉と呼んでいた．

205. すでにゼノン自身，〈アルケシオラスがゼノンにたいして，すべてが偽りであると言うとき，どんなものが感覚に見られるかを質問したが，すべてではないが幾つかのものは偽りに見えると答えた．Urgebat Arcesilas Zenonem, cum ipsu falsa omnia diceret, quae sensibus viderentur, Zeno autem nonnulla visa esse falsa, non omnia.〉（Cicerón, *De natura deorum*, I, 25）

206. しかし彼らは感覚，イメージまたは観念の強硬症が真理の強硬症（〈明証〉）に基づいていて，後者は強硬症的幻想だけでなく〈それを取り巻きそれに関係している観念（νοητά）からも〉なることをたしかに見抜いている．（Sexto Empírico, *Adv. Math.*, VIII, 10）《哲学》史家たちが通常理解しないこの文は，私にとり決定的である．

言語学的不足の例としてストア哲学者について存在する最新のもの ── 私はそう考える ── が観察される．それは戦前ドイツに存在したもっとも学術的評価の高い叢書で刊行された『古代ストア主義における自然と善』である．Πρόληφις（予弁法 *prólepsis*）について論じた *Excurs* の中で強硬症に関し著者の述べていることを読まれたい．（pp. 74-75）．*Prólepsis* が〈プラトンの考えたものと同一である〉と断定するのは誤りでなく，それよりもいっそう悪いことで，厳格な明確化を要求するだろう．

207. Zeller, *Die Philosophie der Griechen*, parte III, primera sección, p. 76, ＃2 で引用されたギリシャ哲学解説者 *Doxografos*, 400, 17.

208. Aulo Gelio, *Noches áticas*, XIX, 1, 15.

209. 〈強硬症的幻想〉のこの概念一切を明らかにしておく必要がある．そのためには，〈明証的な〉ものには二つの相反する方向があり，だから二とおりあるいは二面的に考え，命名することができることに気づけばいいのだ．一方で〈明証的な〉ものは私に押しつけられそれを認めるように私を強い，強制し，私を－納得させる－うちまかす con-*vence*. それは私になされるその行動である．他方，その押しつけないし説得は，私が実在そのものに，したがって真実に触れ，つまりそれを捕まえて見ているという相貌のもとに現われる．それはそれを捕まえる *cap*turarlo，掌握する con*ce*birlo，理解する com*prend*erlo と呼ぶところの，対象にたいする私の行動である．ここからキケロが使い，私がモノを掴むと同様，モノによって私が掴まれることを意味する〈理解 comprensión〉と理解しうる *comprenhendible* という語の曖昧さが生ずる．私の判断では，一つは *Academicos posteriores*,（XI）において，もう一つは *Academicos primeros* あるいは *Lúculo* VI においてキケロが行なっている〈強硬症的幻想〉〈visum comprehensible 捉えうる幻像〉をめぐる二解釈を対比するだけで，この問題に最終的決着をつけられると思う．最初のものにおいて〈信仰はあらゆる visus（要するに〈幻想〉）ではなく，ただそのものを独自のものとして所有すると宣言し，自分の目で見た人たちにだけ伴なう．しかしながらその幻想はそれ自体で comprenhendible から区別される．Visis non omni-

bus adjungebant fidem sed iis solum quae propriam quandam haberent *declarationem* earum rerum, quae viderentur; id autem visum, *cum ipsum per se cernerentur*, comprehendible.〉, 後のものでは〈ゼノンは定義するだろう．そのような幻想は，それが存在した場合には，それゆえそこから押しつけられ形成され，存在しなかった場合には，そこからいかなるものも存在しえないだろうし，存在しなかっただろう．Zeno definiret, tale visum igitur *impressum effictumque ex eo, unde esset*, quale esse non posset *ex* eo, unde non esset.〉．さらにキケロはつぎのようにつけ加えている．〈われわれはゼノンにたいし，それがわれわれにとっては最高度に定義されていると言う．Id nos a Zenone rectissime definitum decimus.〉

210. *Ideas y creencias.*

211. 哲学にさほど馴染みのない人が当該分野の書物を読んでいてぶつかる困難は，作者が読者よりより多く考えているからではなく，逆に読者の側でテキストの内容にたいし自分で作者はこう考えているにちがいないとの推測でしかない考えをつけ加えていることがしばしばその原因である．そんなわけでこの脚注が添えられている本文中では，多くの読者がすでに時間を無駄にすることなしに，私はアリストテレス主義者ではないが合理主義つまり観念論者にちがいないというので，私が目覚めとしてのデカルトを催眠としてのスコラ哲学に対置しているとの推測をきっとすでに注入されたことであろう．この注において私は自分が何であるかはもちろん語るつもりはないが，しかし私がそうでないところのもの，すなわち合理論者や観念論者でないことは，はっきり言明しておくつもりだ．もし私のことを理解しようと思うのであれば——もしそう望まないなら，さっさと本書を閉じるべきである——私に関してまったく見当をつけず，約束なしで脇目もふらずに，本論究の全文に打ち込むのが読者にとってずっと好ましい．それ以外のことをすれば，たえず躓くだけだろう．

212. 拙著 *Ideas y creencias* 参照．

213. 私はあるものについての独断（意見，裁断，教説）を明示するあらゆる思考（その表現は肯定的，否定的，単一的，複合的命題でなければならないだろう）をイデオマ（仮想）*ideoma*〔=idea+dogma〕と命名する．しかしそれは表明するだけであって，だからといってそれを受け入れるのでも拒否するのでもない．裁断をそのように理解すれば，それはある人の確固とした意見，彼の確信，彼を支えている学説であるという次元が切断されてしまうため，純粋な〈あるものについての観念〉に，人間的実在性のない純然たる精神的可能性に変わってしまう．25年前にマイノングはこれを〈*Annahme*〉（仮想 *asunción*）と名づけたが，それは彼が純粋に論理的観点から関心を抱いていたからだ．私の〈イデオマ〉は論理的に考察されればマイノングの仮想の一つであるにしても，それはその中でもっとも関心の低い点である．その証拠としては，マイノングにおいてそれは論理的判断と正反対のものを意味し，私にとって

〈イデオマ〉は，人間がただ〈観念を所有する〉だけでなく，それに気づいていようといまいと，人間はその観念を体現するという，生きた行動の対立物であるということだ．イデオマはそれが活動中，実質的に作用中であるときには，それは受け入れられ，支えられ，あるいは拒否され，たたかれるときには，実効的実在に変わり，ドラオマまたはドラマ（*drao*- 行動する，より）へと変貌するのである．

214. 以上全般については，拙著 *Prólogo a la "Historia de la Filosofia" de Brehier*，参照．（*O.C.*, vol. V）および *La reviviscencia de los cuadros* 参照．

215. モノについての意識があるように，私がそのモノを意識している自分を眺めている意識もある．この反省的意識の〈対象であるモノ〉は，結局，別の意識であるのだが，われわれの国語では自動 *semoviente*，自述的 *sediciente* といえるのを援用して，私はそれを自意識 *seconciencia* および自意識的 *seconciente* と呼ぶ．

216. アリストテレスが哲学の原因をどう考えていたかというテーマもまた手つかずの状態にある．私は早晩それに一撃を加えたいと願っている．デカルトと好奇心については，『真理の探求』において語っていることを参照．〈飽くなき好奇心にたえず苛まれている人々の精神は，ちょうど水腫病にかかっている人々の身体が正常態にないがごとく，正常な状態からは逸脱していると思われる〉．*Oeuvres*, Edic. Adam et Tannery, vol. X, p. 500, 12-15.

217. この信じないということは信仰において可能であり，有利な徳でさえあることは，いわずもがなである．

218. この点については，拙著 *Sobre las carreras*，（*O. C.*, vol. V）参照．

219. 幸運をもたらす職業が何であるかについては，*Prólogo a un tratado de montería* 参照．

220. 〈この学問は真理の普遍的研究に関わる ── したがって単に特殊な研究でない ── ので，平行して普遍的懐疑がそれに関わる〉．

221. M. Gilson が *RéalismeThomiste et Critique de la Connaissance*，（1939, pp. 54-64）においてサント・トマスの語句を台無しにしようとしているやり口は，実に嘆かわしい．

222. *En torno a Galileo*，「自分自身との一致としての真理」の章参照．

223. この規則に合致する唯一のケースがある．シェリングは18歳ですでに一つの哲学的体系を構築していた．しかしこのいわゆる *soi-disant* 体系の無責任性は，シェリングがその残りの生 ── 彼は80歳で他界した ── を途切れることなく連綿とつづくそのほかの哲学体系，永遠の天才少年のシャボン玉を作って過ごしたという事実によって証明される．

224. それによって結果的に哲学者は，人生で老年が発するすばらしい輝きの形で創造し，哲学者のみが有する〈若返り〉の特殊な方法である哲学を活用することができる．以上全体の決定的理由をここで述べることはできない，な

ぜならばそれは〈生の経験〉の概念に根ざすものであるから．しかし外見から想像できるのとは裏腹に，〈人生経験〉が何であるかを述べることは，存在するものの中でほとんどそれを獲得するのと同じくらいその表現が至難である事柄の一つだ．

225．とはいえ，これもまたなさなければならない．

226．もうずいぶん前に言明したことだが，私もまた——しかし弁証法的発展の端緒として——《存在》は問いかけであると表明する際，それはわが師コーヘンが1902年（！）にその著 *Logik der reinen Erkenntnis* と1904年の *Ethik des reinen Willens.* で与えた形式を出発点（それは結局，後で放棄することになるが）としただけである．

227．1914年来（拙著 *Meditaciones del Quijote*（『ドン・キホーテをめぐる省察』），*O. C.*, vol. I 参照），〈人間の生〉という現象の直観は，私の全思想の基盤である．私は——何回かにわたって「フッサール現象学」を講じたのを契機に——周知のように，彼の学説の基盤となる〈～についての意識〉という現象の記述を主に訂正して，上述のように定式化していた．それからかなりの歳月の経過後，畏敬すべきフッサールと会したが，そのときにはもはや彼は高齢と病のため自分の創案であるこの難テーマを話題にすることかなわず，すでに手稿とその理論展開の任務を特段に才能ある高弟フィンク博士に託していた．だから私はたまたまフライブルグに立ち寄った折にフィンク博士に《現象学》にたいする私の最初の反対意見を表明した．それは煎じ詰めれば，以下に要約できる．フッサールも認めるように，現象性における意識は措定者（〈*setzend*〉）であり，それを〈意識の自然な態度〉と呼んでいる．《現象学》はこの自然な意識現象，つまり執行性を中断（エポケー）して，〈それを真剣に考えず〉，その措定（*Setzungen*）に同席しない反省的な意識から記述しようとするものである．それにたいし私は二点で異議を唱える．①私が意識の執行的性格 *vollzeihender Charakter* と呼んでいるもの，措定可能性を中止することは，意識の最重要の組成部分を，いわば全意識を剝奪するものである．②フッサールは現象学的還元と称する反省的意識から意識の執行性を中断するのであるが，この現象学的還元には最初の反省された意識を無効にするいかなる上位の権限もない．③にもかかわらず反省的意識には，それが執行され，絶対的存在として原意識を措定するのを許していて，この最初の意識を生き生きした体験 *vivencia/Erlebnis* と呼んでいる．このことは，あらゆる意識が執行的効力を有しており，それが意識であるかぎり，一方によって他方を無効にすることがナンセンスであることを示している．われわれは推論によってわれわれの誤りを，たとえば幻覚を矯正するときいつもするように，われわれの意識行為を無効にできるだろう．しかし推論を介せずに〈幻想的〉意識と〈通常の〉意識を対置するときには，後者が前者を無効にすることはできない．幻覚と知覚は夫々同等の権利を有する．

こうした反対意見の結果，すべての観念論に反対して，意識行為は実在的であるが，その対象は志向的にすぎない，つまり非実在的であるということは，もはや純粋な記述でなく仮定であるということを明示したうえで，1914年来，〈～についての意識〉という現象の説明を発表してきた．現象に厳密に依拠した説明をすれば，——当時私はそのように言っていたのだが——知覚といった意識現象においては自我とモノが共存している，したがってこれは観念性，志向性でなく，まさに実在そのものであるというべきだ．だから，知覚という〈事実〉において有るのは，一方で知覚されたモノにたいして存在している自我であり，他方で私にたいして存在しているモノである．すなわち同じことだが，精神の一般的形式として〈～についての意識〉といったような現象はない．そこに有るのは外に開示しつつあり周囲という現実に悩まされている私という実在であって，いわゆる〈意識〉現象の記述といったようなものは，私と周辺，つまり環界の事物との共存としての〈現実の人間生活〉という現象のそれになる．その結果，現象としてのそのような意識というものはなく，その意識は仮定であり，まさにデカルトから引き継いだものである．だからフッサールは，デカルトに回帰したのだ．

この時期の私の多くの著作のほかに，1916年になされたブエノス・アイレス大学哲文学部での講義において，〈意識〉についての当解釈が見られる．Prensa 紙はそれを要約し，しかもさらに後に当該学部部長になったコリオラノ・アルベリニ博士が保管する厳密なタイプ筆記稿がある．

当時私がこの考えを活字にして発表しなかったことについては種々の理由があり，独立不羈の思索者で自分の同郷人の啓蒙に関心を抱いていた思考者の生が，どんなものであるかを語らねばならないであろう．しかし今一ついえることがある．なぜならそれをいうのは簡単であり，将来，思索に従事する青年が私と同じ過ちを繰り返さないためである．私の沈黙の理由はただ単に……臆病からであった．というのはこのような学説は1900－1925年の時期に《哲学》で起こりうる最大の事件，つまりいわゆる〈主体〉といわゆる〈客体〉の間の関係の原初の形として意識はない，有るのはモノにたいして存在しつつある人間と，人間にたいして存在しつつあるモノ，すなわち人間の生であることが含まれていたことを読者はお分かりになるだろう．今日〈実存主義〉のギターを聞きおぼえでつまびくモンパルナスの若人は，いまだこのことを根本から理解しておらず，これなしには〈形而上学〉の外海へと漕ぎだすことはできないのだ．

ディルタイが私の思想に影響を及ぼしたというのがいかにばかげているかは，これでお分かりになるだろう．というのも，彼は上述のような考えはもっていなかったし，ただ無心に〈意識〉の存在を信じていたからである．

228. *Meditaciones del Quijote*（1914），「序：〈読者へ……〉」参照．

229. ここで言語の組成の問題に立ち入ることはできない．しかし通常言語には，同時に両次元があり，それはいつでも同時に，自分と理解しあい，自分

を他人に理解させ，他人を理解しようとすることであることをはっきりさせておきたい．本テキストのいう異常性はこの第二の次元の――大なり小なりの――膨張である．この点に関して読者は，拙論 *Comentario al "Banquete" de Platón* および *El hombre y la gente* 参照．*Comentario* は *O.C.*, vol. IX.

230．*Prólogo a la "Historia de la Filosofia" de Bréhier*, paiag. Pensamiento y progreso hacia sí mismo（*O.C.*, vol. VI）参照．

231．このことでハイデッガーは〈存在論的〉と〈存在的〉の間の〈基本的区別〉を考察すると言ったが，それは基本的であるどころか，ありきたりのきわめて古く，訳の分からぬもので（〈存在論的〉なものがどこで終わり〈存在的〉なものがどこから始まるのかけっして明らかでない），今日それを主張しつづけるのはきわめて難しく，それによって世界のあらゆる知的貧民街にたむろし，いつでもダチョウのように石灰でも宝物でも石ころでもお構いなしに呑み込んでしまう偉ぶった人たちがそれでうがいをし，たいへんな自信の隠れ蓑になった．

232．それ以外のあらゆる人間の構成要素とともに〈真理〉という機能に共通し，それを構成する歴史性の無知をのぞく．なぜならばもちろんのこと，ハイデッガーは一般論として，人間が歴史的であることを認めてはいても，それを個々のテーマどれかの分析のいずれにおいても是としていないからだ．

233．〈理性への信仰〉の現状については，*Apuntes sobre el pensamiento: su teurgia y su dimiurgia*, cap. I「知識人の危機と知性の危機」参照．

234．ウナムーノ，バーナード・ショー，バレ，ガニベットの世代は，作家にとって思考というものが真剣なものでありうると考えもせず観念を玩んだ最後の世代である．この点については *Prólogo a las "Cartas finlandesas" de Ganivet*［*O.C.*, vol. VI］参照．

235．*Historia como Sistema*（『体系としての歴史』）および "*Prologo a la 'Historia de la Filosofia' de Bréhier*"（*O.C.*, vol. VI）参照．

236．私が厳密に〈信念〉をどう解釈しているかということを，ここで再提示することはできない．（拙論 *Ideas y creencias* 参照．）

237．1948年に拙論 *Origen de la Filosofiá*（『哲学の起源』）を上梓できるかどうかを見守ろう．ここで当問題に立ち入ることはできない，というのもそれは本格的に歴史的であり，それを明らかにすることは真剣に歴史を研究することとなり，あらゆる歴史はそれが納得のいく結果をうるには時間をかけて話す必要があるからだ．

238．Dietrich Westerman: *Die Glidyi-Ewe in Togo*,（1935, p. 140）．Westerman は最新かつもっとも厳密な人種学の偉大な師の一人である．もちろんマリノフスキーを含め全員が，人文学の分野でわれわれの時代にふさわしい水準以下にある．Westerman は自分が耳にした〈言い回し〉や格言の中でつぎのものを引用している．〈外に出たことのない者は，自分の母親だけが料理が

できると思っている〉．これは最近の話題なのか，それともほかのものと同じくらい古いのだろうか．それを調べることは興味深い．なぜならもしそれが最近のものであるなら，始まりかけた不信の兆候として役立つし，多くの理由からもっともありうることだが，もしそうでないなら，その全体で異なる信念の共存は効果がなく，これらの民族の信仰にたいして衝撃を与えないという事実——全体的には疑いえない——にとって優れたデータになるだろうからだ．私のような門外漢でみすぼらしいただの読者さえつとに注目していた一つの事実をこれらの人種学者が問題にしていないことは，あたかも一般に歴史家や言語学者がそうであるように，彼らがあまり注意深くない人たちであることの証左となっている．

239．拙著 *Comentario al "Banquete" de Platón* 参照．［*O.C.*, vol. IX］

240．生はいつでも唯一無二であり，それは各人のそれである．しかしながら無数の唯一無二の生が有るし，これまで有った．それらすべての形態的構造を成すそうした抽象的要因を，私は〈生の形態性〉と呼ぶ．この語は私には余計なアリストテレス的意味を帯びているが，ドゥンス・スコトゥスに由来する．私には，スコラ哲学が哲学とは思えないほど最低のものであるからといって，それでそれがほかの視点からは知的努力として驚嘆すべきものと映ることについては，いささかもマイナスにならない．この評価のもっとも信頼するにたる証拠は，私の判断では，けっして少なくない利用しうるすべてのものをそこから私が活用しようとしてきたことである．

241．30年以上にわたって——たいした時間でないと人はいう——私は日々，わが国の似非知識人が，〈私がただ隠喩しか書かない〉ので——彼らの言い分である——私の思想を評価しなかったことを，ただじっと辛抱強く耐えなければならなかったことを思い出す．これによって彼らは，私の著作が哲学でない，と勝ち誇ったように判定し，宣言したのである．哲学というものが分泌物のように彼らが生み出すのであるならば，もちろん幸いなことに私のはそういうものではなかった．たしかに私は，あたかも自然において繊維，神経，腱を光沢ある組織層 *stratum lucidum* が用心深く粋をこらして配置されている皮膚の外胚葉という外見をもって被われているように，私の思想の決定的弁証法的筋肉を文学的外皮でもって極力隠すようにしていた．私の著作——この問題とは別に，私はその重要性が僅少であると認識しているが——を前にして，誰一人そこでは哲学として提示されるが結果的には文学であるものが問題になっているのでなく，反対に文学として提示されるが結果的には哲学であるものが問題とされているということに，それ自体また反駁しえない寛大な観察をしなかったということは，まったく嘘のように思える．しかし何も理解しない，気品ということについてはいっそう理解が及ばないのであるが，彼らは生と作品がこの徳を守れることに思いつかなかった．彼らはどのような本質的で重大な理由から，人間が気品ある動物であるのかを疑ってみることすらない．遥かなるかな，

怒りの日々よ！　*Dies irae, dies illa!*

242. 存在が問いかけでなく初めから答であったために，ギリシャにおいてもこのことでもなかったということについては，いずれ取り上げよう．

243. この定式は〈実存主義〉にたいしてなしうる最大限の譲歩であるが，スポーツでない生の別側面がただ苦悩でしかないかのように解さないでいただきたい．笑止千万だ．生は苦悩であり，熱情であり，快楽であり，苦渋であり，その他諸々のものである．まさにたちまちにして，かつその根源においてそれが多種多様なものであるために，われわれにはそれが何であるか分からないのだ．ローマ帝国の折衷的宗教には種々の名前で呼ばれるイシス神の話がある．《生》もまた無数の名をもつ実在であり，もともとそれはある味覚または性格——ディルタイが〈Lebensgefühl〉，ハイデッガーが〈Befindlichkeit〉と呼ぶもの——からなっていて，その味が一つでなくまさに多数であるためにそうなのだ．自分の生をつうじてすべての人間にとってその実存は，際限なく多様で対立する幾つもの味を味わっていく．そうでなければ，根源的現象《生》は現実にそれがあるところの謎ではなくなるだろう．

244. 文学は読んでいるものの内容を考えずに読むので，読むものすべてを文学にしてしまう．あらゆる文書は，読むことを皮相な作業にする人によって文学に，印刷された頁の上を滑るスケートの一種に変えられてしまう．だから読者は作家よりも実質的な文人である．もし微積分あるいは集合理論が読書の対象になりうるなら，その読者はそれらを一種の八行詩に変えてしまうだろう．

245. 試論 *Guillermo Dilthey y la idea de la vida*（『ディルタイと生の観念』）において，私だけでなくみんながしかるべきときにそれを活用するのを妨げてきた，ディルタイ作品の風変わりな条件について私が述べている個所を参照されたい．

246. *La Rebelion de las Masas*, cap. XI.

247. このアストゥリア方言の語彙は，ドイツ語の *heimlich*，*gemütlich* と英語の *cosy* を正確に訳しうる唯一の語である．

248. 1765-1845，シャトーブリアンとほぼ同時期に生きた．それはロマン主義の偉大な創造的世代である．それ以外のものはその間借り人である．〈土地の開拓者〉と〈借地人〉の違いについては，拙著『歴史的理性の曙』〔本作品は予告されてはいたが，結局未刊に終わる．〕を待たれたい．たとえばデカルトは〈土地の開拓者〉であり，若者みんなにあれほど好かれる若造パスカルは〈借地人〉である．

249. 1827年発行のその *Enciclopedia de las ciencias filosóficas*（『エンチクロディー』）においてまさしくつぎのように述べている．Baader が〈言っている大部分あるいは全部について私は彼と意見の一致をみる，つまり私の学説が彼の意見と異ならないことを示すのは困難ではないだろう〉．Edición Lasson, p. 20.

250. 当時の人間はとりわけ電気――〈電気的〉という語彙はいちばん頻度の多いものの一つである――と化学でもってロマン主義を行なっていたので，Baader は結局のところ物質性がもたらすこの可能性を，偶然の〈垢落とし〉と呼んでいる．

251. Jean Wahl 集成：*Etudes Kierkegaardiennes*, 1938, p. 29参照．〈1847年1月末〉――われわれには分かっているのだ，なぜなら腫れあがった地方人，自分の名を残すことになる詳細で皮肉な日記を書いて自分の虚栄心を肥らせているのだから――〈彼は，神に仕えて並はずれたものであり，そうなるだろう〉．（VII. A. 221, 229）〈なぜなら彼――コペンハーゲンの街の放浪者――はほかの人たちにそう見えるように欲したからだ〉．彼は〈並はずれたものになるために選ばれた告解者である〉．〈並はずれたことが私のために決められた〉．（X, p. 70）事実，例外的なものだけに価値があり，並はずれたものだけが真の実在をもつ，しかし誰かが本当に例外的であり，夜祭の踊りの一員や船首飾りでないためのもっとも確かな徴候は，それを感じとる機会がなく，そのように見えないことだ．彼は自分の創造に没頭しきっている自分の姿が見えない．そのためには例外的でない人がもっているある特長的な〈余裕〉が必要である．

252. *Ibid*., p. 35（1849, p. 45）．

253. *Etudes Kierkegaardiennes*, p. 37（c. X^a, A 219, 1830）

254. マドリッドは観念において僅かに覚醒していたけれども，それも失われてしまった．またもや完全に，つねにその深部においてあったマンチャ地方の永遠の村に立ち戻ってしまった．そしてそこに注入され跡の消しがたい下品な下町マドリッドが顔を覗かせている．マドリッドは温和な羊が天敵に身を委ねるかのように，田舎者の素人の〈知識人〉に身を投げだした．素人というのは，自分が関心を抱いている事柄に関して田舎者である．

255. 読者はすでに，その単なる相貌 *facies*，その外観からして，実存主義が四半世紀昔に支配的であった生の様式に属していることに気づかれたであろう．そして事実，ハイデッガーの著作は――これは傑作であった――ちょうど今から20年前に刊行された．しかし世紀初頭から地方になりさがったパリ――〈世界の首都〉から僻村へと後退するきわめて珍しいケースである――に到達するのにそれだけの時間がかかったため，今爆発しているのだ．モンマルトルは私が地球の〈知的下町〉と呼んできたものに依然として属している．これはきわめて憂うべき事態である．なぜなら世界は首都を必要としており，パリが再度そう――忌々しいピカソの縁日興行 *fete foraine*，男色，実存主義のない〈本格的な〉新しいパリ――になるのでなければ，いかなる首都もそうなりえないことが予見されるからだ．

256. 拙著 *Origen de la Filiosofía* において，私はなぜこの第一世代の哲学者がそして彼らだけが気むずかしく陰鬱であるかを示すつもりだ．以前にも述べたように，ニーチェは〈ギリシャ人の悲劇的哲学〉について試論――すばらし

い試論――を著したが，例によって見事な閃きはあるものの，物事を基本的構造の中で見ることができていない．彼がそれを見なかったのは，最後のロマン主義者として彼もまた率直であることができなかったからだ．19世紀の多くの思想家にとってと同様，彼にとって思考するとは観念でもって，実在とマッチしようがしまいが，手品をすることであった．ニーチェは悲劇が何であるか，また哲学が何であるかを知ることはなかった．彼はこれらの問題に偏執狂的に――ショウペンハウエルとワグナー，および〈強者〉や〈世紀末の〉それ以外のとるにたらない人たちの偏執で――入っていった．彼は一時も，思考するとは目を開けて見ることと同じくらい簡単でもったいぶる必要のないものであると考えたことがない．彼が盛んに身振りをしている一方で，謙虚なディルタイはひっそりと静かに音も立てずに目を凝らし……見ていたのである．しかしディルタイは一度も良いジャーナリズムをもったことはなく，今，その死後においてもっとも悲しい運命が彼に降りかかった，つまり文化的イナゴという害虫である〈似非知識人〉が彼に飛びかかったのだ．

257．もっとも顕著で古代人たちをいちばん驚かしたことの一つは，まさしく昼夜，季節のリズム，太陽，月，星辰などの規則的出没といった，ある種の自然の営みにおける規則性である．

258．それ以前に，〈説明的でなく〉ただ実践的絶対的に最初のもの，魔法がある．こうした人間精神の連続した二層――最初のあるいは魔術的思考と幻視的ないし神話的思考――がまだ精確に区別できていない．

259．Plutarco, *De gloria Atheniensium*, 4．この点についてはWilamowitz-Moellendorf, *Píndaros*, 1922, p. 113参照．

260．*El tema de nuestro tiempo*（『現代の課題』），1933，VI章参照．

261．［本節手稿の頁番号は先行のものとつづいていない．そのため本書全体のどの個所に該当するか，最後なのかあるいは別の個所の冒頭なのかについて疑義が残る．］

262．*Regulae, Oeuvres*, Ed. Adam et Tannery, vol. X, p. 360, 4-5.

263．*Ibid.*, X, p. 363.

264．*Ibid.*, X, p. 365.

265．デカルトは〈対象 objectum〉，概念，観念といった用語を相互に同意語としてよく使っており，さらにわれわれが判断，命題，言表，文と呼ぶもの，したがって真あるいは偽となりうるものを意味するものとして使っていることに留意されたい．

266．*Regulae, Oeuvres*, Ed. Adam et Tannery, vol. X, p. 368.

267．*Regulae, Oeuvres*, Ed. Adam et Tannery, vol. X, p. 373.

268．歴史家が自らの任務を遂行する際の不十分な態度の見本として，デカルトがギリシャの数学者に，まさしく〈ある罪深い欺瞞〉――*pernitiosâ quadam astutiâ*――の責任を押しつけている非難にあって，彼らが一度もそのこと

を考慮してみようとしなかったことがある．なぜなら一時的な不機嫌が問題になっているのでなく，デカルトがいつでもギリシャ人について話すときの彼の精神が問題になっているからだ．しかもただ数学者についてだけでない．『哲学原理』の《序》において，プラトンは〈自分がまだ何も確実なものを見つけることができなかったので，自分にとって本当らしく思えるものを書き，そのときこの目的のために幾つかの原理を想定し，これによってほかのモノの説明を与えようと試みることで満足したと告白している一方で，アリストテレスはやや率直さに欠け，20年間彼の弟子でありまた彼の原理以外に原理をもたなかったけれども，その表明方法を完全に変え，彼がそれらをそのように評価した様子がまったく見えないのに，それらを真実で確実なものとして提示した〉と語っている．これは聞き捨てならぬことである．デカルトはアリストテレスの学説を誤っていると宣言するだけでは満足せず，最終的に彼をファリサイ人，虚偽的と評価しているのだ．どうしてこのような重大事に留意しないのか．歴史は，もしそれが何かであるなら，人間的事象を理解しようとする根本的試みである．そこにはそれをいう人，それについていわれる人，そのいわれる内容によって高度の人間的事実がある．

269. *Regulae, Oeuvres*, Ed. Adam et Tannery, vol. X, p. 376.

270. Altenburg, *Die Methode der Hypothesis bei Platon, Aristoteles und Proclus*, 1905, p. 23f.

271. *Philosophische Schriften*, IV, p. 316.

272. ずいぶん若いころからデカルトの数学的著作はこの方向に進んでいて，他方 Desargues が幾つかの問題の幾何学的－解析的処方では先行していたことはよく知られている．Gaston Milhaud, *Descartes savant*, 1921.

273. *Philosophische Schriften*, IV, p. 603.

274. 〈今，ここにいる〉は数ある可能性の中で単なる可能性にすぎないものから実在になることへと移ったのだ．この移行はそれが選択された，何らかの動機で，俗にわれわれが〈何らかの理由〉と呼ぶところのものによってなされた選択から生じたからだ．今，ここにいることの実在は，孤立して，いわば空に放たれてでなく，何らかの動機づけをもって現われている．それに不分離の形でその基礎や基盤が伴なっている．もし分析の虫眼鏡をもってその各人にここに来させるようにしたその動機，理由，基礎，基盤を眺めてみると，きわめて広範な決疑法にぶつかるが，その全多様性にもかかわらず，そのすべてにおいて結局同じことが問題とされており，つまりこれをすることが彼らにとっては最善と，自分たちの生の今の時間を最善に過ごす方法であるとの意味だが，そう思えたのである．それを強調しないで，彼らの生の時間は限られており，したがってそれをいかに使うかには無関心ではなく，このことはそれをできるかぎり最善の方法で使うようにと強いられ，この点では最善は可能性の中で各人が自分がならなければならないと感じている自我をもっとも適切に実現する

ところのものを行なうことであると理解していることを思い起こそう．とすればわれわれの実在は最善の可能性であるという性格を帯びて現われる．［手稿にある講演の注は，読み上げられた本文には含まれなかった．］

275．こうしたものの中でもっとも驚くべきもの，もっとも逆説的なもの，もっとも不安にさせられるものは，実在の代わりにただ《無》だけがあったらということである．《無》は疑いなく人間のもっとも独創的観念である．それ以外のものはすべて有るモノからほぼ間接的に由来しうるが，しかし《無》の観念はいかなるモノによっても暗示されることはなかった．《無》はまさしくいかなるモノでもないのだ．

276．さて，そのようなものとしての可能性は完璧でなく，ただ小さく減退した存在しかもたないけれども，その可能性はそれ自体いつも完璧な存在の可能性であると理解されたい．これはライプニッツの思考の中で充分に明らかにされていない点であるが，彼が可能的なモノを実在的存在への傾向をもつ何かとして考えていたことは疑いない．それを示すには事実存在――したがって実在――を〈本質の要求（*exigentia essentiae*）〉と定義していることを想起すれば足りる．本質が実現されることを要求している，要請している，〈すべての可能性は事実存在することを要求する omne possible exigit existere〉というこのことは，一体どんな意味なのか．本質のあるいは可能的なものの存在は永遠である．一度も存在し始めたことはない．創造されていない．その存在様式は神の判断力の中に永遠に現前していることであり，神の判断力は永遠に現前しているものとしてのかぎりで本質それ自体からなるといいうる．しかしそこにいるだけでは満足せず，〈事実存在しようとして〉それにたいし圧力をかける．ライプニッツはあらゆる段階にある存在について，躍動的概念をもっている．だからたとえ単なる可能性においてさえ，その組成が矛盾を含まないことでしかないにもかかわらず，これに関し彼が使うすべての用語である，一つの傾向，努力，企図といったものが有るのは不思議ではない．それだけでは静態的で無気力なものとして表象されるはずのこの可能性に，いったいどこからそれを事実存在へと駆り立てるこの躍動的性格は出てくるのだろうか．

他方われわれは，つぎの二点を強調しておこう．第一に，可能的なものはすべての存在を含む，というのは実在的存在は可能的なものの一つにすぎないからだ．第二に，可能的なものは，いわば非－矛盾から，したがって同一性からできているので，その構造は概念のそれと一致し，同じことだが，存在は完璧に論理的であり，その構成上の法則においては思考規則と一致し，したがって全面的に思考が入り込むことを許し，要するに存在は根本的に理解可能となる．ライプニッツにおいて実際，以後，後退するばかりの合理論はその最極端の形式に到達している．

しかしライプニッツにとって〈理解する〉とは何なのか．単純にこういうことだ．あるものを同一であると感得すること．知性は真実の気づきであり，真

実は同一性である．つまりA=A．ここにあらゆる〈永遠の真理〉の典型がある．そこには矛盾を排除するあるものが現われているからそうなのだ．同一性でない命題は，分析によって同一性の単なる複合化に還元できるときには，永遠の真理の性格を有する．非同一的なものを同一性に還元する操作は，理性を構成するものである，なぜなら証明はこのことから成り立つからだ．理性はあるものの理由を述べる，それを証明することである．

277. Diels, Fragm. I, v. 29: ἀληθείης εὐχυχλέος απρεμες ἦτορ.

278. *Philosophische Schriften*, Hg. C.J. Gerhardt, VII, p. 302.

279. *Philosophische Schriften*, VII, p. 289.

280. もし誰かがあらかじめ，われわれの世界が可能なものの中でより多くの実在性をもち，考えうるかぎり最大の秩序と単純さをもっている世界であると保証してくれれば，それがもっとも理解しやすい世界であることは明白だ．事実われわれはアプリオリに，純粋概念からモノやその変化を統制するような一般規則の体系を作ることができるだろう．たとえばそこではある現象がほかのすべての現象から独立し，ただ単に生ずるような世界は理解不可能であろう．しかしもしすべての現象がいつでも前のものにつづくため後者が起これば前者の出現をあるいはその逆を断定することができ，その出現を出発点として，以前このように起こったからそれ以降はこうなると断定できれば，理解可能な世界となる．ところでこのような容認は単純に因果法則，つまりあらゆる事実には原因があるということだ．しかしそれ以外にわれわれに与えられた確実性からそれに劣らずアプリオリに，ある事実の原因は考えられるかぎりもっとも単純であると断定することができ，それによってわれわれは〈最小努力の法則〉を有することになる，等．

281. *Philosophische Schriften*, VI, p. 236.

282. *Par. Anim.*, 687 a 16.

283. *Metaph.*, XIV, 4, 1091 b 18.

284. 29 a; 30 b.

285. Fragmento, p. 102.

286. *República*, 509 a.

287. たとえば *Philosophische Schriften*, VI, pp. 182-183参照．

288. *Ibid.*, VI, pp. 198-199.

289. *Mathem. Schriften*, III, p. 27.

290. *Philosophische Schriften*, VII, p. 200.

291. *Ibid.*, II, p. 45.

292. *Philosophische Schriften*, III, p. 257.

293. ［以下の頁は21節の終わりにつづいていた．］

294. *En torno a Galileo*, VI 課参照．

295. 人文主義時代に支配的であった偽物で傲慢で欺瞞的な話の例．たしか

に凄いのだが，その一例だけをあげるとすれば，── Toffanin から引用 ── *Storia dell'Umaneismo*（1941）を紹介しよう．── 読者よ，しっかりつかまってください！── これはローマ法皇レオ X 世のケースで，彼はとある書簡で一人の人文学者が著した書物の献辞に謝意を表する際に，修辞的書物が作者に約束する〈不滅性〉，彼が望み気に入っている〈不滅性〉がいかに自身の気持ちを元気づけ高揚するかを認めている．直ぐに法皇はもう一つの不滅性があることを想起する．〈われわれが辞世後，彼岸の幸福な永世において，われわれを神ご本人と一緒にしてくれる post discessum ex hac vita, in illa altera vita felici et sempiterna nos cum Deo ipso collocat〉．法皇が世俗の名声と ── もちろんこれは不滅性でもその類の何ものでもなく，ほとんどすべての人文主義と同様単なる〈ことばの綾，modus dicendi〉にすぎない ── と各個人の譲渡不能の死後に問題となり隠れているもう一つとを区別するのを忘れなかったのは良かった．しかしもし読者がこれで冗談はおしまいだと思ったら大間違いだ．この区別の後で法皇は現世の名声を来世における不滅性の象徴と形象とし，再度この二つの不滅性をからめ，融合する．〈事実，人間を記念するためのこの名声と称賛の賑わいぶりは，かの真の不滅性の幻影であって，これは唯一のキリスト教の全能なる神からの格別の贈物として，われわれの主なるイエスキリストによって顕現されるものであり，われわれは特にそれを希求しなければならない．Est enim profecto haec famae et laudis ad commemorationem hominum celebritas, imago illius verae immortalitatis, quae eximio dono omnipotentis Dei, uni Christiano generi, per Dominium nostrum Jesum Christum proposita est, ad quam potissimum aspirare debemus.〉

296．いちばん顕著と考えられる特色 ── 古代人の研究 ── は，もっとも明確化の困難なものである．なぜなら11世紀以降西洋の知的活動はますます増大する古典からの吸収であったからだ．

297．ここで私は《人文主義》として明確化された《ルネサンス》のことを言っている．

298．以上すべてに関しては，差し当たり *En torno a Galileo* 参照．

299．ベラスケスについての小著において私はこの〈チベット化〉の現象を論じる予定だ．その骨子は以下のとおりである．1600年近辺でヨーロッパ諸国は，各国が初めて相互に異なると感じさせるような差異的形成の諸段階に達した．これによってまた西洋史で初めて，各国において，集団ならびに個人において，単純に動物学的なものにおいてさえ，成人への接近の徴候である自閉傾向が生じた．ところで注意力と集団的力の〈内部への集中〉そのものである自閉現象は，ヨーロッパ各国において充分明確に定式化しうる性格を帯びた．スペインで顕著であったのは，スペイン自体の周辺部つまりその植民地やその帝国も含めて一切の外部のものへの根本的閉鎖であった．これがスペイン帝国崩壊の真の原因であった．それ以外のものはそれに比して二次的でしかない．以

上は，私がスペインにおける〈チベット化〉と命名する悲しいメカニズムである．